T0165933

Religion und Gesellschaft

Studien zu ihrer Wechselbeziehung in den Kulturen des Antiken Vorderen Orients

Veröffentlichungen des Arbeitskreises zur Erforschung der Religions- und Kulturgeschichte des Antiken Vorderen Orients (AZERKAVO)

Band 1

Herausgegeben
von
Rainer Albertz
unter Mitarbeit von
Susanne Otto

Alter Orient und Altes Testament

Veröffentlichungen zur Kultur und Geschichte des Alten Orients
und des Alten Testaments

Band 248

Herausgeber

Manfried Dietrich • Oswald Loretz

1997
Ugarit-Verlag
Münster

Religion und Gesellschaft

Studien zu ihrer Wechselbeziehung
in den Kulturen des Antiken Vorderen Orients

Veröffentlichungen des Arbeitskreises zur Erforschung der Religions- und Kulturgeschichte des Antiken Vorderen Orients (AZERKAVO)

Band 1

Herausgegeben
von
Rainer Albertz
unter Mitarbeit von
Susanne Otto

1997
Ugarit-Verlag
Münster

Die Deutsche Bibliothek - CIP-Einheitsaufnahme

Religion und Gesellschaft : Studien zu ihrer Wechselbeziehung in den Kulturen des antiken Vorderen Orients ; Veröffentlichungen des Arbeitskreises zur Erforschung der Religions- und Kulturgeschichte des Antiken Vorderen Orients (AZERKAVO) / hrsg. von Rainer Albertz unter Mitarb. von Susanne Otto. - Münster : Ugarit-Verl.

Bd. 1 (1997)
(Alter Orient und Altes Testament ; Bd. 248)
ISBN 3-927120-54-5

Herstellung: Weihert-Druck GmbH, Darmstadt
Printed in Germany
ISBN 3-927120-54-5

Printed on acid-free paper

Vorwort

Mit diesem Buch tritt der interdisziplinäre Arbeitskreis AZERKAVO („Arbeitskreis zur Erforschung der Religions- und Kulturgeschichte des Antiken Vorderen Orients"), der sich im November 1995 in Münster gebildet hat, erstmals vor eine breitere Öffentlichkeit. In ihm haben sich ca. 30 Professoren und Wissenschaftliche Mitarbeiter der Westfälischen Wilhelms-Universität aus den Fächern Ägyptologie, Altorientalistik, Alte Geschichte, Archäologie, Bibelwissenschaften, Byzantinistik, Judaistik, Kirchengeschichte, Klassische Philologie und Soziologie zu einem institutionalisierten Forschungsverbund zusammengeschlossen, um — wie es in der Satzung heißt — „diejenigen Hochschullehrer der WWU, die an der Erforschung der Kulturen des Antiken Vorderen Orients beteiligt sind, zusammenzuführen, die Forschung durch ihren wissenschaftlichen Austausch untereinander und mit auswärtigen Forschern zu fördern und die Ergebnisse für die Lehre fruchtbar zu machen".

Der Vordere Orient stellt die Brücke zwischen dem Mittelmeergebiet und der asiatischen Welt dar. Die Kulturen, die hier, an der Schnittstelle zwischen Ost und West, in geschichtlicher Zeit entstanden, prägen das Geschick dieses Raumes bis heute und haben auch das Gesicht unserer Lebenswelt bestimmend geformt. Darum bilden sie ein besonders geeignetes Forschungsfeld für grundsätzliche Fragestellungen der Religions- und Kulturwissenschaften.

Eine solche grundsätzliche Fragestellung sind die komplexen Wechselbeziehungen und -wirkungen zwischen einer Religion und den sozialen Strukturen ihrer jeweiligen Gesellschaft. Diese Frage ist bisher wenig und kaum umfassend in Bezug auf historischen Religionen der antiken griechischen und vorderorientalischen Welt gestellt worden. Auf dem 1. Kolloquium des Arbeitskreises am 18.-19. April 1996, das unter dem Thema „Religion und Sozialstrukturen des Antiken Vorderen Orients" stand, ging es dem Arbeitskreis um den Versuch, die Fruchtbarkeit dieser Fragestellung an möglichst unterschiedlichen Phänomenen auszuloten, ohne dabei in die Fehler früherer religionssoziologischer und funktionalistischer Ansätze zu verfallen, Religion etwa auf ihre gesellschaftliche Funktionen zu reduzieren oder gar von ihnen her definieren zu wollen.

Herausgekommen ist dabei ein großer bunter Strauß religions- und kulturgeschichtlicher Fallbeispiele. Sie umfassen den Zeitraum vom 2. vorchristlichen bis in die Mitte des 1. nachchristlichen Jahrtausends. Sie untersuchen Phänomene aus dem Bereich der assyrischen, babylonischen, persischen, ugaritischen, syrisch-palästinischen, israelitisch-jüdischen, nabatäischen und griechischen und christlichen Religion. Es geht um ganz unterschiedliche Dimensionen der Religionen, um ihre Gottesvorstellungen, Kultformen, Bilder, Tempelarchitektur,

Institutionen und Texttraditionen. Und es geht um ganz unterschiedliche Aspekte sozialen Lebens wie Gesellschaftsorganisation, Herrschaft, Recht und Wirtschaft im politischen und sozialen Wandel. Es geht um die Fragen, wieweit eine Religion den Geist einer Kultur prägt, wieweit sich Elemente der sozialen Struktur einer Gesellschaft in ihren religiösen Systemen abbilden, welche sozialgeschichtlichen bzw. politischen Herausforderungen Wandlungen in der religiösen Vorstellungswelt und den kultischen Institutionen hervorrufen und wie umgekehrt neue religiöse Inhalte und kultische Bräuche verändernd auf die sozialen und politischen Strukturen einer Gesellschaft einwirken.

Wieweit dieses Vorhaben schon bei dem ersten Versuch gelungen ist, mag der Leser entscheiden. AZERKAVO wird in seinen Veröffentlichungen innerhalb von AOAT in unregelmäßiger Folge weitere, auch umfangreichere Untersuchungen zu einzelnen Problemfeldern vorlegen. Für die Eröffnung dieser Möglichkeit sei den Herausgebern von AOAT herzlich gedankt.

Mein besonderer Dank gilt Frau Susanne Otto, Herrn Dr.Ulrich Berges und Herrn Dr.Ingo Kottsieper für ihre Mithilfe bei der Erstellung dieses Buches. Vor allem erstere hat mit großer Sorgfalt die Redaktionsarbeit geleistet.

Münster, im Frühjahr 1997
Rainer Albertz

P.S. Interessierte finden weitere Informationen über AZERKAVO im Internet unter: http://www.uni-muenster.de/AZERKAVO/welcome-d.html
Anfragen und Diskussionsbeiträge sind erwünscht unter der e-mail-Adresse: azerkavo.mail@uni-muenster.de

Inhalt

Unterweltsfahrt und Tod des Fruchtbarkeitsgottes

Hans-Peter Müller

Die Religionswissenschaft ist für Generalisierungen wohl besonders anfällig. Diese entstehen einerseits dadurch, daß man das Chaos religionsgeschichtlicher Details diachronisch durch genetische Konstruktionen, synchronisch durch religionsphänomenologische Typisierungen zu strukturieren sucht. Andererseits werden, mehr oder weniger unbewußt, der Antike unsere eigenen religiösen Vorstellungsstrukturen unterlegt — sei es phänomenologisch durch Subsumierung beider unter ein gemeinsames, wenn nicht gemeinmenschliches Anschauungs- und Begriffsmuster, sei es historisch in Rückwirkung der Ableitung eigener Verhaltens-, Sprach- und Denkgewohnheiten von antiken Ursachen und Vorbildern. In unserem Forschungsbereich gehört zu solchen unerlaubten Generalisierungen die wissenschaftliche Vorstellung, daß das Mythem vom Sterben eines Fruchtbarkeitsgottes, gleichsam weil ein Gott es sich schuldig sei, automatisch und regelmäßig nach einer von J.G. Frazer[1] u.a. entwickelten Theorie mit dem seiner Auferstehung verbunden sein müsse. Dies ist aber keineswegs der Fall: vielmehr ist einerseits zwischen der Unterweltsfahrt von Gottheiten und ihrem irdischen Sterben zu unterscheiden; andererseits gibt es die Vorstellung eines jährlich zu begehenden Todes des Vegetationsgottes, ohne daß diesem eine ebenso anschauliche Auferstehung folgen müßte. Der besagte religionswissenschaftliche Irrtum hat leider auch in andere Disziplinen hinübergewirkt: philologisch entstand so eine Fehldeutung der im Überseephönizischen wie im Punischen, vorwiegend aus Karthago, bezeugten Priesterbezeichnung *mqm 'lm*[2], wenn man diese als „Erwecker des Gottes (vom Tode)" deutete; folkloristisch entspricht einer m.E. zu engen Verknüpfung von Sterben und Auferstehen des Gottes eine Fehlinterpretation der mediterranen Adonisgärtchen. — Zu differenzieren ist entsprechend auch in bezug auf das Rahmenthema dieses Kolloquiums, nämlich „Religion und Sozialstrukturen": neben der Wechselwirkung zwischen religiösen Vorstellungen und Begriffen mit sozioökonomischen Faktoren müssen bei den weiter verbreiteten Sprach- und Handlungsstrukturen humanethologische Determinanten berücksichtigt werden; vor allem ist gegen die Entwertungswirkungen einseitig biologischer oder sozialgeschichtlicher Reduktionen hermeneutische Vorkehrung zu treffen[3].

---

[1] 1911, 1914; ähnlich vorher W. Mannhardt (vgl. Anm. 20), danach die Myth-and-Ritual School (S.H. Hooke, Th.H. Gaster, E.O. James u.a.) und deren skandinavische Nachfolger. — Abkürzungen im folgenden nach TRE.

[2] Vgl. dazu Vf., 1996.

[3] Für die einzelnen religionsgeschichtlich zu beschreibenden bzw. religionsphänomenologisch zu typisierenden Vorstellungsmuster werden jeweils nur wenige Beispiele gegeben;

1. Gottheitliche Unterweltsfahrten

a. Nach einem sumerischen Mythos, der in mehreren Fassungen aus altbabylonischer Zeit vorliegt und für den es weniger kohärente akkadische Parallelfassungen gibt, wechseln der Vegetationsgott Dumuzi (= Tammuz) und seine Schwester Geštinanna einander halbjährlich in der Unterwelt ab[4]. Zuvor hatte die zugleich erotische und kämpferische Inanna vergeblich versucht, den Thron der Unterweltsherrscherin Ereškigal für sich einzunehmen; dies führte tief unten ihren Tod herbei, aus dem sie durch Lebenswasser und Lebenskraut erweckt werden mußte. Da aber niemand, auch keine Göttin, ohne weiteres heil aus der Unterwelt heraufkommen kann, gab Inanna den Dumuzi, der nach *einer* Fassung, statt um seine Gemahlin zu trauern, im Festgewand auf seinem Sitz thronte, der Unterwelt preis[5]. Dort wurde er von Dämonen gefoltert; daß wir von seinem Tod nicht ausdrücklich hören, kann am fragmentarischen Zustand der Texte liegen. Am Ende lautete das Urteil: „Du (Dumuzi) ein halbes Jahr; deine Schwester ein halbes Jahr"; Dumuzis Abwesenheit scheint im (Hoch-)Sommer, nämlich dem akkadisch sog. Monat *du'ūzu*, dem hebräisch–aramäischen *tammûz*, zu beginnen, was die auch aus Ez 8,14 (vgl. Dan 11,37) bekannten Klagezeremonien der Frauen hervorruft.

b. Das Mythem, d.h. die vorliterarische protomythische Sprachgebärde, vom periodischen Wechsel eines Gottes zwischen Ober- und Unterwelt scheint in der östlichen Mittelmeerwelt weit verbreitet gewesen zu sein. Nach dem eleusinischen Mythos mußte Persephone–Kore jährlich vier Monate lang im Hades bei ihrem gleichnamigen Gatten bleiben, nachdem sie, von diesem halb überlistet und halb gezwungen, von dessen Speise gegessen hatte; danach durfte sie jeweils für zwei Drittel eines Jahres zur Oberwelt zurückkehren, was der Homerische Hymnus Demeter 402f. als „ein großes Wunder für Götter und sterbliche Menschen" (μέγα θαῦμα θεοῖς θνητοῖς τ' ἀνθρώποις) preist[6] und offenbar das Kernstück der Mysterien war[7]. Zu einem entsprechenden Adonismythos ist Panyas(s)is bei Apollodor III 14,4 zu vergleichen, wonach der schöne junge Gott ein Drittel des Jahres zunächst für sich bleiben soll, während die übrigen beiden Drittel zwischen der unterirdischen Persephone und Aphrodite, dem Pendant der Inanna–Ištar, aufgeteilt werden[8]; auch so entfielen auf die Unterwelt vier Monate. Freilich schenkt

---

für weiteres Material vgl. außer meinem in Anm. 2 genannten Aufsatz Vf., 1997.

[4] Falkenstein 1965, 1968.

[5] Auch nach dem Gilgamesch–Epos, Ninive–Fassung VI 1, 46f., hat Ištar (= Inanna) Dumuzi, „ihrem Jugendgeliebten, ... Jahr für Jahr zu weinen bestimmt".

[6] Text und Übersetzung bei Weiher 1986, 28/9.

[7] Vgl. zum einzelnen meinen in Anm. 2 angezeigten Artikel.

[8] Vgl. auch „Hyginus Mythographus", Astron. 2,6 u.a.

Adonis der Aphrodite sein Jahresdrittel[9]. — Eine Struktur bleibt konstant; deren Ausfüllung durch göttliche, weibliche oder männliche, Personen ist variabel[10].

c. Man mag die strukturelle Konstanz religionshistorisch auf ein vorgeschichtliches ostmediterranes Mythem zurückführen, das auch die ägyptischen Osirismythen mit ihren hellenistisch–römischen u.a. Nachfolgephänomenen, dazu die Attismythen Kleinasiens u.a. verarbeitet hätten[11], oder auf Motivwanderungen — in jedem Fall schließt dessen weite zeitliche und räumliche Verbreitung einen sozialgeschichtlichen Hintergrund eher aus; vielmehr ist hier der humanethologische Tatbestand einer Verflechtung menschlicher Befindlichkeit in den Naturzyklus der gegenständliche Hintergrund eines Mythos, der zudem im Mysterienritus gestattet, individuellem Schicksal eine kosmische Notwendigkeit und so einen Hoffnung stiftenden Sinn nachzusagen[12].

2. Der Tod des Adonis

Da dem Tod Ba'ls im AB–Mythos zwar dessen Rückkehr ins Leben folgt, zwischen beidem aber ein Textlücke von etwa 40 Zeilen klafft[13], so daß die Vermittlung zwischen Tod und Leben im Dunkeln bleibt, ist für die Frage, ob an eine regelrechte Auferstehung des Gottes zu denken ist, aus Ugarit nichts zu gewinnen.

a. Die bekannte Erzählung vom Tod des Adonis durch ein Wildschwein — also jedenfalls nicht in der Unterwelt wie im Fall der Inanna, sondern an einer irdischen Stätte, nämlich *Afqā* auf dem Libanon — ist zerstreut und verschieden motiviert überliefert[14]. Für die mithin nicht konkurrenzlose alexandrinische Version

---

[9] An einen halbjährlichen Wechsel, wobei Adonis seine Zeit zwischen Aphrodite und Persephone aufteilt, denken Aristides, Apologie 11,3, Kyrill von Alexandria zu Jes 2,3 (Migne, PG 70, Sp. 441) und ein Scholion zu Theokrit, Eid. 3,48.

[10] Ein wenig anders Kastor und Polydeukes, von denen der eine sterblich, der andere unsterblich ist: sie leben Tag um Tag abwechselnd auf dem Olymp und unter der Erde; Odyssee 11, 300–304; Pindar, Nem. 10,51 u.a.

[11] Vgl. zur Annahme solcher vorgeschichtlicher Zusammenhänge schon Baudissin 1911, 192 u.ö.

[12] Entsprechend ist vom Tod des Fruchtbarkeitsgottes die Tötung eines Gottes zugunsten der Schöpfung des Menschen zu unterscheiden; vgl. Dietrich 1991.

[13] Vgl. Dietrich u.a. 1995, 261.

[14] Auf den Tod des Adonis durch ein Wildschwein nehmen Nikandros bei Athenaios II 80, 69; Bion 1 (Epitaph.) 7f.; Ovid, Metam. 10,710f.; (Pseudo-)Theokrit 33,6; Pseudolukian, De Syria dea 6 u.a. Bezug. Nach Hyginus Mythographus, Fab.58, Kyrill von Alexandria zu Jes 18,1f. (Migne, PG 70, Sp. 440); Firmitius Maternus 9,1 und Nonnus, Dionysiaka 41,209f. (vgl. zu Adonis noch 3,109; 4,81f.; 20,144; 31,127; 41,157; 42,376f.) ist es Ares, der sich in einen Keiler verwandelt hat, um Adonis aus Eifersucht zu töten. Macrobius, Saturnalia I 21,5, beschreibt ein zu seiner Zeit auf dem Libanon befindliches Bildwerk der um Adonis weinenden Aphrodite; vgl. noch CIL III 178. — Reiches Material bei Baudissin 1911, 71–81.142–160 u.ö., und jüngst bei Ribichini 1995.

des Motivs, vor allem für das dortige Adonisfest ist das 15. Eidyllion Theokrits (3. Jh. v. Chr.) eine wichtige Quelle[15]. Danach ist das 'letzte' Beilager Adonis' mit Aphrodite von einer Blumenfülle umgeben (112ff.). Alsbald aber tragen Frauen das aufgebahrte Bild des Gottes in aller Frühe unter Selbstminderungsriten und Klagen vor die Tore Alexandrias an das Meer (132–135). Schließlich wird Adonis zweimal zum Wiederkommen aufgefordert (144.149). Von einer eigentlichen Auferstehung aber verlautet dabei ebensowenig wie im Zusammenhang mit seinem irdischen Tod in *Afqā*, durch den sich das Wasser des Orontes alljährlich rot färbt. Offenbar soll Adonis nach Eid. 15 lediglich „wiederkommen", um sich — nach den 12 Monaten, von denen Z. 103 spricht — abermals beweinen zu lassen; dazu weilt er nach Z. 136f. „sowohl hier als auch am Acheron", bezeichnenderweise ohne daß von einem periodischen Wechsel zwischen Ober- und Unterwelt die Rede wäre. — Auch nach Bion 1, besonders V. 95f., weint Aphrodite — gemeinsam mit anderen Gottheiten — vergeblich um Adonis, ihren toten Gemahl.

Im Mimos Theokrits Eid. 15 kontrastiert u.a. das alltäglich–derbe, ja laszive Geschwätz zweier syrakusischer Frauen, das diese auf dem Weg zum alexandrinischen Adonisfest von sich geben, mit der fein stilisierten Adonisklage, die an dessen Ende, in V. 100–144, einer Sängerin in den Mund gelegt wird[16]. Laszive Züge „als Möglichkeit ungehemmten Gefühlsausdrucks im engumgrenzten Frauenleben, in Antithese zur strengen Polis- und Familienordnung", sind auch für den griechischen Adoniskult wie für die „offiziellen Frauenfeste zu Ehren der Demeter" charakteristisch[17]. Der Gattung Mimos freilich gehören Vulgarismen schon in dessen vorliterarischer Form an; sie sind in Eid. 15 ironisiert und damit ein wenig veredelt. Vor allem aber auch nach dem Lied der Sängerin, nämlich V. 134f., fliegt den Frauen, wenn sie den toten Adonis ans Meer tragen, nicht nur das Haar; auch die Kleider sinken ihnen bis zu den Fersen (vgl. Bion I 25), und die Brust steht bei ihrem gellenden Gesang offen[18].

b. Erst Pseudolukian in De Syria dea 6 erzählt im 2. Jh. nach Chr. mit unverhohlenem Spott, daß Frauen den Gott im byblischen Aphroditeheiligtum nach seinem jährlich mit Klage und Totenopfer begangenen Fest „am anderen Tage als lebend myth(olog)isieren und in die Luft schicken" (μετὰ δὲ τῇ ἑτέρῃ ἡμέρῃ ζώειν τέ μιν μυθολογέουσι καὶ ἐς τὸν ἠέρα πέμπουσι). Anschließend ist von Selbstminderungsgebaren, das mit dem ägyptischen Kopfscheren beim Tod des Apis verglichen wird, und sakraler Prostitution die Rede. — Vermutlich repräsentiert gerade die ausdrückliche Vorstellung von einer Auferstehung des Adonis nur eine späte und vereinzelte Rationalisierung, die nunmehr anschaulich durch Mittel des Mythos begründen soll, warum der Gott alle Jahre wieder beweint werden kann: er ist zwischenzeitlich wieder zum Leben gelangt — wie ja auch die Vegetation, die er verkörpert; als aus seinem Grabe wachsende Blume(n) lassen ihn relativ späte

---

[15] Text, Übersetzung und Kommentar bei Beckby 1975, 114–129.451–457.

[16] Vgl. Beckby 1975, 453/4.

[17] Burkert 1977, 275.

[18] Parallelen bei Beckby 1975, 457.

Dichtungen wiederkehren[19], wonach eben er wiederum in der Vegetation weiterlebt. Seine ursprüngliche Rolle aber ist es vielleicht nur, die Heiligkeit ihres Dahinwelkens und damit eines gleichsam kosmischen Todes zu begründen[20]; dazu bedarf es einer Auferstehung ebensowenig wie beim Grabkult für Osiris, der als Herrscher und Richter im Totenreich weiterlebt.

Weder die antiken Vorstellungen vom Sterben des Vegetationsgottes, noch die gelegentlichen und späten Zeugnisse für die Voraussetzung seiner Auferstehung gestatten es, einen Zusammenhang mit den neutestamentlichen Texten zur Auferweckung Christi herzustellen. Pseudolukians Auferstehung des Adonis „am anderen Tage" kontrastiert sowohl mit der Wiederbelebung Israels „am dritten Tage" (*bajjôm haššelîšî*) Hos 6,2 als auch mit einer entsprechenden Zeitangabe zur Auferweckung Christi, die freilich von Hos 6,2 abhängig sein mag.

Für das letztere spricht, daß ihr ältester Zeuge, Paulus in 1 Kor 15,3f., nicht nur den Tod Jesu „für unsere Sünden", sondern auch gerade die Angabe τῇ ἡμέρᾳ τῇ τρίτῃ mit der Begründung κατὰ τὰς γραφὰς versieht[21], welche Wendung mit der Übersetzung von *...mijjômājim — bajjôm haššelîšî* ... Hos 6,2 durch ...μετὰ δύο ἡμέρας, ἐν τῇ ἡμέρᾳ τῇ τρίτῃ ... in LXX weitgehend übereinstimmt[22]. Auch Lk 24,46 verbindet das Leiden Christi und seine Auferstehung τῇ τρίτῃ ἡμέρᾳ mit dem Hinweis auf die Schrift: οὕτως γέγραπται[23]. Deshalb mag die Datierung der Auferstehung Christi auf den dritten Tag überlieferungsgeschichtlich ebenso nachträglich sein wie die gegenüber 1 Kor 15,3b–5(–7) jüngere Erzählung vom leeren Grabe Mk 16,1–8 parr.; vielleicht spielte schon für Hos 6,2 die Analogie des Neumonds eine Rolle, der nach seinem Verschwinden am dritten Tag wieder sichtbar wird[24].

---

[19] Bion 1,64–74 (vgl. Beckby 1975, 310/1.557–560 für weiteres Material); Ovid, Metam. 10,728.734ff.; Hyginus Mythographus, Fab. 58, u.a.

[20] So hat schon Mannhardt 1905, 264–301, zu europäischen Bauernbräuchen insofern antike Entsprechungen gefunden, als hier wie dort ein 'Vegetationsgeist' periodisch in einer rituellen Begehung lediglich stirbt und betrauert wird.

[21] Vgl. Bultmann 1964[6], 316, u.v.a., zuletzt Lüdemann1994, 60f., vgl. 44f.192. Da die erste Erscheinung des auferstandenen Christus in Galiläa erfolgt sein wird (vgl. Mt 28,10.16–20; Mk 16,7, ferner Joh 21), kann man sich zumindest diese wohl nicht als schon am dritten Tag nach seinem Tode geschehen vorstellen.

[22] Wie wenig fest der auf dem Schriftbeweis nach Hos 6,2 beruhende „dritte Tag" in der Überlieferung verankert ist, zeigt auch der Tatbestand, daß Mt 27,63; Mk 8,31; 9,31; 10,34 μετὰ τρεῖς ἡμέρας haben, was doch nicht dasselbe ist; wieder etwas anders bezeichnen Mk 14,58; 15,29 den Auferstehungstermin. Hat, wie Mt 12,40 nahelegt, hier ein anderer Schriftbeweis, nämlich der nach Jon 2,1 eingewirkt, wonach Jona τρεῖς ἡμέρας καὶ τρεῖς νύκτας im Bauch des Fisches war? Danach scheinen die betreffenden Datierungen überhaupt nur auf Schriftbeweisen zu beruhen.

[23] Zu οὕτος ἔδει in der Textüberlieferung vgl. die Angaben bei Nestle — Aland. Schon in Lk 24,44 heißt es in bezug auf das ganze Schicksal Jesu: ὅτι δεῖ πληρωθῆναι πάντα τὰ γεγραμμένα ... περὶ ἐμοῦ.

[24] Vgl. Baumgartner (1933, 195 = 1959, 125f.); ähnlich vorher Zimmern 1903[3], 362.366. 388f. Dagegen dachte Gunkel (1910[2], 79–83) — u.a. im Blick auf die Datierung der Auferstehung Jesu „nach drei Tagen" bzw. „am dritten Tage" — an das Vorbild eines Sonnenmythos, wonach die Sonne am „hochheiligen Sonntage ... aus Wintersnacht ersteht", ohne

Die Bemerkung von Mt 27,52f., daß, nachdem Jesus soeben gestorben war, viele Tote „nach seiner Auferstehung (μετὰ τὴν ἔγερσιν αὐτοῦ)" aus ihren Gräbern kamen, um wiederum „vielen" zu erscheinen, setzt dagegen die vielleicht ältere Vorstellung voraus, daß Christus unmittelbar nach seinem Tode, also vom Kreuz her, auferstanden sei. Eine Eliminierung von μετὰ τὴν ἔγερσιν αὐτοῦ als späteren Zusatz — unter der Annahme, daß die Auferstehung der vielen Toten derjenigen Christi, etwa im Sinne von Joh 5,25, nachgeordnet werden sollte[25] — hat gegen sich, daß μετὰ τὴν ἔγερσιν αὐτοῦ nicht im unmittelbaren Zusammenhang mit dem Sich–Öffnen der Gräber und der Auferstehung der „viele(n) Leiber entschlafener Heiliger", also vor oder nach ἠγέρθησαν (V. 52), erscheint, sondern erst zwischen ἐξελθόντες ἐκτῶν μνημείων und εἰσῆλθον εἰς τὴν ἁγίαν πόλιν (53) steht. Eine nachträgliche Einfügung hätte die beiden ἐγέρσεις wohl enger verbunden; ein Zusatz mit der vorausgesetzten Funktion würde dem Leser vor allem die Vorstellung zumuten, daß die Toten nach dem Sich–Öffnen der Gräber und ihrer Auferstehung noch bis zum dritten Tag im Grabe geblieben wären, um erst danach daraus hervorzugehen und in Jerusalem vielen zu erscheinen. Eine solche Konstruktion entfiele dagegen, wenn alle in V. 52f. genannten Vorgänge, das Sich–Öffnen der Gräber, die Auferstehung der Heiligen, deren Ausgang aus den Gräbern und ihr Erscheinen, unmittelbar auf Tod und Auferstehung Jesu folgten, die Auferstehung Jesu die genannten Vorgänge also nicht in zwei Sequenzen, die das καί am Anfang von 53 trennte, in wenig plausibler Weise zerrisse. Daß Tod und Auferstehung Christi nach frühchristlicher Vorstellung zusammenfallen konnten, bezeugt wohl auch noch der Gebrauch von ὑποῦν „erhöhen" im Johannesevangelium, das in 8,28 die Erhebung Christi an das Kreuz, nach 12,32 dagegen seine Auferstehung bezeichnet; daß beides nach älterer Vorstellung zusammenfällt, zeigt schließlich der Tatbestand, daß ὑποῦν Joh 3,14; 12,34 offenbar gewollt doppeldeutig verwendet werden konnte. Noch der Qur'ān scheint in 3,55 (vgl. 5,117), anders als in 19,33, von einer ähnlichen oder gar derselben Vorstellung auszugehen[26]. Erst die lukanische Überlieferung hat die „Erhöhung" auch nicht in der Auferstehung, sondern erst in der Himmelfahrt Christi gefunden (Lk 24,50–53; Apg 1,3–11, vgl. Mk 16,19f.; 1 Tim 3,16; 1 Pt 3,22; Epistola apostolorum äth. 51).

c. Im Vergleich mit dem Inanna–Dumuzi–Mythos u.ä. ergibt sich: die Vorstellung von der alljährlichen Unterweltsfahrt einer Gottheit, die dabei etwa einen unterirdischen Tod erleidet, und ihrer Rückkehr in die Welt der Lebendigen stellt gegenüber dem Mythem ihres jährlichen irdischen Sterbens, dem das Motiv seiner Auferstehung aufgrund erst nachträglich rationalisierender Zurechterzählung eines als unvollständig empfundenen Mythos beigefügt wird, doch wohl eine eigenständige Struktur dar, obwohl es beide mit dem Dahinwelken der Vegetation und vor allem erstere auch mit ihrer Wiedergeburt zu tun haben. Auch hier ist vor Vereinerleiungen, die die phänomenologischen Typisierungen zu grobmaschig vollziehen, zu warnen. Die Verbindung von Totenklage und Laszivität, die uns auch aus den Dionysien und Thesmophorien bekannt ist[27] und am Übermaß man-

daß er die Drei–Tage–Frist aus diesem Zusammenhang wirklich zu erklären vermochte; ähnlich Loisy 1907, 177; 1930, 223ff., anders Rordorf 1962, 178–190, u.a.

[25] So etwa Wellhausen 1904, 148.

[26] Vgl. schon Rudolph 1922, 82. Auch *al–Rabī' ibn Anas* verstand Sure 3,55 dahin, daß Allah Jesus in *einem* Vorgang sterben ließ und zu sich erhoben habe; vgl. Khouri 1993, 114. Sure 4,157f. leitet von der 3,55 bezeugten Vorstellung ab, daß Jesus in Wirklichkeit gar nicht gekreuzigt worden sei; vgl. Bell 1968, 153–155; Khouri 1994, 257. Sure 19,33 dagegen unterscheidet zwischen dem Tag des Todes Jesu und dem seiner Auferstehung.

[27] Vgl. Burkert 1977, 254ff.365ff.

cher heutigen Leichenschmause eine Parallele kennt, hat wiederum einen humanethologischen Hintergrund: man vergewissert sich der verbleibenden Vitalität. Sozialgeschichtlich dürfte darüber hinaus bedeutsam sein, daß es in Metropolen wie Alexandria und Byblos die Frauen waren, die sich der Laszivität, etwa auch sakraler Prostitution hingaben: sie eben hatten unter einer restriktiven Alltagsordnung besonders zu leiden, wobei aber auch weiter zurückliegende Oppressionen nachwirken mochten.

3. Der phönizisch–punische *mqm 'lm*

Der Priestertitel *mqm 'lm*, der je einmal phönizisch aus Rhodos und Larnaka tīs Lapīthou, punisch vielfach aus Karthago und wieder einmal aus Cherchel in Algerien bezeugt ist,[28] bedeutet ebensowenig wie seine hellenistische Entsprechung *ἐγερσείτης τοῦ Ἡρακλέους *(= Mlqrt)* in einer Inschrift aus Amman[29] so etwas wie „Erwecker des Gottes" bzw. „des Herakles" vom Tode oder aus dem Schlaf. Vielmehr ist *QŪM* hier im Sinne von „sich erheben" von der Gottheit zu deren rettendem Eingreifen vorauszusetzen; das Partizipium Jiph'il (Kausativ) mask. sing. bezeichnet dann denjenigen, der die Gottheit veranlaßt, sich zu erheben, der sie gleichsam zum Handeln „erweckt", d.h. sie im eigenen Interesse engagiert. Da das Verbum *QŪM* im Phönizisch–Punischen nur noch einmal, u.zw. in metonymisch spezialisierter Bedeutung „sich belaufen (von einem Münzwert)", belegt ist[30], wird man — auch im Blick auf die griechische Amman–Inschrift und einen ähnlichen Beleg aus Askalon[31] — an eine kanaanäisch–palästinische Lehnbildung zu denken haben, die sich aus dem Althebräischen deuten läßt. So ist eine Isoglosse zu *mqm* in einem älteren Gebrauch von hebräischem *QŪM* „sich erheben" zu suchen, dem im Aramäischen und Sam'alischen *QŪM 'im* mit Dependens entspricht[32]. Der wohl älteste, aber auch auswirkungsreichste Beleg für einen entsprechenden Gebrauch des Qals (Grundstamms) von *QŪM* ist der Ladespruch Num 10,35 mit der Wendung *qûmā JHWH* „erhebe dich doch, JHWH"; er hat in Klage- und Bittpsalmen des einzelnen und Israels mannigfaltige Abwandlungen erfahren[33]. Metaphorisch von einer „Auferstehung" Israels wird Qal *QŪM* Am 5,2,

---

[28] Belege in meinem Anm. 2 angezeigten Artikel.

[29] Gathier 1986, Nr. 29,5/6.

[30] Es handelt sich um das Ptz.act.mask.sing. oder um die 3.P.mask.sing. AK Qal *q'm* in Z. 3 eines vielfach schwierigen neupunisch beschrifteten Ostracons aus *'al-Quṣbāt*, das sich jetzt im Archäologischen Museum in Tripolis befindet; Levi Della Vida — Amadasi Guzzo 1987, 131–135.

[31] Cagnat 1906, Nr. 1210,7.

[32] Vgl. meinen Anm. 2 angekündigten Artikel sowie unten Anm. 33.

[33] Vgl. zu *qûmā JHWH* Ps 3,8; 7,7; 9,20; 10,12; 17,13; 82,8; 132,8, zu *qûmā *ᵃ*lôhîm* 74,22. Ferner sind *qûmā b*ᵉ*'äzrî* „komm mir zu Hilfe!" 35,2 und *qûmā 'äzrātā lānû* „komm uns zu Hilfe!" 44,27 zu vergleichen. Zu aramäischem und sam'alischem *QŪM* „sich (kriegerisch) erheben (von der Gottheit)" in KAI 202 A 14; 214,2; 215,2 vgl. Vf., 1994, 385f., und vor allem ders., 1996, 118f. Im gleichen Sinne wie *QŪM* wird akkadisches *a-ta-ab-bi* „ich er-

Hiph'il (Kausativ) *QŪM* Hos 6,2 gebraucht. Erst in späteren Texten wie Jes 26,14.19; Ps 88,11; Hi 14,12; 19,25 wird Qal *QŪM* bzw. Sir 48,5 Hiph'il für die Totenauferstehung verwendet, womit ταλιθὰ κοῦμ(ι) = τὸ κοράσιον ... ἔγειρε Mk 5,41 zu vergleichen ist.

Wie man sich das „Erwecken" des Gottes über der Lade vorzustellen hat, zeigt positiv der Fall der Mauer von Jericho nach der Sage Jos 6, negativ die Panik der Philister, als nach 1 Sam 4,4–8 die Lade nach vorheriger Abwesenheit ins Lager der Israeliten gebracht wird. Auch die uns wunderlich erscheinenden Manipulationen Gideons mit Fackeln und Widderhorn, dazu unter *t^e rû'ā,* einem zugleich kriegerischen und liturgischen „Geschrei", nach Ri 7,16–22 sollen wohl rituell eine Epiphanie JHWHs am Schauplatz militärischer Not seines Volkes bewirken[34]. Eine kultische Theophanie der Persephone–Kore ruft offenbar auch der Hierophant der eleusinischen Mysterien hervor; der Klang des ἠχεῖον zeigte dabei das „lichtvolle Wiederfinden" der Demeter–Tochter an, was der Myste als Stimmungswechsel erlebt[35].

Leider macht keine der Erwähnungen des *mqm 'lm,* da der Titel immer nur beiläufig im Zusammenhang mit Namen erscheint, eine konkrete Angabe darüber, auf welche Weise der Priester die Gottheit für sich „erweckt". Die genannten alttestamentlichen und eleusinischen Parallelen lassen jedenfalls zum „Erwecken" des Gottes an einen theurgischen Akt denken, der die Gottheit als Rettung in der Not geradezu herbeizwingt.

4. Adonisgärtchen und *'al–Ḫaḍr*

In erster Linie auf den Tod des Gottes, nicht auf seine Auferstehung scheinen sich auch die (zuerst Jes 17,10f. und bei Platon, Phaidros 276B, erwähnten) weithin im Mittelmeerraum bekannten Adonisgärtchen[36] zu beziehen, zumal sie in christlicher Aneignung meist in den Kult der Passionszeit, vor allem der Karwoche von Gründonnerstag bis Karsamstag, gehören; in der Mittsommerzeit, wenn Tammuz stirbt, speziell am Johannestag, wird der Ritus mit den Adonisgärtchen

---

hebe mich" von *tarā'u(m)* von der Ištar von Arbela in einem neuassyrischen Prophetenspruch, nämlich K. 4210 (4 R^2 61) I 28, gebraucht (Übersetzung K. Hecker, TUAT II 1, 1986, 57). Was das folgende uššab „ich setze mich" besagt, wäre weiter zu fragen: setzt sich die Göttin an die Seite des Orakelempfängers Asarhaddon, oder begibt sie sich, nachdem sie zu dessen Gunsten eingegriffen hat, nur zurück an ihren Platz?

[34] Zu Jos 6, 1 Sam 4,4–8 und Ri 7,16–22; vgl. Vf., 1964.

[35] Vgl. D.Zeller 1994, 505f., zum einzelnen Kerényi 1959 (= 1988); 1962, 60–103; Burkert 1977, 426–432, bes. 429f.

[36] Vgl. hierzu und zum folgenden Mannhardt 1905, 279f.; Baumgartner 1946 (= 1959), Detienne 1972 und Baudy 1986, der dem Vorgang eine ursprünglich ackerbaulich–wirtschaftliche Funktion zuschreibt. Gegen Baumgartner ist zu betonen, daß auch die christliche Aneignung der Adonisgärtchen diese nicht schwerpunktmäßig auf Christi Auferstehung bezieht. — Zu einem entsprechenden Brauch bei den persischen Tataren vgl. Eliade 1984, 77f.

jetzt in Sardinien, Sizilien und den Abruzzen begangen. Die zum Kult der Passionszeit gehörenden Gärtchen können in Kirchen beim „heiligen Grab" aufgestellt werden, z.T. mit dem Kruzifix in ihrer Mitte. Die bleiche Farbe der in einer Art Treibhauskultur im Dunkeln aufgezogenen Pflanzen und ihr rasches Verwelken stehen für den Tod des Gottes — wie auch ein zypriotischer Ritus mit einem am Samstag vor Palmarum zu „Grabe" getragenen „Lazarusknaben", dessen Lager entsprechend mit grünem, in Töpfen gezogenem Getreide umstellt wird, was an die in silbernen Körben gehegten blühenden Gärten am Lager des Adonis bei Theokrit, Eid. 15,113f., erinnert. Es gibt für die Begehungen mit Adonisgärtchen allerdings auch Wintertermine, den Barbaratag (4.12.), den Lazarustag (17.12.), das Weihnachtsfest oder die Jahreswende. Schließlich werden die Gärtchen in Äkker, Gärten und Quellen verbracht, wo sie Fruchtbarkeit schaffen sollen, wie es auch die Blume(n) aus dem Adonisgrab[37] auf etwas andere Weise veranschaulichten; ihr rasches Verwelken wird so in einer fruchtbarkeitsmagischen Verrichtung aufgehoben. Wie das Adonisbild nach Theokrit, Eid. 15,132–135, so können auch die Adonisgärtchen schon in der Antike ins Meer verbracht werden[38]. An das Verfahren der Alexandrinerinnen mit dem aufgebahrten Adonisbild mag es erinnern, wenn ein Pendent der Adonisgärtchen bei den italienischen Juden in die Kanäle Venedigs oder in einen Fluß geworfen werden; der Adonis von Alexandria hatte offenbar zum Wasser eine Affinität.

Vielleicht erklärt sich aus dem Brauch, das Adonisbild an das Meer zu bringen, auch der Folklorebefund, wonach *'al-Ḫaḍr* „der Grüne", offensichtlich ein volkstümlicher Nachfahre des Adonis, der weithin in der islamischen Welt in Moscheen, Kubben, Kirchen u.ä. verehrt wird, zugleich ein Seedämon und eine Personifikation des Meeres ist[39].

5. Reduktive Entwertung?

Wir haben mehrfach nach den Ursachen der behandelten Mytheme in den Lebensbedingungen ihrer Träger gefragt. Weder ein humanethologischer noch ein sozialgeschichtlicher Hintergrund der betreffenden religiösen Vorstellungen vermag diese zu entwerten. Selbst ein biologischer Reduktionsversuch, der in ethologisch relevanten Befindlichkeiten das leicht durchschaubare Motiv religiösen Verhaltens, Sprechens und Denkens sieht, hätte nur dann etwas Entwertendes, wenn man zugleich das menschliche Leben, dem diese dienlich sind, für einen geringen Wert ansähe. Vor allem pflegt der Mensch auf seine biologischen und sozioökonomischen Lebensbedingungen *schöpferisch* zu reagieren: er legt sie sich nicht nur geistig so zurecht, daß sie seinen emotionalen und rationalen Bedürfnissen als zumutbar erscheinen; seinem mentalen Pragmatismus folgt vielmehr auch ein zivilisatorisch–technischer, der im Fall des Gelingens dazu beiträgt, die vorfindliche Wirklichkeit etwa als Schöpfung bejahbar zu machen. Was die Wirklichkeit an

---

[37] S. o. S. 4f. mit Anm. 19.

[38] Belege bei Burkert 1977, 2759.

[39] Vgl. Kriss/Kriss–Heinrich 1960, 154, allerdings mit anderer Erklärung.

sich ist, wissen wir ohnehin nicht, da unsere Erkenntnisorgane nun einmal darauf angelegt sind, uns in die Wirklichkeit einzunisten — nicht, diese als sie selbst zu erfahren. Allein diese Einsicht sollte es verbieten, religiöse Vorstellungen und Begriffe als bloße Epiphänomene von Lebensbedingungen, die etwa als solche nicht bewußt würden, abzuwerten.

Jeder Sinnentwurf setzt eine gleichsam latente Sinnhaftigkeit der Wirklichkeit voraus, da unser Bedürfnis danach selbst das evolutive Produkt einer anorganischen und organischen Wirklichkeit ist, auf die es sich bezieht; so nisten wir uns mit unserem Sinnbedürfnis in eine Welt ein, der wir dieses Bedürfnis aufgrund eines evolutiven Prozesses verdanken. Ein latenter Weltsinn, den wir ahnen, setzt sich in eine Vielzahl virulenter Sinnentwürfe um, mit denen wir unser Sinnbedürfnis befriedigen[40]. Ist vollends *alle* Erkenntnis pragmatisch begründet, so vermag ein Pragmatismus in Hermeneutik und Erkenntnistheorie das zu–Verstehende, das er *erklärt*, als Instrument hoher Lebenszwecke geradezu aufzuwerten, wenn er ein einfühlendes *Verstehen* von religiösen Handlungen, Vorstellungen und Begriffen sucht.

---

[40] Religiösen Konstrukten wie Sagen und Legenden zu heilsgeschichtlich relevanten Daten oder auch theologischen Systemen mag man dabei — wie den mathematischen „Gegenständen" nach B. Baron von Freytag, gen. Löringhoff, und Max Steck — einen „fiktiven An–sich–Bestand" nachsagen: die genannten Logistiker übernahmen aus der Ontologie N. Hartmanns und G. Jacobys die wissenschaftstheoretische Vorstellung, daß „die von uns gedachten, 'fingierten' mathematischen Gegenstände bloß als von uns gedachte existieren, aber, sobald sie einmal gedacht sind und somit existieren, von uns unabhängige Eigenschaften haben"; die religiösen Signifikate, die allemal metaphorische (symbolische) Gültigkeit haben, bewahrheiten sich durch ihre Systemkohärenz. Auf einer solchen Systemkohärenz Gott zugesprochener Eigenschaften beruht m.E. der ontologische Gottesbeweis, soweit man mit ihm das Sein als ein Prädikat ansehen darf, das mit Gottes anderen Prädikaten auf einer Ebene liegt. Zu beachten ist aber, daß alle religiösen Konstrukte wie die heilsgeschichtlich relevanten Sagen bzw. Legenden oder theologische Deduktionen wie etwa der ontologische Gottesbeweis in den Bereich metaphorischer (symbolischer) *Signifikate* gehören, sich also unmittelbar auch nur auf das Signifikat „Gott" beziehen, nicht auf die *Referenz* Gott. So gehört denn auch die Referenz Gott keineswegs nur zu dem o.g. „fiktiven An–sich–Bestand" religiöser oder auch mathematischer „Gegenstände". Zu Freytag–Löringhoff und Steck vgl. Thiel 1995, 16f.

Literaturverzeichnis

Baudissin, W.W. Graf
1911 Adonis und Esmun. Eine Untersuchung zur Geschichte des Glaubens an Auferstehungsgötter und an Heilgötter, Leipzig.
Baudy, G.J.
1986 Adonisgärten. Studien zur antiken Samensymbolik, in: Beiträge zur klassischen Philologie 176, Meisenheim am Glan.
Baumgartner, W.
1933 Der Auferstehungsglaube im Alten Orient, in: Zeitschrift für Missionskunde und Religionswissenschaft 48, 193–214 (= Baumgartner, Zum Alten Testament und seiner Umwelt. Ausgewählte Aufsätze, Leiden 1959, 124–146).
1946 Das Nachleben der Adonisgärten auf Sardinien und im übrigen Mittelmeergebiet, in: Schweizerisches Archiv für Volkskunde 43, 122–148 (= Zum Alten Testament und seiner Umwelt, 247–273).
Beckby, H.
1975 Die griechischen Bukoliker, in: Beiträge zur klassischen Philologie 49, Meisenheim am Glan.
Bell, R.
1968 The Origin of Islam in its Christian Environment, London.
Bultmann, R.
1964[6] Die Geschichte der synoptischen Tradition, in: Forschungen zur Religion und Literatur des Alten und Neuen Testaments 29, Göttingen.
Burkert, W.
1977 Griechische Religion der archaischen und klassischen Epoche, in: Die Religionen der Menschheit 15, Stuttgart u.a.
Cagnat, R.
1906 Inscriptiones Graecae ad res Romanas pertinentes III, Paris.
Detienne, M.
1972 Les jardins d'Adonis. La mythologie des aromates en Grèce, Paris.
Dietrich, M.
1991 Die Tötung einer Gottheit in der Eridu–Babylon–Mythologie, in: FS K. Koch, Neukirchen–Vluyn, 49-73.
Dietrich, M./ Loretz, O./ Sanmartín, J.
1995 The Cuneiform Alphabetic Texts from Ugarit, Ras Ibn Hani and Other Places (KTU: second, enlarged edition), in: Abhandlungen zur Literatur Alt–Syrien–Palästinas und Mesopotamiens 8, Münster.
Eliade, M.
1984 Kosmos und Geschichte. Der Mythos der ewigen Wiederkehr, Frankfurt M.
Falkenstein, A.
1965 Der sumerische und akkadische Mythos von Inannas Gang zur Unterwelt, in: Orientalia 34, 450f. (Bericht L. Cagnis).
1968 Der sumerische und akkadische Mythos von Inannas Gang zur Unterwelt, in: FS W.Caskel, Leiden, 96–110.

Frazer, J.G.
1911[3] The Golden Bough. A Study in Magic and Religion III: The Dying God
1914[3] IV 1/2: Adonis, Attis, Osiris, London (Nachdruck 1963).
Gathier, P.–L.
1986 Inscriptions grecques et latines de la Syrie XXII, Paris.
Gunkel, H.
1910[2] Zum religionsgeschichtlichen Verständnis des Neuen Testaments, in: Forschungen zur Religion und Literatur des Alten und Neuen Testaments 1, Göttingen.
Kerényi, K.
1959 Über das Geheimnis der Eleusinischen Mysterien, in: Paideuma 7/2, 69–82 (= Kerényi, Wege und Weggenossen 2, München 1988, 264–282).
1962 Die Mysterien von Eleusis, Zürich.
Khouri, A.Th.
1993/4 Der Koran. Arabisch — Deutsch 4; 5, Gütersloh.
Kriss, R../ Kriss–Heinrich, H.
1960 Volksglaube im Bereich des Islam 1, Wiesbaden 1960.
Loisy, A.
1907 Les évangiles synoptiques I, Frankfurt M (Nachdruck 1971).
1930 Les mystères païens.
Lüdemann, G.
1994 Die Auferstehung Jesu. Historie, Erfahrung, Theologie, Stuttgart.
Mannhardt, W.
1905 Wald- und Feldkulte II: Antike Wald- und Feldkulte aus nordeuropäischer Überlieferung erläutert, Berlin (Nachdruck Darmstadt 1963).
Müller, H.–P.
1964 Die kultische Darstellung der Theophanie, Vetus Testamentum XIV, 183-191.
1996 Der phönizisch–punische *mqm 'lm* im Licht einer althebräischen Isoglosse, Or. 65, 111–126.
1994 König Mêša‘ von Moab und der Gott der Geschichte, Ugarit-Forschungen 26, 373–395.
1997 Sterbende und auferstehende Götter? — Eine Skizze, FS E.Jenni, TZ 53, 74–82.
Ribichini, S.
1995 Adonis, in: K. van der Toorn u.a. (edd.), Dictionary of Deities and Demons in the Bible (DDD), Leiden, 12–17.
Rordorf, W.
1962 Der Sonntag. Geschichte des Ruhe- und Gottesdiensttages im ältesten Christentum, in: Abhandlungen zur Theologie des Alten und Neuen Testaments 43, Zürich.
Rudolph, W.
1922 Die Abhängigkeit des Qorans von Judentum und Christentum, Stuttgart.
Thiel, Ch.
1995 Philosophie und Mathematik. Eine Einführung in ihre Wechselwirkungen und in die Philosophie der Mathematik, in: Wissenschaft im 20. Jahrhundert. Transdisziplinäre Reflexionen, Darmstadt.

Vida, G. Levi Della/ Amadasi Guzzo, M.G.
1987 Iscrizioni puniche della Tripolitania (1927–1967), in: Monografie di archaeologia libica XXII, Rom.
Weiher, A.
1986[5] Homerische Hymnen. Griechisch – deutsch, München/ Zürich.
Wellhausen, J.
1904 Das Evangelium Matthaei, Berlin.
Zeller, D.
1994 Mysterien / Mysterienreligionen, in: Theologische Realenzyklopädie XXIII 3/4, Berlin/ New York, 504–524.
Zimmern, H.
1903[3] Religion und Sprache, in: E. Schrader, Die Keilinschriften und das Alte Testament, Berlin, 343-654.

Der Gott Assur und die Erben Assyriens

Walter Mayer

In der vorliegenden Studie soll zunächst der Gott Assur — seine Charakteristika und seine Entwicklung vom *numen loci* über den *deus persona* zum Reichsgott in wenigen groben Strichen skizziert werden. Im Anschluß daran wird die Vorbildfunktion Assurs für nicht assyrische Götter untersucht:

1. Assur und benachbarte Götter zur Zeit des assyrischen Reiches.
2. Der spätbabylonische Marduk als Reichsgott.
3. Die Entstehung einer Staatsreligion bei Medern und Persern.

Der Gott Assur ist gänzlich andersartig als die übrigen großen Götter Mesopotamiens[1]. Er ist ein spezifisch assyrischer Gott, ohne andere Kultzentren außer dem in der gleichnamigen Stadt und er ist als *deus persona* nur schwer zu fassen.

Von Beginn der schriftlichen Überlieferung zu Beginn des 2. Jt. an erscheint Assur als der unbestrittene Hauptgott — vergeblich sucht man aber nach seiner Herkunft und seiner Identität. Er hat keinerlei Familienbande, wie sie für alle großen Götter der Sumerer und Babylonier charakteristisch sind. Er hat keine Paredra — wenn ihm im Laufe der Zeit gelegentlich eine zugeteilt wird — wie etwa die Ištar von Ninive — dann geschieht dies wohl nur aus Systemzwang.

Ungewöhnlich ist auch, daß Assur offenbar kein anthropomorphes Kultbild hatte. Präsent war er wohl in Symbolen, wie seinem Schwert — im 1. Jt. wird in Assyrien auch die Hörnerkrone, die in Babylonien zum Himmelsgott Anu und dessen Sohn Enlil gehörte, zu seinem Kennzeichen. Vor diesen Symbolen werden Eide geleistet — Assur ist in den Texten der altassyrischen Zeit der erste Schwurgott. In einigen dieser Eidesformeln aber wechseln ganz offensichtlich Gott und Stadt miteinander. Mit anderen Worten besagt dies: Der Gott Assur ist ursprünglich die vergöttlichte Stadt gleichen Namens. Es ist auch der einzige Fall, bei dem der Gott und seine Stadt namensgleich sind.

Die Stadt Assur — sie ist seit dem 24/3. Jh. schriftlich bezeugt — liegt auf einem Ausläufer des Ǧabal Ḥamrīn westlich des Tigris. Der Fluß hat bei seinem Durchbruch eine Felsnase herausgewaschen, die er jetzt umfließt. Der Hügel erhebt sich deutlich über seiner flachen, welligen Umgebung auf dem Westufer — vom Fluß selbst aus wirkt er höchst eindrucksvoll. Man wird nicht fehlgehen in der Annahme, daß dieser markante Geländepunkt bereits seit urgeschichtlichen Zeiten ein heiliger Platz war. Wegen ihrer Lage am Schnittpunkt verschiedener Handelswege dürfte die Stelle auch schon frühzeitig besiedelt gewesen sein. Dabei ha-

[1] Zum Gott Assur vgl. ausführlich Lambert 1983; Mayer 1994 und 1995a, 61–67.

ben die Bewohner die Heiligkeit des Platzes wohl ausgenützt, indem sie den 'Berg' in eine 'Stadt' umgeformt haben — praktisch durch Bebauung und ideologisch durch die Verwandlung des *numen loci* in einen *deus persona*.

Das hatte Folgen: Da Assur alle grundsätzlichen Attribute und alle Verbindungen zu Naturkräften abgingen, nahm er immer den Charakter der Bevölkerung der Stadt an. Diese war in der 1. Hälfte des 2. Jt. ausschließlich kaufmännisch orientiert. Nachdem sich die politischen Gegebenheiten der Umwelt geändert hatten und die Stadt, wenn sie eigenständig und unabhängig ihr Geschick gestalten wollte, gezwungen war, sich einen Platz unter den inzwischen etablierten Mächten zu erkämpfen, wurde die Bevölkerung imperialistisch und zwangsläufig militaristisch — dem entsprechend wurde Assur zu einem höchst kriegerischen Gott.

Die Tatsache, daß Gott und Stadt identisch sind, erklärt auch, weshalb es außerhalb der Stadt Assur keine offizielle Kultstätte des Gottes gegeben hat und auch gar nicht geben konnte.

Ein *numen loci* hat natürlich gewisse Schwierigkeiten, die Bewohner seiner Heimstätte notfalls bis an den Rand der Welt zu begleiten und für sie überall wirksam zu sein. Früheste assyrische Königsinschriften nennen neben Assur kommentarlos den fraglos syrisch beeinflußten Wettergott, der in seinem Wirkungsbereich kaum beschränkt war. So wie aber Assur Charakterzüge seines Volkes annehmen konnte, so nahm er auch Züge von Göttern an, die ihm beigesellt wurden. Das Erscheinungsbild des Berggottes mit Wettergottzügen dürfte dann auch im 18. Jh. die Identifizierung mit dem sumerischen Königsmacher Enlil ermöglicht haben.

Zum irdischen Umfeld des Gottes Assur gehört an erster Stelle der Stadtfürst — der *iššak Aššur*. Diesen Titel behalten die Herrscher bei, auch nachdem sich von der Mitte des 2. Jt. an das Stadtfürstentum zu einem zentral regierten Territorialstaat, einem Reich gewandelt hatte. Er ist nicht nur der oberste Priester — er ist zugleich auch der irdische Vertreter und Sachwalter des Gottes. Er ist vom Gott zu diesem Zweck erwählt und eingesetzt. Er kann es sich aber auch mit seinem Gott verderben und wird dann durch einen anderen Erwählten vom Throne entfernt. Nach Ausweis der Königsinschriften gehörte die Hebung und Sicherung der allgemeinen Wohlfahrt des Landes zu den vornehmsten Aufgaben des Königs.

Im Alten Orient ist politisches Geschehen ohne die Götter undenkbar. Jedes Stadtfürstentum lebt und stirbt mit seinem Stadtgott. Die *evocatio* der Hethiter und die Deportation von Göttern, wie sie von den Assyrern praktiziert worden ist, muß vor diesem Hintergrund gesehen werden [2]. In gleicher Weise gilt dies natürlich für ein Reich.

Nun wäre in diesem Kontext auch die Rolle, die Assur als **Reichs**gott in der Außenpolitik gespielt hat, zu untersuchen. Unterworfene Fürsten oder Nomadenstämme leisteten vor den großen Göttern einen Eid, der die Treue und Gefolgschaft gegenüber dem Gott Assur, vertreten durch den König, zum Inhalt hatte. Handgreifliches Zeugnis dafür war der zu entrichtende Tribut. Besiegelt wird der Vertrag durch Opfer und Geiselgestellung.

Wurde nun ein Vertrag durch einen Vasallen gebrochen, so war Assur der unmittelbar Betroffene. Wenn sich die assyrischen Könige seit dem 13. Jh. bei ihren Kriegszügen auf den Auftrag Assurs beriefen, so nicht aufgrund einer

---

[2] Vgl. Mayer 1995a, 480/1.

„Weltherrschaftsideologie", sondern wegen der Beleidigung und Verletzung Assurs durch den Bruch eines geltenden Vertrages. Es wurde Aufgabe des Königs, seinen Gott Assur zu rächen. Dem Sonnengott als Schutzherrn der Verträge kam dabei eine besondere Bedeutung zu. Er ist es nämlich, der zu Beginn eines so notwendig gewordenen Feldzuges die günstigen Vorzeichen liefert, und er ist es auch, der auf Reliefs aus der Flügelsonne heraus die siegbringenden Waffen reicht, mit denen der verletzte Vertrag und der beleidigte Assur durch den König gerächt werden sollen.

Ohne Zweifel unterlagen diese Vorgänge einer historischen Entwicklung. Als Reichsgott gewann Assur durch die mittel- und neuassyrischen Vasallenverträge und die auf wiederholte Rebellion zwangsläufig folgende Umwandlung in assyrische Provinzen ausgedehnte Territorien hinzu.

Ausgehend von der in der Assyriologie verbreiteten „Weltherrschaftsideologie" glaubten Bibelwissenschaftler eine repressive assyrische Religionspolitik nachweisen zu können[3]. Dies ist jedoch völlig abwegig. Man war im Alten Orient an der Verbreitung einer Religion oder an Zwangsbekehrungen überhaupt nicht interessiert, da man ja durch das Bekenntnis zu Assur letztlich Assyrer oder durch das Bekenntnis zu Ahuramazda Perser und damit Angehöriger des Herrschaftsvolkes geworden wäre.

Immer sind es im Alten Orient die Götter einer Stadt oder eines Territoriums, die in letzter Instanz politische und militärische Handlungen und Abläufe in Gang setzen. Da liegt es nahe, wenn man seinen eigenen Gott dem eines politisch erfolgreicheren Nachbarn nachgestaltet. Der mit Abstand politisch und militärisch erfolgreichste Gott im Vorderen Orient war im 1. Jt. ohne Zweifel Assur. Sein größter Rivale in dieser Zeit war der urartäische Ḫaldi, dessen Kultzentrum Muṣaṣir bereits im 18. Jh. belegt ist. Als die Urartäer nach der Jahrtausendwende an die Errichtung eines politischen Gebildes gingen, das zum zweitmächtigsten Reich in Vorderasien werden sollte, haben sie bei den Assyrern die verschiedensten Anleihen genommen. Dabei haben sie neben der Schrift offenbar auch den zum Reichsgott gewordenen Ḫaldi an Assur orientiert. Auch Ḫaldi scheint kein anthropomorphes Kultbild gehabt zu haben, auch seine Kultstätte in Muṣaṣir war nicht verlegbar und, wenn urartäische Könige von ihrem Reichsgott sprechen, von seiner Macht, seinem Auftrag und seiner Unterstützung, dann klingt das wie Übersetzungen aus dem Assyrischen.

In diesem Zusammenhang kann man sich natürlich auch fragen, inwieweit Assur etwa von der Mitte des 8. Jh. an bei der Ausformung des Jahwe–Bildes Pate gestanden haben könnte.

Das Reich Assurs expandierte von der Mitte des 10. Jh. an, bis es zu Beginn des 7. einen Zustand der völligen Überbeanspruchung der Kräfte erreicht hatte und innerhalb weniger Jahrzehnte total kollabierte. 614 fiel Assur den Medern in die Hände und 612 Ninive. Der Todeskampf zog sich im Westen mit ägyptischer Unterstützung noch einige Jahre hin. Das Reichsgebiet wurde zwischen den Spätbabyloniern und Medern aufgeteilt.

Nabupolassar (625–605) als erster spätbabylonischer König, der in seinen jungen Jahren möglicherweise selbst noch die Schule des assyrischen Militärs durch-

---

[3] So z.B. H. Spieckermann 1982.

laufen hatte, und sein Sohn Nebukadnezar II. (604–562) konnten während ihrer Zeit von der personellen Substanz, die ihnen aus der assyrischen Konkursmasse zugefallen war, profitieren. Bis dahin war Babylon einer konsequenten Machtpolitik, wie sie die Assyrer betrieben hatten, unfähig gewesen — sieht man von vergleichsweise kurzen Phasen einmal ab. Das sollte sich jetzt grundsätzlich ändern. Nabupolassar war ein erhebliches Potential in die Hände gefallen, das es ihm und danach seinem Sohn erlaubte, die Rechtsnachfolge Assyriens für sich zu beanspruchen und diesen Anspruch auch in die Tat umzusetzen, wobei er in jeder Beziehung den assyrischen Lehrmeistern folgte.

Aus Babylon wurde ein Reich und als solches benötigte es zwingend auch einen Staatskult und einen Reichsgott. So wurde Marduk — bis dahin Stadtgott von Babylon — zum Reichsgott des Spätbabylonischen Reiches. War er bis dahin — neben seiner Stadtgottfunktion — im wesentlichen ein Gott der Beschwörung und der Magie, so wird er jetzt zum obersten Gott und Schöpfer aller Dinge. Die Entwicklung dazu hat sicherlich nicht erst mit dem Fall Assurs eingesetzt — der Auf- und Ausbau eines solchen theologischen Gebäudes und die unerläßliche Verankerung in der Bevölkerung benötigten ihre Zeit.

Der konkrete Anlaß für diese Entwicklung könnte in einem herrscherlichen Willensaktes des überaus ambitionierten Merodachbaladan (721–711 u. 703) gelegen haben, dem möglicherweise, nachdem er als erster Aramäer den babylonischen Thron bestiegen hatte, eine Neuordnung der Welt mit einem babylonischen Reich nach assyrischen Vorbild vorschwebte. Vielleicht war er gerade als Aramäer und damit als Nichtbabylonier am ehesten in der Lage, mit den überkommenen politischen Verfahrensweisen der Babylonier, die sich in ihrer Geschichte bisher nur selten einer Machtpolitik fähig gezeigt hatten, zu brechen.

Ein äußeres Zeichen dafür könnte sich auf den babylonischen „Grenzsteinen" (*kudurru*) finden: Nahmen bis dahin die Hörnerkronen des Himmelsgottes Anu und seines Sohnes Enlil innerhalb der aufgereihten Göttersymbole immer eine Spitzenposition ein, so werden sie offenbar aus dieser vom letzten Viertel des 8. Jh. an zunehmend durch den Spaten Marduks und den Griffel seines Sohnes Nabû verdrängt. Auch steht das Wüten Sanheribs gegen Babylon und besonders gegen Marduk und die Götter seiner Entourage im Jahre 689 völlig außerhalb der sonst von den Assyrern praktizierten Babylonienpolitik[4]. Dies läßt sich nicht nur aus Sanheribs Frustration über das Scheitern seiner Politik und mit persönlichen Verletzungen erklären[5]. Die Assyrer sind im Laufe ihrer Geschichte nur dann mit einer solchen Härte gegen Kultzentren anderer Völker vorgegangen, wenn sich diese zuvor zur Keimzelle einer das Reich bedrohenden Religion entwickelt haben[6]. Somit könnte Sanheribs Vorgehen durchaus die Antwort auf eine Initiative Merodachbaladans und der von ihm gewonnenen Mardukpriesterschaft gewesen sein. Diese hatte offenbar längerfristig eine ideologische Basis geschaffen, so daß Mar-

[4] Vgl. Mayer 1995a, 85–87.

[5] Vgl. Mayer 1995b.

[6] Zu nennen sind hier die Zerstörung und Tabuierung von Irrite, dem kultischen und politischen Zentrum von Ḫanigalbat, durch Adad-nērārī I., Arin(n)a in Muṣri durch Salmanasar I. und Ḫunuša in Qumānu durch Tiglatpilesar I.; vgl. Mayer 1995a, 480.

duk zum rechten Zeitpunkt als Reichsgott bereit stand. Die Züge des Gottes Assur sind hier jedenfalls überall deutlich erkennbar.

Daß Nabonid (555–539) als letzter König des spätbabylonischen Reiches möglicherweise dem assyrischen Königshause entstammte, mag man als eine Ironie der Geschichte ansehen. Sicherlich versuchte er in der Erkenntnis, daß Babylonien der Gefahr, die aus Iran drohte, inzwischen militärisch und politisch kaum noch etwas entgegenzusetzen hatte, unkonventionell von Westen her eine neue, aramäisch geprägte, Basis zu schaffen. Dazu gehörte auch der Versuch den letztlich babylonischen Reichsgott Marduk durch den an der Spitze des aramäischen Pantheons stehenden Mondgott von Ḫarrān zu ersetzen. Möglicherweise hatten die assyrischen Könige von der Mitte des 8. Jh. an schon mit einer solchen Idee gespielt — wenn, dann war es nicht gelungen, sie auch in die Tat umzusetzen. Auch Nabonid verblieb dafür nicht genügend Zeit. Alle Darstellungen Nabonids und seiner Zeit beruhen außer auf seinen eigenen wenig informativen Inschriften ausschließlich auf der Überlieferung der Mardukpriesterschaft, die sich in ihrer noch neuen Rolle als Reichsgott–Klerus durch die Bemühungen des Königs existentiell bedroht sah. Nach dem Scheitern seines Versuches, gehörte auch in seinem Falle die Geschichtsschreibung den Siegern. Der Haß aber, mit dem Nabonid darin verfolgt wird, könnte darauf hindeuten, daß er bei seinem Versuch ziemlich weit gekommen ist.

Nun zu den Medern und Persern! Seit dem 9. Jh. begegnen aus der Verbindung mit alteingesessener Bevölkerung hervorgegangene lokale Herrschaften dieser reiternomadischen Völker in den assyrischen Quellen. Mit Ekbatana wird etwa gegen Ende des 8. Jh. bei Hamadan — gerade außerhalb der Reichweite der Assyrer — ein politisches Zentrum geschaffen.

In den vierziger Jahren des 7. Jh. wurde Urartu durch die Meder liquidiert. Es liegt nahe, daß eine Reihe von urartäischen Praktiken und Traditionen bei dieser Gelegenheit ihren Weg nach Medien fanden. Hierfür gibt es bisher zwar keine unmittelbaren medischen Zeugnisse, wie es überhaupt kaum sichere medische Hinterlassenschaften gibt, wohingegen aber in achämenidischen Inschriften manche Eigentümlichkeiten erscheinen, die nur vom urartäischen Vorbild her verständlich werden. Letztlich kann derartiges aber nur von den Medern, die wohl erst von den Urartäern gelernt hatten, wie man Inschriften abfaßt, an die Achämeniden vermittelt worden sein.

Mit der Vernichtung Assyriens war den Medern die gesamte nördliche Hemisphäre des assyrischen Reiches zugefallen. Offenbar gab es im Siegesrausch noch medische Versuche, sich das, was für die Übernahme und die Verwaltung der neu gewonnenen Länder nötig war, schnell anzueignen. Die Wegführung der relevanten Teile der assyrischen Staatsarchive gehörte wohl mit zu den in diesem Zusammenhang durchgeführten Maßnahmen. Man sah wohl auch in der Existenz eines Staatskultes eine *conditio sine qua non* für die Errichtung eines großen Reiches, zu dem die reiternomadischen Meder quasi über Nacht geworden waren. Dieser Kult mußte aber iranisch sein — es war nicht möglich, Assur oder einen anderen mesopotamischen Gott einfach zu übernehmen. Somit könnten auch erste Versuche, mit Ahuramazda einen Reichsgott und einen Nachfolger für Aššur zu etablieren, in diese Phase gefallen sein.

Bei der Behandlung der Ahuramazda–Religion gibt es verschiedene Probleme, die ihren deutlichsten Ausdruck in der unterschiedlichen Datierung Zarathustras finden. Da ist einmal das sprachgeschichtliche Problem: Persisch–westiranisch und Awestisch–nordostiranisch sind zwar verwandt, aber deutlich unterschieden.

Ein anderes Problem ist das religionsgeschichtliche: Woher kommt diese Religion und wie wurde sie zur Staatsreligion? Eine andere Frage, die dabei meist in den Hintergrund tritt, ist die: Wie sah diese Religion eigentlich bei den Achämeniden tatsächlich aus — handelt es sich dabei um einen Monotheismus? Verfolgt man die Sekundärliteratur, so entsteht der Eindruck, als würden sämtliche Verbindungen zum Alten Orient, eine eventuelle Verwurzelung in altorientalischem Denken oder Traditionen und Mustern kaum in Betracht gezogen, als würden die religiösen Verhältnisse, wie sie sich in den Schriften spiegeln, die auf Šabur I. (241–272) zurückgehen, die im Original aber erst aus dem 10. Jh. n. Chr. erhalten sind, einfach acht Jahrhunderte zurückprojeziert. Dies ist jedoch von der Methode her kaum zulässig.

Die Problematik muß in erster Linie von ihrer politisch–historischen Seite her angegangen werden, wobei die Frage der Historizität von Zarathustra von untergeordneter Bedeutung ist.

Die Geschichte zeigt, daß als Reiternomaden verschiedene Gruppen zusammen leben und wandern können, denen weder Sprache, noch Religion, noch anthropologische Merkmale gemeinsam sein müssen — das Verbindende ist allein die Lebensform. Meder und Perser als iranische Reitervölker hatten verwandte aber verschiedene Sprachen — eine weitere ist, wie schon erwähnt, die Sprache des Awesta. Die Tatsache, daß eine bestimmte Sprache altertümlicher ist als eine verwandte andere, sagt alleine noch nichts über das zeitliche Verhältnis aus, in dem sie zu einander stehen.

Aus der Geschichte sind Beispiele bekannt, in denen bestimmte Stämme für besondere Fähigkeiten berühmt waren. Ein solcher Stamm, der eventuell für seine schönen altertümlichen Dichtungen berühmt war, könnte der awestisch sprechende Stamm der Magier gewesen sei. Einem der medischen Oberhäuptlinge in Ekbatana ist es möglicherweise gelungen, diesen Stamm für die Schaffung eines dem assyrischen Reichskult ähnlichen Kultes des Ahuramazda zu gewinnen. Der Name des Stammes wurde damit zur Berufsbezeichnung für Angehörige des neuen Reichskultes[7]. Wir haben keine Quellen — aber möglicherweise bestand nach dem Fall Assyriens innerhalb dieses Klerus Unzufriedenheit mit der politischen Entwicklung, so daß es Kyros zunächst gelang, ihn für sich und für eine *translatio imperii* zu gewinnen. Was die Frage des Monotheismus angeht, so weisen schriftliche Zeugnisse aus der Achämenidenzeit — Inschriften und Briefe — auf die Existenz von Kulten anderer Götter innerhalb der persischen Gesellschaft.

Der Schatz an Erfahrungen und Wissen, den die Assyrer durch Jahrhunderte in ihren Staatsarchiven angesammelt hatten, blieb den Medern jedoch verschlossen — nicht zuletzt durch die Auslöschung derjenigen Kreise Assyriens, die sie damit hätten vertraut machen können. Aus welchen Gründen auch immer — es gelang

---

[7] Eine Analogie bietet im Alten Testament der Stamm Levi, dessen Angehörigen die bekannte Rolle im Kult zugefallen ist.

der medischen Führung jedenfalls nicht, die nomadische Gesellschaft in der zur Verfügung stehenden Zeit der neuen Situation anzupassen. Dies wäre aber unbedingt nötig gewesen, zumal der Eroberungsgedanke als tragendes Moment mit der Zerschlagung Assyriens entfallen war, sieht man von der Auseinandersetzung mit Lydien in den Jahren von 590 bis 585 einmal ab. Kyaxares (625–585) kam offensichtlich nicht rechtzeitig auf den Gedanken, sich zum König von Assyrien zu machen, um so eine gewisse Kontinuität der Herrschaft zu wahren. Möglicherweise verspielte er damit alle Aussichten auf eine dauerhaftere Etablierung eines medischen Reiches.

Die Perser waren etwa zu der Zeit, als die Meder sich anschickten, Urartu zu zerschlagen, in das von Assurbanipal geschaffene Vakuum im Südosten Elams eingedrungen. Anders als die Aramäer Babyloniens und die Meder scheinen sie in den Todeskampf Assyriens nicht verwickelt gewesen zu sein. Es sieht vielmehr so aus, als hätte das achämenidische Herrscherhaus die Zeit genützt, um sich mit den politischen Erfordernissen der neuen Gegebenheiten vertraut zu machen und — nicht zuletzt durch Beobachtung der Vorgänge in Mesopotamien und der dort von allen Beteiligten gemachten politischen Fehler — Erfahrungen zu sammeln. So scheint es dann auch Kyros (559–529) im Jahre 550/49 keine allzu großen Schwierigkeiten bereitet zu haben, die Herrschaft über die Meder zu gewinnen und Meder und Perser unter Respektierung der jeweiligen Traditionen zu einer politischen Einheit zu formen — zumindest scheinen beide Maßnahmen fürs erste weitgehend unblutig abgelaufen zu sein. Damit verfügte er zunächst über das für weitere Eroberungen notwendige militärische Potential, wobei die reiternomadischen Traditionen in vollem Umfange gewahrt werden konnten. Dadurch, daß Kyros sich in Babylon zum babylonischen König machte, gewann er weniger die Babylonier für sich — wobei fraglich ist, ob deren Meinung ihn überhaupt interessierte — als vielmehr die Kräfte, deren Erfahrungen in Organisation und Verwaltung für ihn lebensnotwendig waren. Der Eindruck der Fremdherrschaft blieb den neuen Untertanen wohl weitgehend verborgen, solange die Phase der erfolgreichen Eroberungen, die erst mit Ägypten ihr Ende fand, noch andauerte. Der Aufstand des Gaumata am Ende der Eroberungsphase mag entstanden sein aus dem Protest konservativer Kreise gegen die nun fällige Konsolidierung, die zwangsläufig auf Kosten der reiternomadischen Traditionen gehen mußte.

Der Versuch, die territoriale Beutesammlung seiner Vorgänger in ein persisches Reich umzuformen, blieb Dareios I. (521–486) überlassen. Nach seiner Vorstellung gehörte offenbar eine eigene Keilschrift für monumentale Zwecke zu den unverzichtbaren Würdezeichen eines Reiches. Bei der Schaffung der altpersischen Keilschrift, die aufgrund eines Willensaktes des Herrschers erfolgte, stand wohl die assyrisch geprägte urartäische Schrifttradition Pate. Daß dabei eher die Ehrwürdigkeit der Keilschrift als ihr praktischer Nutzen im Vordergrund stand, wird durch die gleichzeitige Verwendung des Aramäischen als Verwaltungssprache des Reiches deutlich. Auch das Altpersische scheint als Sprache zu dieser Zeit bereits im Sterben begriffen gewesen zu sein. Eine zunehmende Zahl von Fehlern in Inschriften der Nachfolger von Xerxes (485–466) belegen, daß es nicht mehr ausreichend verstanden wurde.

Das wichtigste und zugleich schwierigste Problem stellte wohl die Verbindung der bodenständigen ägyptischen, aramäischen und mesopotamischen mit den reiternomadisch–feudalen Komponenten der Gesellschaft dar. An dieser Klippe sollten die Achämeniden ebenso scheitern wie andere Reitervölker nach ihnen[8].

Aus der Verknüpfung von heterogenen und zentrifugalen Traditionen und Kräften resultierte die charakteristische Staatsform des Achämenidenreiches. Ihren Ausdruck fand diese nicht zuletzt im Hofzeremoniell, das — folgt man den Berichten griechischer Autoren und den Darstellungen auf den Reliefs von Persepolis — wohl weitgehend assyrisch beeinflußt war.

Auf achämenidischen Reliefs erscheint über dem König oder zumindest in unmittelbarer Nähe ein bärtiger Mann in einer geflügelten Scheibe — ganz ähnlich dem assyrischen Šamaš. Dieses Symbol ist im Laufe der Zeit recht kontrovers gedeutet worden. Es lag zunächst nahe, darin Ahuramazda zu sehen, der ja auch in den Inschriften immer erwähnt wird. Eine andere und, soweit ich sehen kann, inzwischen meist akzeptierte Deutung sieht darin das *Khvarnah*, das königliche Charisma[9]. Dieses in dieser Form wohl medische Wort, das ursprünglich etwa eine Bedeutung „Licht" hatte, begegnet zwar vereinzelt schon in achämenidischen Personennamen[10], letztlich erlebte dieser Begriff aber seine endgültige Ausführung und Blüte in der Herrscherideologie der Sassanidenzeit.

Dabei ist auch zu bedenken, daß die Iraner inzwischen durch den Kontakt mit den Seleukiden auch der griechischen *Tyche* begegnet sind. Ich möchte jedenfalls bezweifeln, daß das sassanidische *Khvarnah* ohne diese Begegnung mit der *Tyche* in seiner endgültigen Form denkbar ist.

Eine Detailaufnahme der Figur in der geflügelten Sonnenscheibe auf dem großen Relief Bisutun zeigt, daß dieses Wesen das Sonnensymbol auf der Kopfbedeckung trägt — sie ist damit eindeutig als Sonnengott ausgewiesen. Für einen solchen hatten aber die Achämeniden wenig Verwendung, auch wenn sie keineswegs, wie oft gerne angenommen wird, Monotheisten im herkömmlichen Sinne waren[11]. Ahuramazda scheidet damit jedenfalls aus[12]. Man kannte aber diese Darstellung ohne Zweifel von den Reliefs in den Ruinen assyrischer Paläste. Da die Meder aber alles, was ihnen eine Kontinuität in der Herrschaft hätte ermöglichen können, ausgelöscht hatten, hat man offensichtlich die geflügelte Sonnenscheibe als ein Symbol mißverstanden, das die dargestellte Person schlicht als König kennzeichnete. Zwar ist es möglich, daß es in den religiösen Vorstellungen vom Herrscher bei den Medern so etwas wie eine Aura oder ein Charisma gegeben hat — wir wissen so gut wie nichts darüber. Es fällt aber immerhin auf, daß Dareios die Verleihung des *Khvarnah* durch Ahuramazda in seinen umfangreichen Inschriften

---

[8] Zu nennen wären hier in erster Linie die Araber, die Mongolen und die Osmanen. In allen drei Fällen folgte wie mit Dareios eine Konsolidierung nach Abschluß der Eroberungsphase — zu Beginn der Abbasiden–Herrschaft, unter der Regierung Kublei Khans und unter der Süleymans II. *kanuni*. In allen drei Fällen setzte danach ein unterschiedlich langer, aber unaufhaltsamer Verfallsprozeß ein.

[9] Calmeyer 1979.

[10] Beispielsweise der Satrap Tissaphernes in Xenophons *Anabasis*.

[11] Dafür sprechen die Belege für die „Götter" in den altpersischen Inschriften; vgl. die Pluralformen von *baga-* „Gott" in Kent 1953, 199a.

[12] Eine andere Ansicht vertritt Jacobs 1987.

nicht erwähnt, obwohl er als Usurpator gerade dies eigentlich dringend nötig gehabt hätte. Letztlich ist aber die Umdeutung des Gottes in der geflügelten Sonnenscheibe als *Khvarnah* nur eine logische Konsequenz — aber wohl erst am Ende einer längeren Entwicklung.

Ich habe versucht, Assur und die von ihm beeinflußten Reichsgötter in sehr verkürzter Form vorzustellen. Was Ahuramazda angeht, so sollte durch eine Skizzierung der offenkundigen Übernahmen altorientalischer Traditionen durch Meder und Perser das weite Feld der Möglichkeiten etwas eingeengt werden. Ich bin mir dabei durchaus bewußt, daß zum gegenwärtigen Zeitpunkt die Möglichkeit einer stringenten Beweisführung noch in weiter Ferne liegt. Bei einer Betrachtung der iranischen Religion sollte aber deren Verwurzelung in der altorientalischen Umwelt grundsätzlich stärker als bisher üblich berücksichtigt werden.

Literaturverzeichnis

Calmeyer, P.

1979 Fortuna — Tyche — Khvarnah. Jahrbuch des Deutschen Archäologischen Instituts 94, 347–365.

Jacobs, B.

1987 Das Chvarnah — Zum Stand der Forschung. Mitteilungen der Deutschen Orient–Gesellschaft 119, 215–248.

Kent, R.G.

1953[2] Old Persian. American Oriental Series 33. New Haven.

Lambert, W.G.

1983 The God Assur. Iraq 45, 82–86.

Mayer, W.

1994 Assur — der Gott, seine Stadt und sein Reich. Mitteilungen für Anthropologie und Religionsgeschichte 9, 227–238.

1995a Politik und Kriegskunst der Assyrer. Abhandlungen zur Literatur Alt–Syriens–Palästinas und Mesopotamiens 9, Münster.

1995b Sanherib und Babylonien. Der Staatsmann und Feldherr im Spiegel seiner Babylonienpolitik, in: FS von Soden, Alter Orient und Altes Testament 240, Neukirchen–Vluyn, 305–332.

Spieckermann, H.

1982 Juda unter Assur in der Sargonidenzeit. Forschungen zur Religion und Literatur des Alten und Neuen Testaments 129. Göttingen.

El — ferner oder naher Gott?

Zur Bedeutung einer semitischen Gottheit in verschiedenen sozialen Kontexten im 1. Jtsd.v.Chr.

Ingo Kottsieper

Der Gott El darf als einer der bekanntesten Götter des nordwestsemitischen Raumes angesehen werden. Jedoch ist die religionsgeschichtliche Bedeutung dieser Gottheit in den letzten Jahrzehnten kontrovers diskutiert worden. Dazu trug bei, daß das Wort *'el*[1] in vielen nordwestsemitischen Sprachen wie z.B. dem Hebräischen und Phönizischen einfach auch „Gott" bedeuten kann und nicht unbedingt die Gottheit El bezeichnen muß. So bietet z.B. das Alte Testament wohl die meisten Belege für das Lemma *'el* — aber gerade hier ist es umstritten, wo neben dem appellativischen Gebrauch der Gott El selbst genannt wird.

In dieser Diskussion ist die Frage von großer Bedeutung, welche Rolle diese Gottheit im 1. Jtsd. v. Chr., also zur Entstehungszeit der alttestamentlichen Traditionen, in der Umwelt des Alten Testaments innehatte. So stellte 1966 Rolf Rendtorff die Behauptung auf, daß El außerhalb der Texte des Alten Testaments im 1. Jtsd. nur noch in wenigen Inschriften aus Sam'al, Karatepe und Sfire belegt sei und dort „nirgends ... als der oberste Gott eines Pantheons betrachtet" würde.[2] Darüber hinaus wird von vielen Forschern die Meinung vertreten, daß El schon im 2. Jtsd. sich zu einem fernen Gott entwickelt habe.[3] 1990 hat dann Herbert Niehr dezidiert daraus die Schlußfolgerung gezogen, daß El für die nordwestsemitischen Religionen des 1. Jtsd.s und damit auch für die Religionsgeschichte Israels nur eine geringe Bedeutung zukomme.[4] Dagegen wäre die Vorstellung eines „Höchsten Gottes", den Niehr direkt mit dem im 1. Jtsd. mehrfach begegnenden Himmelsherrn identifiziert, an die Stelle Els getreten.[5]

---

[1] Das Wort ist nach QIL gebildet, so daß der Vokal ursprünglich kurz war. Die (mögliche) Längung des aus [i] entstandenen [e] im masoretischen Hebräisch ist eine späte, einzelsprachliche Entwicklung, die hier nicht berücksichtigt wird.

[2] Rendtorff 1966, 283. Er führt die Belege KAI 26 A III 18f.; 214,2f.11.18; 215,22 und 222 A 11 an und schließt diese Aufzählung mit den Worten: „Damit sind die Erwähnungen Els in kanaanäischen und aramäischen Texten außerhalb von Ugarit und des Alten Testaments erschöpft"; vgl. auch Rendtorff 1994, 5.

[3] Vgl. etwa Stolz 1970, bes. 146; Otto 1980, 325.

[4] Vgl. Niehr 1990, bes. 3–6.17–22.

[5] Vgl. Niehr 1990, 5f.22–41.

Jedoch bestreiten andere Forscher, daß El im 1. Jtsd. nur noch eine untergeordnete Rolle für die nordwestsemitischen Religionen zukomme,[6] und gehen davon aus, daß zumindest für die vorexilische Zeit El für die Religionsgeschichte Israels von Bedeutung sei.[7] Dabei wird auch auf die transjordanischen Belege des Lemma *'l* im ammonitischen Onomastikon und in der Inschrift von Deir Alla verwiesen und das „Zurücktreten" Els in den übrigen nordwestsemitischen Inschriften des 1. Jtsd.s v.Chr. zum Teil damit geographisch erklärt, daß El im peripheren südlichen Palästina und dem angrenzenden Raum seine Position behalten, im nördlicheren libanesisch–syrischen Raum jedoch an Einfluß verloren habe.[8]

Es wäre nicht sinnvoll, die religionsgeschichtliche Auseinandersetzung mit der lediglichen Wiederholung schon vorgebrachter Argumente, die man so oder so gewichten könnte, fortzuführen.[9] Niehr ist in der *Schlußfolgerung* zuzustimmen, daß, *wenn* El in der Umwelt Israels im 1. Jtsd. wirklich keine oder nur noch eine periphere Rolle spielt, es nicht überzeugen kann, die sprachlich mehrdeutigen *'el*–Belege im Alten Testament als Bezeugungen des Gottes El anzusehen und so diesem Gott eine wesentliche Rolle für die Religionsgeschichte des südsyrisch–palästinischen Raumes einzuräumen. Im Folgenden soll jedoch die auf Rendtorff zurückgehende These, daß El in außerisraelitischen[10] Zeugnissen nur peripher belegt sei, anhand aramäischer Texte und Namen, die bisher weitgehend unberücksichtigt geblieben sind, widerlegt werden. Dieses Material erlaubt auch eine differenziertere Sicht der Bedeutung Els für seine Verehrer. Hieraus ergibt sich dann eine religionssoziologische Antwort auf die Frage, warum El in wesentlichen Inschriften des 1. Jtsd.s v. Chr. nicht oder nur in einer untergeordneten Rolle erscheint.

Das aramäische Material eignet sich als Ausgangsbasis für diese Untersuchung auf Grund von zwei Tatsachen. Zum einen benutzt das Aramäische das Lemma *'el* nur für den Gottesnamen, während das Appellativum „Gott" dort durchweg als *'elāh* erscheint ist.[11] Damit sind die aramäischen *'el*–Belege sprach-

---

[6] Vehement vertritt z.B. L'Heureux 1979, die These, daß von einem Rückgang der Bedeutung Els im 1. Jtsd. keine Rede sein kann.

[7] Vgl. neben vielen anderen Weippert 1990, 146f.152. Albertz 1992, 146f., rechnet zumindestens für die frühe Königszeit noch mit der Bedeutung Els in Israel.

[8] Vgl. z.B. H.–P. Müller 1980a, 124; ders. 1980b, 6; de Moor 1983, 45f; 1990, 74f.; Keel/Uehlinger 1992, 234ff.

[9] Dies versucht z.B. Engelken 1996a/b, die die im folgenden behandelten Texte nur ansatzweise berücksichtigt.

[10] „Außerisraelitisch" meint hier alle solche Quellen, die nicht aus dem israelitisch–judäischen Kernland stammen, sondern aus Gebieten, die eine nichtisraelitische Prägung kennen. Hiermit werden also auch das ostjordanische Gebiet von Deir Alla und Ammon und das Gebiet der südsyrischen Aramäerreiche angesprochen, auch wenn diese zeitweise unter israelitischer Herrschaft standen.

[11] Dies wird schon daran deutlich, daß in den aramäischen Texten *'l* grundsätzlich ohne Artikel und Suffixe erscheint — es handelt sich eben um einen Namen. Auch in den aram. Qumrantexten, wo *'l* durchweg als eine Bezeichnung für Jahwe verwendet wird, ist dieser

lich eindeutig. Zum anderen stellten aramäischsprachige Gruppen im 1. Jtsd. im syrisch–palästinischen Raum mit das größte Bevölkerungskontingent, wobei der Einfluß der Aramäer auf die benachbarten Gruppen kontinuierlich wuchs. Damit sind die religiösen Verhältnisse in den aramäischsprachigen Gruppen durchaus von allgemeiner Bedeutung für die Religionsgeschichte des syrisch–palästinischen Raumes.

Als ersten Text möchte ich eine Sammlung von aramäischen Weisheitssprüchen anführen, die in der späteren Tradition dem Weisen Aḥiqar zugeschrieben wurden. Obwohl diese schon seit 1911 bekannt sind, wurden sie bisher in der Diskussion um El nur wenig berücksichtigt.[12] Sie finden sich in einem fragmentarischen Papyrus, der im 5. Jhdt.v.Chr. geschrieben und auf der Nilinsel Elephantine gefunden wurde.[13] Der Text selber geht aber auf eine Vorlage zurück, die

---

Namenscharakter noch deutlich. So erscheint das Lemma nie als ein Wort für „Gottheit" schlechthin und wird durchweg ohne Artikel gebraucht. Dabei zeigt 1Q246 2,7 (*'l rb'*), daß es dennoch als determiniert empfunden wurde. Dem entspricht, daß offenbar der breite Gebrauch von *'l* auch in den hebräischen Qumrantexten die Ersetzung des Tetragramms im frühen palästinischen Judentum durch *'l* widerspiegelt, vgl. Stegemann 1978, 200–202. So wird auch in den hebräischen Texten aus Qumran *'l* durchweg ohne Artikel gebraucht (vgl. z.B. die Belege bei Kuhn 1960, 12–14) und erscheint zuweilen wie das Tetragramm in althebräischer Schrift, vgl. Stegemann 1978, 201f. *'l* ist somit in Qumran als eine Namensform Jahwes belegt und somit allgemein in den aramäischen Texten, weitgehend aber auch in den hebräischen Texten, nicht als Appellativum anzusprechen. Dem entspricht auch seine Verwendung in Beschwörungen wie ggEM 1,1 oder ooKA 2,4, vgl. die Übersicht bei Beyer 1984, 510. Nur vereinzelt erscheint in späterer Zeit *'l* in appellativer Bedeutung, so z.B. im palästinischen Targum zu Ex 15,11 (vgl. Klein 1986, 245), wo es aber das seltene *'lym* des hebräischen Textes nachahmt, oder in einem Amulet, vgl. Naveh/Shaked 1985, Nr. 7, 5.11.14.15. Im Mandäischen begegnet vereinzelt *'(y[y])l* als Gottesbezeichnung, die aber wohl jüdischen Ursprungs ist, vgl. Drower/Macuch 1963, 348. Besonders bezeichnend ist dabei, daß auch hier das Wort ohne Artikel als determiniert, d.h. nicht als ein einfaches Appellativum, sondern als ein Name empfunden wurde, vgl. etwa *'yl rb'* „der große 'Gott'" (Gy 261,12) oder die determinierte Apposition *'l'h'* („der Gott") zu dem artikellosen *'yyl 'yyl* in Qolasta 52,29. In den übrigen aramäischen Dialekten begegnet das Wort nicht. Es ist somit verfehlt, wenn Kreuzer 1996, 115, El für den aramäischen Raum als „allgemeine Bezeichnung" für Götter anführt (vgl. u.a. ähnlich Herrmann 1995, 526f.), die daneben möglicherweise andere Namen hatten.

[12] So gehen z.B. weder Niehr 1990, noch Hermann 1995, auf diese Elbelege ein! Auch Engelken 1996b, 403–405, handelt diese Elbelege weitgehend summarisch ab.

[13] Die Erstedition stammt von Sachau 1911, 147–182 + Tf. 40–50. Die letzte Edition wurde von Porten/Yardeni 1993, 23–53, vorgelegt. Zu weiteren Bearbeitungen vgl. die Angaben bei Kottsieper 1991, 324. Die hier besprochenen Textstücke folgen der Edition von Kottsieper 1990. Abweichende Lesungen und Interpretationen werden, soweit sie von Bedeutung sind, in den Fußnoten diskutiert. Da in den verschiedenen Editionen die Zählung der Stücke voneinander abweicht, werden die einzelnen Belege wie folgt angegeben: Mit römischer Zahl erscheint die Kolumnenzahl nach Kottsieper 1990, danach in Klammern und Petit die Kolumnenzahl nach Porten/Yardeni 1993, und nach einem / die Papyrusnummer

in den südsyrisch–libanesischen Aramäergebieten um 700 v.Chr. entstand.[14] In den hier überlieferten Sprüchen werden zwei Götter namentlich genannt: El und der Sonnengott Šamš.[15] Hadad, der von vielen als der Gott der Aramäer schlechthin angesehen wird,[16] begegnet nirgends.

Wenn auch die meisten Sprüche mit El nur fragmentarisch erhalten sind, so zeigen sie dennoch eindeutig die Konnotationen, die mit diesem Gott verbunden waren. El ist der mitseiende Gott schlechthin. Die Beziehung zwischen El und dem Menschen zeichnet sich durch seine fürsorgliche Nähe aus, die den Menschen in dessen sozialen Kontext schützt und erhält. Allein vier dieser sechs Elbelege sprechen ausdrücklich davon, daß El *mit* (*'m*) jemandem ist.

So wird in dem fragmentarischen Stück VI (10/56 II) 13 = C 154 eine nicht mehr näher zu bestimmende Gruppe genannt, die „schwach" werden wird — mit Ausnahme desjenigen, *mit* dem El ist.[17] Wenn auch der Kontext der Stelle im

---

nach Sachau 1911. Daran schließt sich die Zeilennummer in der jeweiligen Kolumne an. Nach „= C" folgt die absolute Zeilenzahl nach Cowley 1923, deren Zählung auch Lindenberger 1983 folgt. Beispiel: X (6/54) 2 = C 96 bedeutet Kolumne X nach Kottsieper 1990, 6 nach Porten/Yardeni 1993 und 54 bei Sachau 1911. Darin Zeile 2, was der Zeile 96 bei Cowley 1923 und Lindenberger 1983 entspricht.

[14] Zur Lokalisierung und Datierung der Aḥiqarsprüche vgl. Kottsieper 1996a, 130–138. Wenn Beyer 1991, 733, dagegen auf Grund seiner apodiktisch vorgetragenen Behauptung, daß die Sprüche die Pluralendung –[ē] belegten, einen ostaramäischen Dialekt annimmt und so die Sprüche im Raum Westmesopotamien–Palmyra lokalisieren und frühestens ins 7. Jhdt. datieren will, so ist dies methodisch und sachlich als verfehlt anzusehen. Methodisch deshalb, weil auf Grund der massiven sprachlichen und sachlichen Hinweise der Sprüche für eine Herkunft aus den südsyrisch–libanesischen Aramäergebieten diese *eine* ostaramäische Form — wenn sie wirklich belegt wäre! — nicht allein ausschlaggebend sein kann, sondern anderweitig zu erklären wäre. Leider unterzieht sich Beyer nicht der Mühe, die Argumente für eine westaramäische Herkunft zu entkräften bzw. die Belege in den Kontext der von ihm angenommenen ostaramäischen Herkunft einzuordnen. Sachlich ist der Einwand Beyers schon deswegen verfehlt, weil diese Pluralendung in den Sprüchen schlicht nicht zu belegen ist, sondern eine Fehlinterpretation des Wortes *'mm'* darstellt, die auf Grund verschiedener sprachlicher Eigenarten des Textes sicher unzutreffend ist. Inhaltlich zwingt nichts dazu, in *'mm'* einen Plural zu *'m* „Volk" anzunehmen, so daß die von mir breit diskutierte Lösung (vgl. Kottsieper 1990,118–121), hier den determinierten Singular von *'amam* „Gesamtheit der Menschen, Völkerwelt" zu lesen, sicher vorzuziehen ist. Leider übergeht Beyer in seiner Rezension diese Argumente stillschweigend und begründet auch nicht positiv, warum die Form gegen alle sprachliche Evidenz des Textes als *'amamē* zu lesen sei.

[15] Ansonsten werden Gottheiten nur noch appellativ mit dem Lemma *'lh* „Gott" (vgl. Kottsieper 1990, 187, *s.v.* *'lh*) oder als „Heilige" bezeichnet, denen ein „Herr der Heiligen" vorsteht, vgl. X (6/54) 1 = C 95; vgl. zu dieser Stelle auch Anm. 52.

[16] Vgl. z.B. Greenfield 1995, 720.

[17] Der Text lautet:

Dunkeln bleibt, so ist doch hier eindeutig, daß das Mitsein Els offenbar Stärkung und Schutz bedeutet.

Dem entspricht X (6/54) 13 = C 107: Der König wird mit El verglichen und als sein Gesandter bezeichnet. Das Verhältnis des Menschen zu diesem Gesandten Els steht dabei in einer direkten Beziehung zum Verhältnis zu El selbst. So endet der Spruch mit der Aussage, daß nur der vor dem König Bestand hat, also in einem positiven Verhältnis vor ihm steht, *mit* dem El ist.[18] Wenn dabei das ungestörte

---

yrpwn hmw lhn zy ’l ‘mh ... diese werden schwach werden, außer dem, mit dem El ist
[...] [...]

Daß in der Formel *’l ‘mh*, die auch noch in X (6/54) 13 = C 107 begegnet (s.u.), mit *’l* El gemeint ist und nicht, wie Grimme 1911, 532, vorschlug (vgl. u.a. auch Cowley 1923, 238; Grelot 1972, 444), mit *’l ‘mh* ein sonst nicht belegtes aramäisches Pendant zu hebräisch *l‘mtw* vorliegt, ist schon allein deswegen anzunehmen, weil dann *‘mth* zu erwarten wäre; vgl. zur Diskussion auch Lindenberger 1982, 109f.

yrpwn ist gegen Lindenberger 1983, 154 (vgl. auch schon Cowley 1923, 225; Grelot 1972, 444, und zurückhaltender Porten/Yardeni 1993, 45) nicht von der Wurzel *rp’* „heilen" abzuleiten, da im vorliegenden Dialekt [’] nicht quiesziert, vgl. Kottsieper 1990, 45–48. So ist hier von der Wurzel *rpy* „schwach werden" auszugehen, die schon Sachau 1911 vorschlug. Wenig Sinn gibt aber die von ihm angenommene Lesung als D–Stamm mit der Bedeutung „gehen lassen", so daß hier ein G–Stamm vorliegen wird.

[18] Der Text lautet:

mlk krḥmn<’>	Der König ist wie <der> Barmherzige,
’p q*lh gbh( )*h	ja, als seinen Gesandten hat er ihn erhöht.
m*n* h*w [z]y yqwm qdmw*hy	Wer ist es, der vor ihm Bestand hätte,
lhn zy ’l ‘mh	außer dem, mit dem El ist?

Der Text bietet als zweites Wort nur *krḥmn*, so daß der erste Teil allenfalls als „Der König ist wie ein Barmherziger" zu übersetzen wäre — hierbei wäre aber das *k* überflüssig. Wieso ist der Könige *wie* ein Barmherziger und nicht einfach barmherzig? So wird von den meisten Interpreten in *rḥmn* eine Gottesbezeichnung gesehen, vgl. schon Grimme 1911, 532, dann bes. auch Lindenberger 1983, 93; Porten/Yardeni 1993, 37. Dabei verweisen sie zu Recht auf *raḥmān* als Gottesbezeichnung im Arabischen und Jüdischaramäischen, wo jedoch diese Bezeichnung grundsätzlich mit Artikel steht (so auch im Mittelhebräischen)! Daß hier aber eine Gottheit genannt wird, ist auch vom folgenden Spruch her deutlich, der parallel aufgebaut ist und zunächst den König mit dem Sonnengott Šamš vergleicht, vgl. Anm. 19. Die einfachste Lösung ist wohl, eine Haplografie eines *’* anzunehmen, so daß aus *krḥmn’ ’p* der jetzige Text wurde.

Im zweiten Spruchteil wird von den meisten Bearbeitern das letzte *h*, dem scheinbar ein Wortabstand vorausgeht, zu *h[w]* ergänzt. Jedoch ist dies semantisch nicht zu rechtfertigen! Die Verbindung von *ql* mit der Wurzel *gbh* gibt keinen Sinn. Was bedeutet es, daß die Stimme des Königs „hoch, erhaben" ist? So schlägt z.B. Lindenberger 1983, 93, gleich drei Deutungen vor: 1. Der König hat eine arrogante Stimme, was als Idiom ohne Parallele und hier in diesem Kontext völlig sinnlos ist. 2. Der König hat eine laute Stimme, was auch nicht mehr Sinn macht und zudem in den semitischen Sprachen, soweit ich sehe, sonst nie mit der Wurzel *gbh* ausgedrückt wird. 3. Der Ausdruck meint die Autorität des königlichen

Verhältnis zu El ausdrücklich mit der schon beinahe formelhaften Wendung vom Mitsein Els mit dem Menschen ausgedrückt wird, so zeigt sich hier, daß darin der entscheidende Aspekt Els gesehen wurde. Dies wird besonders deutlich im Kontrast zum direkt folgenden Spruch X (6/54) 14 = C 108, in dem parallel dazu das Verhältnis des Königs zum Sonnengott Šamš und die Beziehung des Untertanen zum König thematisiert wird: Hier ist der König schön anzusehen wie Šamš, und er wird von denen geehrt, die zu seiner — gemeint ist wohl Šamš — Zufriedenheit wandeln.[19] Dabei wird auch hier ein spezifischer Aspekt des genannten Gottes

---

Wortes, was aber semantisch ebenfalls von *gbh* nicht gedeckt wird. Auch epigraphisch macht diese Lesung Schwierigkeiten, da ein eingefügtes [*w*] mit dem folgenden Wort in Kontakt käme, vgl. die Abzeichnung bei Kottsieper 1990. Die Abzeichnung bei Porten/Yardeni 1993, 36, ist insofern irreführend, als normalerweise *hw* vom Schreiber des Papyrus nicht so eng geschrieben wird, wie sie es an dieser Stelle suggerieren. Die von mir vorgeschlagene Deutung geht davon aus, daß der Schreiber versehentlich die in einem Wort äußerst seltene Buchstabenfolge *hh* auseinandergerissen hat und so das alleinstehende *h* zum vorangehenden Wort gehört. Ein solcher Schreiberirrtum ist nach der Haplografie am Anfang der Zeile (s.o.) durchaus denkbar. Auch in der nächsten Zeile ließ der Schreiber vor dem *ḥ* von *bnyḥ[h]* ebenfalls eine ungewöhnlich breite Lücke. Diese Lesung erlaubt dann eine Deutung als Pf.3.m.sg. D mit Sf.3.m.sg.: Der König wurde von dem als „der Barmherzige" apostrophierten Gott erhöht, was einen perfekten Sinn gibt. Wie auch der direkt folgende Spruch zeigt, wurde der König als eine besondere Persönlichkeit verstanden, die eng mit dem göttlichen Bereich verbunden ist. Dann aber kann *ql* nicht mehr als [qāl] „Stimme" gelesen werden, sondern hier ist das ugaritisch und akkadisch belegte Wort *ql/qallu* im Sinne von „Gesandter, Bote, Diener" anzunehmen: Die Gottheit hat den König als seinen Gesandten erhöht — eine Vorstellung, die gut in die Königsideologie des westsemitischen Raumes paßt. Wahrscheinlich liegt dieses Wort auch noch in hebräischen Namen wie *qlyh* (Esr 10,23) bzw. inschriftlich *qlyw* (Ostrakon Samaria 4, vgl. Renz 1995a, 140f.), *qlyhw* (auf einem hebräischen Siegel des 7. Jhdts., vgl. Horn 1968, 41–43) und *qly* (Neh 12,20, möglicherweise auch ug., vgl. Gröndahl 1967, 176) vor. Dann wären diese Namen von *qwlyh* (Jer 29,21; Neh 11,7; Ostrakon Hirbet el-Mšaš 3, vgl. Renz 1995a, 336) zu trennen, gegen Renz 1995b, 83; vgl. auch schon, Gröndahl 1967, 176, und Kornfeld 1979, 46.

Deutlich wird in diesem Spruch, daß der letzte Satz, der schon im zuerst genannten Beleg zu finden war, wirklich El meint. Die Übersetzung mit: „außer dem, der ihm gleich ist", die auf den Vorschlag von Grimme zurückgeht (vgl. Anm. 17), ergibt eine völlig unsinnige Aussage: Nur der hätte vor dem König Bestand, der auch ein König ist — also kein einziger Untertan! Der nächste, parallele Spruch hat im zweiten Teil aber die Aussage, daß die Herrlichkeit des Königs nur bei denen geehrt wird, die zu Šamš's Zufriedenheit handeln (vgl. Anm. 19). So wie dort das Verhältnis zum Sonnengott Šamš mit dem Verhältnis zum König, der mit Šamš vergleichbar ist, in direkter Verbindung steht, so steht auch im vorliegenden Spruch das Verhältnis zum König, dem Gesandten Els, in einer direkten Beziehung zum Verhältnis zu El.

[19] Der Text lautet:

špyr m*lk lmhzh kšm*š	Schön ist der König anzusehen wie Šamš,

aufgegriffen: Šamš als Richtergott, der die Taten des Menschen überwacht und beurteilt. Derjenige ehrt die sonnengottgleiche Herrlichkeit des Königs, der sich so verhält, daß der Sonnengott und damit auch der König mit ihm zufrieden ist. Der Aspekt des Mitseins, den der El–Spruch in den Mittelpunkt stellte, fehlt in diesem Šamš–Spruch aber völlig.

In VIII (8/57 II) 1 = C 173 wird El gebeten, den Menschen als einen Gerechten „*bei*" sich einzusetzen.[20] Bezeichnend dabei ist auch hier die ausdrückliche For-

---

wyqyr hdrh ldrky 'rq' bnyḥ[h]	und geehrt ist seine Herrlichkeit bei denen, die auf Erden zu seiner Zufriedenheit wandeln.

Daß hier mit *šmš* der Sonnengott Šamš und nicht die reale Sonne gemeint ist, ist evident; vgl. auch Lindenberger 1982, 112: „The god whose presence in the text there is least room for doubt is Šamaš." Die Verbindung des Königs mit dem Sonnengott ist für den Alten Orient nicht ungewöhnlich; die Tatsache, daß im Fortgang des Spruches die Beurteilung der Taten des Menschen im Mittelpunkt steht, die insbesondere dem Sonnengott als Richtergott, der alles sieht, zukam (vgl. auch S. 35), verbietet es, hier allein an die strahlende Erscheinung des Königs „wie eine Sonne" zu denken. Dem entspricht, daß das Wort *hdr* „Herrlichkeit" die „*Herr*lichkeit, Majestät" konnotiert. Es geht also in diesem Spruch nicht um die äußere Erscheinung des Königs, sondern um seine Herrschaftlichkeit. Somit ist es verfehlt, wenn noch Porten/Yardeni 1993, 37, *šmš*, das hier wie an allen anderen Stellen zudem immer im Absolutus steht, primär mit „sun" und erst in einem zweiten Alternativvorschlag mit „Shamash" übersetzen.

Umstritten ist die Ergänzung und Interpretation des letzten Wortes. Drei epigraphisch mögliche Ergänzungen werden vorgeschlagen: 1. *bny ḥ[rn]* (vgl. Ginsberg 1955, 429; auch Porten/Yardeni 1993, 36, halten dies für möglich), 2. *bnyḥ[']* (so schon Montgomery 1912, 536; dann u.a. auch Nöldeke 1913, 13; Cowley 1923, 108; Lindenberger 1983, 94; Porten/Yardeni 1993, 36) und 3. *bnyḥ[h]* (Kottsieper 1990, 12). Die 1. Möglichkeit ist epigraphisch zwar nicht auszuschließen, aber nicht sehr wahrscheinlich, da das *[rn]* extrem schmal zu schreiben wäre. Auch ist die Deutung, daß nur bei den „Freien" die Herrlichkeit des Königs geehrt sei, inhaltlich nicht sehr überzeugend. Die 2. Lesung ist epigraphisch einwandfrei, aber semantisch schwierig. Die Wurzel *nwḥ* bedeutet, daß man ungestört, ruhig *ist*, nicht das man sich friedlich verhält und andere nicht stört! Gerade im politischen Kontext wird hier damit der Friede konnotiert, den man *vor* anderen *hat*, nicht den, den man gibt (vgl. z.B. Dtn 3,20; 12,10; 25,19; 1 Kön 5,18; entsprechend dann auch akkadisch *neḫ(t)u*, vgl. CAD N II, 150f.151f.). In den mittelaramäischen Dialekten zeigt das Nomen *nyḥ* dann sogar die Konnotation der „Befriedigung" und des „Willens", d.h. das, was einen zufrieden stellt (vgl. z.B. jüdischaramäisch *nîḥ* und *nyāḥ* und syrisch *nyāḥ*). Diese Konnotation liegt wohl auch hier vor, und somit ist das Wort auf Šamš — oder den König? — zu beziehen und entsprechend das Sf. 3.m.sg. zu ergänzen: *bnyḥ[h]*. Auffällig bleibt der recht große Zwischenraum zwischen *y* und *ḥ*, der z.B. Ginsberg dazu brachte, zwei Wörter anzunehmen. Jedoch ist dieser Zwischenraum für einen Wortzwischenraum zu klein; auch hat der Schreiber in diesen Zeilen sowieso Schwierigkeiten gehabt, wie schon die Diskussion zum vorangehenden Spruch (vgl. Anm. 18) aufwies.

[20] Der Text lautet:

hqymny 'lbṣdyq 'mk [...]	Setze mich El, als einen Gerechten bei dir ein [...]

mulierung des Mitseins: im aramäischen Text steht wie in den vorangehenden Belegen das Lemma *'m* „mit". Die ungestörte Beziehung zu El ist auch in diesem Spruch das Mitsein, die Nähe zu El, in die El den Menschen als Gerechten setzt. Das, was derjenige zu gegenwärtigen hat, der nicht von El als gerecht angesehen wird, ist nicht in erster Linie eine positive Strafe, sondern der Verlust des Mitseins Els. Auch hier wird durch die Formulierung deutlich, daß es die begleitende Nähe ist, die sich als offensichtlich selbstverständliche Konnotation bei El einstellte.

Weitgehend unverständlich bleibt der fragmentarische Beleg VII (7/57 I) 3 = C 161, der von jemandem spricht, *mit* dem El nicht ist.[21] Damit ist in Analogie zu

---

Diese Übersetzung ist auf Grund des fragmentarischen Zustandes des Spruches nicht ganz eindeutig, aber wohl die beste. Möglich wäre es auch, das Verb als Pf. zu lesen („El hat mich gesetzt..."), was aber die Aussage des Mitseins Els nicht berührt.

Entscheidender ist die Frage, wie *'m* hier zu verstehen ist. Die hier vorgelegte Deutung als ['imm] „mit" ist heute weitgehend akzeptiert, vgl. z.B. Cowley 1923, 225; Lindenberger 1983, 176f.; Porten/Yardeni 1993, 41. Nicht völlig auszuschließen ist natürlich auch die Lesung als ['amm] „Volk", aber die daraus entstehende Interpretation, daß der Sprecher ein Gerechter des Volkes Els sei oder sein wolle, dies aber von Els Entscheidung abhängig mache, wäre religionsgeschichtlich recht ungewöhnlich. Sinn gäbe dies allenfalls, wenn hier ein König spräche, für den auch in Ps 72,1f. die Gerechtigkeit Gottes erfleht wird, in der er das Volk Gottes richten soll. Aber der König ist in diesen Sprüchen sonst nie der Sprecher! So ist meine frühere Ansicht zu korrigieren, daß die Lesung ['amm] für *'m* hier eine gleichwertige Alternative sei (vgl. Kottsieper 1990 18.225; 1991, 332).

[21] Der erhaltene Text lautet: ...].šy *bṭn wzy l' 'l 'mh mn yhw.[.]. 'ny.* Der entscheidende Mittelteil, in dem von demjenigen, mit dem El nicht ist, gesprochen wird, ist sicher — leider aber ist nicht erhalten, mit wem dieser am Anfang des Spruches verbunden wird und was es mit diesem dann im Schlußteil des Spruches auf sich hat. Die Bearbeiter schlagen die verschiedensten Ergänzungen vor, deren epigraphische und sachliche Diskussion hier den Rahmen sprengen würde. So beschränke ich mich darauf, die von mir 1990, 10.17 (vgl. auch 1991, 331) vorgeschlagene Lesung und Deutung kurz zu erläutern.

Die Zeichenspuren in der Lücke im Schlußteil weisen am ehesten auf ein *b* am Ende der Lücke hin, während am Anfang der kleine Rest epigraphisch wohl nur *z* oder *n* sein kann (die Lesung *m* für die gesamte Lücke [Lindenberger 1983, 161] ist sicher zu kurz und schon von daher auszuschließen). Dazwischen bleibt der Raum für ein sehr schmales Zeichen oder für einen Wortzwischenraum. Von diesen Beobachtungen her bleibt als sinnvolle Lesung des Schlußsatzes *mn yhwn b'nhy*, was sich mit „Wer wird bei meinem Stöhnen schweigen" übersetzen läßt; vgl. Kottsieper 1990, 34, für die Bedeutung „Seufzen, Stöhnen" von *'nh*. Die Wurzel *hwn* hat die Grundbedeutung „leicht, unbedeutend sein", die besonders dann auch im Arabischen die Konnotation des „Leichtnehmens", „Schweigens" annehmen kann; vgl. Kottsieper 1990, 198. Daß hier, wie bei anderen Sprüchen auch (vgl. z.B. Anm. 23), Lemmata benutzt werden, die so im älteren Aramäischen sonst nicht zu belegen sind, ist kein Einwand. Wir kennen den Wortschatz der älteren aramäischen Weisheit sonst nicht. Es wäre naiv zu erwarten, daß der Wortschatz der Sprüche mit dem der übrigen Texte, die ganz anderen Gattungen zugehören, identisch wäre.

Trifft die vorgeschlagene Deutung zu, so ergibt sich die Aussage, daß derjenige, mit dem El nicht ist — der Gottlose! — beim Stöhnen des anderen schweigt, dieses auf die leichte

VIII (8/57 II) 1 = C 173 wahrscheinlich derjenige gemeint, der nicht als Gerechter vor El gilt und so als Frevler anzusprechen ist. Deutlich wird aber auch hier die enge Verbindung Els mit dem Aspekt des Mitseins.

Die übrigen zwei Belege nennen zwar dieses Mitsein Els nicht *expressis verbis*, aber zeigen dennoch El als den nahen Gott des Menschen. So wie schon in X (6/54) 13 = C 107 El mit seinem Beinamen *rḥmn*<'> „der Barmherzige" genannt wurde, so begegnet dieselbe Wortwurzel *rḥm* auch in VI (10/56 II) 12 = C 153: El ist es, der den Menschen liebt, der dem Menschen liebevoll, barmherzig entgegen kommt.[22] Und so erwartet der Mensch eben von El auch den Schutz vor dem, der sich nicht gemeinschaftskonform verhält, also nicht gerecht ist. Dies bringt VI (10/56 II) 15 = C 156 zum Ausdruck.[23] Bedeutsam ist hier das Eingreifen Els bei einem gemeinschaftsschädlichem Verhalten, wie es ja die Lüge darstellt. El steht damit auf der Seite des Opfers dieser Handlung.

Schulter nimmt. Angesichts der Tatsache, daß am Anfang vom „Leib" die Rede ist, könnte die Aussage des Spruches dahin gehen, daß nur zwei Individuen sich vom Leid der Mutter — die hier die Sprecherin wäre — nicht beeindrucken lassen: Das Kind bei der Geburt — die Frucht des Leibes oder derjenige, der den Leib verläßt? — und der Gottlose. Jedoch ist dies nur eine sehr unsichere Deutung des Spruches.

[22] Von dem Spruch ist nur ein Fragment erhalten:

[...]| *npš*k 'l yrḥm *[...]* [...] | wird El deine Seele (= dich selbst) lieben [...]

Nicht ausgeschlossen ist natürlich, daß *'l* hier die Negation ['al] meint, so daß das Subjekt verloren gegangen wäre: „... deine Seele soll er nicht lieben" oder „... deine Seele, er soll nicht lieben ...". Sicher abzulehnen ist aber, *npš* als Subjekt zu nehmen (so z.B. Cowley 1923, 225.244, und die englische Übersetzung von Porten/Yardeni 1993, 45, im Gegensatz zu ihrer hebräischen Übersetzung), da dieses Wort feminin ist, vgl. VIII (8/57 II) 14 = C 187. Für die Lesung ['el] spricht aber, daß dieser Gott auch in den folgenden Zeilen genannt wird und somit möglicherweise hier eine kleine Gruppe von El–Sprüchen vorliegt; vgl. zu Z. 13 oben S. 29 und zu Z. 15 die nächste Fußnote.

[23] Der Text lautet:

y'pk 'l pm 'pk' El möge den Mund des Betrügers verderben

*wynsḥ lš*n *[nsḥ']* und die Zunge [desjenigen, der sein Wort widerruft], ausreißen.

Die Ergänzung des letzten Wortes ist natürlich nicht sicher, aber die Grundaussage des Spruches bleibt auch unverändert, wenn man z.B. mit Cowley 1923, 217, und Lindenberger 1983, 156f., nur ein Sf. 3.m.sg. (*lšn[h]*) ergänzt. Die hier angenommene Ergänzung greift jedoch zwei Beobachtungen auf: Zum einen ist der Spruch offenbar poetisch mit Parallelismus membrorum formuliert, zum anderen liegt im 1. Kolon ein Wortspiel zwischen *y'pk* und *'pk'* vor. Von daher ist es wahrscheinlich, daß ein paralleles Wortspiel auch im 2. Kolon gegeben war. Nun zeigt das Arabische für die Wurzel *nsḫ* auch die Bedeutung „widerrufen, kündigen". Da die Bedeutung „lügen" für *'pk* den Spruch ebenfalls mit dem Arabischen verbindet (vgl. schon Driver 1935, 56), ist der Rekurs auf dieses Wort erlaubt — zumal durch diese Ergänzung auch kolometrisch das Bikolon ausgeglichen wird (12/12). Zugleich zeigt dieser Spruch wiederum den eigenen Wortschatz der Sprüche des Aḥiqar, der manche Affinität zum Arabischen hat.

Das eigenständige Profil Els als naher, schützender Gott wird noch deutlicher, wenn man damit die Funktion des Sonnengottes Šamš vergleicht. In allen Sprüchen begegnet Šamš im Kontext der Taten des Menschen, die er beurteilt. Dabei steht aber nicht das Opfer im Mittelpunkt, dem Šamš zu Hilfe käme, sondern der Täter, der vor dem Richter Šamš steht, und seine Tat. Niemals aber heißt es von diesem Gott, daß er *mit* einem Menschen sei. Dieser Kontrast zwischen Šamš und El wurde schon oben (S. 30) bei X (6/54) 14 = C 108 im Vergleich mit X (6/54) 13 = C 107 deutlich. Wie eng Šamš mit der Beurteilung des Tuns des Menschen verbunden ist, zeigt sich in IX (12/53) 14–16a = C 92–94a, wo drei Handlungen (Libation, Bewahrung von Weisheit, Verschwiegenheit) als schön und beliebt bei Šamš bezeichnet werden.[24] Dabei ist deutlich, daß zumindest die beiden ersten Tätigkeiten keinen direkten sozialen Bezug haben.

Ähnlich ist V (9/56 I) 13 = C 138 zu bewerten: Šamš soll dem nicht aufscheinen, der sich nicht seiner Eltern rühmt.[25] Bedeutsam ist dabei, daß nicht ein-

---

[24] Der Text lautet:

trṭyn mln špyrh	Zwei Dinge sind etwas Schönes,
[wzy] tlt' rḥymh lšmš	und [das] Dritte ist beliebt bei Šamš:
š[th] ḥmr' wynyqnhy	Wenn einer, der Wein [trink]t, diesen libiert,
kbš ḥkm[h wynṭrnh]	wenn einer, der Weisheit sammelt, [diese bewahrt],
wyšm' mlh wl' yhḥwh +	und wenn einer ein Wort hört, ohne es kundzutun. +
h'znh yqyr qdm šmš	Siehe, dies ist würdig vor Šamš,
wzy yšt[h] ḥmr' wl' [ynyq]	aber der, der Wein trinkt, ohne [zu libieren],
wḥkmth 'bdh	dessen Weisheit schwindet,
[wyhd]n[ḥ] m[n] ḥzh	und [er wird] das, was er sieht, [kun]d[tun].

Der Text besteht aus einem Weisheitsspruch und einem Kommentar, der nach dem Trenner (hier: +) einsetzt und seine Vorlage paraphrasierend aufgreift.

Von den meisten Bearbeitern wird *wynyqnhy* als ein 'Af'el von *ynq* bzw. einer Nebenwurzel *nw/yq* in der Bedeutung „zu trinken geben, mittrinken lassen" abgeleitet, was aber grammatikalisch und semantisch Schwierigkeiten macht. Zum einen wird in den Sprüchen der Kausativstamm grundsätzlich mit *h* gebildet und ein 'Af'el ist entsprechend nicht belegt (vgl. Kottsieper 1990, 135f.), zum anderen bedeutet, wie schon Lindenberger 1983, 66, beobachtete, der Kausativstamm von *ynq* eben „säugen" und nicht einfach „zu trinken geben" — dies trifft auch für die grammatikalisch mögliche Ableitung eines D–Stammes von einer Nebenwurzel *nyq* (vgl. im Jüdischaramäischen den D–Stamm von *ynq*) zu. So wird man mit Halévy 1912, 49, eher auf akkadisch *naqû* „libieren" zurückgreifen müssen, das sich als Verb noch vereinzelt im Syrischen, in Nominalableitungen aber auch noch im Reichsaramäischen (*nqyh*), Mandäischen (z.B. *n'qwt'*) und Hebräischen (*mnqyt*) findet. Offenbar liegt hier eine Nebenform *nyq* zu *nqy* vor, die im Aramäischen — möglicherweise unter dem Einfluß des akkadischen *naqû* — schon früh verdrängt wurde, so daß sie nur noch in diesem Text begegnet.

Zur Ergänzung des letzten Satzes vgl. Kottsieper 1990, 101f.

[25] Der Text lautet:

fach eine ehrerbietige Haltung den Eltern gegenüber angesprochen wird, sondern daß man stolz auf seine Eltern ist und *sich* ihrer rühmt. Auch hier tritt der soziale Aspekt[26] der Elternehre zurück und ihr allgemeinethischer Aspekt in den Mittelpunkt — und für die Überwachung respektive Bewertung dieser ethischen Grundhaltung ist eben besonders Šamš zuständig — nicht El. Entsprechend wird auch hier in einem Zusatz eine Beurteilung des *Täters* geboten: der dies nicht tut ist ein böser Mensch. Die Distanz von Šamš zum Menschen wird auch in der Formulierung „scheinen für" deutlich. Šamš ist nicht wie El unmittelbar *mit* dem Menschen, auch wenn er durch sein Licht dem Guten helfen kann. Aber selbst dies wird in dem Wunsch, daß diese Hilfe dem schlechten Menschen nicht zukomme, nur indirekt zum Ausdruck gebracht.

Die richterliche Funktion des Sonnengottes wird dann *expressis verbis* in einem leider nur fragmentarisch erhaltenen Stück thematisiert: In XV (13/58) 7[27] = C 198 ist die Rede von Šamš, der als Richter gegenüber jemandem auftritt, der schlecht an seinem Herrn gehandelt hat.[28] Hier wird der Sonnengott ausdrücklich als Richter bezeichnet, der als solcher natürlich primär an der Tat und dem Täter

---

*[gbr z]*y *l' ytrwm bšm 'bwhy wbšm 'mh*	[Jemand, d]er sich nicht des Namens seines Vaters und des Namens seiner Mutter rühmt,
*'l ydnḥ [*šmš l*h]*	dem möge Šamš nicht scheinen;
ky g*br* l*[*ḥ*]h hw*	denn ein böser Mann ist er.

Der Text ist in seiner Aussage bei den Bearbeitern unstrittig — lediglich die Ergänzungen sind in dieser Form zuerst von Kottsieper 1990, 9, vorgeschlagen worden, denen sich Porten/Yardeni 1993, 42, anschließen. *gbr* ist auf Grund des ausgeglichenen rechten Zeilenrandes wohl sicher, andere inhaltlich mögliche Ergänzungen wie *br* oder *'yš* passen nicht in den Raum. Ebenfalls ist *lh* die einzig passende Lesung nach *šmš*, ein *'lwhy* (so z.B. Cowley 1923, 138; Lindenberger 1983, 138) wäre deutlich zu groß.

[26] Der Spruch setzt nicht voraus, daß die Eltern präsent oder noch am Leben sind.

[27] Nach den übrigen Bearbeitern Zeile 8 der Kolumne, aber das entsprechende Fragment muß um eine Zeile nach oben verschoben werden.

[28] Der erhaltene Text lautet:

*[... š*m*]š bdynh* kzy *'bd lḥy[*t'*]* l*[m]r'h*	[...Šam]š als sein Richter, denn er hat Böses seinem Herrn getan.

Die Ergänzung *šmš* am Anfang des Fragmentes darf als sicher gelten. Die Zeichenreste des *m* sind eindeutig; ein *q*, das Cowley 1923, 219.247, und Lindenberger 1983, 196, vorschlagen, ist sicher auszuschließen, da der erhaltene Abstrich für dieses zu schräg und zudem Reste beider Spitzen des *m* zu sehen sind. Die Ergänzung dieses so sicheren *mš* zu dem naheliegenden *šmš* wurde schon von Baneth 1914, 352, vorgeschlagen, vgl. jetzt auch Porten/Yardeni 1993, 50. Die übrige Lesung wurde ebenfalls von Baneth 1914, 352, vorgeschlagen und ist heute weitgehend unbestritten, vgl. u.a. Cowley 1923, 219; Lindenberger 1983, 196; Porten/Yardeni 1993, 50. Die weiteren Ergänzungen, die ich 1990 vorschlug, bringen für das hier behandelte Thema nichts Neues hinzu, so daß auf ihre Darstellung und Rechtfertigung an dieser Stelle verzichtet wird.

interessiert ist.[29] Im Vergleich zu VI (10/56 II) 15 = C 156 wird die Aussageverschiebung deutlich: Bei El wird nicht das Aburteilen des Lügners erwartet, sondern daß er dem Lügner sein sozialschädigendes Handwerk legt und so die Opfer schützt.

Schließlich tritt auch in VII (7/57 I) 13f. = C 171f. Šamš nicht primär als Schützer des Opfers, sondern als Garant der Rechtsordnung auf:

*[*h*]*n y*'ḥdn ršy'' bknpy lbšk*	Wenn der Frevler den Saum deines Kleides packt,
šbq bydh	dann laß (es) in seiner Hand.
'ḥr 'd*ny lšmš*	Danach aber schließe dich Šamš an;
hw [y]lqḥ zylh	dieser wird das [Seinige] nehmen
*wyn*t*n lk*	und dir geben.

Für das Verständnis dieses Spruches ist wesentlich, daß Šamš hier nicht dem Angesprochenen das Seinige *zurück*gibt, sondern ihm den Besitz des Frevlers zukommen läßt. Auch wird hier nicht davon gesprochen, daß man an Šamš in dieser Sache appelliert, sondern daß man sich an Šamš anschließt, wobei *dnh* Gt wie im Syrischen und Mandäischen die Konnotation der besonderen Verehrung hat.[30] Damit kann der Spruch nicht so gedeutet werden, daß der Frevler zu Unrecht den Besitz des Angesprochenen beansprucht und man ihn zunächst gewähren lassen soll, um sich dann an den Rechtsgott zu wenden, damit dieser es wieder zurechtrücke.[31] Die Tatsache, daß der Widersacher hier ausdrücklich als Frevler bezeichnet wird und der Ausdruck „den Kleidersaum/das Kleid ergreifen" auch im Sinne von „jemanden festhalten, um einen Wunsch erfüllt zu bekommen" gebraucht wird,[32] weist in eine andere Richtung: Der „Frevler" will offenkundig etwas Frevelhaftes von dem Angesprochenen. Davor soll man fliehen — selbst wenn man dabei sein Gewand zurücklassen muß — und sich dann[33] erst recht eng an den Richtergott anzuschließen. So kann man seine eigene Rechtschaffenheit dokumentieren. Daraufhin wird der Rechtsgott in einer ausgleichenden Gerechtigkeit den Frevler bestrafen und den Rechtschaffenen belohnen. Diese Deutung hat ihre Parallele in Gen 39,12: Auch die Frau Potiphars ergreift Joseph bei seinem Kleid, und dieser läßt es in ihrer Hand zurück, um zu fliehen.[34] Diese Parallele spricht für

---

[29] Trifft meine Deutung des Spruches zu, daß die Rede von einem Knecht ist, der im Verborgenen an seinem Herrn schlecht handelte und dafür von Šamš zu Fall gebracht wird, so wird die Täterorientierung Šamš' besonders deutlich.

[30] Vgl. Kottsieper 1990, 40f., zu diesem Wort.

[31] Vgl. so besonders Lindenberger 1983, 174.

[32] Vgl. z.B. KTU 1.6 II 9–11; 1 Sam 15,27; Sach 8,23.

[33] Ausdrücklich wird dies als eine zeitlich darauf folgende Handlung bezeichnet.

[34] Die Nähe des Textes wird besonders in den aramäischen Übersetzungen deutlich; vgl. z.B. Targum Onkelos: *'ḥdth blbšwh ... wšbqh lbšh bydh* und Peschitta: *w'ḥdth blbšh wšbqh lbšh bydyh.*

eine sexuelle Konnotation des Frevlers[35] — zumal auch der vorangehende Spruch wahrscheinlich sexuell konnotiert ist.[36] So geht es in diesem Spruch nicht darum, daß Šamš dem Opfer des Frevlers hilfreich zur Seite steht, daß er in der Bedrängnis *mit* ihm ist. Vielmehr wird der Angesprochene ermahnt, eher sein Kleid in der Hand des Frevlers zu lassen und nun erst recht seine eigene Untadeligkeit vor Šamš zu dokumentieren, damit er nicht mit dem Frevler in Verbindung gebracht wird. Nur dann kann er erwarten, den Lohn für seine eigene Rechtschaffenheit zu erlangen, der im Besitz des Frevlers besteht. Šamš begegnet also auch in diesem Spruch als Richter, der Tat und Täter beurteilt, nicht aber als derjenige, von dem ein helfendes Eingreifen gegen den Feind erwartet wird. Im Gegenteil, der Kontakt mit dem Frevler bringt einen selbst in Gefahr, als ein ebensolcher angesehen zu werden — darum soll man sich selbst daraus befreien und danach um so mehr sich an den Rechtsgott anschließen, um über allen Verdacht erhaben zu sein.[37]

Diese Übersicht macht deutlich, daß die in den Sprüchen des Aḥiqar genannten Götter Šamš und El ihr jeweils eigenes Profil aufweisen und so eigenständige Gottheiten sind. Damit ist die große Bedeutung Els, der am häufigsten als Gottheit in den Sprüchen genannt wird, für die Gruppe, die diese im 1. Jtsd. im südsyrischen Raum tradierten, erwiesen.[38]

Von diesen Beobachtungen her ist es nicht weiter verwunderlich, daß auch in einer zweiten aramäischen Textsammlung des 1. Jtsd.s, deren Texte ebenfalls aus dem syrisch–libanesischen Raum stammen, El eine mehrfach genannte Gottheit ist. Es handelt sich um den schwierigen Text des Pap. Amherst 63, dessen Deutung durch die Tatsache, daß er in demotischer Schrift abgefaßt wurde, leider sehr umstritten ist.[39] El begegnet hier meist in der demotischen Schreibung *'ḫr**.[40] In

---

[35] Vgl. auch die Formulierung in Prov 7,13, wo die fremde Frau den Jüngling „packt", um ihn zu verführen.

[36] Dort ist wohl die Rede davon, daß der Lehrer bei der Betrachtung seines Schülers die Weisheit verachtete und so seinen Namen durch seine Zügellosigkeit entehrte. Das für Zügellosigkeit gebrauchte Wort *šrḥw* wird von vielen Bearbeitern (vgl. u.a. Lindenberger 1983, 173; Porten/Yardeni 1993, 39, und die Angaben bei Hoftijzer/Jongeling 1995, 1192) mit [ś] gelesen und von der mittelaramäischen Wurzel *srḥ* „verfaulen, verderben > sündigen" her verstanden; dementsprechend wird es auf den Namen bezogen, so daß der Name nicht durch die Zügellosigkeit entehrt wurde, sondern der Sprecher einen stinkenden Namen bekam. Jedoch geht die angeführte Wurzel sicher, wie hebräisch *srḥ* zeigt, nicht auf *śrḥ* zurück. Da die Sprüche sonst ursprüngliches */s/* nie mit *š* wiedergeben, kann diese Wurzel hier nicht gemeint sein. So bleibt nur die schon von Sachau 1911, 161.175, vorgeschlagene Verbindung mit *šrḥ*, das die Zügellosigkeit und den Leichtsinn konnotiert.

[37] Gerade im Kontext eines sexuellen „Frevels" macht diese Deutung guten Sinn; es ist die leidvolle Erfahrung vieler Opfer solcher „Frevler", daß sie nun selbst mit dieser Tat in Verbindung gebracht werden — „er/sie wollte es doch!"

[38] Vgl. jetzt auch ähnlich das summarische Ergebnis bei Engelken 1996b, 403–405.

[39] Der Text ist erst in Auszügen publiziert worden, vgl. die Übersicht bei Kottsieper 1988b, 56, Anm. 5. Zu den dort genannten Texten kommt jetzt noch 10,9–11,16; 12,1–11 in Vleeming/Wesselius 1990, 29–90, leider ohne Abbildungen. Einen Überblick über den in ihrer Sicht sicheren Wortschatz bieten Steiner/Moshavi 1995. Jedoch zitieren sie dort häu-

12,11–19, einer Parallele zu Ps 20, wird El um Beistand in Bedrängnis und um die Erfüllung der eigenen Wünsche gebeten, wobei hier im Gegensatz zu Ps 20 eine anonyme Menschengruppe als Verehrer auftritt.[41] Hier ist er wieder der ganz nahe Gott, der sich um das Wohlergehen und den Schutz der Menschen kümmert. Und in 13,5f. wird er ausdrücklich als Barmherziger bezeichnet, der den Großen groß und den Niedrigen niedrig macht.[42] Die genannten Belege zeigen aber auch, daß

---

fig nur ihre aramaistische Interpretation und nur vereinzelt auch den zugrundeliegenden demotischen Text, so daß eine kritische Prüfung der Wörter erst beim Erscheinen der von Steiner angekündigten Gesamtedition möglich ist. Zudem fehlt der größte Teil der umstrittenen Wörter, was die Liste als Quelle für nicht editierte Textstücke ausscheidet. Dies war aber auch nicht die Absicht der Autoren.

Zu einer Einführung in diesen Papyrus vgl. Kottsieper 1988b, 55–72, dort, 64–72, wird auch die Herkunft des Textes diskutiert. Vleeming/Wesselius 1990, 19, verweisen darüber hinaus auf sprachliche Affinitäten zum späteren palästinischen Aramäisch, vgl. jetzt auch Steiner 1995, 200–202. Für die Lokalisierung insbesondere der in diesen Texten begegnenden Eltraditionen in den Bereich des Libanon und Antilibanon vgl. jetzt bes. Kottsieper 1996b.

Nach Steiner 1995, 204f., ist hier auch ein Einfluß einer Gruppe aus Betel anzunehmen; er verweist auch auf die Erwähnung von Samariern, Judäa und Hamat. Inwieweit dies zutrifft, kann erst entschieden werden, wenn die entsprechenden Texte vorliegen.

Zur hier gebrauchten Umschrift vgl. Kottsieper 1988a, 220. Zu beachten ist, daß die aramaistisch mehrdeutigen Zeichen mit Großbuchstaben wiedergegeben werden (also z.B. *S*, das für [s] und [z] benutzt wird) und tiefgestellte Indizes verschiedene Zeichen für eine aramaistische Lautgruppe oder einen Laut angeben (also z.B. T_3 als das dritte mögliche Zeichen, das für die Lautgruppe [t], [ṭ] und [d] benutzt wird). Zu unterscheiden ist zudem zwischen dem demotischen Alef einerseits, das ´ umschrieben wird und in erster Linie einen Vokal bezeichnet, daneben aber auch aramäisch ['], und dem Zeichen ' andererseits, das immer aramäisch ['] meint. Mehrkonsonantenzeichen werden unterstrichen.

[40] Vgl. den Anhang I für die Interpretation dieser Zeichengruppe.

[41] Vgl. zu diesem Text Kottsieper 1988a, und die dort genannte Literatur. Dazu jetzt auch Zevit 1990, und Delcor 1993. Der Beitrag von Wesselius 1991, 932f., stellt keinen Fortschritt dar.

[42] Vgl. zu 13,1–10 Vleeming/Wesselius 1985, 62–70, und Wesselius 1991, 933f. Der demotische Text des Bikolons in 13,5b–6a lautet:

m´KTL´° L.b° mLḥm° 'ḥr m´šp´Ly° š´ḥ´°*

Dies ist in Anlehnung an Vleeming/Wesselius 1985, 67 wohl als

magdelī rabbā maraḥḥamā	Der den Großen groß macht, ist der Barmherzige
'el mašpelī šaḥḥā	El ist, der den Niedrigen erniedrigt.

zu interpretieren. Dabei steht „der Barmherzige“ im Parallelismus membrorum zu El. Auffällig ist das vokalanzeigende ´ am Ende des ersten und das auch als *mater lectionis* gebrauchte *y* am Ende des zweiten Partizips. Die hier vorgeschlagene Lesung sieht in beiden eine Schreibung des sogenannten *ī–compaginis*, das sich im Hebräischen vornehmlich an Partizipien und besonders häufig in der Poesie findet. Trifft diese Deutung zu, so wäre auch

El nicht nur der Gott des einzelnen Menschen ist. Im Gegenteil, in den Hymnen, die in Kolumne 12 und 13 begegnen,[43] wendet sich eine Gruppe an El, die sich selbst als Volk bezeichnet.

Daneben tritt El aber in diesen Texten noch in einer anderen Funktion auf, die in den Sprüchen des Aḥiqar nur am Rande anklingt. El ist zugleich der Herr und König aller Götter.[44] So spricht 13,13–15 davon, daß die Geschlechter des Himmels, also die übrigen Götter, unter El sind und seine Herrschaft verkünden. Diese entsprechen durchaus den himmlischen Heerscharen. So wird El gebeten, in einer Bedrohungssituation mit ihnen zu erscheinen (13,16f.). Dennoch ist der damit verbundene kriegerische Aspekt hier sehr abgeschwächt: El selbst soll bloß auftreten und durch seine Erscheinung die Bedränger in die Flucht schlagen. Entscheidend für den Dichter im Hinblick auf die Bedeutung Els in dieser Situation ist jedoch die Hilfe und der Schutz für sein Volk.[45]

Schließlich ist in 18,1–4 der Dialog einer klagenden Gemeinschaft mit El zu finden, in dem El nicht nur als König und El Saggi(ya), „der große El", sondern auch als Ba'l Šamain, als Himmelsherr erscheint. Dabei ist die Identität des Himmelsherrn mit El dadurch gesichert, daß dieser Ausdruck im Parallelismus membrorum zu El steht:[46]

Ba'l Šamain, komme herauf,
komme herauf, El Saggi(ya).

Da El als Himmelsherr offenbar aus seinem Wohnort *herauf*gerufen wird, wird er mit dieser Bezeichnung folglich nur als Herr der göttlichen Welt be-

---

für das Aramäische von einer solchen Form auszugehen, die dann aber in der Konsonantenschrift nicht zum Ausdruck kam. Dies spräche für eine unbetonte Endung, da unbetontes –[ī] auch sonst ungeschrieben bleiben kann (vgl. z.B. Beyer 1984, 416). Angesichts der Tatsache, daß poetische Texte in frühen aramäischen Konsonantenschrifttexten sehr selten sind, wäre das Fehlen anderer Beispiele aber auch sonst nicht ausschlaggebend. Somit kann dies gegen Vleeming/Wesselius 1985, 67, nicht als ein sicherer Hinweis auf eine hebräische Herkunft des Textes gewertet werden.

Beim ersten Partizip könnte aber auch eine determinierte Form vorliegen. Dann wäre dieser Partizipialausdruck Subjekt und die Gottesbezeichnung Prädikat, so daß der Satz betonen würde, daß El nicht irgendeiner ist, der dies tut, sondern derjenige der dies tut, ist El. Wenig wahrscheinlich — jedoch nicht ganz auszuschließen (vgl. Anm. 132) ist es aber, daß beim zweiten Partizip das *–y* ein betontes –[ā] meint, so daß auch hier eine entsprechende Determination vorläge.

[43] Vgl. zu den Hymnen aus Kol. 13 bisher Vleeming/Wesselius 1985, 61–79; Wesselius 1991, 933–935, deren Deutungen aber nicht immer überzeugen können, zumal sie die Vokalschreibung mit ʹ häufig unberücksichtigt lassen.

[44] Vgl. aber die Parallelisierung des menschlichen Königs mit El in Aḥiqar in X (6/54) 13 = C 107, dazu S. 29 und Anm. 52 zu X (6/54) 1 = C 95.

[45] Vgl. zu diesem Text Anhang II.

[46] Vgl. den dritten Anhang für diesen Text.

schrieben, nicht aber als Herr des realen Himmels. Dem entspricht die oben angeführte Aussage, daß die *Geschlechter* des Himmels El untergeben sind, nicht aber, daß El im Himmel wohnt. Auch die Parallelbezeichnungen Els als *'adānay*[47] und *mār*[48] konnotieren das Herrsein Els. So steht zu vermuten, daß an den meisten, wenn nicht sogar an allen Stellen, an denen *mār* genannt wird, ebenfalls El gemeint ist, auch wenn sein Name dort nicht ausdrücklich erwähnt wird. Dafür spricht auch, daß in den Texten 10,9–11,16, in denen *mār* die zentrale Rolle spielt, er eindeutig als der Gott von (A)rasch bezeichnet wird.[49] Von dorther wird aber in 12,13 das Erscheinen Els erwartet![50] Schließlich hat *mār* dieselbe enge personale und schützende Beziehung zu seinen Verehrern und zum Einzelnen wie El.[51] Da *mār* an vielen Stellen erwähnt wird, wäre El dann die meistgenannte Gottheit dieser Texte!

So kann El als eine, ja sogar als die zentrale Gottheit dieser Texte angesehen werden, in denen er nicht nur als der mitseiende, segnende Gott begegnet, sondern als der Götterkönig und ausdrücklich auch als Herr der Himmel.[52] Damit wird der

---

[47] Vgl. z.B. 12,11f.15f.; 13,7f.; 13,13f., wo El und *'adānay* in einem direkten Parallelismus membrorum stehen. Auch sonst sind in den Texten von 12,11–13,17 El und *'adānay* offenbar austauschbar.

[48] Vgl. z.B. 12,14f.

[49] Vgl. besonders den Refrain in diesen Stücken (dazu die Übersicht bei Vleeming/Wesselius 1990, 91f.) und 7,7.11.13; 11,1ff.16.

[50] Vgl. Kottsieper 1996b für die Deutung dieses geographischen Begriffes als die Gipfelregionen des Libanonmassives und für die früheren Versuche, diesen Ort zu lokalisieren.

[51] Es würde den Umfang des Beitrages sprengen, würden alle entsprechenden Stellen *in extenso* hier angeführt werden. So beschränke ich mich hier auf folgende Hinweise:

1. In dem schon angesprochenen Refrain (vgl. Anm. 49) ist es der Gott von (A)raša, der dem Beter hilft (*s'd*).

2. In 10,17–20 ist *mār* der Gott, der Witwen und Waisen beisteht und zu ihrem Recht verhilft.

3. In 7,1–18 wird *mār* mehrfach als „unser guter Gott“ (*'elāhanā ṭābā*) bezeichnet.

Daß *mār*, was ja einfach „Herr“ bedeutet, an *allen* übrigen Stellen El meint, ist natürlich nicht vollkommen zu sichern. Jedoch ist die mehrfach von Vleeming und Wesselius vorgetragene Ansicht, daß mit *mār* hauptsächlich Betel bezeichnet werde (vgl. z.B. Vleeming/Wesselius 1983/84, 118), sicher abzulehnen. Die Frage, welche Funktion in diesen Texten der nur vereinzelt genannte Betel hat, kann nur dann beantwortet werden, wenn die entsprechenden Stücke vollständig vorliegen.

[52] Daß *ba'l šamayn* durchaus noch in seiner ursprünglichen Bedeutung verstanden wurde, wird etwa in 8,16 deutlich, wo die Rede vom *mL° šmyn** (*mār šamayn*) ist, vgl. Bowman 1944, 226; Steiner/Nims 1984, 112. Und wenn Eißfeldt 1963, 183, Baal Šamain als „Herr[n] des Universums einerseits und Erbarmer des Individuums andererseits, weniger als andere an politische Größen ... gebunden“ charakterisiert, so trifft dies ebenfalls auf das Bild zu, das der Pap. Amherst 63 von El zeichnet.

Ansatz von Niehr, Ba'l Šamain und El zu trennen und ersteren als Nachfolger Els anzusehen,[53] durch diese Stellen nicht bestätigt. Zugleich unterstützt und ergänzt Pap. Amherst 63 das an den Sprüchen des Aḥiqar gewonnene Ergebnis, daß El im 1. Jtsd. zumindest für die aramäischsprachigen Gruppen des südsyrisch–libanesischen Raumes eine wesentliche Gottheit war, die sowohl den Aspekt der segnenden, bewahrenden Nähe zum Menschen als auch den der Herrschaft über die Götterwelt vereinte und so auch als Himmelsherr (*ba'l šamayn*) auftrat.[54] Eindeutig falsifizieren läßt sich aber die Ansicht, daß El im 1. Jtsd. keine wesentliche Rolle mehr inne gehabt habe.

Daß es sich dabei nicht allein um ein Phänomen der aramäischen Religion handelt, zeigt die Inschrift von Deir 'Alla, die zwar unter aramäischem Einfluß steht, selbst jedoch nicht aramäisch ist.[55] Dieser Text spiegelt offenkundig ebenfalls eine elorientierte Religion wider.[56] Besonders deutlich ist dabei, daß El das aktive Oberhaupt der Götterversammlung ist, was der Funktion Els als dem Herrn der Götter im Pap. Amherst 63 entspricht. So überbringen die anderen Götter dem Seher Balaam die Kunde von einer Sitzung des Götterrates ausdrücklich als Ausspruch Els.[57]

Nur am Rande sei hier dann auch auf Aḥiqar X (6/54) 1 = C 95 verwiesen, wo von einem *b'l qdšn* „dem Herrn der Heiligen" die Rede ist, der wohl mit dem Himmelsherrn identisch sein dürfte. Es ist dieser „Herr der Heiligen", der die Weisheit in den Himmel gesetzt hat. Wenn die hebräische Tradition Himmel und Heilige im Parallelismus membrorum gebraucht (vgl. Hi 15,15; Ps 89,6), so wird deutlich, daß diese beiden Begriffe miteinander austauschbar waren. So ist dann auch in den Aḥiqarsprüchen an dieser Stelle mit dem Herrn der Heiligen wahrscheinlich El in seiner Eigenschaft als Herr des Himmels gemeint.

[53] Vgl. oben S. 25; diese Ansicht wurde schon früher z.B. von Stolz 1980, 157, vertreten.

[54] Daß in den Texten des Pap. Amherst 63 El gegenüber den Aussagen der Sprüche des Aḥiqar verstärkt in seiner Herrschaftsrolle auftritt, ist angesichts der Gattungsunterschiede (Weisheitssprüche gegenüber kultisch–hymnischen Texten) nicht weiter auffällig.

[55] Vgl. z.B. Beyer 1984, 26; Weippert 1991, 163.

[56] Vgl. z.B. Levine 1985, 326–339; Weippert 1991, 167.178f.; H.–P. Müller 1980, 6.

[57] Diese Interpretation setzt die Verschiebung der Fragmente Ic und d gegenüber der *editio princeps* (Hoftijzer/van der Kooij 1976) um zwei Zeilen nach oben voraus, die von Caquot/ Lemaire 1977, 193f., vorgeschlagen wurde und heute weitgehend anerkannt ist, vgl. z.B. jetzt auch van der Kooij 1991, 244–247. In Zeile 1f. ist wohl mit Weippert 1991, 154, *[wy'mrw . l]h . kmš' . 'l* „Und sie [sc. die Götter] sprachen zu ihm [sc. Balaam] gemäß des Spruches Els." anzunehmen. Zur Lesung *mš'* vgl. Hackett 1984, 35. Die von Caquot/ Lemaire 1977, 194f., vorgeschlagene Lesung *mly'* (vgl. z.B. auch McCarter 1980, 52; Wolters 1991, 297) ist epigraphisch wenig wahrscheinlich, da der Rest des vermeintlichen *l* doch höher hinaufreichen müßte. Gegen die von Hackett 1984, 33, und anderen vorgeschlagene Einordnung von Ve und XVc in Z. 1, die zu einer Lesung von *wyḥz mḥzh kmš' 'l* führen würde, spricht eindeutig, daß oberhalb des entsprechenden Textes auf Ve noch deutlich Schriftspuren zu sehen sind, so daß dieses Fragment nicht in die 1. Zeile paßt, vgl. u.a. van der Kooij 1991, 247; Weippert 1991, 153.

Auch die ugaritischen Zeugnisse des 2. Jtsd.s kennen El einerseits als Herrn der Götter, andererseits aber als den Gütigen und Gemütvollen schlechthin, der dem Menschen ganz nahe kommt.[58] Besonders eindrücklich ist hier z.B. eine Schilderung, wie El, der Vater der Menschen, dem um seine verstorbenen Kinder trauernden, Tränen wie Scheqelstücke vergießenden Keret erscheint und nach dem Grund seiner Trauer fragt.[59] Und schließlich sorgt er als Segensspender dann auch für eine neue Nachkommenschaft.[60]

Damit ist deutlich, daß die aramäischen Texte eine weitverbreitete Elkonzeption aufgreifen und somit durchaus auch als repräsentativ für die religiösen Vorstellungen des syrisch–palästinischen Raumes gelten dürfen. Um so dringender stellt sich dann aber die Frage, warum El so selten und wenig zentral in den großen nordwestsemitischen Inschriften des 1. Jtsd.s — darunter auch den aramäischen! — genannt wird. In der Diskussion um diese Inschriften, die ja bei vielen Forschern ein völlig anderes Bild der Bedeutung Els im 1. Jtsd. aufkommen ließen, wurde jedoch die Frage nach den sozialen Hintergründen dieser Texte ausgeblendet — hier liegt aber die Lösung des Problems! Die Inschriften sind entweder Königsinschriften oder aber Staatsverträge, die wiederum primär als Verträge zwischen den jeweiligen Herrscherhäusern formuliert wurden. Wir befinden uns also bei diesen Texten durchweg im Bereich des Staatskultes und der Herrscherhäuser, die als primäre Träger des Staatskultes gelten können.

Die genannten literarischen Texte setzen jedoch andere soziale Kontexte voraus: Die Sprüche des Aḥiqar richten sich an den einfachen Menschen, der ein freier Bürger, aber auch ein Lohnabhängiger sein kann. Die gesamte Breite des täglichen Lebens in seinen vielfältigen Phänomenen wird angesprochen, so daß uns als Adressaten Arme und Reiche, Eltern und Kinder begegnen[61] — nie jedoch der König selbst. Wo er erwähnt wird, ist er nur eine von den vielfältigen Erscheinungen, die zum Lebenshorizont des Bürgers eines Stadt- oder Kleinstaates gehören und mit denen umzugehen ihn die Sprüche befähigen wollen.[62]

Der zweite El–Beleg steht in dem fragmentarischen Kontext II 6, der nicht sicher zu deuten ist. Dennoch zeigt er, welch wichtige Rolle El in diesem Text hat. Es ist somit methodisch verfehlt, wenn Niehr 1990, 21, ihn mit dem Hinweis auf den fraglichen Kontext zur Seite schiebt. *Daß* dieser Gott für den Text eine wesentliche Bedeutung hat, machen die Belege (von denen Niehr offenbar nur II 6 kennt) deutlich, *welche* ist dagegen nicht überall zu eruieren.

Ob auch das 2. *'l* in II 6 als El zu interpretieren ist, ist umstritten; dafür sprechen sich z.B. Hoftijzer/van der Kooij 1976, 180.223, und H.–P. Müller 1980b, 6, aus, dagegen aber z.B. Hackett 1984, 29.58–60.

[58] Vgl. z.B. Loretz 1990, 66–70.

[59] Vgl. KTU 1.14 I 26ff.

[60] Vgl. z.B. Loretz 1990, 69.

[61] Vgl. Kottsieper 1996a, 138.

[62] Die Sprüche über den König finden sich in X (6/54) 6–10.13f = C 100–104.107f.; dabei sind X (6/54) 6–10 = C 100–104 deutlich Anweisungen für das Verhalten gegenüber dem König. Zu solchen Anweisungen gehört vielleicht auch V (9/56 I) 7 = C 132. X (6/54) 13f. =

Auch die Texte des Pap. Amherst 63 verweisen auf einen Kontext jenseits des Königs- oder Staatskultes. Sie wurden wohl in den aramäischen Händlerkolonien Ägyptens oder möglicherweise auch in einer der dortigen aramäischen Söldnerkolonien tradiert.[63] Dabei sind sie durchaus an vielfältigen Themen und Kulten interessiert. So berichten sie in Kolumne 18–23 u.a. sogar von dem babylonischen Aufstand des Šamaš–šum–ukin gegen Assurbanipal[64] und nennen vereinzelt babylonische Götter.[65] Dies weist darauf hin, daß sich unter den Tradenten auch solche befanden, deren Vorfahren aus dem babylonischen Raum in den südsyrisch–libanesischen Raum deportiert worden waren.[66] Aber es fehlen offenkundig Texte, in denen der König selbst zu Wort kommt oder die dem Königs- oder Staatskult zugeordnet werden können. Auch dort, wo sich diese Gruppe als Volk Els versteht, begegnet der König nicht oder allenfalls nur indirekt.[67] Daß hier solche Texte fehlen, zeigt, wie wenig diese Gruppe, die doch offensichtlich bemüht war, ihre heimatlichen Traditionen zu bewahren, mit dem Königtum zu tun hatte.

Auch der Text aus Deir 'Alla stammt ausweislich der Fundumstände und des Inhaltes nicht aus dem Staatskult, sondern gehört in den Bereich von Prophetengruppen, die die Tradition des Sehers Balaams überlieferten.

Es ergibt sich also für die Religion der aramäischen Gruppen und der von ihnen beeinflußten Kulturen eine klare Trennung zwischen dem Königshaus und dem von ihm vertretenen Staatskult einerseits und der aramäischen Bevölkerung andererseits. Im Bereich des Staatskultes sind andere Götter, darunter in erster Linie Hadad, zentral und El kommt dort nur als ein weiterer Gott unter vielen vor. In der aramäischen Bevölkerung ist aber El die wichtigste Gottheit, die als naher Gott

---

C 107f. sind Sprüche über den König, die aber indirekt auch zu einem gewissen Verhalten vor ihm anleiten wollen, vgl. zu diesen S. 29f.

[63] Vgl. Kottsieper 1988b, 60f.

[64] Vgl. dazu auch unten den Anhang III und die dort genannte Literatur.

[65] Vgl. unten S. 53.

[66] So spricht wahrscheinlich auch 14,18 von den Büchern oder den Schreibern von Babel, vgl. Vleeming/Wesselius 1985, 9.

[67] Besonders deutlich ist dies bei der Version von Ps 20 in 12,11–19, wo im Gegensatz zum biblischen Psalm der König überhaupt nicht erwähnt wird. Außerhalb des Šamaš–šum–ukin–Textes, in dem natürlich viel von Königen erzählt wird, begegnet das Wort für König nach Steiner/Moshavi 1995, 1259, nur noch in 3,9, 4,9 (Pl.) und 14,18 als sichere Lesung. Dabei ist 14,18 wahrscheinlich lediglich ein verwaltungstechnischer Vermerk, in dem der König genannt wird (vgl. Vleeming/Wesselius 1985, 9). Die beiden anderen Stellen liegen noch nicht im Kontext vor. Daneben ist wohl aber auch noch 13,11 zu nennen, wo der König aber nicht angesprochen wird, sondern im Kontext von König und Nichtkönig erscheint. So ist *b'm'LK'°* *bL°* *m'LK'°* dort auf zwei parallele Kola zu verteilen und als *ba-malkā* || *balā-malkā* „beim König || beim Nichtkönig" zu interpretieren. Eine hebräisch–kanaanäische Interpretation, die Vleeming/Wesselius 1985, 73, für das über der Zeile nachgetragene *bL°* im Sinne von *bal* vorschlagen, ist nicht nötig und angesichts der kolometrischen Erkenntnis, daß diese beiden Wörter wohl parallel sind, auch nicht wahrscheinlich. In diesem Fall würde das parallele *ba-* „bei" fehlen.

schlechthin für die persönliche Frömmigkeit von größter Bedeutung ist, sich aber auch dem Volk selbst zuwendet. Und schließlich ist er nicht nur irgendein schützendes Numen, sondern repräsentiert die höchste göttliche Macht, er ist der Herr aller anderen Götter. Die aramäische Bevölkerung hatte also im Gegensatz zu den Staatskulten der aramäischen Reiche eine eindeutig elorientierte Religion.

Dieses Ergebnis erfährt eine Bestätigung durch eine Untersuchung der aramäischen Personennamen aus dem syrisch–palästinischen Raum. Geht man von den Personennamen aus, die Mohammed Maraqten 1988 aus den alt- und reichsaramäischen Inschriften zusammentrug, und extrahiert daraus diejenigen Personen, die mit Sicherheit oder mit größter Wahrscheinlichkeit als Aramäer des syrisch–palästinischen Raumes angesprochen werden können, so begegnen dort zehn Elnamen,[68] denen sieben Hadadnamen gegenüberstehen.[69] Addiert man dazu noch

---

[68] Die Bestimmung, ob eine gewisse Person Aramäer ist oder nicht, ist natürlich in vielen Fällen fraglich. Bei Namen der zweiten Hälfte des 1. Jtsd.s sind aramäische Bestandteile nicht zwingend für die Annahme eines Aramäers, da hier sich das Aramäische als Volkssprache auch in anderen Gruppen weitgehend durchgesetzt hat. Für Namen aus den ersten Jahrhunderten des 1.Jtsd.s, die eindeutig aramäische Elemente zeigen, kann aber davon ausgegangen werden, daß es sich um einen Aramäer handelt; so bei *'lyhb* (8./7. Jhdt., Syrien; zu den Belegen vgl. bei Maraqten 1988, 65–104, jeweils *sub voce*), *y'dr'l* (8./7. Jhdt., Damaskus).

Ein anderes Kriterium ist der Kontext des Beleges. So ist wohl *'lmnny*, der im 7. Jhdt. in T. Halaf lebte und in dessen Archiv viele aramäische Notizen gefunden wurden, aus diesen Gründen als Aramäer anzusprechen, wie auch *zr'l*, der auch in diesen Texten vorkommt. Ebenfalls dürfte das aus Damaskus stammende aramäische Siegel des *'lntn* (8. Jhdt.) einem Aramäer zuzuschreiben sein, während ein Stempel mit dem gleichen Namen aus dem Jerusalem des 5. Jhdt.s durchaus auch einem Nichtaramäer mit aramäischer Sprache zuzurechnen ist. Auch wird *'lsmk*, dessen Name in aramäischer Schrift auf einem Gefäßboden aus T. Zeror aus dem 8. Jhdt. belegt ist, auf Grund der aramäischen Schrift ein Aramäer sein, auch wenn T. Zeror selbst keine aramäische Stadt war. Jedoch hatte dieser Ort viel mit Aramäern zu tun, vgl. Kochavi 1993, 1525. Auch ist es wenig wahrscheinlich, daß schon im 8. Jhdt. Nichtaramäer aramäisch schrieben. So wird man aus diesem Grund auch *bk'l* hinzurechnen dürfen, dessen Siegel aus dem 8./7. Jhdt. stammt und auf Grund der ägyptischen Motive wohl dem westsyrischen Raum zuzurechnen ist. Zu dieser Gruppe gehört dann auch *l'l* aus dem 8. Jhdt.v.Chr. (vgl. Rahmani 1964, 181).

Daß der mehrfach belegte damaszenische *ḥz'l* des 9. Jhdt.s und *mt''l* der Sfire–Inschriften Aramäer waren, ist nicht strittig.

Ausgeschlossen bleiben alle übrigen Belege, deren Sprache und Kontext nicht eindeutig sind.

[69] Unter diesen Hadadnamen werden hier auch die Belege mit dem Hadadepitheton *rmn* gezählt. Sprachlich sind *brhdd* (III.) von Damaskus, *brhdd*, König von ? (KAI 201, vgl. Pitard. 1987, 138–144, zu diesem König vgl. aber auch Reinhold 1989, 221–249, der ihn als Sohn von *hdd'zr* identifizieren will), *mr'hdd* (7. Jhdt.), und *mt'hdd* (T. Halaf, 7. Jhdt.) eindeutig.

Auf Grund des Kontextes sind *'bdhdd* (Syrien, 9. Jhdt.), *hdys'y* (T. Fekheryre) und *ṣdqrmn* (8. Jhdt., ägyptische Motivik) zu nennen.

die Namen, die nicht epigraphisch, sondern nur in der Bibel belegt sind, so kommt man auf elf Träger von Elnamen[70] und mindestens ebenso viele von Hadadnamen.[71] Dieses zunächst nicht sehr eindrückliche Bild klärt sich, wenn man diese Personen ihren sozialen Schichten zuordnet. Unter den elf Elnamensträgern befindet sich nur ein König, Matiel aus Arpad.[72] Dagegen sind sieben Personen mit Hadadnamen Könige[73] und nur vier nicht. Damit besteht auf der Ebene der Bevölkerung ein Verhältnis von 5:2 zugunsten der Elnamen, auf der Ebene der Königshäuser dagegen das Verhältnis von 7:1 zugunsten der Hadadnamen.[74]

---

[70] Als Elname ist noch *ʾlydʿ* (1 Kön 11,23) hinzuzufügen.

[71] Hinzu kommen die im Korpus von Maraqten nicht belegten Könige von Damaskus *ṭbrmn*, *hddʿzr* sowie *brhdd* I., vgl. Pitard 1987, 81–144. Der unsichere *brhdd* II. (vgl. Pitard 1987, 133–138) wird hier nicht mitgezählt. Schließlich begegnet in der Bibel noch ein *hddʿzr* von Zoba, vgl. z.B. 2 Sam 8,3–12; Pitard 1987, 90–94.

Natürlich wären an den verschiedensten Orten noch weitere aramäische Namen zu finden, aber für die vorliegende Untersuchung dürfte die Datenbasis breit genug sein, um tendenziell zutreffende Ergebnisse zu erzielen.

[72] Zu *ḥzʾl* vgl. unten.

[73] Es handelt sich um die Könige von Damaskus *brhdd* I. + III., *hddʿzr* und *ṭbrmn*, *hddʿzr* von Zoba, *brhdd* von ? und *hdysʿy* von T. Fekherye.

[74] Tabellarisch ergibt sich folgende Übersicht:

	Elnamen	Hadadnamen
Könige	*mtʿʾl*	*brhdd* I. *brhdd* III. *brhdd* von ? *hddʿzr* (Damaskus) *hddʿzr* (Zoba) *hdysʿy* *ṭbrmn*
Nichtkönige	*ʾlydʿ* *ʾlyhb* *ʾlmny* *ʾlntn* *ʾlsmkʾ* *bkʾl* *zrʾl* *ḥzʾl** *yʿdrʾl* *lʾl*	*mrʾhdd* *mtʿhdd* *ʿbdhdd* *ṣdqrmn*

Wie wesentlich die soziale Zugehörigkeit in diesem Bereich ist, macht zudem die Königsliste von Damaskus deutlich: Der Begründer des aramäisch–damaszenischen Herrscherhauses, Reson, war selbst kein König, sondern ein Flüchtling aus Zoba. Wenn auch sein Name selbst kein theophores Element enthält, so trägt doch sein Vater, der ebenfalls kein König war, einen Elnamen: Elyada.[75] Die auf ihn folgenden Könige besitzen jedoch Namen, die, soweit sie theophore Elemente enthalten, alle Hadad oder *rmn* nennen,[76] d.h., sie spiegeln nun die zentrale Rolle Hadads als Staatsgott und damit Gott des durch Reson begründeten Königshauses wieder — mit einer Ausnahme: Hazael. Hazael aber war kein König, sondern ein Putschist, der Sohn eines Niemands, wie ein zeitgenössischer akkadischer Text es treffend ausdrückt.[77] Hier liegt wieder der Fall vor, daß ein Mann der nichtköniglichen Bevölkerung in den sozialen Kontext des Königshauses aufsteigt. Sein Sohn und Nachfolger, mit dem ja nun eine neue Königsdynastie initiiert wird, ist Bar–Hadad III. — und damit findet die Folge der Hadadnamen bei den damaszenischen Königen ihre Fortsetzung. Der soziale Wechsel Resons und Hazaels aus der aramäischen Bevölkerung in das Königshaus schlägt sich hier im Wechsel des Gottes bei der Namensgebung für ihre Nachfolger nieder![78]

Von diesem Ergebnis her wird man der These, daß El in den Religionen des syrisch–palästinischen Raumes des 1. Jtsd.s nur noch eine untergeordnete Rolle gespielt habe, sicher den Abschied geben müssen. Dieses Ergebnis erlaubt dann aber auch dort, wo außerhalb des Aramäischen doppeldeutige *'l*–Belege begegnen, mit größerer Berechtigung diese als Belege für El anzunehmen.[79] So wird man z.B. das ammonitische Onomastikon, in dem Namen mit *'l* gut 80 % aller Namen mit Götternamen ausmachen, durchaus auch als einen Beleg für die große Bedeutung Els annehmen können — auch wenn der ammonitische Staatsgott Milkom

---

Natürlich handelt es sich hier nur um eine grobe Statistik, die aber eine Tendenz aufzeigt. Diese Tendenz bestätigt sich aber auch am gesamten Namensmaterial, das Maraqten vorlegte. Dort begegnen insgesamt 47 verschiedene Elnamen gegenüber nur 14 verschiedenen Hadad- bzw. *rmn*-Namen. D.h. die Elnamen sind mehr als dreimal soviel belegt. Da die Mehrzahl der Namensträger wohl keine Könige waren, kommt dieses Verhältnis von Hadadnamen zu Elnamen von 1:3,3 dem entsprechenden Verhältnis von 1:2,5 bei den oben behandelten Namen von Nichtkönigen recht nahe.

[75] Vgl. 1 Kön 11,23f.; Pitard 1987, 96f.

[76] Es handelt sich um *tbrmn*, *brhdd* I., *hdd'zr* und *brhdd* III.; kein theophores Element haben *ḥzy(w)n* und die beiden letzten belegten Könige, vgl. Pitard 1987, 144.189.

[77] KAH 30,26; vgl. z.B. Pitard 1987, 132–135.

[78] Da Hazael etwa 43 Jahre regiert hat, ist es gut möglich, daß sein Sohn erst zu seiner Regierungszeit geboren wurde.

[79] Von der Beobachtung aus, daß in dem von Maraqten vorgelegten Material nur zwei sichere aramäische *'lh*–Namen begegnen (*'lhly* und *kmr'lh*, *grm'lhy* und *nbw'lh* sind möglicherweise nicht Namen von Aramäern), kann vielleicht mit aller statistischer Vorsicht vermutet werden, daß auch in anderen Onomastika, in denen Gott und El ununterscheidbar als *'l* erscheinen, das Verhältnis zwischen El und appellativem Gebrauch ebenfalls bei etwa 5:1 lag.

war.[80] Und ebenfalls ist man von diesen Ergebnissen her in der Lage, die El-Belege des Alten Testaments an vielen Stellen wirklich als Zeugnisse dieser Gottheit anzusehen, und nicht gezwungen, sie als Appellative zu verstehen. Zugleich muß man von unserem Ergebnis her die religionsgeschichtliche Bedeutung der Staatsgötter zurückhaltender bewerten — will man nicht die Religionsgeschichte auf einen kleinen Ausschnitt der Lebenswirklichkeit der damaligen Menschen beschränken.[81]

Angesichts dieses Ergebnisses stellt sich als letzte Frage, wie dieses Nebeneinander einer elorientierten Religion weiter Teile der Bevölkerung und eines nicht elorientierten Staatskultes entstand und wie dieses Nebeneinander theologisch verstanden werden kann.

Es ist nicht zu übersehen, daß El in den phönizisch geprägten Gebieten am Mittelmeer nicht dieselbe zentrale Rolle innehatte wie in den aramäischen oder transjordanischen Gebieten. Hier ist er nicht nur inschriftlich allenfalls am Rande und zumeist nur unsicher nachweisbar, sondern mit *'l* gebildete Namen sind gegenüber Baalnamen deutlich in der Minderzahl.[82] Aber auch die Amarnabriefe des 2. Jtsd.s weisen nur vereinzelt Namen mit El auf, die zudem teilweise auch appellativ gedeutet werden können, während Namen mit Baal oder Haddu recht häufig sind.[83] Schließlich fehlt El unter den semitischen Gottheiten, die im Ägypten des 2.

---

[80] Geht man von der eher minimalistischen Liste der ammonitischen Namen aus, die Hübner 1992, 125–129, vorgelegt hat, so begegnen dort 33 Elnamen, denen nur sieben Namen mit einem anderen Götternamen (*mlkm*, *b'l* und *yrḥ*) gegenüber stehen. Nach der Zählung von Israel 1991, 333f., liegen 54 Elnamen von 73 Namen insgesamt vor. Natürlich kann der eine oder andere Name dort auch *'l* appellativisch gebrauchen. Andererseits zeigt etwa der Name *mkm'l* „Wer ist wie El" wohl eindeutig, daß El in diesem Onomastikon belegt ist.

Daß Milkom nicht mit El zu identifizieren ist, wie Tigay 1987, 187, vorschlug, hat Aufrecht 1989, xviif., deutlich gemacht.

Nur am Rande sei hier auf Daviau/Dion 1994, hingewiesen, die einige Gründe dafür nennen, daß die Figurinen aus dem transjordanischen Raum mit *3tf*-Kronen ikonographisch wahrscheinlich als El anzusprechen sind.

[81] So wird man z.B. die Aussage bei Hübner 1992, 247, daß die „männliche Hauptgottheit *der Ammoniter* [Sperrung von mir, I.K.] ... ein Gott namens Milkom" war und El nur „möglicherweise ... *in Ammon* [Sperrung von mir, I.K.] verehrt" wurde, nun umdrehen müssen: Wahrscheinlich war El die Hauptgottheit *der Ammoniter*, während Milkom der Gott des Staates Ammon war. Somit hatte die Warnung, „not to regard national gods like Chemosh of the Moabites, Milkom of the Ammonites, Dushara of the Nabetaeans automatically as their highest gods", die de Moor 1990, 75, aussprach, ihre Berechtigung.

[82] Benz 1972, 266, führt 18 Elnamen auf, denen 155 verschiedene Baalsnamen gegenüberstehen, vgl. Benz 1972, 289f.

[83] So begegnen in den Amarnabriefen nur sieben verschiedene Personen mit Elnamen, vgl. die Liste bei Hess 1993, 237, und die Bemerkungen in diesem Werk zu den verschiedenen Namen. Dagegen ist mit mindestens 27 verschiedenen Personen zu rechnen, die einen Namen mit Baal oder Haddu tragen, vgl. die Listen bei Hess 1993, 233f.236, und die Bemer-

und 3. Jtsd.s belegt sind und primär über die südsyrisch–palästinischen Stadtstaaten vermittelt wurden.[84] Von diesen Beobachtungen her muß die allgemein anerkannte These, daß El der alte Gott der Kanaanäer war, wohl bezweifelt werden. El war offensichtlich im südsyrisch–palästinischen Raum im 2. Jtsd. zwar nicht unbekannt, aber allenfalls außerhalb der damals kulturell dominierenden Stadtstaaten von Bedeutung. Dagegen erweist sich Hadad/Haddu neben Baal auch schon für das 2. Jtsd. als eine wesentliche Gottheit dieses Gebietes — also vor dem Entstehen der aramäischen Staaten! Erst im ausgehenden 2.Jtsd. und dann im 1. Jtsd. treten Elzeugnisse aus diesem Raum verstärkt auf, wobei die Aramäer, die zu dieser Zeit sich in den Stadtstaaten etablieren konnten, offenbar eine wesentliche Rolle spielten. Hier ist nun ein zweiseitiges Bild zu beobachten: Einerseits behalten die alten Territorialgottheiten offensichtlich ihr „Amt" und auch die kanaanäisch–phönizische Bevölkerung bleibt diesen Göttern ausweislich ihrer Namensgebung treu, andererseits wird El gerade in den aramäischen und transjordanischen Bevölkerungsgruppen als zentrale Gottheit verehrt. Die Bedeutung der ursprünglichen Staatsgottheiten beschränkt sich für diese Bevölkerungsgruppen weitgehend auf den Staatskult.

Aber auch in Ugarit läßt sich beobachten, daß eine zugewanderte Elgruppe einer einheimischen Baalsgruppe gegenüber stand.[85] Die Elzeugnisse verweisen zudem auf eine Verbindung zum Bereich des Libanon.[86]

Die historische Deutung dieser Ergebnisse führt zu folgender Hypothese, die hier nur kurz skizziert werden kann:

---

kungen zu den jeweiligen Namen. Vgl. auch Niehr 1990, 20, der auch auf das Fehlen Els unter den in den Amarnabriefen genannten Göttern hinweist.

[84] Vgl. die Übersicht bei Helck 1971, 446–73 und dort, 466, zum Fehlen Els. Auch in den semitischen Personennamen, die in Texten des Neuen Reiches belegt sind, begegnet El nur vereinzelt, vgl. Schneider 1992, 26–34.66.227. Und wenn in einem Text, der wohl auf einen semitischen Mythos zurückgeht, neben Anat möglicherweise El in der Gestalt des Re erscheint (vgl. Helck 1971, 460f.) und der ebenfalls semitische Astarte–Mythos ihn mit Ptah identifiziert (vgl. Stadelmann 1976, 127f.), so spricht das dafür, daß die Ägypter mit dem Gottesnamen El wenig anfangen konnten. Sie sahen sich bei der Übersetzung bzw. Adaption solcher Texte gezwungen, diesen Gott mit entsprechenden ägyptischen Göttern zu vergleichen. Die ägyptischen Texte belegen also gerade, daß auch für Außenstehende El nicht der höchste Gott des *kanaanäischen* Pantheons außerhalb Ugarits gewesen sei, gegen Moor 1990, 70f.

[85] Vgl. den Beitrag von Dietrich in diesem Band. Dabei behielt das Herrscherhaus offenbar seine Elorientierung in vielen Punkten bei. El war, wie gerade das bei Dietrich angeführte Totenritual zeigt, im 2. Jtsd. noch die Gottheit dieses Herrscherhauses. Dementsprechend zeigt der Stadtplan Ugarits eine gewisse Distanz der neuen Herrscher zur eingesessenen Bevölkerung. Daß dennoch die ansässigen Baaltraditionen aufgenommen und der Baalkult fortgeführt wurde, zeigt, daß auch in diesem Fall die neuen Herrscher Rücksicht auf den „eingesessenen" Gott nahmen und seine Funktion als Staatsgott nicht in Frage stellten. Natürlich wird der Prozeß nicht an allen Orten identisch abgelaufen sein.

[86] Vgl. Dietrich 1997, 81f.

Ursprünglich wird man zumindest für den kanaanäischen Raum davon auszugehen haben, daß in den Stadtkulturen des 2. Jtsd.s El zunächst keine wesentliche Rolle spielte. Erst im Rahmen der Wanderbewegungen in der zweiten Hälfte des 2. Jtsd.s treten nun die Gruppen auf, für die El offenbar die zentrale Gottheit war und zu denen sicher die Aramäer gehörten. Ob es sich dabei um eine Infiltration von außen handelte oder aber um den Aufstieg gewisser Teile der Landbevölkerung bzw. nicht ganz seßhafter Gruppen, läßt sich nicht sicher entscheiden. Möglich ist auch, daß alle Aspekte zusammenwirkten.[87] Jedoch scheinen diese Gruppen auf jeden Fall eine gewisse Mobilität gehabt zu haben — und El war als mitseiender Gott, der nicht primär an einen kleinen Stadtstaat gebunden war, natürlich für diese Gruppen die geeignete Gottheit. Dabei werden diese Gruppen ursprünglich im libanesischen Raum beheimatet gewesen sein, wofür die enge und frühe Verbindung Els mit dem Libanon spricht.[88]

Es liegt nahe, in den biblischen Vätergeschichten Spuren dieses Vorganges zu sehen. So ist die Affinität der Erzväter zum aramäischen Kulturraum allgemein bekannt. Und es wird wohl kein Zufall sein, daß von Jakob erzählt wurde, daß er einen alten Ort namens Lus nach der Erscheinung seines ihn schützend begleitenden Gottes Bet–El, Haus des El nannte.[89] In Gen 33,20 wird dieser Gott Jakobs ausdrücklich als El, der Gott Israels, bezeichnet.[90] Auch wenn die biblischen Texte in ihrer vorliegenden Form die Zeit des 2. Jtsd.s sicher nur in äußerst gebrochener Form widerspiegeln, so wird man hier doch den Nachhall alter Traditionen annehmen dürfen.

Dort, wo diese Gruppen Fuß fassen und prägend wirken konnten, etablierte sich dann eine elorientierte Religion, die aber die Bedeutung der ansässigen Götter als Götter des jeweiligen Gebietes nicht in Frage stellen mußte — El war eben nicht in diesem Sinne an ein Gebiet oder eine Stadt gebunden! Für die Bevölkerung hatte aber El, der nahe, mitseiende, segnende und barmherzige Gott mehr Bedeutung. Theologisch konnten diese beiden Konzepte über die Tatsache verbunden werden, daß El zwar keinen Anspruch auf ein Gebiet erhob, aber doch als Herr der Götter angesehen wurde. Damit konnten die jeweiligen Gebietsgötter als von El eingesetzt gerechtfertigt werden. Dies begegnet *expressis verbis* in Dtn 32,8*[91]:

---

[87] Dies wird auch je nach geographischem Hintergrund verschieden zu beantworten sein. So ist hinsichtlich des nordsyrischen Ugarit mit einer Infiltration zu rechnen, während in den späteren Aramäerreichen des südsyrischen Raumes es sich wohl eher um eine lokale Sozialentwicklung handelt.

[88] Vgl. dazu jetzt auch die Ausführungen bei Kottsieper 1996b.

[89] Vgl. Gen 28,10ff.; 35,6f.

[90] Da in *'l 'lhy yśr'l* die Apposition *'lhy yśr'l* determiniert ist, kann *'l* hier nur ein determinierter Name sein; als Appellativum müßte *h'l* erscheinen; gegen Fritz 1994, 123f.

[91] Treffend hat Weippert 1990, 146f., den Text mit den Worten von einem Pantheon charakterisiert, das aus „Nationalgöttern unter der Ägide des gleichsam 'neutralen' Gottes El" besteht.

Als der Höchste die Völker zuteilte,
als er die Menschen aufteilte,
da legte er die *Gebiete* der Völker
nach der Anzahl der Söhne Els[92] fest.
Und Jahwe erhielt als Anteil sein Volk,
Jakob als die Gegend seines Erblandes.

Deutlich wird hier die Zuteilung der Völker an die einzelnen Götter durch El als eine Zuteilung von *Gebieten* interpretiert. Und so konnten die alten Ortsgottheiten im politischen Kontext ihre Rolle behalten. *Dies* ist dann der Grund, warum in offiziellen Inschriften El, wenn überhaupt, nur in nachgeordneten Positionen genannt wird, die Staatsgottheiten andererseits aber in den anderen Zeugnissen keine oder nur eine geringe Rolle spielen.[93]

Aus der sich hier ergebenden Sicht der Bedeutung Els im 1. Jtsd. ließen sich noch einige wichtige religionsgeschichtliche Folgerungen ziehen, die aber das Thema sprengen würden. Das Beispiel El zeigt aber, daß die religiösen Zeugnisse Syrien–Palästinas nicht zweidimensional unter den Ordnungskriterien Raum und Zeit verstanden werden können, sondern daß hier als dritte Dimension die Frage nach dem sozialen Hintergrund hinzukommen muß. So kann sich die Bedeutung einzelner Götter in den Äußerungen des Herrschers und seines Umfeldes völlig von denen in den Zeugnissen seiner Bevölkerung unterscheiden.

---

[92] So nach dem Zeugnis aus Qumran und der LXX.

[93] Interessant ist in diesem Zusammenhang auch ein Blick auf Zinçirli/Sam'al. Im 9. Jhdt. wird dieser Ort von einer aramäischen Dynastie übernommen, deren persönlicher Schutzgott Rākib–El „Wagenlenker Els" ist. Diese Dynastie hat also eine elorientierte Gottheit als Familiengottheit beibehalten. Dennoch wird in den Inschriften eindeutig Hadad als die zentrale Gottheit des Ortes aufgeführt, wobei Hadad wohl die aramäische Interpretation des ursprünglich nicht semitischen Ortsgottes ist. Und in den Aufzählungen verschiedener Götter in der Hadadinschrift (KAI 214) steht dann Hadad vor El und El vor Rākib–El; vgl. Tropper 1993, 20–22. In dieser Inschrift ist dann auch besonders Hadad verantwortlich für die Machtübernahme, vgl. bes. KAI 214,8f. Die Reihenfolge der Nennung erklärt sich dadurch, daß Panamuwa als König zunächst den Staatsgott nennt, dann mit El die wesentliche Gottheit seiner Bevölkerung und schließlich mit Rākib–El seine eigene Gottheit, die eng mit El verbunden ist.

Anhang I: Zur Interpretation von *'ḥr** im Pap. Amherst 63[94]

Die Interpretation von *'ḥr**, das in 12,15 statt mit dem Gottesdeterminativ * auch mit dem normalen Determinativ ° als *'ḥr*° erscheint,[95] ist in der Literatur umstritten. Bei der Diskussion der Lesungen sind aber zwei Kriterien zu beachten, die beide erfüllt sein müssen, um eine Lesung ausreichend zu begründen. Zum einen muß die Lesung philologisch *möglich*, d.h. im Rahmen des vorliegenden demotischen Schriftsystems nachvollziehbar sein, zum anderen muß sie religionsgeschichtlich *sinnvoll* sein.

Außer der von mir vertretenen Deutung als El wurden noch drei andere Vorschläge für die Interpretation der Zeichengruppe gemacht:

1. Zauzich 1985a, 89f., dem sich Delcor 1993, 35f., anschließt, will hier den israelitischen Gottesnamen *yhw* lesen. Wie aber schon in Kottsieper 1988a, 224f., ausgeführt, sind seine wesentlichen Argumente nicht stichhaltig. So geht er fälschlicherweise davon aus, daß das Gottesdeterminativ * als $w_{(3)}$ zu lesen sei. Dies ist angesichts der alternativen Schreibung mit dem Determinativ ° (12,15), die nicht so interpretiert werden kann, sicher ausgeschlossen.[96] Auch der Versuch Zauzichs, das demotische Alef (') als *konsonantisches* [y], das im Papyrus sonst *immer* mit *zwei* Schilfblättern (+ Erweiterung) geschrieben wird, zu interpretieren, kann sicher als gescheitert angesehen werden. So stellt Fecht 1960, XIII–XV, auf den Zauzich 1985a, 89, verweist, nur dar, daß das *einfache* ägyptische Schilfblatt (traditionelle ägyptologische Umschrift *ỉ*) zur Umschrift eines semitischen ' gebraucht werden kann, betont aber ausdrücklich, daß *zwei* Schilfblätter (traditionelle ägyptologische Umschrift *y* oder *j*) in Umschriften stets semitisch *y* meint. Einen Beleg für das demotische Alef (', in Hieroglyphenschrift der Aasgeier, ägyptologische Umschrift *ꜣ*) als Umschrift für semitisch [y] findet sich bei Fecht nicht![97] Ebensowenig ist die Wiedergabe *eines* hieroglyphischen Schilfblattes (*ỉ*) durch demotisches Alef (*ꜣ*) ein Beweis dafür, daß ein *semitisches konsonantisches* [y], das von den Ägyptern eben normalerweise nicht mit *einem* Schilfblatt (*ỉ*), sondern mit *zwei* Schilfblättern (*j/y)* umschrieben wird, ebenfalls durch ein demotisches

---

[94] Die folgenden Ausführungen stellen eine erweiterte Version meiner Diskussion des Gottesnamens in Kottsieper 1988a, 224–226, dar, in der einige neue Erkenntnisse eingearbeitet sind. Der Vollständigkeit halber wiederhole ich hier auch die Argumente, die ich inhaltlich unverändert gegenüber dem genannten Beitrag beibehalte.

[95] Die übrigen Belegstellen sind 8,7; 12,11.14(2x).15.17; 13,6.7.11.12.13.14.16(2x).17; vgl. Vleeming/Wesselius 1985, 42. Zu den Determinativen und ihrer Umschrift vgl. Kottsieper 1988a, 220.

[96] Diesen Beleg hat Zauzich offenkundig übersehen, obwohl er eindeutig aus dem von ihm benutzten Beitrag von Nims/Steiner 1983, 263, (vgl. Zauzich 1985, 89) hervorgeht.

Unverständlich bleibt, warum Delcor 1993, 33–35, in Kenntnis dieser Tatsache, auf die schon Vleeming/Wesselius 1985, 41, und Kottsieper 1988a, 225, hingewiesen haben, den Gottesnamen grundsätzlich (auch in 12,15!) in der demotischen Schreibung mit auslautendem *w* wiedergibt.

[97] Vgl. auch die Übersicht bei Helck 1971, 536f.539–542.544f.

Alef repräsentiert werden konnte. Schließlich ist auch der Hinweis, daß in den — nach Zauzich — aus dem Hieratischen übernommenen semitischen Buchstabennamen *byt, py, hy, ḥyt* und *ṭyt* das *y* ein ägyptisches Alef wiedergeben würde, nicht beweiskräftig — selbst wenn man der wenig überzeugenden Argumentation des Autors zur Herkunft der semitischen Buchstaben folgen würde.[98] Dies würde allein belegen, das *y* als *mater lectionis* einen hieratisch mit *ꜣ* ausgedrückten Vokal wiedergeben kann — was nicht überrascht, aber auch nicht belegt, daß das *konsonantische, silbenöffnende* [y] des Semitischen in demotischer Umschrift als Alef erscheinen kann. Somit ist diese Deutung von Zauzich philologisch nicht möglich, da sie einerseits nicht beachtet, daß das von ihm angeführte Schilfblatt *ỉ* etwas anderes ist, als das von ihm geforderte *y*, und sie andererseits nicht bedenkt, daß die semitische Schreibung *y* eben auch mehrdeutig ist: Sie kann einen Vokal, aber auch konsonantisches [y] bezeichnen. Der Beweis wäre nur durch Parallelen erbracht, die zeigten, wie semitisches *konsonantisches* [y] in einem demotischen Text durch Alef wiedergegeben wird.[99]

Wenn nun Vleeming/Wesselius trotz dieser Einwände dennoch an der Deutung festhalten,[100] daß hier der Jaho/JHWH gemeint sei, so ist dies methodisch verfehlt — eben weil sie philologisch unmöglich ist. Daß diese Interpretation religionsgeschichtlich begründbar ist,[101] reicht allein nicht aus!

2. Dagegen schlugen Nims/Steiner 1983, 265, die Interpretation als Horus vor. Diese Deutung entspricht exakt der Lesung des zweiten Zeichens (*ḥr*), das in der vorliegenden Form im Demotischen die klassische Schreibung für diesen ägyptischen Gott darstellt. Auch die demotisch nicht übliche Zufügung des Determinativs (* oder °) ließe sich philologisch als Eigenart des Schriftsystems des Papyrus rechtfertigen, in dem Wörter eben mit Determinativ abgeschlossen und Götter meistens mit dem Gottesdeterminativ bezeichnet werden. Unerklärt aber bleibt das ʹ am Anfang des Wortes,[102] so daß diese Lesung philologisch auszuschließen ist. Gerade dieses ʹ zeigt eindeutig, daß der Schreiber offenkundig nicht einfach Horus im Sinn hatte. Aber auch religionsgeschichtlich läßt sich diese Lesung nicht rechtfertigen. Die Texte des Papyrus zeigen sonst keinerlei ägyptischen Einfluß, so daß die Nennung des ägyptischen Horus im Kontext anderer semitischer Gottheiten nicht erklärbar ist.[103] Besonders deutlich wird dies in der Segensliste 8,1ff. in der

---

[98] Vgl. Zauzich 1980, 76–80, für seine Argumentation.

[99] *De facto* vermischt die Argumentation von Zauzich Phänomene der Graphemebene mit der des Phonetik.

[100] Vgl. Vleeming/Wesselius 1985, 39–42, und wieder in 1990, 10; vgl. auch Wesselius 1991, 932f.

[101] Das Hauptargument dabei ist, daß die Parallele zu 12,11–19, Ps 20, für die genannte Gottheit Jahwe hat.

[102] Vgl. auch Zevit 1990, 218: „We have no explanation for the regular written initial *aleph* sign."

[103] Dies gesteht auch Zevit 1990, 218, ein — um dann doch die Lesung Hor zu übernehmen, die aber nach ihm nicht Horus meint. Welcher Gott sich hinter dieser Schreibung verbirgt, läßt Zevit offen.

nur semitische bzw. babylonische Götterpaare genannt werden.[104] Besonders auffällig ist dort, daß in Z. 7 neben *'ḫ̱r** der Begriff *w'S'r₂'°* steht. Dieses Wort ist in ein *w* „und“ und den Namen der Paredra dieses Gottes aufzuteilen — eine entsprechende Paredra zu Horus ist, soweit ich sehe, nicht bekannt.[105] So entspricht diese Deutung auf Horus weder dem Kriterium der philologischen Unbedenklichkeit, noch dem der religionsgeschichtlichen Einordbarkeit.

3. Die Deutung von Smelik 1983, 92, von der Wurzel *'ḥr* her ist philologisch vertretbar,[106] jedoch nicht religionsgeschichtlich, da ein solcher Gott sonst nirgends zu belegen ist. Die Verweise auf die *'lhym 'ḥrym* und *'ḥr* als Beiname eines Rabbinen können sicher nicht als Nachweis dienen, daß eine solche Gottesbezeichnung benutzt wurde. Allenfalls ist der Verweis auf arabisch *'āḥa/ir* ernst zu nehmen, das als Epitheton für Allah benutzt wird. Aber auch dort ist es grundsätzlich determiniert und bezeichnet Allah als den Ewigen; so kann es kaum als Überbleibsel einer alten Götterbezeichnung interpretiert werden. Auch wenn man konzidieren würde, daß vielleicht der Papyrus von einem Gott distanziert als dem „Anderen“ sprechen kann,[107] so wäre dann doch die determinierte Form und somit Belege mit ' am Schluß des Wortes zu erwarten.

Die Übersicht über die verschiedenen Deutungen zeigt, daß keine der angesprochenen Interpretationen die beiden unabdingbaren Kriterien der philologischen Möglichkeit und der religionsgeschichtlichen Stringenz erfüllen und so eine andere Lösung zu suchen ist. Folgende Beobachtungen sind hierbei hilfreich. Gesucht wird eine semitische Gottheit, deren Name ausweislich des obligatorischen ' am Anfang der demotischen Schreibung aramaistisch gesehen mit ' beginnt. Und hinter der demotischen Schreibung *'S'r₂'°* oder *S'r₂'°* in 8,7 ist der Name der Paredra dieses Gottes zu suchen.[108] Dabei steht *S* für jeden Sibilanten. So kann dieses Wort problemlos als *'aṯerā* „Aschera“ gelesen werden, wobei sich der Erhalt der Spirans durch die Tatsache erklärt, daß hier ein Name vorliegt.[109] Dem Religionsgeschichtler fällt natürlich unter diesen Umständen sofort der Gott El ein, dessen Name eben mit ' beginnt und dessen Paredra Aschera war! Und angesichts der oben dargestellten Tatsache, daß El in anderen aramäischen literarischen Texten

---

[104] Unter anderem Baal und Padrai, Bel (= Marduk) und Belet (= Zarpanitu), Nabu und Nanai; vgl. zu diesem Text Bowman 1944, 227 (Zeile 1–6); Vleeming/Wesselius 1985, 55; Steiner/Nims 1984, 112; Kottsieper 1992, 284, Anm. 7.

[105] Vgl. unten zur Deutung dieses Wortes.

[106] Natürlich ist dabei der Determinativ gegen Smelik nicht als *w* zu interpretieren; eine Möglichkeit, die er selbst in Erwägung zieht.

[107] Smelik versteht dies aber als Gottesnamen, vgl. auch Smelik 1985, 80, Anm. 6.

[108] Das erste ' in *w'r'S₂'°* kann einerseits als Vokalbuchstabe zu *w* gezogen werden (vgl. z.B. *w'mnT₃Sp'n'°* 12,13 = *wa-men-ṣapōnā*), andererseits aber für ein ['] im Anlaut des zweiten Wortes stehen (vgl. z.B. *w'nT°* in 19,4 = *wa-'antā*; zur Form des Pronomens vgl. Kottsieper 1990, 93).

[109] Vgl. Kottsieper 1988b, 72; auch bei Aschtarte z.B. wird das ursprüngliche *ṯ* noch im Demotischen mit *s* wiedergegeben, vgl. Erichsen 1954, 44.71; nicht ausgeschlossen ist auch, daß hier der Schreiber eine ältere Schreibung adaptiert, vgl. zu Anm. 111.

eine zentrale Rolle spielt, die mit der des hier gesuchten Gottes zu vereinbaren ist, ist *religionsgeschichtlich* diese Deutung sicherlich nicht anfechtbar. Aber ist sie auch philologisch begründbar?

An dieser Stelle ist auf zwei Beobachtungen zu dem vorliegenden Schriftsystem hinzuweisen, die Zauzich und Vleeming/Wesselius angeführt haben.

1. Zauzich 1985, 126–128, hat wahrscheinlich gemacht, daß in einem demotischen Zauberspruch aus der 26.–27. Dynastie ein Schriftsystem benutzt wird, das dem des Pap. Amherst 63 in vielen Punkten entspricht und so wohl in eine Entwicklungslinie mit diesem gehört. Im vorliegendem Zusammenhang ist dabei von besonderer Wichtigkeit, daß beide Texte einfaches Schilfblatt (*ỉ*) nicht benutzen und der demotische Zauberspruch es dort, wo es vom Demotischen her eigentlich zu erwarten wäre, durch das demotische Alef (*ꜣ/ʿ*) ersetzt.

2. Wenn auch von den Beobachtungen Zauzichs her die Ansicht von Vleeming/Wesselius in Frage zu stellen ist, daß das Schriftsystem eine „ad hoc creation" des Schreibers sei,[110] so ist doch ihre Beobachtung, daß gerade bei den Götternamen der Schreiber zuweilen ungewöhnliche und offenbar vorgegebene Schreibungen benutzt,[111] für die Deutung des hier zu behandelnden Gottesnamens wichtig.

Von diesen Beobachtungen her läßt sich die von mir 1988 vorgeschlagene Deutung der Schreibung des Gottesnamens mittels der demotischen Präposition *r-ḥr* + Suffix[112] auf eine sicherere und verständlichere Basis stellen: Im Demotischen wird für *r* bekanntlich auch einfach *ỉ* benutzt,[113] d.h. *r–ḥr* kann auch als *ỉ–ḥr* geschrieben werden. Wenn nun der Schreiber des Pap. Amherst 63 *ỉ–ḥr* als Schreibung vorfand, stand er vor der Frage, was er mit dem *ỉ*, das er sonst nicht benutzte, anfangen sollte. Da sonst alle *ỉ* durch demotisches Alef (ʿ) ersetzt wurden, lag es nahe, dies auch in diesem Fall zu tun, so daß das hier belegte *ʿḥr** entstand; dabei geht das Gottesdeterminativ wahrscheinlich auf den Schreiber des Papyrus zurück.

Wie aber kam es zu der unüblichen Schreibung *ỉ–ḥr*? Wie schon auch Vleeming/Wesselius vermuteten, können die ungewöhnlichen Schreibungen der Gottesnamen durchaus der Reflex theologischer Spekulationen sein.[114] Nun hat El wie Horus einen königlichen Aspekt, so daß diese beiden Götter zumindestens auf dieser Ebene miteinander verbunden werden konnten. Es ist daher möglich, daß der Schreiber, der diese Schreibung „erfand", El indirekt mit Horus verbinden wollte. Diese Verbindung war einfach: Das Zeichen für Horus (*ḥr*) wird in der Schreibung

---

[110] Vleeming/Wessselius 1990, 8, unter Aufnahme von 1985, 25–27. Trifft die oben angeführte Beobachtung von Zauzich zu, so hat der Schreiber ein schon anderweitig entstandenes Schriftsystem aufgegriffen und für seine aramäischen Texte *weiter*entwickelt. Dies erklärt auch die „aramäischen" Elemente in diesem Schriftsystem, die für Vleeming/ Wesselius 1980, 16, Grund genug sind, die Schlußfolgerungen Zauzichs abzulehnen.

[111] Vgl. Vleeming/Wesselius 1990, 9–15; ähnlich schon in 1985, 19f. Zu ihrer Interpretation von *mL°* vgl. aber Kottsieper 1988a, 232. Hier könnte auch ein Grund für den Erhalt des Sibilanten im Namen Aschera gesehen werden.

[112] Vgl. Kottsieper 1988a, 225f.

[113] Vgl. z.B. Erichsen 1954, 236.

[114] Vgl. Vleeming/Wesselius 1990, 14.

der Päposition *r–ḥr* vor Suffix gebraucht, die phonetisch einem [er/l] entspricht. So kann dieses *ḥr* in demotischen Schreibungen durchaus einfach durch *r* ersetzt werden,[115] was seinerseits nicht nur im Pap. Amherst 63, sondern auch schon vordemotisch für semitisch [r] und [l] gebraucht wird.[116] Somit entsprach einerseits die demotische Präposition *r–ḥr* durchaus einer Schreibung für aramäisch ['el], andererseits brachte sie aber auch theologisch die Verbindung zwischen Horus und El zum Ausdruck. Damit eignete sie sich ausgezeichnet für die Schreibung für El — zumal in der Schreibvariante *ỉ–ḥr*, die auch noch den Alefanlaut gut zur Geltung bringen konnte.[117]

Auch die Setzung des Determinativstriches in *ḥr*[118] ist nicht weiter auffällig. Zum einen ist dies durchaus auch bei der Schreibung der Präposition belegt,[119] zum anderen wurde das Wort hier ja ohne Suffix gebraucht. So war die mögliche Schreibung mit dem Determinativstrich die naheliegendere — zumal damit die Anspielung auf Horus verstärkt werden konnte.

So ist die Deutung des Wortes auf El nicht nur religionsgeschichtlich eine vollkommen unbedenkliche Lösung,[120] sondern auch philologisch durchaus nachvollziehbar.

---

[115] Vgl. z.B. Erichsen 1950, II 76.

[116] Vgl. z.B. Helck 1971, 552.

[117] Dieser Vorgang sei hier graphisch veranschaulicht:

	ḥr	=	=	=	Horus
	‖				(‖)
r/ỉ–	*ḥr*	=	Präp. [er/l]		(‖)
					(‖)
			‖		(‖)
			['el]	=	El

[118] Dieser im Demotischen übliche Determinativstrich ist nicht zu verwechseln mit den als Worttrenner benutzten Determinativen, die dem Schriftsystem des Pap. Amherst 63 zu eigen ist.

[119] Vgl. z.B. Erichsen 1950, I 54,8; 59 c 2.

[120] Es ist durchaus denkbar, daß dem Schreiber des Pap. Amherst 63 die Anspielung auf Horus selbst nicht bewußt oder einfach egal war und er nur eine in seinen Kreisen traditionelle Schreibung adaptierte, wobei er wie gewöhnlich das *ỉ* durch ʹ ersetzte und das obligatorische Gottesdeterminativ zufügte.

Anhang II: Zur Interpretation von Pap. Amherst 63, 13,13–17

Der Abschnitt stammt aus dem Text 13,11–17, der von Vleeming/Wesselius 1985, 72–79 publiziert wurde. Er besteht aus hymnischen Teilen, die durch liturgische Regieanweisungen voneinander abgesetzt werden.

Die Zwischenstücke lauten:
13,13 *by´n° ‘´K´b´n° w´T´b°{´}w´n´ny°*
13,15f. *byn° ‘´K´b´n° wT´b° ’´w´n´ny° b‘l* m̲n̲ T̲3Sp´n° | ´h̲r̲* yb$_2$r$_3$´K´°*

bayyen ‘uqqābīn — Erläutere, was fraglich ist,
watūb ’wnny — und rezitiere (als) ein ’wnn–Lied
ba‘l men ṣapōn ’el yabarrekkā — „Ba‘l vom Zafon, El, möge dich segnen.“

Vleeming/Wesselius 1985, 76, interpretieren *by(´)n° ‘´K´b´n°* als „zwischen Fersen“, wobei sich dies auf die himmlischen Geschlechter beziehen soll, die sich zwischen den Fersen des angesprochenen Gottes befänden (s.u. zu den Geschlechtern des Himmels unter El). Dies ist sicher abzulehnen, da in diesem Zusammenhang ein absoluter Plural völlig sinnlos wäre.[121] Auf Grund der Beobachtung, daß dieses Stück in 13,15 kolometrisch nicht mehr zum vorangehenden Bikolon gehören kann — das zweite Kolon würde viel zu lang — und auch sachlich nicht dazu paßt,[122] sind diese Worte schon zu der Liturgieanweisung zu rechnen. Dabei ist *by(´)n°* als Ipt.m.sg.D von *byn* in der Bedeutung „erklären, belehren, einsichtig machen“[123] aufzufassen und *‘´K´b´n°* von der Wurzel *‘qb* abzuleiten, die im Aramäischen auch „untersuchen, nachforschen“ bedeutet.[124] Somit meint die Aufforderung, daß hier das, wonach nachgeforscht wurde,[125] vom Liturgen oder Priester erläutert werden soll.[126]

T´b° ist von der Wurzel *ṯwb* abzuleiten, wobei hier wohl nicht das Adverb *tūb*,[127] sondern der gleichlautende Ipt.m.sg. anzunehmen ist. Die Aufforderung

---

[121] Dementsprechend fügen Vleeming/Wesselius 1985, 73, in ihrer Übersetzung auch ein „(your)“ ein. Noch weiter geht Wesselius 1991, 934, der schlicht hier mit „Deinen Fersen“ übersetzt, was aber eben nicht im Text steht.

[122] Vgl. weiter unten zu diesem Bikolon.

[123] So z.B. syrisch und jüdischaramäisch.

[124] So besonders im Syrischen, vgl. aber auch das Jüdischaramäische.

[125] Die Nominalableitung ist nicht ganz sicher; die hier angegebene Vokalisation orientiert sich an syrisch *‘uqqāb*. Vgl. auch analog *šu’’āl* „Frage“.

[126] Dabei muß hier nicht unbedingt an eine Art Predigt gedacht werden, sondern die Nachforschung, die ein Priester erläutert, kann auch eine Art Orakelanfrage gewesen sein. Der Text gehört dann in den Kontext kultprophetischer Handlungen, bei denen die Gottheit in einer gewissen schwierigen Situation befragt wird und der Priester die entsprechende Antwort weitergibt und erläutert. Dem entspricht, daß im folgenden Text von Bedrängnis und Hilfe die Rede ist.

[127] So Vleeming/Wesselius 1985, 76.

meint offenbar, daß das mit dem folgenden Wort bezeichnete Lied (wiederholt) zu rezitieren sei.[128]

Die Deutung von *'(')w'n'ny* ist unsicher.[129] Wohl unzweifelhaft dürfte aber sein, daß das Wort mit ' begann. Die Lesung in Z. 15 ist sicher, in Z. 13 hat der Schreiber das ' offenbar zunächst vergessen und dann vor dem vorangehenden Trenner ° nachgetragen — ob aus Nachlässigkeit oder aus Erwägungen zum Platz ist nicht zu entscheiden.[130] Möglich ist die Deutung als *terminus technicus* für eine bestimmte Lied- oder Textart — also etwa ein *'awwananitisches* Lied.

Der zweite Beleg fordert zum Abschluß noch einen Segenswunsch, der möglicherweise der Beginn oder sogar Inhalt eines solchen *'wnn*–Liedes war. Dabei hat diese Formulierung eine nahe Parallele in 12,18, nur das dort als Götterbezeichungen Ba'l Šamain und *mār* „Herr" begegnen. Auch dort schließt der Segen ein Textstück ab.[131]

An den ersten Beleg des liturgischen Einschubs schließt sich dann in den Zeilen 13–15 folgender Text an:

L'T'ḥTyK'° 'ḥ̱r | L'T'ḥTyK y° ''T'ny° T'r*$_2$*'° š'myn* | K'ḥ'w*$_2$*l'° 'ḥ̱r**
T'r$_2$*š'myn* K'L 'mL 'Ln m'r*$_2$*'T'K'°*

Als Deutung ist folgendes anzunehmen:

latahtaykā 'el latahtaykā — Unter dir El, unter dir,
yā 'adānay dārē šamayn — ja, Adanai, sind die Geschlechter des Himmels.

kaḥawwārā 'el dāre šamayn — Wie eine Offenbarung, El, sind die Geschlechter des Himmels;
koll 'amar 'elenā mārūtakā — ein jeder spricht zu uns von deiner Herrschaft.

Vleeming/Wesselius 1985, 76, nehmen *L'T'ḥTyK y°* als ein Wort und interpretieren das auslautende *–y* als Schreibung für den Auslautvokal des Suffixes. Abgesehen davon, daß dieser sicherlich nicht als kurzes [a] anzusetzen ist, wie dort behauptet wird, ist diese Schreibung für unbetontes [ā] offenbar durchaus möglich, wenn auch nicht sehr gebräuchlich.[132] Steiner/Moshavi 1995, 1266, in-

---

128 Vgl. den entsprechenden Gebrauch der Wurzel in KTU 1.23:56.

129 Vleeming/Wesselius 1985, 76.

130 Diese Deutung der Schreibung halten auch Vleeming/Wesselius 1985, 76, für möglich; ihre Alternative, in diesem ' nur einen verunglückten Strich zu sehen, ist angesichts der Parallelschreibung sicher nicht wahrscheinlich.

131 Vgl. zu *yb*$_2$*r*$_3$*'K'°* die Deutung des entsprechenden *y'b*$_2$*r*$_3$*'K'°* bei Kottsieper 1990, 239. Die Deutung von Vleeming/Wesselius 1985, 73, und Wesselius 1991, 934, daß Baal den Yaho (so ihre Lesung des Namens, vgl. S. 52) vom Zafon aus segnen möge, ist religionsgeschichtlich sicher nicht überzeugend.

132 Ein sicherer Beleg liegt wohl in der Formulierung *''n'w*$_2$*'n°* *'ymr*$_2$*'n°* 20,10 vor. Dabei ist das erste Wort ein Pf.3.m.pl. von *'nh* und das zweite ein Ptz.m.pl. von *'mr*: *'anewūn 'āmerīn*. Diese Deutung legt sich aus den parallelen Formulierungen nahe, wo die entspre-

terpretieren *–Ky* hier als Sf. 2.f.sg., was philologisch einwandfrei ist, aber in diesem Kontext keinen Sinn macht. So schlage ich vor, hier einen fehlenden Worttrenner anzunehmen[133] und das *y* als die eigenständige Partikel [yā], die vor Anrufungen stehen kann,[134] aufzufassen. Angesichts der Tatsache, daß der Schreiber im folgenden Wort zunächst das ' vergaß[135] und im letzten Kolon völlig den Überblick verlor (s.u.), ist die Annahme eines fehlenden Worttrenners durchaus möglich. Schließlich entstehen damit auch kolometrisch ausgeglichenere Kola.[136]

Vleeming/Wesselius 1985, 77, interpretieren *K'ḥ'w₂l'°* als Präposition *k* mit dem determinierten Wort *ḥōl* „Sand". Dazu bemerken sie: „Note that the diphtong *aw* in this word characterizes it as Hebrew (or Canaanite in general), as *ō/aw* derives from original *ā* in this word". Die Annahme eines hebräischen Wortes ist für sie dabei kein Problem, da sie diesen Hymnus als einen aramaisierten kanaanäisch–hebräischen Text ansehen.[137] Jedoch ist diese Deutung sicher abzulehnen. Grammatikalisch bleibt der Diphtong [aw] unerklärt, da [ā] hebräisch zwar [ō], nicht aber [aw] wird. Daß die Zeichengruppe *'w₂* aber nicht [ō] gelesen werden kann, haben sie jedoch durchaus richtig gesehen. Zudem wird normalerweise hebräisch *ḥôl* in einem solchen Vergleich für Menge ausdrücklich mit Zusätzen als Meeressand[138] oder Strandsand[139] bezeichnet, was darauf verweist, daß das Wort allein eben nicht unbedingt die Menge der Sandkörner konnotiert. Entsprechend wird diese Assoziation z.B. in Jes 48,19 durch die Parallelisierung mit *mā'â* gesichert. Und durchweg macht der Kontext der Vergleiche in der Bibel es dadurch deutlich, daß an den entsprechenden Stellen der Sand als Bild für „Menge" steht, daß er zusätzlich Wörter für Menge, Einsammeln oder Zählen benutzt. Dies ist auch in Jes 10,22 der Fall, wo als Antithese dazu vom „(geringen) Rest" gesprochen wird. Daß das Bild allein noch nicht die Menge an sich bezeichnet, wird in Hi 6,3 deutlich, wo es die Schwere (*kbd*) des Leides beschreibt.[140] Diese Beobachtungen lassen auch inhaltlich Zweifel an der Sicht aufkommen, daß hier die Rede vom Sand sei — der Gedanke der Menge der Geschlechter des Himmels wird sonst mit keiner Silbe erwähnt und spielt in diesem Hymnus an El auch keine

---

chende Verbindung im Hinblick auf eine Frau gesagt wird: *'(')nt° '(')m(')L(')°* = *'anāt 'āmerā* „sie antwortete 'sagend'" (vgl. 20,14; 21,2.6). Zur ungewöhnlichen Schreibung mit auslautendem *n* bei *''n'w2'n°* vgl. Anm. 163.

Etwas anders liegt der Fall bei *m'šp'Ly°* in 13,6, wo bei einer Lesung als determiniertes Nomen *y* für betontes [ā] stände, vgl. die Diskussion in Anm. 42.

[133] Daß die Worttrenner in diesem Text fehlen können, ist eine viel belegbare Beobachtung.

[134] Vgl. Beyer 1984,592; Kottsieper 1990, 206.

[135] Es ist nachträglich über der Zeile eingefügt.

[136] So ist von einer Konsonantenzahl von 14 bzw. 12 in diesem Bikolon auszugehen. Ansonsten ständen 14 gegenüber 11, was nicht auszuschließen, aber sicher schlechter ist.

[137] Vgl. Vleeming/Wesselius 1985, 43–47.

[138] Gen 32,12; 41,49; Jes 10,22;; Jer 15,8; Jer 33,22; Hos 2,1; Ps 78,27.

[139] Gen 22,17; Jos 11,4; Ri 7,12; 1 Sam 13,5; 2 Sam 17,11; 1, Kön 4,20; 1 Kön 5,9.

[140] Vgl. auch Prov 27,3.

Rolle. Auch wenn es nicht völlig auszuschließen ist, daß das Bild vom Sand allgemein (also noch nicht einmal vom körnigen Sand des Meeres!) poetisch als Ausdruck für Menge benutzt werden könnte, so ist dies doch angesichts des hier ungewöhnlichen absoluten Gebrauches und der genannten orthographischen und phonetischen Unstimmigkeiten wohl nicht überzeugend.

Da im parallelen Kolon ausgesagt wird, daß die Geschlechter des Himmels die Herrschaft Els verkünden, ist die Lösung eher in dieser Richtung zu suchen. Hier wird an die syrisch, jüdischaramäisch und mandäisch belegte Wurzel *ḥwr* „sehen" zu denken und ein verbum actionis des D–Stammes nach QATTĀLĀ anzunehmen sein: „Sehenlassen, Offenbarung".[141] Damit wären die Geschlechter des Himmels eine Erscheinung, die die Herrlichkeit Els offenbart, wie auch das nächste Kolon zum Ausdruck bringt.

Der Beginn des letzten Kolons (= Z. 15a) ist schon von daher recht mühsam zu interpretieren, da der Schreiber hier einige Zeichen zunächst vergaß, um diese dann teils zwischen den geschriebenen Zeichen, teils darüber nachzutragen.[142] Eine Analyse der Schreibung ergibt, daß er wohl zunächst *KLmL'r*$_2$*T'K'*° schrieb. Dann aber trug er vor und nach dem ersten *L* ein ' und nach dem zweiten *L* ein *m* nach: *K'L'mLm'r*$_2$*T'K'*°. Übrig blieb noch die vergessene Buchstabengruppe *'Ln*, die er über der Zeile so einsetzte, daß das ' direkt an das zweite *L* anstößt und so in den Zwischenraum von *Lm* weist. Damit dürfte deutlich sein, daß der intendierte Ort dieser Gruppe an dieser Stelle zu suchen ist.[143] So ergibt sich die vorgeschlagene Lesung, die sich problemlos aramaistisch deuten läßt.[144]

---

[141] Eine andere Möglichkeit wäre, an die Wurzel *ḥwr* in der Bedeutung „gehen" zu denken, die besonders südsemitisch belegt ist (vgl. Leslau 1987, 249f.; W.W.Müller 1962, 44). Daß diese Wurzel wohl auch im Aramäischen ursprünglich nicht unbekannt war, zeigen ihre Reste im Syrischen, die als Kausative in der Bedeutung „führen, leiten" zu finden sind, vgl. Smith, 1879, 1227, und die entsprechende Form *'aḥora* im Ge'ez, Leslau 1987, 249. Hiervon könnte eine Nominalform in der Bedeutung „Gesandter" abgeleitet werden, vgl. im Ge'ez *ḥawāreyā* „Gesandter, Apostel", Leslau 1987, 249. Da man jedoch dann eher statt „wie die Gesandten Els sind die Geschlechter des Himmels" (*kaḥawwārē 'el ...*) „deine Gesandten, El, ..." (*ḥawwāraykā 'el ...*) erwarten würde , ist die erste Möglichkeit wohl vorzuziehen — zumal sie auch durch eine Parallele (s.u.) unterstützt werden kann.

[142] Vgl. die Abzeichnung bei Vleeming/Wesselius 1985, 107.

[143] Nicht überzeugend ist die Ansicht von Vleeming/Wesselius 1985, 77, daß der Schreiber zunächst *K'L'L'r2'T'K'*° geschrieben habe, um ein weiteres ' nach dem ersten *K*, ein *n* oder *m* vor das zweite *L* und ein *m* nach diesem einzufügen, so daß als Text *K'L'n/mLm'r2'T'K'*° entstand. Da dieser unlesbar geworden sei, habe der Schreiber noch einmal *'Ln* über der Zeile eingefügt — eine recht eigenartige Form der Verbesserung. Ihre Abzeichnung zeigt aber eindeutig, daß die Abstände zwischen *K L m* (ein *n* ist sehr unwahrscheinlich!) und dem folgenden *L'* dem normalen breiten Schreibstil an dieser Stelle entsprechen; dagegen sind die beiden ersten ' deutlich eingefügt. Und wenn der Schreiber durch ein Superscript die Verbesserung lesbar machen wollte, so hätte er wohl doch das ' und *n* jeweils über der entsprechenden Stelle nachgetragen, nicht aber erst später!

[144] Nicht ganz auszuschließen ist natürlich die Interpretation von *koll* als „alle", so daß dann *'amarū lanā* zu lesen wäre. Vleeming/Wesselius 1985, 77, deuten, nachdem sie graphisch

Die Aussage dieses Stückes hat eine interessante Parallele in Ps 19,2–5a. Dort sind es die Himmel, die die Ehre (*kbwd*) Els erzählen; Tag und Nacht berichten, daß die ganze Erde es erfahre — aber ohne hörbare Worte. Zu diesem Stück, das zudem gleich zwei Aramaismen aufweist (*ḥwh* in V. 3b, *mlym* in V. 5a), lesen sich unsere beiden Bikola wie ein Kommentar: Die Geschlechter des Himmels, also die himmlische Welt mit ihren Erscheinungen der Himmelskörper, die ja Nacht und Tag bestimmen, sind wie eine Offenbarung Els. In ihnen wird Els Herrschaft — und damit auch sein *kbwd* — sichtbar. Darin verkünden die Himmel, die himmlischen Erscheinungen, die Geschlechter des Himmels, die Herrlichkeit Els aller Welt. So steht zu vermuten, daß diese Aussagen aus Ps 19 Stücke einer alten Eltheologie beinhalten, die von Aramäern überliefert oder sogar vielleicht geprägt wurde.[145] Dabei ist natürlich nicht zu übersehen, daß in Ps 19 dieses Motiv eine eigene Ausprägung bekommen hat: Die Himmelsgenerationen, die im Pap. Amherst 93 wohl einfach noch alle Götter meinen, sind hier auf die Himmelserscheinungen und damit auf die Schöpfungswelt reduziert. So ist Ps 19 ein schönes Beispiel dafür, wie ursprünglich polytheistische Motive mit kleinen Strichen dem nachexilischen Monotheismus angeglichen werden konnten.

Nachdem der Text des Pap. Amherst 63 dann den zweiten Beleg des oben diskutierten liturgischen Einschubes bringt, führt er die Aussagen von 13–15 in zwei weiteren Bikola in 16f. fort:

---

ein *'L'n* ausgeschlossen haben, das verbleibende *K'L'n Lm'r$_2$'T'K'°* im Sinne von *kollēn lamaraddakā*, wobei sie an die Wurzel *rdd* „unterwerfen“ denken und ein sonst nicht belegtes *nomen actionis* annehmen. So ergibt sich die Aussage, daß die Geschlechter des Himmels zur Unterwerfung durch den genannten Gottes daseien. Dies ist auch inhaltlich wenig überzeugend, da ja schon die vorangehenden Zeilen davon sprechen, daß die Geschlechter des Himmels unter der Gottheit *sind* — wieso müssen sie nun noch niedergeworfen oder niedergetreten werden? Und wieso sind diese zur Unterwerfung da, statt unterworfen zu sein?

[145] Vgl. auch Schmidt 1987, 181, der aber vermutet, daß in Ps 19 kanaanäisches Gedankengut vorliegt, eben weil El durchweg als kanaanäischer Gott verstanden wurde; vgl. auch Spieckermann 1989, 64f. Aber die Aramaismen in Ps 19 und die aramäische Parallele weisen doch eher auf einen ursprünglich aramäischen Hintergrund hin.

Die Tatsache, daß auch im Text von Pap. Amherst 63 das viel diskutierte „Paradoxon“ der schweigenden Verkündigung begegnet — hier im Paradoxon vom „sichtbar machen“ und „reden“, macht besonders deutlich, daß beide Texte zumindestens traditionsgeschichtlich verbunden sind. Daß natürlich die Einzelheiten der Aussagen wieder variieren, ist nicht verwunderlich; Ps 19,2–5a ist eben kein Zitat unseres Textes. Es ist hier aber nicht der Platz, auf Grund dieser Beobachtungen die Exegese von Ps 19 neu aufzurollen. Nur am Rande sei noch darauf hingewiesen, daß der erstaunliche Wechsel zur Beschreibung der Sonne in Ps 19,5b an die Sprüche des Aḥiqar erinnern, in denen Šamš als einziger namentlich genannter Gott neben El begegnet und dort offenbar der zweitwichtigste Gott ist. Steht hier dasselbe Pantheon mit El und dem Sonnengott als zentraler Gottheiten im Hintergrund?

K_2'm° 'ḥr l'yl'n° y'š'bw$_3$ 'T'ny° 'l T_3'SL'T'° mL° | K_2'm° 'ḥr* T'n'*
L'K'° K'Ty_2y° T'nT'L'° mnn'' T'K'T° 'ym'K'[°]

qūm 'el la'iyālanā yaššabū *'adānay 'all taśarredā mār*	Auf, El, zu unserer Hilfe sollen sie herabkommen! Adanai, komm, schlage in die Flucht, Herr!
qūm 'el d'nī lakā g^{e}dī *tantorā mna'ā tukkāt* *'aymakā*	Auf, El, komm du heran, komm herauf, schütze doch, halte zurück die Bedrängnis deines Volkes.

In *K_2'm* haben Vleeming/Wesselius 1985, 77f., zu Recht die Wurzel *qwm* erkannt, wenn auch ihre Deutung als ein Perfekt hier keinen Sinn gibt. Ebenfalls richtig war die Annahme des (syrisch) belegten Nomens *'iyāl* „Hilfe". Dagegen ließen sie die Deutung des folgenden Wortes offen, wenn sie auch erkannten, daß hier eine Imperfekt- oder Jussivform der 3.m.pl. vorliegen muß.[146] Sinn gibt hier allein die syrisch belegte Wurzel *šbb* „herabsteigen, herabkommen". Subjekt hierzu sind natürlich dann die Geschlechter des Himmels, in denen im Text vor dem liturgischen Einschub die Rede war. Somit ergibt sich als Aussage des Textes, daß Els rettendes Eingreifen unter anderem darin besteht, daß die himmlischen Heerscharen, die ihm untergeben sind, zu Hilfe der Bedrängten herabkommen oder erscheinen.

Für das Verständnis des zweiten Kolons ist entscheidend, daß hier in Parallele zu dem Jussiv des ersten Kolons auch in *T_3'SL'T'°* ein Jussiv und kein Nomen vorliegt, wie Vleeming/Wesselius annahmen.[147] Als Wurzel kommt hier wohl nur *śrd* in Frage, die „erschrecken, fliehen" und im D–Stamm „in die Flucht treiben, vertreiben" bedeutet.[148] Dies gibt auch inhaltlich einen guten Parallelismus zum zweiten Teil des ersten Kolons: Els untergebene Himmelsheere sollen erscheinen — natürlich unter seiner Führung, weswegen ausdrücklich zunächst El angesprochen wird — und dies bedeutet, daß El die Bedränger des Volkes, die hier nicht näher spezifiziert werden, vertreiben, in die Flucht schlagen soll.

Entsprechend dem engen Parallelismus zwischen diesen beiden Kola und der Deutung von *T_3'SL'T'°* kann dann auch in *'l* nicht die Präposition *'al* gesehen,[149] sondern muß ein Ipt.m.sg. angenommen werden. Dabei liegt hier wahrscheinlich die Wurzel *'ll* in der Bedeutung „eintreten = auftreten, kommen" vor.[150]

Völlig abzulehnen ist die Deutung des folgenden Bikolons durch Vleeming/ Wesselius 1985, 73.78, die in *T'n'* das Demonstrativpronomen *denā* sehen wollen und so zu der Aussage kommen, daß „dieser Jaho" *mār* zur Seite gestanden habe,

---

[146] Vgl. Vleeming/Wesselius 1985, 78.

[147] Vleeming/Wesselius 1985, 78, gehen dabei von dem Nomen *ṣ^{e}lō* aus und interpretieren entsprechend die Zeichengruppe *T_3'S* als *ṣ*. Dies ist sicher auf Grund der Vokalschreibung zwischen *T_3* und *S* auszuschließen.

[148] Vgl. syrisch *srd*, arabisch *šrd* und hebräisch *śrd*.

[149] So Vleeming/Wesselius 1985, 73.

[150] Möglich ist aber auch, daß hier *'alē* „komm herauf" zu lesen ist, vgl. Anhang III zu 18,3.

als jener von alters her sein Volk schützte. Abgesehen davon, daß dies schon religionsgeschichtlich sehr fragwürdig ist, begegnet man dem grammatischen Problem, daß hier das offenkundige Impf. *T'nT'r'°* auf einmal ein Erzähltempus ist — was sonst in diesen Texten nicht begegnet und auch aramaistisch nicht wahrscheinlich ist.[151] So ist auch hier ein Jussiv anzunehmen, was natürlich die Deutung von *mnn''T'K'T°* als *men 'attīqūtā*[152] verbietet — man kann ja niemanden auffordern, von alters her etwas zu tun! Entsprechend ist die Zeichengruppe anders aufzutrennen und *mna'ā tukkāt* zu lesen, wobei das erste Wort als ein Ipt.m.sg. der Wurzel *mn'* interpretiert werden kann.[153] Das zweite Wort ist das aramäisch gut belegte *tukk* „Unterdrückung, Bedrängnis, Leid", das hier im Femininum vorliegt. Die Gottheit wird also im zweiten Kolon aufgefordert, ihr Volk[154] zu schützen und die Bedrängnis zurückzuhalten. Dies entspricht dem ersten Bikolon, wo die Gottheit gebeten wird, durch ihr Erscheinen die Bedränger in die Flucht zu schlagen.

Die Deutung des ersten Kolons ist schon deshalb sehr schwierig, weil sich hier mehrdeutige Zeichen häufen. So ist für die *T*–Zeichen jeweils *d*, *t* und *ṭ*, für das *K* jeweils *g*, *k* und *q* möglich, während das *L* als *l* und *r* gelesen werden kann.[155] Angesichts der vielen Imperative in diesen beiden Bikola läßt sich aber im letzten Wort, dessen Schreibung mit finalem *y* durchaus auf eine Lautung auf –[ī] verweisen kann, mit einiger Wahrscheinlichkeit ein Ipt.m.sg. einer Wurzel III *w/y* vermuten. Hier bietet sich die Wurzel *gdh* (*gdw*) an, die im Syrischen „aufsteigen, sich erheben" bedeutet.[156] Entsprechend wird hier El aufgefordert, heraufzukommen, was einen guten Anschluß an die folgende Aussage bietet, daß El sein Volk schützen soll. El steht hier wie ein Wächter auf den Höhen.[157] Die vorangehende Zeichengruppe läßt sich dann entsprechend als *d'nī lakā* interpretieren, wobei hier

[151] Der erzählende Gebrauch des Kurzimpf. ist nur noch vereinzelt in den ältesten aramäischen Texten zu finden und spätestens im 8. Jhdt. verlorengegangen. Vgl. dazu Kottsieper 1997.

[152] Vgl. Vleeming/Wesselius 1985, 79.

[153] Die Schreibung des Zweikonsonantenzeichens *mn* mit ergänzendem *n* für *mn* ist durchaus üblich in diesem Text, vgl. z.B. den Wechsel von *mnn byt°* und *mn byt* für *men bayt* „vom Haus des..." in 21,7. Zu den Imperativen auf *ā* vgl. Kottsieper 1988a, 228.

[154] Zur Interpretation von *'ym* als „Volk", die auch Vleeming/Wesselius 1985, 79, vertreten, vgl. Kottsieper 1988a, 238.

[155] Dies bedeutet, daß für den Schluß des Kolons allein ohne Vokalisation über 150 Kombinationen möglich sind!

[156] Im Arabischen bedeutet sie „aufrecht stehen, sich aufrichten".

[157] Vgl. auch 18,3, wo El in einer Klage aufgefordert wird, heraufzukommen. Entsprechend wird er in 10,14 und 11,14 als *Ḫ'rd° S(')y(')n'°* „Wächter vom Siyyan (= Hermon, Antilibanon)" bezeichnet. Vgl. dazu und zu der dahinter stehenden Vorstellung, daß El vom (Anti-)Libanonmassiv aus die Welt überblickt und so seinen Verehrern nahe ist, Kottsieper 1996b.

an *dnh* „herangehen, nahe kommen“ zu denken ist. Dieser Imperativ wird durch einen *dativus ethicus* ergänzt.[158]

Anhang III: Pap. Amherst 63, 18,1–4a

In den Kolumnen 18–23 findet sich eine poetische Schilderung des babylonischen Aufstandes von Šamaš–šum–ukin. Dieser interessante Text ist von Steiner/Nims 1985 mit Fotografien, einer Umschrift des demotischen Textes, ihrer semitischen Interpretation und einer Übersetzung publiziert worden. Der dort angekündigte Kommentar ist meines Wissens noch nicht erschienen. Eine eigene, in vielen Punkten abweichende Übersetzung bieten Vleeming/Wesselius 1985, 33–37. Da sie darauf verzichteten, eine Umschrift, eine aramäische Interpretation und einen Kommentar zu bieten, ist ihre Deutung nicht immer sicher nachzuvollziehen.

Der Text zeigt deutlich einen redaktionellen Charakter. Einerseits benutzt der Verfasser des Textes Quellen, die letztendlich auf assyrische Schilderungen des Aufstandes zurückgehen,[159] andererseits bringt er diese in poetischer Form und verknüpft sie mit Motiven aus der eigenen südsyrisch–libanesischen Tradition. So versetzt er den Hörer zu Beginn des Textes (18,1–5) in eine Klagefeier, in der wohl die Stadt Babylon spricht.[160] Jedoch läßt der Redaktor diese Klagefeier zwischen Zedern und nicht in Babylon stattfinden.[161] So hat er eine Klage der aus Babylon in den südsyrisch–libanesischen Raum Deportierten im Blick, die unter seinen heimischen Zedern stattfindet.[162]

An diese Einleitung schließen sich die Darstellungen der Geburtsjahre Assurbanipals und Šamaš–šum–ukins an (18,5–13), die die in 18,1–5 angekündigte Klage aufnehmen, um dann endlich mit der Schilderung der Einsetzung Šamaš–šum–ukins, seines Aufstandes und Endes zu beginnen. Dabei verbindet der Redaktor diese Stücke mit einem Refrain, den er einmal zwischen die beiden Schilderungen der Geburtsjahre (18,9f.), dann an das Ende dieser Schilderung (18,13f.) und schließlich in der Erzählung an die Stelle setzt, an der Šamaš–šum–ukin mit seinem Aufstand beginnt (19,1).[163]

---

[158] Die Vokalschreibung in beiden Imperativen nach dem ersten Radikal ist wohl rein phonetisch zu verstehen: Nach den Plosiven [d] bzw. [g] entsteht leicht ein kurzer Vokal, während z.B. in [mna‘] der Übergang zwischen [m] und [n] problemlos ohne Vokal möglich ist. Zu solchen phonetischen Schreibungen vgl. Kottsieper 1988a, 218f.

[159] Vgl. dazu Kottsieper 1992, 284–289.

[160] Dafür spricht, das hier eine Sprecher*in* vorliegt.

[161] Vgl. auch noch 12,2 (Vleeming/Wesselius 1990, 75–77), wo im Rahmen einer Klage ebenfalls die Rede vom Platz unter den Zedern ist.

[162] Vgl. oben S. 43 und z.B. 2. Kön 17,24ff. zu solchen babylonischen Deportierten. Ich werde an anderer Stelle auf die Folgerungen eingehen, die sich aus einer solchen Klagefeier von Deportierten zwischen Bäumen für das Verständnis von Ps 137 ergeben.

[163] Der Refrain lautet:

In der einleitenden Klagebeschreibung findet sich das auf S. 39 zitierte Bikolon. Zur besseren Orientierung sei im Folgenden der Text der Einleitung, soweit

---

18,9f. *y´w*$_2$*mn*$_2$ *T*$_3$*L´° h´w´w´°* | *š´n´´n° T*$_3$*Lp´Kw*$_3$

18,13f. *[y]´mn*$_2$ | *T*$_3$*L hw´w´n° š´n´n° T*$_3$ *Lp´Kw*$_3$

19,1 *yw*$_3$*´mn*$_2$ *T*$_3$*L´ h´w´n° š´n´n° T*$_3$*[L]p´Kw*$_3$

Als aramaistische Interpretation und Übersetzung ist folgendes anzusetzen:

yō/awmīn dī la hawwewū(n)	Tage, die fürwahr zugrunde richteten,
šanīn dī la pakkū	Jahre, die fürwahr zerschmetterten.

Die Schreibungen für *yō/aumīn* „Tage" zeigen, daß die Monophtongisierung von [aw] zu [ō] in der Aussprache des Schreibers oder seines aramäischen Gewährsmannes schon weitgehend üblich und die alte Realisierung als [aw]/[au] nur noch eine Lautvariante war. So ist sowohl in 18,9 als auch in 19,1 das *w*$_{2\ 3}$ nachträglich eingefügt worden, wobei es in 19,1 fälschlicherweise vor dem ´ zu stehen kam — möglicherweise weil dort zwischen ´ und *mn*$_2$ kein Platz mehr war.

Sowohl Steiner/Nims 1985, 70f., als auch Vleeming/Wesselius 1985, 29f.33f., leiten das erste Verbum von *hwh* „sein, werden" ab. Dadurch müssen sie entweder (so Steiner/Nims) die Aussage annehmen, daß Tage waren, die nicht waren — wohl im Sinne von: bisher noch nicht — oder daß hier ein *l*–Imperfekt vorliegt (so Vleeming/Wesselius 1985, 29f.). Wieso aber der Text hier auf einmal ein *l*–Imperfekt benutzt, das sicherlich nicht, wie grundsätzlich in T. Fekherye, jussivisch gedacht sein kann, bleibt offen. In 20,10 findet sich aber ein sicheres Pf.3.m.pl. von *'nh* in der Form *´´n´w*$_2$*´n°* (vgl. Anm. 132), was es erlaubt, auch hier diese Form anzunehmen. Die Schreibung ohne *n* in 18,9 verweist darauf, daß dieses *n* eine der im Aramäischen vielfach möglichen Nunationen nach Langvokal ist, vgl. Beyer 1984, 149. Dies führt zu der Annahme, daß im vorliegenden Dialekt die Endung des Pf.3.m.pl. von Verba III *w/y* in einer Art Überdetermination auf –[awū] bzw. –[ewū] enden konnten, wobei das [ū] eine nochmalige Anhängung der Perfektendung darstellt. Aus ['anaw] wurde so in Analogie zu [qatalū] ['anawū]. Schließlich konnte diese Form mit [n] erweitert werden. Möglicherweise liegt hier sogar der Ursprung der späteren galiläisch–aramäischen Perfektendung –[ōn], die sich dann aus einer Monophtongisierung des so entstandenen Triphtongs erklären läßt. Vgl. auch Steiner 1995, 201f., der auf ähnliche Formen im Genesis Apocryphon hinweist.

Geht man nun für das parallele *p´Kw*$_3$ von der Wurzel *pkk* „zerbrechen, zerschmettern" (vgl. syrisch und arabisch) aus, so ergibt sich für die anzusetzende Wurzel *hwh* eine gute Parallele. Nur ist sie dann zu *hwh* II „fallen, zugrunde gehen", D: „fällen, zugrunde richten" (vgl. Kottsieper 1990, 169f.198), zu stellen. Das vorangehende Wort *l* kann dann aber nicht die Negation [lā] sein, sondern meint die bestärkende Partikel [la] „fürwahr, wahrlich", die wohl auch 12,18 belegt ist, vgl. Kottsieper 1988a, 238.

Diese Deutung entspricht auch völlig den Kontexten, in die der Redaktor den Refrain einsetzt: Er begegnet jedesmal im Übergang zur nächsten Stufe des sich entwickelnden Unheils. Zuerst leitet er von dem heilvollen Geburtsjahr Assurbanipals zu dem unheilvollen Šamaš–šum–ukins über, dann zu dessen Einsetzung als König in Babylon, die erst seinen Aufstand ermöglichte, und schließlich zum Aufstand selber. All dies waren Tage, die fürwahr zugrunde richteten!

sinnvoll interpretierbar, in demotischer Umschrift, aramaistischer Interpretation und Übersetzung geboten. Um den vorliegenden Beitrag nicht zu sprengen, beschränke ich mich im Kommentar auf das entsprechende Bikolon 4.1–2.

1. Umschrift

1	*'yLTY[° yḥS]´ mLK´° wyḥ´mL° 'TyT´° T´n° m´° n$_2$[´]SK°*
2	*hn ḥT*[164] *´K[´(?)] ‘T° ‘L K´n Ty° b´SmTy° Lḥy° byn° '´LSn° š´LLTy°*
3	*‘L Knr$_2$ Hty° bSm&*[165] *b‘L* šmyn* SLK´° ‘´L´° ´L S´Ky°*
4	*'yLTy ´yL '´r$_2$b´° 'y '´Lty° yLL´T° b´TS´n°*

2. Aramaistische Interpretation

1.1	*'ay–(y)alātī [yaḥz]ē malkā*
1.2	*wayaḥammel 'adī dā den(ā)*
2.1	*mā nezq honḥettī ka‘ett*
2.2	*‘al ken dī baśśemtī rēḥayyā*
3.1	*bayn ‘arzīn šarrertī*
3.2	*‘al kinnār ḥūtay baśśām*
4.1	*ba‘l šamayn slakā*
4.2	*‘alē 'el śaggī*
5.1	*'ay–(y)alātī 'ay la–'arbē*
5.2	*'ay 'alātī yalalat beṣīn*

3. Übersetzung

	(Anrede an den göttlichen König [= El]:)
1.1	Ach, meine Klage sehe der König an,
1.2	und er nehme weg dieses Unglück!
	(Frage des Gottes an die Klagende [=Babylon]:)
2.1	Was ist das für ein Schaden, durch den du nun erniedrigt worden bist,
2.2	weswegen du Süßes riechen ließest,[166]
3.1	zwischen den Zedern du sangest
3.2	zur Leier mit Balsamsaiten (?):
	(Zitat des Liedanfanges, das die Klagende sang:)
4.1	„Ba‘l Šamain, komm herauf,
4.2	komm herauf, El Saggi!“

---

[164] Steiner/Nims 1985, 69, lesen hier *n*, was aber der Zeichenform nicht so gut entspricht. Das Zeichen ist offensichtlich oben geöffnet und entspricht gut einem *ḥT*.

[165] & steht hier für ein von ° abweichendes Determinativ.

[166] Offenbar wurden bei dieser Klagefeier Rauchopfer dargebracht.

(Antwort der Klagenden:)
5.1 Ach, meine Klage, ach fürwahr, will ich groß machen,
5.2 ach, meine Klage, die Klage des Sumpflandes!

Kommentar zu 4.1–2:

Die Deutung der beiden Verba als Imperative m.sg. G von *slq* bzw. *ʿlh* wurde schon von Steiner/Nims 1985, 69, vorgeschlagen. Dagegen übersetzen Vleeming/Wesselius 1985, 33, „spoiled and stripped", wobei sie offensichtlich beide Verben dem D–Stamm zuordnen und das zweite Verb von *ʿrh* ableiten. Dementsprechend interpretieren sie *'LS'Ky°* in Analogie zu *''LSn°* in 3.1 als „your cedar–wood" (*'arzēkī*) und beziehen den ganzen Satz auf die Katastrophe als Strafe Gottes: Er habe ihren Zedernwald zerstört. In dem von mir angenommenen Kontext ist diese Deutung jedoch nicht sinnvoll.[167] Auch ist es bei der hier vorgeschlagenen Deutung der Verba nicht anzunehmen, daß in dieser Zeichengruppe das Wort für Zeder vorliege; andernfalls müßte man dann davon ausgehen, daß Baʿl Šamain eben die Zeder besteigen solle oder bestiegen habe.

Eher ergibt der Vorschlag von Steiner/Nims 1985, 69, Sinn, die den Text zu *'l sky* auflösen und in *sk* ein Wort für „(Laub-)Hütte" annehmen, vgl. etwa hebräisch *sok*. Dann würde Baʿl Šamain aufgefordert, zur Hütte der Klagenden heraufzukommen — von der aber im Vorhergehenden nicht die Rede ist.

Sinnvoller ist es jedoch, hier einen Parallelbegriff zu Baʿl Šamain zu sehen. Dafür spricht, daß das gut aramäische Wort *śaggī(')* durchaus auch „groß, gewaltig" bedeuten kann.[168] Und an den beiden Stellen des hebräischen Alten Testaments, an denen dieses Wort belegt ist, bezieht es sich jeweils auf eine Gottheit. So ist Schaddai nach Hi 37,23 *śaggî' koᵃḥ* und nach Hi 36,26 wird Gott als *śaggî'* bezeichnet. Folglich kann die Zeichengruppe als eine Elbezeichnung (*'el śaggī*) angesehen werden, wobei *śaggī* hier ähnlich wie bei *'l ʿlyn* als verstärkendes Attribut hinzutritt.[169] Ist es nur Zufall, daß die nächste Parallele hierzu, die sich in Hi

---

[167] Auch in der Deutung von Vleeming/Wesselius bleibt dieser Satz recht dunkel. Nach ihnen wird in diesem Abschnitt Babylon gefragt, was denn eigentlich passiert sei, daß es so gefallen ist und nun klagt. Die Zerstörung eines Zedernwaldes aber ist nun sicherlich nicht gerade das Bild, welches man für die Zerstörung Babylons benutzen kann. Sollte der Verfasser hier überhaupt keinerlei Vorstellungen von Babylonien gehabt haben? In meiner Deutung ist aber der in 3.1 genannte Zedernhain der Ort der Klage, die in der neuen Heimat der aus Babylonien von den Assyrern Deportierten stattfindet.

[168] Vgl. etwa Dan 2,6.31; 4,7.

[169] Nicht ausgeschlossen ist auch die Lesung *śaggīyā*, so daß das Attribut determiniert wäre.

Dieser Deutung widerspricht nicht die Tatsache, daß sonst El meist mit der in Anhang I diskutierten Schreibung begegnet und hier auch nicht das Gottesdeterminativ als Worttrenner benutzt wird. Der normale Worttrenner begegnet nicht nur einmal bei der üblichen El–Schreibung (12,15), sondern auch bei Betel in 12,18. Schließlich wird die Gottesbezeichnung *mār* durchweg mit dem normalen Worttrenner geschrieben. Daß hier El nicht in der üblichen Schreibung vorliegt, hat wohl seinen Grund darin, daß er hier wie bei Betel in ei-

36,26 erhalten hat, ein Text ist, in dem Gott *'el* genannt wird? Oder greift hier der Verfasser der Elihureden damit auf eine El–Prädikation zurück, die er in seiner Umwelt bzw. in aus alten Eltraditionen stammenden Formulierungen vorfand?

Für die Deutung auf El spricht auch die Tatsache, daß der Gott heraufgerufen wird, sein Aufenthaltsort also in der Erde oder zumindest unterhalb der Zedern, bei denen die Klagefeier abgehalten wird, anzunehmen ist. Nun wohnt nach ugaritischer Vorstellung El an den Quellen zweier Ströme.[170] Auch wenn umstritten ist, welcher Ort damit gemeint ist,[171] so ist doch deutlich, daß auch die Ugariter El nicht in der oberen Welt suchten. Dem entspricht, daß El nach 12,13 offenbar in einer Höhle lokalisiert wird.[172] Von daher ist es durchaus sinnvoll, daß bei einer Klagefeier zwischen den Zedern auf dem Libanon der in einer Höhle des Libanon wohnende El herauf gerufen wird.

Bibliographie

Albertz, R.
1992 Religionsgeschichte Israels in alttestamentlicher Zeit 1. Von den Anfängen bis zur Ende der Königszeit, Altes Testament Deutsch. Ergänzungsband 8/1, Göttingen.

Aufrecht, W.E.
1989 A Corpus of Ammonite Inscriptions, Ancient Near Eastern Texts and Studies 4, Lewiston/ Queenston.

Baneth, D.H.
1914 Bemerkungen zu den Achiqarpapyri, Orientalistische Literaturzeitung 17, 248–252.295–299.348–353.

Benz, F.L.
1972 Personal Names in the Phoenician and Punic Inscriptions, Studia Pohl 8, Rom.

Beyer, K.
1984 Die aramäischen Texte vom Toten Meer samt den Inschriften aus Palästina, dem Testament Levis aus der Kairoer Genisa, der Fastenrolle und den alten talmudischen Zitaten, Göttingen.

1991 Rezension zu Kottsieper 1990, Theologische Literaturzeitung 116, 733–734.

1994 Die aramäischen Texte vom Toten Meer samt den Inschriften aus Palästina, dem Testament Levis aus der Kairoer Genisa, der Fastenrolle und den alten talmudischen Zitaten. Ergänzungsband, Göttingen.

---

ner Wortverbindung belegt ist. Wahrscheinlich begegnet diese Schreibung auch in dem Namen der visionären Gottesstadt *'l° p'° p'yt°*, vgl. 11,9f.10f., die als erstes Element wohl El nennt. Vgl. dazu Kottsieper, 1996b.

[170] Vgl. KTU 1.3 V 6f.; 1.4 IV 21f.; 1.6 I 33f.; 1.17 VI 47f.; 1.100:3.

[171] Vgl. z.B. die Angaben bei Loretz 1990, 67f.

[172] Vgl. Kottsieper 1988a, 230, und zu einer neuen Deutung des dort genannten (A)raša als Begriff für den Libanon Kottsieper 1996.

Bowman, R.A.
1944 An Aramaic Religious Text in Demotic Script, Journal of Near Eastern Studies 3, 219–321.
Caquot, A./ Lemaire, A.
1977 Les textes araméens de Deir ʿAlla, Syria 54, 189–208.
Cowley, A.
1923 Aramaic Papyri of the Fifth Century, Oxford.
Daviau, P.M.M./ Dion, P.E.
1994 El, the God of the Ammonites? The Atef–Crowned Head from Tell Jawa, Jordan, Zeitschrift des Deutschen Palästina–Vereins 110, 158–167.
de Moor, J.C.
1983 Uw God is mijn God. Over de oorsprong van het geloof in de ene God, Kamper Cahiers 51, Kampen.
1990 The Rise of Yahwism. The Roots of Israelite Monotheism, Bibliotheca ephemeridum theologicarum theologicarum lovaniensium 91, Leuven.
Delcor, M.
1993 Remarques sur la datation du Ps 20 comparée à celle du psaume araméen apparenté dans le papyrus Amherst 63, in: Dietrich, M./ Loretz, O. (Hgg.), Mesopotamica — Ugaritica — Biblica. Festschrift für Kurt Bergerhof zur Vollendung seines 70. Lebensjahres am 7. Mai 1992, Alter Orient und Altes Testament 232, Kevelaer/ Neukirchen–Vluyn, 25–43.
Dietrich, M.
1997 Die Texte aus Ugarit im Spannungsfeld zwischen Königshaus und Bevölkerung, in: Religion und Gesellschaft. Studien zu ihren Wechselbeziehungen in den Kulturen des antiken Vorderen Orients, Veröffentlichungen des AZERKAVO 1 = Alter Orient und Altes Testament 248, Kevelaer/ Neukirchen–Vluyn, 75-93.
Driver, G.R.
1935 Problems in Aramaic and Hebrew Texts, in: Miscellanea Orientalia dedicata Antonio Deimel annos LXX complenti, Analecta Orientalia 12, Rom, 46–70.
Drower, E.S./ Macuch, R.
1963 A Mandaic Dictionary, Oxford.
Engelken, K.
1996a BAʿALŠAMEM. Eine Auseinandersetzung mit der Monograpie von H. Niehr. Teil I, Zeitschrift für die alttestamentliche Wissenschaft 108, 233–248.
1996b BAʿALŠAMEM. Eine Auseinandersetzung mit der Monograpie von H. Niehr. Teil II, Zeitschrift für die alttestamentliche Wissenschaft 108, 391–407.
Eißfeldt, O.
1963 Baʿalšamēm und Jahwe, in: ders., Kleine Schriften II, Tübingen, 171–198.
Erichsen, W.
1950 Auswahl frühdemotischer Texte 1–3, Kopenhagen.
1954 Demotisches Glossar, Kopenhagen.

Fecht, G.
1960 Wortakzent und Silbenstruktur. Untersuchungen zur Geschichte der ägyptischen Sprache, Ägyptologische Forschungen 21, Glückstadt/ Hamburg/ New York.

Fritz, V.
1994 Jahwe und El in den vorpriesterlichen Geschichtswerken, in: Kottsieper, I. u.a. (Hgg.), „Wer ist wie du, Herr, unter den Göttern?“ Studien zur Theologie und Religionsgeschichte Israels für Otto Kaiser zum 70. Geburtstag, Göttingen, 111–126.

Ginsberg, H.L.
1955 Aramaic Proverbs and Precepts, in: Pritchard, J.B. (Hg.), Ancient Near Eastern Texts Relating to the Old Testament, 2. Aufl., Princeton.

Greenfield, J.C.
1995 Hadad, in: van der Toorn, K./ Becking, B./ van der Horst, P.W. (Hgg.), Dicitionary of Deities and Demons in the Bible, Leiden, 716–725.

Grelot, P.
1972 Documents araméens d'Égypte, Littératures anciennes du proche–orient 5, Paris.

Grimme, H.
1911 Bemerkungen zu den aramäischen Achiqarsprüchen, Orientalistische Literaturzeitung 14, 529–540.

Gröndahl, F.
1967 Die Personennamen der Texte aus Ugarit, Studia Pohl 1, Rom.

Hackett, J.A.
1980 The Balaam Text from Deir ʻAllā, Harvard Semitic Museum. Harvard Semitic Monographs 31, Chico.

Halévy, J.
1912 Les nouveaux papyrus d'Éléphantine (Suite.), Revue sémitique 20, 31–78.

Helck, W.
1971 Die Beziehungen Ägyptens zu Vorderasien im 3. und 2. Jahrtausend v. Chr., 2. Aufl., Wiesbaden.

Herrmann, W.
1995 El, in: van der Toorn, K./ Becking, B./ van der Horst, P.W. (Hgg.), Dicitionary of Deities and Demons in the Bible, Leiden, 522–533.

Hess, R.S.
1993 Amarna Personal Names, American Schools of Oriental Research Dissertation Series 9, Winona Lake.

Hoftijzer, J./ van der Kooij, G.
1976 Aramaic Texts from Deir ʻAlla, Leiden.

Horn, S.H.
1968 An Inscribed Seal from Jordan, Bulletin of the American Schools of Oriental Research 189, 41–43.

Hübner, U.
1992 Die Ammoniter. Untersuchungen zur Geschichte, Kultur und Religion eines transjordanischen Volkes im 1. Jahrtausend v. Chr., Abhandlungen des Deutschen Palästinavereins 16, Wiesbaden.

Israel, F.
1991 Note Ammonite II. La religione dei Ammoniti attraverso le fonte epigrafiche, Studi e materiali di Storia delle Religioni 57, 307–337.
Keel, O./ Uehlinger, Chr.
1992 Göttinnen, Götter und Gottessymbole. Neue Erkenntnisse zur Religionsgeschichte Kanaans und Israels aufgrund bislang unerschlossener ikonographischer Quellen, Quaestiones disputatae 134, Freiburg.
Klein, M.L.
1986 Genizah Manuscripts of Palestinian Targum to the Pentateuch I, Cincinnati.
Kochavi, M.
1993 Tel Zeror, in: Stern, E. (Hg.), The New Encyclopedia of Archaelogical Excavations in the Holy Land, Jerusalem, 1524–1526.
Kornfeld, W.
1979 Zur althebräischen Anthroponomastik außerhalb der Bibel, Wiener Zeitschrift für die Kunde des Morgenlandes 71, 39–48.
Kottsieper, I.
1988a Anmerkungen zu Pap. Amherst 63. I: 12,11–19 — Eine aramäische Version von Ps 20, Zeitschrift für die alttestamentliche Wissenschaft 100, 217–244.
1988b Papyrus Amherst 63 — Einführung, Text und Übersetzung von 12,11–19, in: Loretz, O. Die Königspsalmen. Die altorientalisch–kanaanäische Königstradition in jüdischer Sicht. Teil 1, Ugaritisch–Biblische Literatur 6, Münster, 55–75.
1990 Die Sprache der Ahiqarsprüche, Beihefte zur Zeitschrift für die alttestamentliche Wissenschaft 194, Berlin/ New York.
1991 Die Geschichte und die Sprüche des weisen Achiqar, in Kaiser, O. (Hg.), Texte aus der Umwelt des Alten Testaments III/2, Gütersloh, 320–347.
1992 Die literarische Aufnahme assyrischer Begebenheiten in frühen aramäischen Texten, in: Charpin, D./ Joannès, F. (Hgg.), La circulation des biens, des personnes et des idées dans le Proche–Orient ancien. Actes de la XXXVIIIe Rencontre Assyriologique Internationale (Paris, 8–10 juillet 1991), Paris, 283–289.
1996a Die alttestamentliche Weisheit im Licht aramäischer Weisheitstraditionen, in: Janowski, B. (Hg.), Weisheit außerhalb der kanonischen Weisheitsschriften, Veröffentlichungen der Wissenschaftlichen Gesellschaft für Theologie 10, Gütersloh, 128–162.
1996b „Ein Aramäer war mein Vater ...“. Aspekte des aramäischen Beitrages zur Kultur- und Religionsgeschichte des südsyrisch–palästinischen Raumes, Ugarit–Forschungen 28, im Druck.
1997 „... mein Vater zog hinauf ...“. Aspekte des älteren aramäischen Verbalsystems und seiner Entwicklung, in: Nebes, N./ Oelsner, J. (Hgg.), Tempus und Aspekt in den semitischen Sprachen, Jenaer Beiträge zur Orientalistik 1, Wiesbaden, im Druck.

Kreuzer, S.
1996 Die Religion der Aramäer auf dem Hintergrund der frühen aramäischen Staaten, in: Haider, P.W./ Hutter, M./ Kreuzer, S. (Hgg.), Religionsgeschichte Syriens. Von der Frühzeit bis zur Gegenwart, Stuttgart/ Berlin/ Köln, 101–115.

Kuhn, K.G.
1960 Konkordanz zu den Qumrantexten, Göttingen.

Leslau, Wolf,
1987 Comparative Dictionary of Ge'ez (Classical Ethiopic), Wiesbaden.

L'Heureux, C.
1979 Rank Among the Canaanite Gods. El, Ba'al, and the Repha'im, Harvard Semitic Museum. Harvard Semitic Monographs 21, Missoula/Montana.

Lindenberger, J.M.
1982 The Gods of Ahiqar, Ugarit–Forschungen 14, 105–117.
1983 The Aramaic Proverbs of Ahiqar, Baltimore/ London.

Loretz, O.
1989 Der Wohnort Els nach ugaritischen Texten und Ez 28,1–2.6–10, Ugarit–Forschungen 21, 259–267.
1990 Ugarit und die Bibel. Kanaanäische Götter und Religionen im Alten Testament, Darmstadt.

Maraqten, M.
1988 Die semitischen Personennamen in den alt- und reichsaramäischen Inschriften aus Vorderasien, Texte und Studien zur Orientalistik 5, Hildesheim/ Zürich/ New York.

McCarter, P.K.
1980 The Balaam Texts from Deir 'Allā: The First Combination, Bulletin of the American Schools of Oriental Research 239, 49–60.

Montgomery, J.A.
1912 Some Notes on Sachau's Ahikar Papyri, Orientalistische Literaturzeitung 15, 535f.

Müller, H.P.
1980a Gott und die Götter in den Anfängen der biblischen Religion. Zur Vorgeschichte des Monotheismus, in: Othmar Keel (Hg.), Monotheismus im Alten Israel und seiner Umwelt, Biblische Beiträge 14, Fribourg, 99–142.
1980b Religionsgeschichtliche Beobachtungen zu den Texten von Ebla, Zeitschrift des Deutschen Palästina–Vereins 96, 1–19.

Müller, W.W.
1962 Die Wurzeln Mediae und Tertiae Y/W im Altsüdarabischen. Eine etymologische und lexikographische Studie, Dissertation Tübingen.

Naveh, J./ Shaked, Sh.
1985 Amulets and Magic Bowls. Aramaic Incantations of Late Antiquity, Jerusalem/ Leiden.

Niehr, H.
1990 Der höchste Gott. Alttestamentlicher JHWH–Glaube im Kontext syrisch–kanaanäischer Religion des 1. Jahrtausends v. Chr., Beihefte zur Zeitschrift für die alttestamentliche Wissenschaft 190, Berlin/ New York.

Nims,, Ch.F./ Steiner, R.C. (s.a. Steiner/Nims)
1983 A Paganized Version of Psalm 20:2–6 from the Aramaic Text in Demotic Script, Journal of the American Oriental Society 103, 261–274.
Nöldeke, Th.
1913 Untersuchungen zum Achiqar–Roman, Abhandlungen der Königlichen Gesellschaft der Wissenschaften zu Göttingen, phil.–hist. Klasse, N.F. 14/4, Berlin
Otto, E.
1980 El und JHWH in Jerusalem. Historische und theologische Aspekte einer Religionsintegration, Vetus Testamentum 30.
Pitard, W.T.
1987 Ancient Damascus. A Historical Study of the Syrian City–State from Earliest Times until its Fall to the Assyrians in 732 B.C.E., Winona Lake.
Porten, B.
1971 'Domla'el' and Related Names, Israel Exploration Journal 21, 47–49.
Porten,B./ Yardeni, A.
1993 Textbook of Aramaic Documents from Ancient Egypt III. Literature — Accounts — Lists, Jerusalem.
Rahmani, L.Y.
1964 Two Syrian Seals, Israel Exploration Journal 14, 180–184.
Reinhold, G.G.G.
1989 Die Beziehungen Altisraels zu den aramäischen Staaten in der israelitisch–judäischen Königszeit, Europäische Hochschulschriften XXIII/386, Frankfurt u.a.
Rendtorff, R.
1966 El, Ba'al und Jahwe. Erwägungen zum Verhältnis von kanaanäischer und israelitischer Religion, Zeitschrift für die alttestamentliche Wissenschaft 78, 277–291.
1994 'El als israelitische Gottesbezeichnung, Zeitschrift für die alttestamentliche Wissenschaft 106, 4–21.
Renz, J.
1995a Die althebräischen Inschriften. Teil 1: Text und Kommentar, Handbuch der althebräischen Epigraphik I, Darmstadt.
1995b Die althebräischen Inschriften. Teil 2: Zusammenfassende Erörterungen, Paläographie und Glossar, Handbuch der althebräischen Epigraphik II/1, Darmstadt.
Sachau, E.
1911 Aramäische Papyrus und Ostraka aus einer jüdischen Militär–Kolonie zu Elephantine, Leipzig.
Schmidt, W.H.
1987 Alttestamentlicher Glaube in seiner Geschichte, Neukirchen–Vluyn, 6. Aufl.
Schneider, Th.
1992 Asiatische Personennamen in ägyptischen Quellen des Neuen Reiches, Orbis Biblicus et Orientalis 114, Freiburg/ Göttingen.

Smelik, K.A.D.
1983 Een Aramese parallel voor psalm 20 Nederlands Theologisch Tijdschrift 87, 89–103.
1985 The Origin of Psalm 20, Journal of the Society of the Old Testament 31, 75–81.
Smith, R.P.
1879 Thesaurus syriacus I, Oxford.
Spieckermann, H.
1989 Heilsgegenwart. Eine Theologie der Psalmen, Forschungen zur Religion und Literatur des Alten und Neuen Testaments 148, Göttingen.
Stadelmann, R.
1967 Syrisch–palästinische Gottheiten in Ägypten, Probleme der Ägyptologie 5, Leiden.
Stegemann, H.
1978 Religionsgeschichtliche Erwägungen zu den Gottesbezeichnungen in den Qumrantexten, in: Delcor, M. (Hg.), Qumrân. Sa Piété, sa théologie et son milieu, Bibliotheca ephemeridum theologicarum lovaniensium 46, Leuven, 195–217.
Steiner, R.C.
1991 The Aramaic Text in Demotic Script: The Liturgy of a New Year's Festival Imported from Bethel to Syene by Exiles from Rash, Journal of the American Oriental Society 111, 362–363.
1995 Papyrus Amherst 63: A New Source for the Language, Literature, Religion and History of the Arameans, in: Geller, M.J./ Greenfield, J.C./ Weitzman, M.P. (Hgg.), Studia Aramaic. New Spurces and New Approaches, Journal of Semitic Studies Supplement 4, 199–207.
Steiner, R.C./ Moshavi, A.M.
1995 A Selective Glossary of Northwest Semitic Texts in Egyptian Script, in: Hoftijzer, J./ Jongeling, K., Dictionary of the North–West Semitic Inscriptions II, Handbuch der Orientalistik 21/2, Leiden, 1249–1266.
Steiner, R.C./ Nims, Ch.F.
1984 You Can't Offer Your Sacrifice and Eat it Too: A Polemical Poem from the Aramaic Text in Demotic Script, Journal of Near Eastern Studies 43, 89–94.
1985 Ashurbanipal and Shamash–shum–ukin: A Tale of Two Brothers from the Aramaic Text in Demotic Script, Revue Biblique 92, 60–81.
Stolz, F.
1970 Strukturen und Figuren im Kult von Jerusalem. Studien zur altorientalischen vor- und frühisraelitischen Religion, Beihefte zur Zeitschrift für die alttestamentliche Wissenschaft 118, Berlin.
Tigay, J.H.
1987 Israelite Religion: The Onomastic and Epigraphic Evidence, in: Miller, P.D./ Hanson, P.D./ McBride S.D. (Hgg.), Ancient Israelite Religion, Philadelphia, 157–194.
Tropper, J.
1993 Die Inschriften von Zincirli, Abhandlungen zur Literatur Alt–Syrien–Palästinas 6, Münster.

van der Kooj, G.
1991 Book and Script at Deir 'Alla, in: Hoftijzer, J./ van der Kooij, G., The Balaam Text from Deir 'Alla Re–Evaluated. Proceedings of the International Symposium held at Leiden 21–24 August 1989, Leiden, 239–262.

Vleeming, S.P./ Wesselius, J.W.
1982 An Aramaic Hymn from the fourth century B.C., Bibliotheca Orientalis 39, 501–509.
1983/84 Betel, the Saviour, Jaarbericht van het vooraziatisch–egyptisch genootschap Ex oriente lux, 28, 110–142.
1985 Studies in Papyrus Amherst 63. Essays on the Aramaic texts in Aramaic/demotic Papyrus Amherst 63, Volume I, Amsterdam.
1990 Studies in Papyrus Amherst 63. Essays on the Aramaic texts in Aramaic/demotic Papyrus Amherst 63, Volume II, Amsterdam.

Wesselius, J.W.
1993 Gebete aus dem demotisch–aramäischen Papyrus Amherst 63, in Kaiser, O. (Hg.), Texte aus der Umwelt des Alten Testaments II,6, Gütersloh, 930 –935.

Weippert, M.
1990 Synkretismus und Monotheismus. Religionsinterne Konfliktbewältigung im alten Israel, in: Assmann, J./ Harth, D. (Hgg.), Kultur und Kulturkonflikt, edition suhrkamp N.F. 612, Frankfurt/M. 1990.
1991 The Balaam Text from Deir 'Alla and the Study of the Old Testament, in: Hoftijzer, J./ van der Kooij, G., The Balaam Text from Deir 'Alla Re–Evaluated. Proceedings of the International Symposium held at Leiden 21–24 August 1989, Leiden, 151–184.

Wolters, A.
1991 Aspects of the literary structure of Combination I, in: Hoftijzer, J./ van der Kooij, G., The Balaam Text from Deir 'Alla Re–Evaluated. Proceedings of the International Symposium held at Leiden 21–24 August 1989, Leiden, 294–304.

Zauzich, K.–Th.
1980 Kommt das Alphabet aus dem Hieratischen?, in: Voigt, W. (Hg.), XX. Deutscher Orientalistentag vom 3. bis 8. Oktober in Erlangen, Zeitschrift der Deutschen Morgenländischen Gesellschaft. Supplement 4, Wiesbaden, 76–80.
1985a Der Gott des aramäisch—demotischen Papyrus Amherst 63, Göttinger Miszellen 85, 89–90.
1985b Abrakadabra oder Ägyptisch? Versuch über einen Zauberspruch, Enchoria 13, 119–132.

Zevit, Z.
1990 The Common Origin of the Aramaicized Prayer to Horus and of Psalm 20, Journal of the American Oriental Society 110, 213–228.

Die Texte aus Ugarit
im Spannungsfeld zwischen Königshaus und Bevölkerung

Manfried Dietrich

0. Vorbemerkungen

Die seit 1929 von Franzosen durchgeführten Ausgrabungen auf dem Ruinenhügel Ras Schamra wenige Kilometer nördlich der heutigen Hafenstadt Latakya in Nord–Syrien haben die antike Stadt Ugarit wiederbelebt, die gemäß auf uns gekommener Hinterlassenschaften ihren kulturellen Höhepunkt im 14. und 13. Jh. v.Chr. hatte. Der Untergang der Stadt geschah Anfang des 12. Jh.s und wird gemeinhin mit dem 'Seevölker'–Sturm verbunden, dem damals die Kulturzentren an der Levante zum Opfer gefallen sein sollen. Bis zu seiner Zerstörung stellte die Hafenstadt den Endpunkt der transkontinentalen Handelsstraßen aus Kleinasien, Mesopotamien, Arabien und Syrien–Palästina dar, an dem die Güter für den Transport nach Übersee auf Schiffe verladen wurden: nach Zypern und Kreta, in die Ägäis und nach Ägypten, das seinerzeit am besten per Schiff erreichbar war.

Während der Blütezeit in der zweiten Hälfte des 2. Jt.s v.Chr. war die Bevölkerung der Hafen- und Handelsstadt Ugarit nicht nur gesellschaftlich vielschichtig, sondern auch ethnisch vielgesichtig. Die durch die Ausgrabungen freigedeckte Architektur, die Kleinfunde und die schriftlichen Dokumente legen davon ein beredtes Zeugnis ab.

Da sich meine folgenden Ausführungen vornehmlich auf die schriftlichen Hinterlassenschaften der Stadt stützen, werde ich die vielbeachteten architektonischen Funde wie die allenthalben im Stadtbereich entdeckten Grüfte ägäischer Bauart oder die mykenisch anmutende Poterne am Palast und auf die Kleinfunde aus Bronze, Gold und Elfenbein mit ihren ägäischen, kreto–mykenischen und ägyptischen Einflüssen heute allenfalls am Rande zu Wort kommen lassen. Statt dessen wende ich mich folgenden intensiver jenen Phänomenen zu, die durch die Texte und die Lage des spätbronzezeitlichen Palastes vorgegeben sind:

1. den beiden in Ugarit bezeugten Keilalphabeten,
2. der Randlage des spätbronzezeitlichen Palastes,
3. Ritualen, in denen Königsfamilie, Priesterschaft und Bevölkerung auftreten, und
4. dem Königspantheon mit El an der Spitze.

1. Die beiden in Ugarit bezeugten Keilalphabete: Ein Zeichen für die Überlagerung von zwei ursprünglich getrennt gepflegten nordwestsemitischen Sprachen

Zu den berühmtesten Textfunden in Ugarit zählt jene 5,1 cm breite und 1,3 cm hohe Tontafel[1] aus dem 14. Jh. (**Abb. 1**), die die Ausgräber 1948 im Westarchiv des Königspalastes entdeckt haben.

Abb. 1
(Cl.F.A. Schaeffer, PRU 2, pl. I)

Auf dieser Tafel sind die 30 Buchstaben des für die kanaanäisch–ugaritische Literatur gültigen Standard–Alphabets, auch 'Langalphabet' genannt, geprägt — weitere Zeugnisse für dieses Alphabet finden sich auf zahlreichen anderen Tafeln auch anderer Archive, die von Schülern geschrieben worden waren und von uns als Übungstafeln bezeichnet werden[2]. An diesem ugaritischen 30–Buchstaben–Alphabet sind folgende Merkmale hervorzuheben (**Abb. 2**):

1. Die Reihenfolge der Buchstaben entspricht grundsätzlich der uns wohlvertrauten aus dem antiken Vorderen Orient und lebt im Grunde bis auf den heutigen Tag fort.
2. Die sonst übliche Strichschrift ist durch die aus der mesopotamischen Keilschrift abgeleitete 'Stichschrift' ersetzt. Die keilalphabetischen Buchstaben erinnern auf den ersten Blick also an die babylonische Keilschrift, sind jedoch wegen der zugrundeliegenden Buchstabenformen viel weniger kompliziert.
3. Während wir es bei den anderen, zumeist etwas jünger belegten levantinisch–semitischen Alphabeten durchweg mit einer linksbündigen Schriftrichtung zu tun haben, ist die Linienführung des ugaritischen Alphabets entsprechend der mesopotamischen Keilschrift rechtsbündig.

Diese Merkmale zeigen an, daß das in Ugarit entwickelte und offiziell angewandte 30–Buchstaben–Alphabet das Produkt einer Mischung zwischen mesopotamischen und levantinischen Schreiberschulen und deren Kulturelementen ist.[3]

---

[1] RS 12.063: KTU 5.6.

[2] KTU 5.4; 5.5; 5.8; 5.9; 5.12; 5.13; 5.14; 5.16; 5.17; 5.19; 5.20; 5.21; 5.25.

[3] Zum gesamten Problemkreis vgl. Dietrich/Loretz 1988a, 99–144.

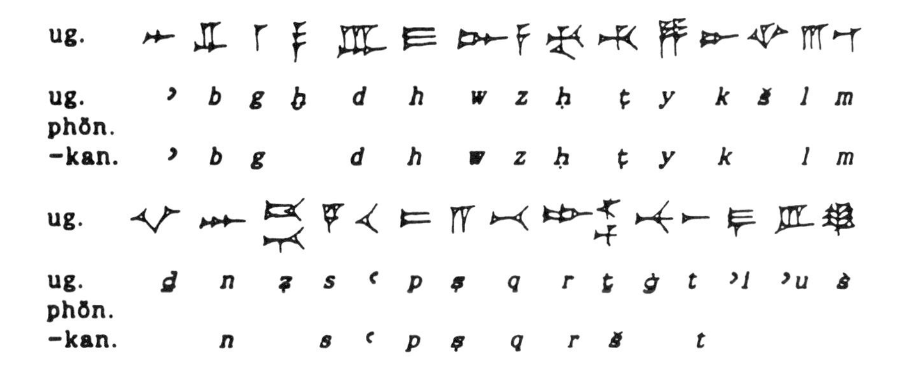

Abb. 2
(Dietrich/Loretz 1988a, 128)

Komplizierter wird dieses Bild, wenn man jene ohne Zweifel zeitgleichen, weil in demselben archäologischen Kontext aufgefundenen Tontafeln zum Vergleich heranzieht, die zwar auch eine Alphabetschrift aufweisen, diese jedoch deutlich dem Brauch der levantinischen Traditionen folgt[4]:

1. Da sich die Anzahl der Buchstaben auf 22 beläuft, sprechen wir bei ihm vom keilalphabetischen *Kurzalphabet*, um es auf diese Weise vom offiziellen 30–Buchstaben–*Langalphabet* abzuheben (**Abb. 3**)[5]; also läßt sich dieses Alphabet, zumindest aus dem Blickpunkt der Buchstabenvielfalt, mit den späteren levantinischen Alphabeten des Phönikischen und Hebräischen zusammensehen.
2. Das Kurzalphabet ist im Gegensatz zum Langalphabet linksbündig, erinnert also auch in dieser Hinsicht an die späteren levantinisch–semitischen.
3. Dieses linksbündige Kurzalphabet begegnet etwa zur selben Zeit in anderen levantinischen Orten wie Qadeš/Tell Nebi Mend und Ṣarepta/Sarafand bis hin ins Tabor–Tal und nach Hala Sultan Teke auf Zypern. Von daher gewinnt man den Eindruck, daß die Tradition des Kurzalphabets im östlichen Mittelmeerraum weit verbreitet war und als ein Merkmal für die seefahrenden Levantiner angesehen werden kann (**Abb. 4**).

[4] Dietrich/Loretz 1988a, 145–275.

[5] Dietrich/Loretz 1988a, 170–179.

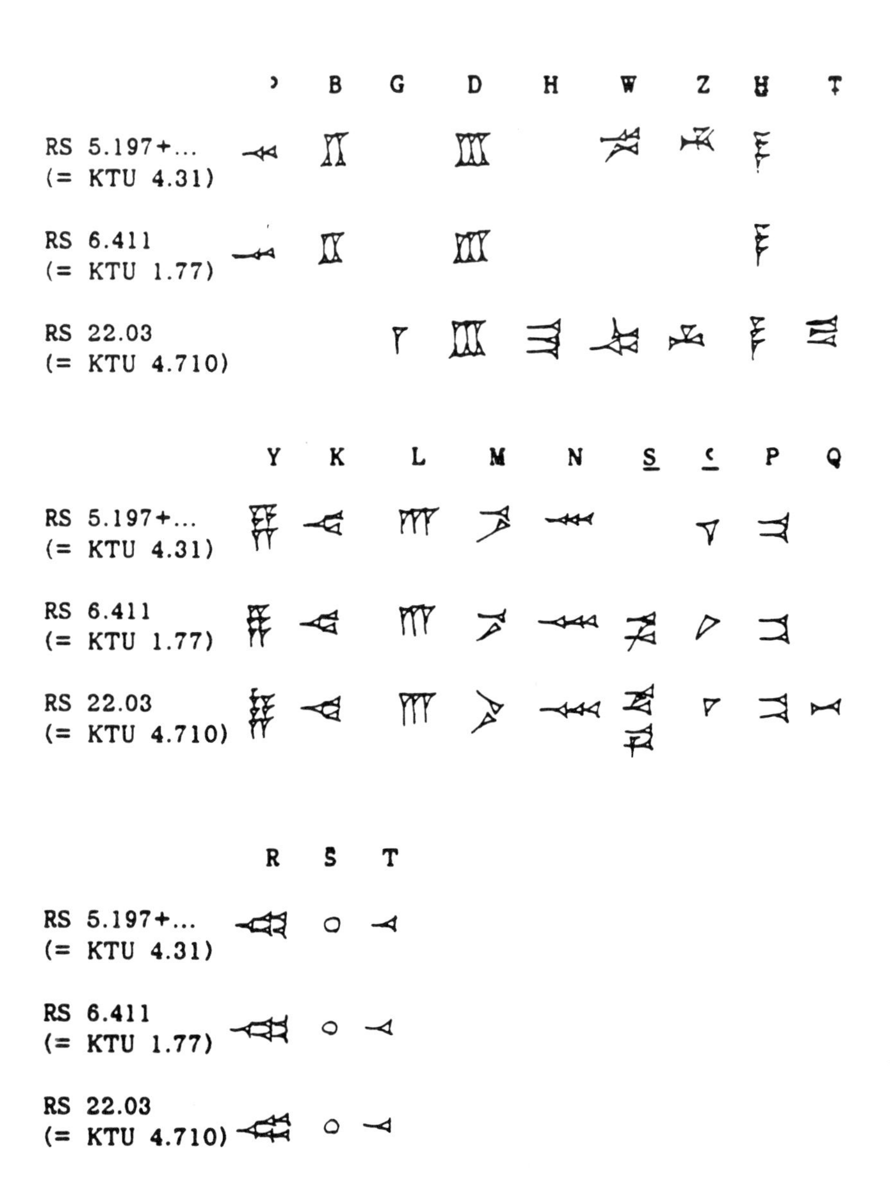

Abb. 3

(Dietrich/Loretz 1988a, 172)

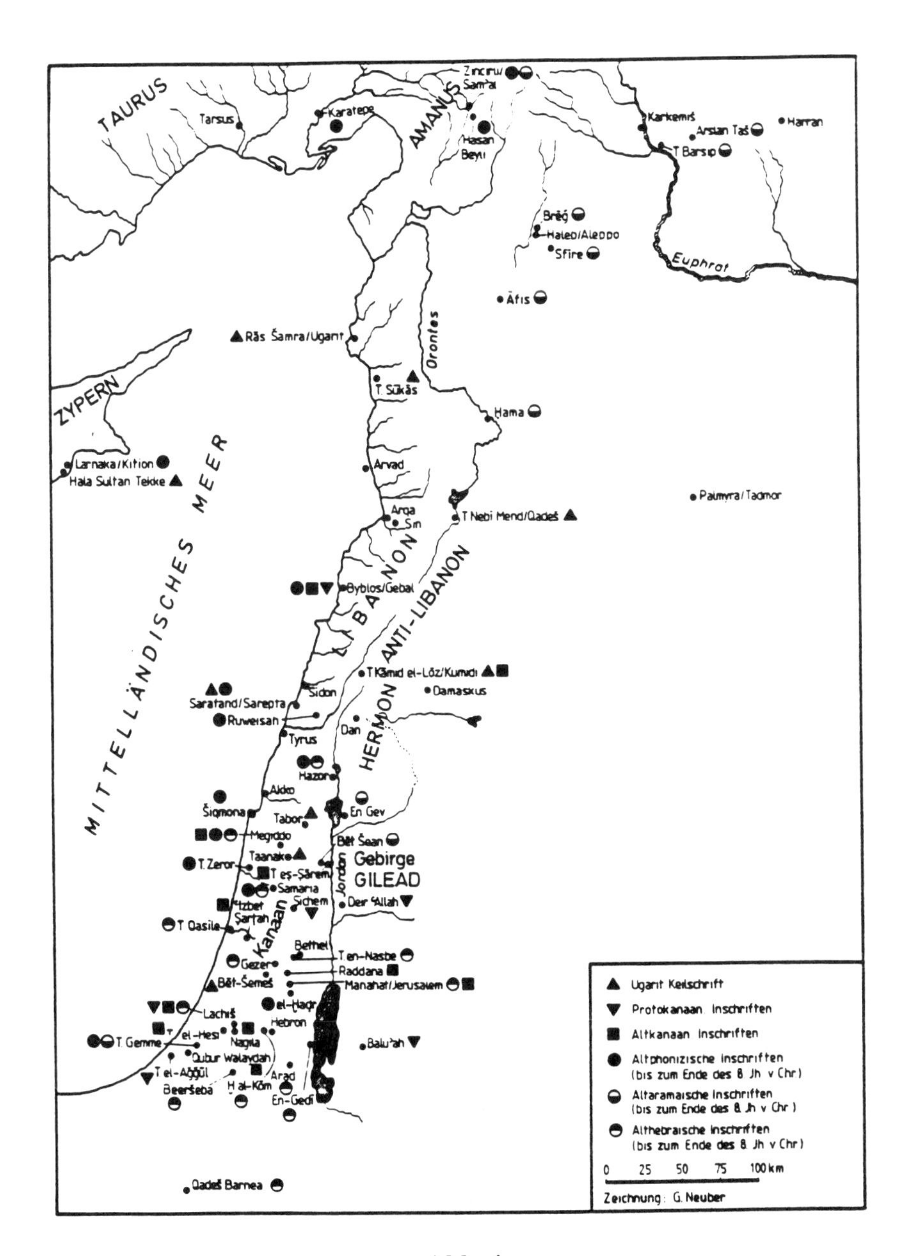

Abb. 4

(Dietrich/Loretz 1988a, Karte)

Auf dieser Karte sind die Orte, in denen Dokumente mit keilalphabetischer Schrift gefunden wurden, ohne Unterschied zwischen Texten mit Lang- oder Kurzalphabet mit einem oben spitzen Dreieck gekennzeichnet.

Das Nebeneinander von zwei Alphabeten — einem langen mit 30 Buchstaben und einem kurzen mit 22 — zwingt zum Nachdenken über die damit indirekt vorgegebenen sprachlichen und kulturellen Überlagerungen, die gewiß auf geschichtliche Gegebenheiten zurückzuführen sind. Daß es sich hier um Überlagerungen handelt, läßt sich anhand dessen vor Augen führen, daß das phönikisch–kanaanäische Alphabet das Gerippe des ugaritischen Langalphabets bildet (**Abb. 2**).

Überlegungen hinsichtlich einer Überlagerung stehen diametral jenen entgegen, die einen Konstrukt vertreten, daß sich das kürzere Alphabet durch Konsonantenreduktion aus einem älteren längeren entwickelt habe und Ugarit den Umbruch der einen auf die andere Tradition belege[6]. Daß jedoch alles für eine Überlagerungsthese spricht, stellt ein bis vor kurzem geradezu in Vergessenheit geratener Tontafelfund aus Bēt Šemeš (westlich Jerusalem im judäischen Hochland — **Abb. 5**) unter Beweis:

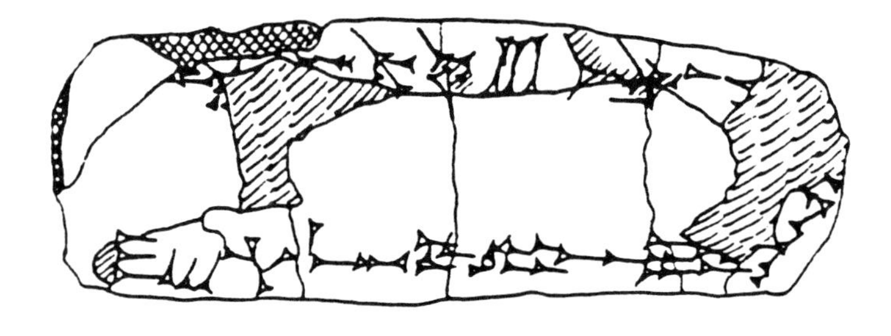

Abb. 5

(Dietrich/Loretz 1988a, 285)

Diese Tontafel aus dem 14./13. Jh. v.Chr. hat Elihu Grant 1933 in Bēt Šemeš ans Tageslicht gefördert. Sie ist am Rand mit den 28 Buchstaben jenes alten arabischen Alphabets beschriftet, das im 1. Jt. v.Chr. allenthalben auf der arabischen Halbinsel im Südosten bezeugt ist und von hier aus seinen Siegeszug u.a. nach Äthiopien angetreten hat. Die 28 Buchstaben des alt–arabischen Alphabets lassen sich ohne Schwierigkeiten an die Seite der 28 aus Ugarit stellen — in Ugarit finden sich zwei Buchstaben mehr, die den Stimmabsatz mit inhärentem *i*- und *u*–Vokal gegenüber dem mit dem *a*–Vokal abheben. Also ist eine Brücke zwischen dem Alphabet der Bēt Šemeš–Tafel und dem der ugaritischen Tradition zu schlagen. Dabei könnte als ein Hinderungsgrund angesehen werden, daß die Bēt Šemeš–Tafel das alt–arabische Alphabet, die ugaritischen Tafeln dagegen ein erweitertes phönikisch–kanaanäisches mitteilen. Eine solche Argumentation läßt aber die philologisch sehr viel wichtigere Beobachtung außer Acht, daß die beiden Alphabete, das alt–arabische und das lange ugaritische, eine bemerkenswert ähnliche Fächerung von Konsonanten vertreten (**Abb. 6**), wie sie im phönikisch–

[6] Siehe den Forschungsabriß der Alphabetologie in Dietrich/Loretz 1988a, 91–97.

kanaanäischen und dem ugaritischen Kurz–Alphabet nicht besteht. Also *müssen* wir versuchen, eine Brücke ‘Bēt Šemeš/Jerusalem — Ugarit’ zu schlagen.[7]

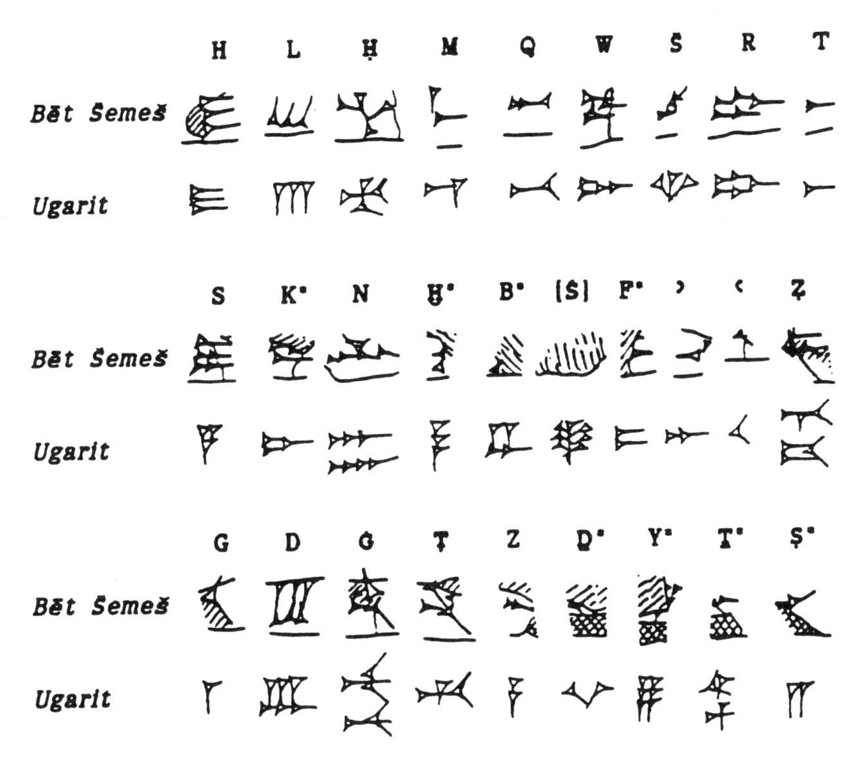

Abb. 6
(Dietrich/Loretz 1988a, 290)

Nachdem ich schon betont habe, daß längs der Levante ein phönikisch–kanaanäisches Kurzalphabet bezeugt ist und Ugarit mit einschließt, bleibt nur der Gedanke, daß die Brücke von Bēt Šemeš nach Ugarit über die Binnenlandroute östlich vom Libanon und Anti–Libanon verläuft, also etwa längs einer imaginären Linie über die modernen Orte Damaskus, Homs, Hama und Aleppo — sofern letzterer nicht schon stark im Einflußbereich Mesopotamiens mit seiner syllabischen Keilschrift lag. Damit würden wir eine auch heute noch feststellbare dialektgeographische und kulturelle Zweiteilung des westlichen Vorderen Orients postulieren: Levante, Küstenbereich *contra* Binnenland. Beide Bereiche haben bekanntermaßen eher einen Nord–Süd–Kontakt als einen durch die Küstengebirge erschwerten Ost–West–Kontakt gepflegt.

Ziehen wir also die Nord–Süd–Achse im Binnenland in Betracht, dann fällt es nicht schwer, folgende historische Konstruktion vorzuschlagen: Gegen Mitte des 2. Jt.s v.Chr. hat sich ein Herrscherhaus des Binnenlandes, das seinen Ursprung

[7] Siehe Dietrich/Loretz 1988a, 277–296; dies. 1988b., 74–79.

vielleicht im südlichen Bereich des Binnenlandes, also in den östlichen Bereichen des heutigen Libanon und Palästina sowie den westlichen Jordaniens hatte, der Hafenstadt Ugarit bemächtigt und die neue Heimat kulturell auf einen zuvor wohl nicht gekannten Höhepunkt geführt.[8]

Die Familienmitglieder dieses Hauses haben ihren Binnenlanddialekt, der sich durch einen stärker differenzierten Konsonantenbestand als der seiner neuen Heimat auszeichnete, mitgebracht und sich zur Verschriftlichung ihrer genuinen Überlieferungen der dortigen Tradition angeschlossen.[9] Praktisch bedeutet dies, daß sich die neuen Machthaber die ugaritische Schultradition, die der phönikisch–kanaanäischen Sprachform und gewiß auch dem Papyrus als Schreibmaterial verpflichtet war, zu eigen machten und in das vorgefundene Alphabet mit 22 Buchstaben jene Konsonanten teils eingliederten und teils anhängten, die für den von ihnen mitgebrachten Dialekt unabdingbar waren. Von daher erklärt es sich, daß sich das Gerippe des ugaritischen Langalphabets (**Abb. 2**) mit dem phönikisch–kanaanäischen Kurzalphabet deckt.

Da sich die hier beschriebenen Phänomene der Alphabettraditionen auch auf solche des Lexikons und der Grammatik stützen können[10], liegt folgender Schluß nahe: Das Herrscherhaus gehörte zu einer alten arabischen Volksgruppe des südlichen Binnenlandes, während die Bevölkerung der von ihm eingenommenen Stadt levantinisch, also phönikisch–kanaanäisch war.

Für den Zuzug eines ursprünglich im Südosten von Ugarit beheimateten Herrscherhauses ist die Beobachtung, daß das ugaritische Standardalphabet aus einer Überlagerung zweier nordwestsemitischer Dialekte zu erklären ist, streng genommen, nur ein indirekter Hinweis. Direkter wären entsprechende Reflexe in der *Literatur*. Solche bieten sowohl das Aqhat–Danil- als auch das Keret–Epos, die beide legendenhaft über historisch nicht mehr einzuordnende Herrscher der ugaritischen Dynastie in grauer Vorzeit handeln:

– Im Aqhat–Danil–Epos (KTU 1.17–19) begegnet im Zusammenhang mit der Bestattung des erschlagenen Aqhat durch seinen Vater Danil der Ortsname *Knrt* (KTU 1.19 III 41), der gewiß nicht ohne Berechtigung mit dem alttestamentlichen *Kinneret* in Naftali zusammengebracht wird.[11]
– Das Keret–Epos spricht wiederholt von den Orten *Bt ḫbr*[12], der Heimat des Königs Keret, und von *Udm*[13], der Heimat seiner Frau Ḥry, der Tochter des

---

[8] Dietrich/Loretz 1988a, 309–211; dies. 1988b, 82–84.

[9] Eine erhoffte Bestätigung für dieses Konstrukt bietet ein Tontafelfund in Ugarit während der Kampagne von 1988: P.Bordreuil hat unlängst in einem Vortrag die Tafel RS 88.2215 vorgestellt, die als Schülertafel das alt–arabische Alphabet mitteilt (Veröffentlichung demnächst).

[10] Vgl. u.a. Renfroe 1992 — auf die Warnung vor voreiligen Schlüssen sei besonders hingewiesen: S. 7–8.

[11] Für Literatur zur umstrittenen *Knrt*–These siehe Dietrich/Loretz 1996a, 708.

[12] KTU 1.14 zweimal, 1.15 fünfmal, siehe Dietrich/Loretz 1996b, *s.v. ḫbr*.

[13] Zehnmal in KTU 1.14 und einmal in KTU 1.15, siehe Dietrich/Loretz 1996b, *s.v. udm*.

dortigen Königs *Pbl.* B. Margalit hat jüngst wahrscheinlich gemacht, daß beide Orte südlich von Ugarit liegen: *Bt ḫbr* im Raum von Byblos oder etwas nördlich davon[14] und *Udm* auf den Golan–Höhen[15].

2. Die Randlage des spätbronzezeitlichen Palastes: Ein Zeichen für ein gespanntes Verhältnis zwischen Königshaus und Stadt

Als Cl.F.A. Schaeffer 1929 die Ausgrabungen auf dem Tell Ras Shamra begann, ließ er den ersten Spatenstich auf der höchsten Stelle, der Akropolis, durchführen, die in etwa die östliche Hälfte des Tells ausmachte. Hier entdeckte er Tempel und Priesterwohnungen[16], nicht aber einen Palast. Auf diesen sollte er erst 1939 stoßen, als er die Arbeiten an dem tiefer gelegenen Bereich westlich der Akropolis begann. Nach der kriegsbedingten Unterbrechung der Ausgrabungen von fast zehn Jahren legte er bis 1956 fast den gesamten Palast frei und stellte dabei fest, daß es sich um jenen handelte, in dem die Herrscher bis zum Untergang der Stadt am Anfang des 12. Jh.s residierten (**Abb. 7**). Wie die Funde erwiesen, ging dessen Errichtung offensichtlich auf den Herrscher Niqmaddu II. zurück, der in der zweiten Hälfte des 14. Jh.s regiert hat[17]. Ihm verdanken wir aller Wahrscheinlichkeit nach die Einführung der Tontafel und der Keilschrift in Ugarit[18]. Dieser Schritt hat letztendlich dazu geführt, daß die Keilalphabete auf der Tontafel die levantinische Schrift auf dem Papyrus abgelöst wurde.

Die Lage des Niqmaddu–Palastes auf dem Plateau westlich von der Akropolis kann möglicherweise als ein weiteres Argument dafür herangezogen werden, daß das Herrscherhaus zugezogen ist. Dafür gibt es folgende Überlegungen:

Während der Kampagnen 1954 und 1955 hat A. Kuschke[19] im Palastgarten eine Tiefgrabung vorgenommen, die der Frage nachgehen sollte, welche Schichten unter dem Palastareal liegen. Das Ergebnis faßt Cl.F.A. Schaeffer zusammen[20]:

„Das von Dr. Kuschke (S. 252) gemeldete Ost–West Gefälle der unter dem Palastgarten aufgedeckten mittel- u. altbronzezeitlichen Wohnschichten bestätigen unsere früheren Beobachtungen, nach denen die ganze westliche dem alten Hafen von Ugarit zu gelegene Stadt mitsamt dem Königspalast auf einem durch Planierung entstandenen, vorgeschobenem Rande des frühhistorischen Tells erbaut worden war."

---

[14] Margalit 1995, 215–219, 313–315.

[15] Margalit 1995, 229–230.

[16] Siehe von Reden 1992, 155–159.

[17] Aboud 1994, 24. 40: ca. 1350–1315.

[18] Dietrich 1996, 36–37.

[19] Kuschke 1962, 251–299.

[20] Schaeffer 1962, 310.

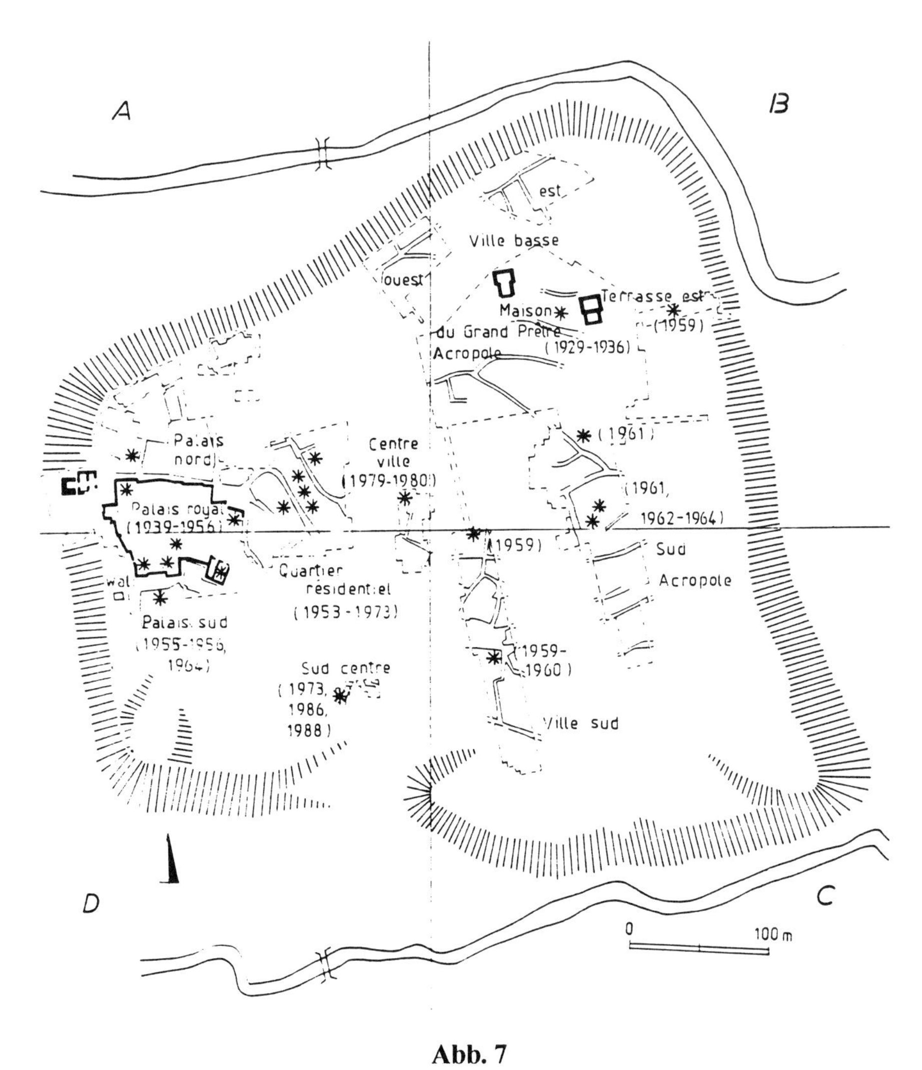

Abb. 7

(Plan mit Jahreszahlen der Kampagnen nach Bordreuil/Pardee 1989, 6)

Tiefgrabungen auch an anderen Stellen im Palastareal haben keine Baustufen zu Tage gefördert als die spätbronzezeitliche des Niqmaddu. Also erweckt dieser Palast den Eindruck, als wäre er *extra muros* errichtet worden. Gewiß, das kann auch darauf zurückzuführen sein, daß Niqmaddu für seine Residenz mehr Platz brauchte, als er ihm auf der Akropolis oder am Nordwestrand des Tells dort zur Verfügung stand, wo palastähnliche Anlagen gefunden wurden, die durch den Ausgräber als „Palais Nord" oder als ein älterer Palast identifiziert wurden. Das *extra muros*–Phänomen kann aber durchaus auch so gedeutet werden, daß der machtgewinnende Herrscher — sei es Niqmaddu II. oder dessen Vater Ammiṯtamru II. (Anfang des 14. Jh.s v.Chr.[21]) — seinen neuen Palast am westlichen Rand der Altstadt mit direktem Zugang zum Hafen errichten ließ, weil er sich nicht in die vorgegebenen und seit langem gewachsenen Strukturen der Stadt einzugliedern bereit war und seinen internationalen Interessen ohne Berücksichtigung der angestammten Bevölkerung nachkommen wollte.

Die hier vorgebrachten Überlegungen können also neben der Einführung einer eigenen Hochsprache und eines dafür notwendigen Alphabets durchaus als ein weiterer Hinweis auf eine ursprünglich getrennte Geschichte von Herrscherhaus und Stadt hinweisen. Das besagt erneut, daß sich die Blütezeit Ugarits im 14. und 13. Jh. v.Chr. auf ein gespanntes Verhältnis zwischen Königshaus und Bevölkerung gegründet haben muß: Auf der einen Seite war die traditionsreiche Handels- und Hafenstadt ein gutes Sprungbrett für den Binnenländler, auf der anderen Seite pflegte der Regent offensichtlich eine gewisse Distanz zur einheimischen Bevölkerung, indem er sich seine Residenz an dem Rand der Stadt einrichtete.

3. Die kultischen Texte: Ein Zeichen für ein religiöses Spannungsfeld zwischen Königshaus und Tempel

Dieses schlaglichtartig entworfene Geschichtsbild der Stadt Ugarit kurz vor und während ihrer Blütezeit im 14. und 13. Jh. v.Chr., also bis an die Schwelle ihres Untergangs am Anfang des 12. Jh.s, findet erstaunlich wenige Anhaltspunkte in den zahlreichen Texten, die teils auf Ugaritisch normalerweise im Langalphabet und teils auf *Koine*–Babylonisch in der seinerzeit üblichen syllabischen Keilschrift abgefaßt sind. Ob Briefe, Verträge, Rechtsurkunden und Wirtschaftstexte, ob Weisheitstexte, Omina und Beschwörungen oder ob die umfangreichen, hochpoetisch abgefaßten ugaritischen Mythen und Epen aus Tempelbibliotheken: All diese Texte bieten ein unglaublich einheitliches Bild, indem sie mehr oder weniger suggerieren, daß das Herrscherhaus einer geradezu namenlosen Mehrheit von teils Ugaritisch und teils Babylonisch schreibenden und sprechenden Stadtbewohnern gegenüberstand. Es fehlen hier fast gänzlich Hinweise auf eine ethnische Dualität oder gar Pluralität, wie sie oben in dem knappen Bericht über die Geschichte Ugarits vorausgesetzt wurde. Die zugewanderten Herrscher waren als Handelsherren und Vertragspartner mit ihren Nachbarn und den Großmächten offensichtlich derart bestimmend geworden, daß die ursprünglich gewiß phönikisch–kanaanäische Bevölkerung kaum mehr faßbar ist.

Daß wir dabei, *nota bene,* einer Verzerrung der Tatsachen unterliegen könnten, möchte ich nicht unerwähnt lassen: Schließlich ist es denkbar, daß sich die genuine Bevölkerung nicht der vom König, seinen Mitverantwortlichen, den Gelehrten und Priestern eingesetzten Tontafelkultur angeschlossen hat, sondern, mit nur wenigen Ausnahmen, bei ihrer angestammten und ästhetisch gewiß ansprechenderen Papyruskultur geblieben ist. Diese ist aber, wie wir für alle levantinischen Orte annehmen müssen, verlorengegangen, so daß die gesamte Landschaft, wenn sie sich nicht der Tontafelkultur angeschlossen hat, den Anschein erweckt, analphabetisch gewesen zu sein . . .

---

[21] Aboud 1994, 22–23.40.

Bei den bisher genannten Texten ist eine Gruppe nicht zur Sprache gekommen: die kultischen Texte, umfassend Götterlisten, Opfertexte und Rituale. Diese zeigen ein anderes und erwartungsgemäß mehrseitiges Bild, das für die uns im vorgegebenen Rahmen interessierende Fragestellung des *Spannungsfeldes zwischen Königshaus und Bevölkerung* sehr aufschlußreich ist. Die Dokumente dieser Textgruppen stammen aus Priesterbibliotheken und stellen scheinbar schlichte Memoranda für fällige Opfer oder Rituale dar. Ihre Aussage ist für uns jedoch aus zwei Gründen nur schwer faßbar: Zum einen bestehen sie aus einer Mischsprache mit den Komponenten Hurritisch und Ugaritisch, zum anderen deuten sie den Ritualablauf verständlicherweise nur knapp an, so daß er vielfach unklar bleibt.

Da diese Texte teils in hurritischer Sprache und teils in hurro–ugaritischer Mischsprache, nicht aber phönikisch–kanaanäischer — umfangreichere Abschnitte im phönikisch–kanaanäischen Dialekt haben sich bisher nicht nachweisen lassen — abgefaßt sind, liegt der Schluß nahe, daß sich die zahlenmäßig offenbar nicht unbedeutende hurritische Bevölkerung Ugarits ebenso der Tontafelkultur angeschlossen hatte wie das Königshaus, seine Mitverantwortlichen, die Gelehrten und Priester[22].

Wegen der Sprachkomponente des Hurritischen, einer für uns nur mit Mühe erschließbaren, weil noch zu schwach bezeugten Sprache, wurden diese Texte in der bisherigen Forschung stark vernachlässigt. W. Mayer und ich haben uns in den letzten Jahren diesen Mischtexten zugewandt und mitunter überraschende Ergebnisse erzielt.

Um sich ein Bild vom Typ der Mischtexte machen können, seien nachfolgend zwei von ihnen mitgeteilt[23]: Die Abschnitte mit normaler Schrift enthalten den Text in ugaritischer, die mit fetter Schrift den in hurritischer Sprache. Bei dem Text KTU 1.111 (links) handelt es sich um die von Opfern begleitete Einholung eines Orakelbescheids für ein königliches Sühneopfer[24], bei KTU 1.132 (rechts) um ein Festritual für die Palastgöttin Pidray, dem allerlei Klein- und Großvieh zum Opfer fiel[25].

KTU 1.111

1 *il . prz . lmd .*
ṯlṯ ymm . llym y‘rb

---

mlk . ***aṯḫlm en . atnd***

KTU 1.132

1 *b tš‘ ‘šrh*
trbd . ‘rš [.] *pd*
ry . b b*t . mlk*
aṯḫ*l[m . i]*n ṯlnd
5 *gd*lt . ḫb*td . **š***

---

[22] Hier sei nur am Rande vermerkt, daß sich die hurritischen Priester und Beschwörungsmeister nachweislich auch einer eigenen Schrift bedient hatten, deren Zeugnisse jedoch mitsamt den Schriftträgern (Papyrus, Baumrinde, Holztafeln?) nicht erhalten sind, vgl. Dietrich/Loretz 1993.

[23] Die in KTU[2] vorgeschlagenen Verbesserungen werden hier nicht wiedergegeben.

[24] Letzte Bearbeitung: Dietrich/Mayer 1995, 17–22.

[25] Dietrich/Mayer 1996.

eld . tṯbd . kmrbnd .

---

5 ***kḏġd en przṇd***

---

nkld *. šrpm . 'ṣrm .*

---

gdm . kllm . š l yrḫ

šmm . ***aṯḫlm . en ṯ[l]nd***

---

ild . tṯbd . k**m[rbnd]**

---

10 ***kḏġd . š . eỵ*****d[aṯtbd]**

---

en ar**dnd** [. . .]

ṯmgnd . **x**[. . .]

Rs.

'lm . x[. . .]

---

15 *b ṯn . al*pm

---

b ṯlṯ . dqr *ḥ*[mr]

šb' . alpm . l .
*il mlk . šb' . ṯa*t l
kmlt . d 'ṯr š
20 *b . trḫtt ar .*
š . lnh . w l ib
tk[[m]]*ml . hy bh*

---

mth . l tšlm .
'ln .

š**brd** *. gdlt*
dqtd *. gdlt*
ḫdn ḫdlr**<*d*>** *dqt*
ḫnnġ**d** *ṯt dqt*
10 ***nbdgd*** *. dqt*
tgnd *. dqt*
kldnd *. dqt*

---

low.e.
'lm . ṯn šm
ḫbtd *. w i*
15 *nš ilm*
rev.
kmm . l pn
ll . 'ṣrmm

---

in ṯlnd *gdlt*
alnd *. gdlt*
20 ***ḫbtd*** *.* g<d>*lt*
inš ilm kmm

---

b ṯlṯ ***in ṯlnd***
alnd *ṯn šm*
inš ilm . kmm
25 *pn ll . tn'r*
'rš .

'rb špš
*w ḥl ml*k

Texte wie diese beiden geben zu erkennen, daß der Ritualablauf ugaritisch und die Opferblöcke hurritisch formuliert sind. Das läßt darauf schließen, daß die Kultsprache für die Rituale ursprünglich Hurritisch war und daß dann, als das Hurritische zugunsten des Ugaritischen, der vom zugezogenen Herrscherhaus eingeführten Sprache, immer stärker in den Hintergrund trat, der Ritualablauf ins Ugaritische übertragen werden mußte. Dadurch sollte nämlich sichergestellt werden, daß der Ablauf mangels Textverständnisses nicht verfälscht wurde.[26] Die Opferblöcke wirken nunmehr fossilhaft in einem lebendigen ugaritischen Kontext.

[26] Dietrich/Mayer 1995, 38.

Diese Tatsache läßt zwei weitreichende Schlüsse zu:

1. Die Priesterschaft Ugarits war — zumindest teilweise — hurritischsprachig. Es könnte sein, daß dieses Bild aufgrund der besonderen Quellenlage trügt: Im Gegensatz zu den 'Phönikern' — wenn wir die Angehörigen der levantinischen Bevölkerungsschicht Ugarits einmal so nennen dürfen — haben sich die Hurriter der Tontafel bedient und damit Gehör bis in die heutige Zeit verschafft; dagegen sind die 'Phöniker' mit ihrem Papyrus für uns nicht mehr greifbar. Es ist aber zu bedenken, daß die Hurriter in der orientalischen Antike allenthalben die Rolle der Beschwörungspriester innehatten und Ugarit keine Ausnahme gewesen sein dürfte. Also können die priesterlichen Ämter Ugarits durchaus in der Hand von Hurritern gelegen haben, die im Tempelbereich lebten, lehrten und wirkten, nicht jedoch in der von 'Phönikern'.

   Ein vielsagendes Beispiel dafür ist das Totenritual für einen der letzten großen ugaritischen Könige, für Ammištamru III. (ca. 1265–1215 v.Chr.[27]), KTU 1.125 — Text und Übersetzung[28]:

1 *il.dm . sktndm . aṯḫlm*
atn . ḫwrn
ṯyn . nrl
kmrb . ṯwl
5 *nbdg . ṯrnd . atnd*
in alḏyġ . i[n]amrw
in ugrtw[.] 'mṯtmrw
ṯtbd
kḏġd
10 *aṯtbd*
iydm ḫzzdm
kyḏd . [xxx]*d*
low.e.
nwrwnd
rev.
aġrṯḫnd
15 *ḫbrṯḫnd*
kldnd

---

uḏnd .
tgnd

[1]Für El, der die Lebewesen erschafft, ein *aṯḫl*–Opfer.
„[2]Gegenüber den Vätern im Himmel[3](und) am Wasser (des Todesflusses), sei gnädig,
[4]Kumarbi! Es geleite [5]Nubadig (den Verstorbenen) zu den Königen, den Vätern!“

[27] Aboud 1994, 40.

[28] Für einen ausführlichen Kommentar siehe Dietrich/Mayer 1997.

„[6]Oh ihr Götter von Aladiya,
ihr Götter von Amurru,
[7]ihr Götter von Ugarit (und) des 'Ammittamru!"
[8](Opfer) für Tettub, [9]für Kuduġ, [10]für Attabi, [11]für Ea, den Weisen, [12]für Kiyade, für [. . .], [13]für den/die von Nawar,
[14]für das Räuchergefäß, [15]für das (Weih-)Wassergefäß,
[16]für das Heil, [17]für den Opferschaubefund [18](und) für das Schöne.

Dieser Text wurde in der Bibliothek des hurritischen Hohenpriesters gefunden und ist durchgehend hurritisch formuliert. Also ist der hurritische Priester offensichtlich für die Durchführung des Totenrituals verantwortlich gewesen und hat den Text in seiner Kultsprache niedergeschrieben — daß Totenrituale durchaus auch auf Ugaritisch abgefaßt sein konnten, zeigt KTU 1.161, das sich auf Niqmaddu IV. (Ende des 13. Jh.s v.Chr.), den Sohn Ammittamrus III., bezieht und von 'Ammurapi III. durchgeführt wurde[29].

2. Die hurritisch–sprachige Priesterschaft war in bestimmten Bereichen offensichtlich auch für das zugezogene Königshaus zuständig. Ihre Hinterlassenschaft verdeutlicht, daß sie die Texte ihres Metiers, Beschwörungen und Rituale, wegen ihres esoterisch–geheimnisvollen Charakters am nachhaltigsten vor der Übernahme durch das Ugaritische schützen konnten. Mit den oben vorgestellten mischsprachigen Texten sind wir jedoch Zeuge dafür geworden, daß die Palastideologie schließlich und endlich auch hier Einzug gehalten hat — das geschah allerdings erst, wie die Fundstelle auf dem Tell zeigt, unmittelbar vor dem Untergang der Stadt.

Während die Ritualtexte nur indirekt vor Augen führen, daß das Ugaritische als Hochsprache des neuen Palastes vor den Toren der Tempel des Ba'al und Dagān/El und ihrer Priesterschaft nicht Halt gemacht hat, liefern die Mythen und Epen dafür geradezu den Beweis: Nach Aussage der Kolophone war es der Hofrat Ilimalku, der diese poetischen Texte auf Geheiß von Niqmaddu II. in die ugaritische Tradition einbettete.[30]

Auch der Opferkult konnte sich der Neuerung nicht auf Dauer verschließen, wollte er seine angestammte Rolle nicht verlieren: Einerseits sind traditionelle hurritische Pantheons–Listen anläßlich bestimmter Feste wie KTU 1.116 auf uns gekommen, andererseits auch solche wie KTU 1.118[31]. Beide Traditionen stellen El an die Spitze der ugaritischen Götter und sind damit den neuen Gegebenheiten angepaßt.

[29] Aboud 1994, 157–164. — Auch auf die Gefahr einer Überinterpretation hin wäre zu erwägen, ob sich in der Tatsache, daß für 'Ammištamru III. (ca. 1262–1215) ein hurritisches Totenritual, für seinen dritten Nachfolger, Niqmaddu IV. (ca. 1200) jedoch ein ugaritisches überliefert ist, die wachsende Dominanz der Hochsprache des Herrscherhauses zeigt.

[30] van Soldt 1988.

[31] Vgl. Dietrich/Loretz 1988c, 300–305.

4. Das Königspantheon mit El an der Spitze: Ein Zeichen für ein gespanntes Verhältnis zum heimischen Ba'al–Kult

Wie bei dem Hinweis auf KTU 1.118 angeklungen, lag es sicher im Interesse des Palastes, den Hochgott El an der Spitze des Pantheons zu wissen. Darauf weist nicht nur die Stellung Els in den königlichen Epen Aqhat und Keret hin, sondern auch die herausragende Rolle, die El, als Schöpfer und Erhalter der Menschen, im Kult spielt[32]:

Nachfolgend zwei beredte Beispiele, eines aus einem Ritual und eines aus einer Beschwörung:

1. Das oben zitierte Totenritual für 'Ammištamru III., KTU 1.125, beginnt mit dem Aufruf zu einem *aṯḫl*–Opfer:

   [1]Für El, der die Lebewesen erschafft, ein *aṯḫl*–Opfer.

   Daran schließt die Bitte an:

   „[2]Gegenüber den Vätern im Himmel [3](und) am Wasser (des Todesflusses), sei gnädig,
   [4]Kumarbi! Es geleite [5]Nubadig (den Verstorbenen) zu den Königen, den Vätern!"

   Aus dieser Anrufung ergibt sich, daß El, der in der Einleitungszeile als der Schöpfer der Lebewesen angesprochen wird, seine Geschöpfe auch nach ihrem Ableben begleitet. Er wird mit seinem hurritischen Namen Kumarbi gebeten, den Toten König zu seinen Vorvätern zu bringen, die nach dem Tod teils in einer oberen Sphäre, dem Himmel, teils in einer unteren, die von dem Todesfluß begrenzt wird, weilen.
2. Die Weihrauchbeschwörung KTU 1.128[33], in der El angerufen wird, den Betenden vom Übel zu befreien, befindet sich einleitend der schönste El–Hymnus der religiösen Literatur Ugarits — er ist hurritisch formuliert:

---

[32] In einem starken Gegensatz zu dieser Feststellung steht die heute weit verbreitete Diskussion, nach der El in Ugarit einen Untergang erlebt haben soll. Stellvertretend für andere, folgende Ausführung N.P. Lemches, die offenbar auf einer allzu einseitigen Beurteilung des ugaritischen Pantheons auf der Basis des Ba'al–Zyklus beruht — Lemche 1996, 189:

> *. . . daß . . . El in den ugaritischen epischen Gedichten eine eher nebensächliche Rolle spielt, ja, daß er mitunter fast etwas clownesk wirkt. Weil das nicht zu einem höchsten Gott zu passen scheint, hat man vorgeschlagen, ihn als etwas „überaltert" vorzustellen, wodurch er entbehrlich und für die Menschen uninteressant geworden sei.*

[33] Dietrich/Mayer 1994, 87–94.

1 *... il . el .*
edn . il hl . hurn
atḫ.ndrm
hldp . endr le
5 *trnd.rm . hldp .*

[1](Weihrauch–Beschwörung:)
El, der befehligt [2]die Erde!
El, der das Wort führt im Himmel!
[3]Bei den hohen Göttern [4]bist du erhöht, Mächtiger,
[5]bei den niederen Göttern bist du erhöht, Gott!

Da in der Ritual- und Beschwörungsliteratur kein vergleichbares Beispiel für Ba'al angeführt werden kann, stellt sich die Frage, ob nicht auch hier ein Spannungsfeld zwischen Königshaus unter dem Schutz des Gotteskönigs El und Stadt mit ihrem Patron Ba'al[34] sichtbar wird.

5. Schlußbemerkungen

Um die religiösen Gegebenheiten Ugarits kurz vor seinem Untergang würdigen zu können, war es nötig, Beobachtungen zur Geschichte der Stadt und seines Königshauses vorauszuschicken. Denn nur so war es möglich, die Diskrepanzen in den Alphabettraditionen, in der Randlage des bronzezeitlichen Palastes und in den kultisch–religiösen Texten verständlich zu machen, die, auch ohne direkten Hinweis, Ausdruck stets virulenter Spannungen zwischen Königshaus und Bevölkerung gewesen zu sein scheinen.

Es sei nochmals betont, daß wir ohne Zweifel nur einseitig unterrichtet sind, weil sich nicht alle Bevölkerungsteile der Stadt der Tontafel bedient haben, um ihre Traditionen und Einsichten niederzuschreiben. Denn die Tontafel war entsprechend den internationalen Gepflogenheiten in der 2. Hälfte des 2. Jt.s v.Chr. zwar das wichtigste, aber nicht das einzige Schreibmaterial der Zeit. Für uns ist sie natürlich das wichtigste: Alle anderen Schriftträger — ausgenommen Steine und Metall — waren organisch und haben die Jahrtausende nicht überlebt.

Im Anschluß an die obigen Betrachtungen wäre es reizvoll, auf allerlei Aspekte der religiösen Praxis und der Frömmigkeit einzugehen. Dies soll einer späteren Untersuchung vorbehalten bleiben.

[34] Vgl. den Ausdruck *b'l ugrt* „Ba'al von Ugarit" in den religiösen Texten KTU 1.65: 10/11; 1.87:37–38; 1.105:6; 1.109:11.16.36; 1.112:23; 1.119:2(?).10(?).12.21–22.

Literatur

Aboud, J.

1994 Die Rolle des Königs und seiner Familie nach den Texten von Ugarit. Forschungen für Anthropologie und Religionsgeschichte 27. Münster.

Dietrich, M.

1996 Aspects of the Babylonian Impact on Ugaritic Literature and Religion, in: Ugarit, religion and culture. Proceedings of the International Colloquium on Ugarit, religion and culture. Edinburgh, July 1994. Essays presented in honour of Professor John C.L. Gibson, N. Wyatt, W.G.E. Watson, J.B. Lloyd (eds.), UBL 12, S. 33–47.

Dietrich, M./ Loretz, O.

1988a Die Keilalphabete. Die phönizisch–kanaanäischen und altarabischen Alphabete in Ugarit. ALASP 1.

1988b Die Alphabettafel aus Bet Šemeš und die ursprüngliche Heimat der Ugariter, in: Ad bene et fideliter seminandum. Festgabe für Karlheinz Deller zum 21. Februar 1987, hrsg. von G. Mauer — U. Magen. AOAT 220, 61–85.

1988c Ugaritische Rituale und Beschwörungen. TUAT II/3, S 300–357

1993 Ein „hurritisches" Zusatzzeichen des Keilalphabets? UF 25, S. 137–142.

1996a Analytic Ugaritic Bibliography 1972–1988. AOAT 20/6.

1996b Word–List of the Cuneiform Alphabetic Texts from Ugarit, Ras Ibn Hani and Other Places (KTU: second, enlarged edition). ALASPM 12.

Dietrich, M./ Mayer, W.

1994 Hurritische Weihrauchbeschwörungen in ugaritischer Alphabetschrift. UF 26, 73–112.

1995 Sprache und Kultur der Hurriter in Ugarit. ALASP 7/1, 7–42.

1996 Festritual für die Palastgöttin Pidray. UF 28.

1997 Ein hurritisches Totenritual für 'Ammištamru III. (KTU 1.125). AOAT 246.

Klengel, H.

1992 Syria 3000 to 300 B.C. A Handbook of Political History. Berlin.

Kuschke, A.

1962 Bericht über eine Sondage im Palastgarten von Ugarit–Ras Shamra. Ug. 4, S. 251–299.

Lemche, N.P.

1996 Die Vorgeschichte Israels. Von den Anfängen bis zum Ausgang des 13. Jahrhunderts. Biblische Enzyklopädie 1, Hrsg. W. Dietrich/ W. Stege mann (eds.), Stuttgart.

Margalit, B.

1995 K–R–T Studies. UF 27, 215–312.

Reden, S. von

1992 Ugarit und seine Welt. Die Entdeckung einer der ältesten Handels metropolen am Mittelmeer. Bergisch Gladbach.

Renfroe, F.

1992 Arabic–Ugaritic Lexical Studies. ALASP 5.

Schaeffer, Cl.F.A.
1962 Bemerkungen zur Palastgarten–Sondage. Ug. 4, S. 301–327.
Soldt, W.H. van
1988 The Title ṯ‘y. UF 20, S. 313–321.

Abkürzungen:

ALASP(M)	Abhandlungen zur Literatur Alt–Syrien–Palästinas (und Mesopotamiens). Ugarit–Verlag Münster.
AOAT	Alter Orient und Altes Testament. Kevelaer — Neukirchen/Vluyn.
KTU^{2}	*M. Dietrich/ O. Loretz/ J. Sanmartín*, The Cuneiform Alphabetic Texts from Ugarit, Ras Ibn Hani and Other Places (KTU: second, enlarged edition). ALASPM 8, 1995.
PRU	Le Palais Royal d'Ugarit. Paris.
TUAT	Texte aus der Umwelt des Alten Testaments, Hrsg. O. Kaiser. Gütersloher Verlagshaus.
UBL	Ugaritisch–Biblische Literatur. Ugarit–Verlag Münster.
Ug. 4	Ugaritica IV. Mission de Ras Shamra XV. Paris 1962.
UF	Ugarit–Forschungen. Kevelaer — Neukirchen/Vluyn.

Der jüdische Psalter — ein anti–imperiales Buch?

Erich Zenger

Das biblische Psalmenbuch ist eine Sammlung von 150 Liedern und Gebeten, die ihr je eigenes Profil haben. Die Überlieferung unterstreicht deren Eigenständigkeit auch dadurch, daß die meisten von ihnen eine eigene Überschrift haben. Und die Exegese rekonstruiert für sie je spezifische Entstehungs- und Verwendungssituationen. Gleichwohl ist diese Sammlung kein unsystematisches Archiv von Einzeltexten, sondern besteht aus Teilsammlungen, die nach im einzelnen unterschiedlichen inhaltlichen und formalen Konzepten zusammengestellt und redigiert wurden. Vor allem ist erkennbar, daß die abschließende Redaktion des kanonisch gewordenen Psalmenbuchs diesem einen hermeneutischen Rahmen gegeben hat, der eine Lese- und Verwendungsperspektive des Psalmenbuchs vorgeben will. Diese hermeneutische Vorgabe soll im Folgenden kurz skizziert werden. Es geht also um die Frage, wie die Endredaktion des jüdischen Psalters diesen verstanden und verwendet wissen will.[1]

Diese Frage soll im Rahmen des AZERKAVO zugleich als Frage nach der Funktion religiöser Poesie bei der Konstitution kultureller Identität reflektiert werden. Da das *biblische* Psalmenbuch seine Endgestalt um 200 v.Chr. in einer Zeit äußerer politischer Bedrohung *und* innerer gesellschaftlicher Zerklüftung erhalten hat,[2] betrifft diese Frage auch die politische Relevanz religiöser Traditionen. In theologischer Hinsicht geht es um den Zusammenhang von Gebet und Politik.

---

[1] Vgl. dazu (außer meinen eigenen Studien) vor allem: Koch 1995; Kratz 1996; Lohfink 1992; Levin 1993; McCann 1993; Millard 1994; Wilson 1985; ein kurzer Überblick über die Forschungssituation findet sich bei: L.Hossfeld/Zenger 1993, 17–25.

[2] Der *Abschluß* des komplexen Entstehungsprozesses des *kanonisch gewordenen* Psalmenbuchs dürfte um 200 v.Chr. erfolgt sein. Dies ist nicht unbestritten. Vor allem wird die in mehreren Qumran–Psalmenrollen erkennbare abweichende Reihenfolge der Psalmen aus dem letzten Drittel des Psalters als Argument dafür genannt, daß dieser dritte Teil damals noch „offen“ war. Doch könnten diese Abweichungen mit der liturgischen Abzweckung dieser Psalmen–Kollektionen zusammenhängen; denkbar wäre auch, daß es in der Tat mehrere voneinander abweichende „Psalmenbuchausgaben“ (vgl. die unterschiedlichen Fassungen des hebr und griech Jeremiabuchs) gab, von denen dann die jetzt überlieferte spätestens im ausgehenden 1.Jh. n.Chr. „kanonisch“ wurde. Für den Abschluß der Redaktion des jetzigen Psalmenbuchs schon um 200/190 v.Chr. sprechen vor allem zwei Beobachtungen, die mit der „Rahmung“ des (kanonischen) Psalmenbuchs zusammenhängen: Zum einen wird in Sir 14,20–15,10 (also um 180 v. Chr.) Ps 1 als programmatischer Prolog des Psalters auf-

1. Der Psalter als Kampfbuch gegen imperiale Mächte

Wer von der harmonischen, überaffirmativen und katechismusartigen Sprache traditioneller christlicher Gebete herkommt, wird von der emotionalen, konkreten und kämpferischen Sprache der meisten Psalmen überrascht sein. Zwar ist der Psalter durchtränkt von den großen theologischen Traditionen und Themen der Tora und der Prophetie. Man kann ihn sogar die betende Aneignung von Tora und Prophetie nennen. Aber dies geschieht nicht im Stil pietistischer Frömmigkeit oder in verzaubernder poetischer Ästhetik, sondern in der irritierenden Konfrontation mit einer als feindlich, böse und destruktiv geschilderten Welt. N.Lohfink hat dies so auf den Punkt gebracht: „Der Beter und seine Feinde — das ist einfach das dominierende Thema des Psalters."[3] Kein anderes Wortfeld im Psalter ist derart plastisch und facettenreich wie das der Feindschilderung. O.Keel listet in seiner Monographie „Feinde und Gottesleugner. Studien zum Image der Widersacher in den Individualpsalmen" nicht weniger als 94 Feindbezeichnungen auf, mit denen die Beter ihre als feindlich empfundene Umwelt benennen *und* bekämpfen.[4] In drastischer Metaphorik werden die Feinde als reißende Raubtiere, wild gewordene Haustiere, umherstreunende Rudel von Hunden, aber auch als mythische oder dämonische Wesen beschrieben. Daneben werden die Feinde als Kriegsheer oder als Gruppe von Jägern und Fallenstellern dargestellt, die mit ihren tödlichen Waffen oder lebensbedrohlichen Instrumenten über ihre Opfer herfallen oder ihnen auflauern. Und nicht minder drastisch und aggressiv sind die Gegenbilder, mit denen die Beter ihren Gott beschwören, den Kampf gegen ihre Feinde aufzunehmen, sie mit schrecklichen Strafgerichten zu überschütten oder sie zu vernichten. Ob es dabei um das Verhältnis des einzelnen Beters oder einer Kleingruppe zu ihrer unmittelbaren gesellschaftlichen Umwelt oder um die Existenz Israels inmitten der Völkerwelt geht, die Stoßrichtung der Psalmen ist immer die gleiche: Sie setzen darauf, daß der biblische Gott der Gewalt der Feinde ein Ende macht, daß er deren als bedrohlich, unterdrückend oder vernichtend empfundene Macht bricht und endlich *seine* Gottesherrschaft Wirklichkeit werden läßt.[5]

Liest man das Psalmenbuch als Spiegel der Welterfahrung, ist es die Geschichte einer dramatischen Auseinandersetzung zwischen Gerechten und Frev-

genommen; ebenso ist die enge Zusammenbindung von Ps 1 und Ps 2 als zweiteiliges Proömium in 4QFlor vorausgesetzt (aus paläographischen Gründen jedoch erst 1. Jh. n.Chr). Zum anderen wird Ps 148,14 im hebräischen Text von Sir 51,12 zitiert; mindestens ein Kolon von 148,14 ist aber eine redaktionell eingefügte Überleitung zu Ps 149, dem strukturellen Schlußpendant zu Ps 2. Auch die Psalmenübersetzung der LXX, die aus sprachlichen Gründen spätestens in der 1. Hälfte des 1. Jh. v.Chr., wahrscheinlich sogar schon im 2.Jh. anzusetzen ist, spricht ebenso für diese Datierung wie der Lehrbrief aus Qumran 4QMMT (ca. 150 v.Chr.), in dem es u.a. heißt: „damit du Einblick gewinnst ins Buch des Mose und die Bücher der Propheten und in *Davids Psalmen*".

[3] Lohfink 1988, 36 mit Verweis auf Collins 1987.

[4] Vgl. Keel 1969, 93–131; einen guten Überblick über die neuere Diskussion zum Thema „Die Feinde in den Psalmen" bietet Schulz 1986, 35–59.

[5] Vgl. Zenger 1994a.

lern, aber auch zwischen dem Gottesvolk Israel und den (götzendienerischen) Völkern der Erde. Und diese Auseinandersetzung ist im Psalter untrennbar mit der Gottesfrage verbunden: Daß JHWH wirklich der Gott Israels ist, ja daß er überhaupt Gott ist (und daß nicht die Frevler recht haben, die sagen: „Es gibt keinen Gott", vgl. Ps 10,4), muß sich daran erweisen, daß er die Feinde als *seine* Feinde bekämpft und entmachtet, vernichtet oder umwandelt. Der Psalter konstituiert JHWH poetisch nicht nur als den Kämpfer für Recht und Gerechtigkeit, sondern vor allem als Kämpfer gegen das mythische Chaos, das sich in den Feinden des einzelnen, aber auch in politischen Systemen und insbesondere in den Königen und Fürsten der feindlichen Völker historisch artikuliert. In den individuellen und strukturellen „Feinden" bricht gewissermaßen das schöpfungswidrige, lebensfeindliche Chaos durch, zu dessen Bekämpfung JHWH in den Psalmen aufgerufen wird.[6] Von dieser Gebetsdynamik her ist der Psalter in der Tat ein anti–imperiales Buch. Es prangert die Destruktivität imperialer Strukturen und Systeme an und hält daran fest, daß der biblische Gott diesen Systemen ein Ende setzen wird — und dies nicht, um ein neues Herrschaftssystem zu etablieren. Gewiß setzt das Psalmenbuch darauf, daß JHWHs „Weltkönigtum" kommt, aber dieses besteht darin, daß sich alle Völker und Individuen der von JHWH der Schöpfung eingestifteten „Heilsordnung" freiwillig unterwerfen.

2. Die Unterordnung der Königspsalmen unter die Psalmen von der Königsherrschaft Gottes

Daß die Redaktoren des Psalmenbuches diesem ein anti–imperiales Pathos einstiften wollten, wird auch an der planvollen Zusammenordnung der Königspsalmen und der Psalmen vom Königtum JHWHs sichtbar.[7]

In der Architektur des fünfteiligen Psalmenbuchs haben die drei Königspsalmen 2, 72 und 89 eine herausragende makrostrukturelle Funktion. Ps 2 eröffnet (zusammen mit Ps 1, s.u.) nicht nur den ganzen Psalter, sondern in seiner kompositionellen Verbindung mit Ps 3 das erste Psalmenbuch Ps 3–41. Ps 72 beschließt das zweite Psalmenbuch Ps 42–72. Und Ps 89 steht am Ende des dritten Psalmenbuchs Ps 73–89. In diachroner Hinsicht wird hier eine Phase der Wachstumsgeschichte greifbar, in der um 300 v.Chr. eine Psalmensammlung vorlag, die ich den „messianischen Psalter" nenne. In synchroner Hinsicht ist freilich bedeutsam, daß und wie dieser messianische Psalter dann im 4. und 5. Psalmenbuch (Ps 90–106 und Ps 107–145) so weitergeführt wird, daß das königliche bzw. messianische Konzept dem theokratischen untergeordnet wird, wodurch ihm zugleich alle „imperialen" Konnotationen entzogen werden.

---

[6] Vgl. zu diesem Aspekt nun: Janowski 1995 (besonders 169–171).

[7] Vgl. den instruktiven Überblick bei Braulik 1995 sowie meine Beiträge Zenger 1993a; Zenger 1994b; Zenger 1996a; das spannungsreiche messianisch–theokratische Konzept des 4. Psalmenbuchs wird sehr gut herausgearbeitet in der Münsteraner Dissertation: Brunert 1996.

In der Abfolge der drei Königspsalmen 2, 72 und 89 werden zunächst die ambivalenten Erfahrungen Israels mit seinem eigenen historischen Königtum abgeschritten: Von David (Psalmen 3ff.) über Salomo (Psalm 72 ist Gebet des alten David für seinen Sohn Salomo) bis hin zum Ende des Königtums im Jahre 587 (Psalm 89). In Auseinandersetzung mit diesem Weg des Königtums hält der „messianische“ Psalter die im Davidbund gegebene Verheißung fest: Der eröffnende Programmtext Psalm 2 rekapituliert die Natanverheißung 2 Sam 7,14 (vgl. Ps 2,7) im Kontext der bedrohlichen Völkerwelt. Der abschließende Psalm 89 spielt 2 Sam 7,14–16, dem „geschichtlichen“ Standort entsprechend, sowohl als Deutung der Situation wie auch als die Zukunft eröffnende Bitte ein (vgl. Ps 89,27.30.33). Die „anti–imperiale“ Tendenz zeigt sich dann aber darin, daß Psalm 89 in seinem Schlußabschnitt die messianische Perspektive „demokratisierend“ auf Israel *als Volk* ausweitet. In Ps 89,51 muß gegen die sog. Einheitsübersetzung (und mit der Lutherübersetzung) der im masoretischen Text gegebene Plural „deine Knechte“ = Israel beibehalten werden, wodurch die kollektivierende Interpretation gefordert ist. Diese legt sich auch von Ps 89,50 her nahe, wo der Text Jes 55,3 zitiert ist, in dem ebenfalls die dem David als Einzelgestalt gegebenen Verheißungen „demokratisiert“ sind. Von Ps 89 her ist dann auch die in Ps 72,17 mit Zitat von Gen 12,3 dem „Königssohn“ zugesprochene Perspektive kollektiv zu lesen: „Und es sollen sich in ihm [d.h. im königlichen *Volk* Israel] segnen alle Völker, ihn sollen sie glücklich preisen.“

Das messianische Konzept der drei Psalmenbücher Ps 2.3–41.42–72.73–89 mit seiner königskritischen Dialektik von Restauration und Utopie steigert sich in den beiden folgenden Psalmenbüchern Ps 90–106 und Ps 107–145, teilweise sogar im Kontrast, zu einem dezidiert theokratischen Konzept. Im 4. Psalmenbuch 90–106 führt dies zum *insgesamt* hymnischen, wenngleich durch die rahmenden Klagepsalmen 90 und 106 als noch ausstehend gekennzeichneten Entwurf der universalen Königsherrschaft JHWHs, die dieser in einer grandiosen Theophanie am Zion herbeiführen wird. Zum Erlebnis dieser Theophanie des Weltenkönigs JHWH, der gegen alles Chaos seine Rechtsordnung durchsetzen wird, ruft das 4. Psalmenbuch ausdrücklich *alle* Könige und Völker der Erde auf.

Das 5. Psalmenbuch faßt diese theokratische Perspektive in seinem Schlußpsalm 145 zusammen, dem gezielt der Königspsalm 144 vorgeschaltet ist. Ps 144 ist m.E. ausdrücklich für den literarischen Kontext geschaffen, in dem er nun steht. Er ist eine *relecture* des alten Königspsalms 18, nimmt aus Ps 8,5 das Motiv der Vergänglichkeit auf, um damit die Schutzbedürftigkeit des Königs zu unterstreichen.[8] Der Psalm definiert „David“ als „Knecht JHWHs“ ausdrücklich nicht als machtvollen, imperialen König, sondern als eine schwache Gestalt, die der Rettung durch JHWH bedarf. Vieles spricht dafür, daß der königliche „David“ hier, wie in Ps 89, kollektiv auf Israel als königliches Volk zu beziehen ist. Das wird u.a. durch den Schlußmakarismus von Ps 144 nahegelegt: „Selig das Volk, dem dieses widerfährt, selig das Volk, dessen Gott JHWH ist“ (144,15). Dieser Schluß leitet zugleich zu Ps 145 über, der das Finale des 5. Psalmenbuches ist und abermals als theokratischer Psalm die „messianische“ Perspektive des ihm vorangehenden 144. Psalms integriert bzw. relativiert.

---

[8] Vgl. Mathys 1994.

Psalm 145 ist ein kunstvoll gestaltetes alphabetisches, hymnisches Akrostichon über JHWHs Weltkönigtum.[9] Das Akrostichon drückt in der Abfolge der 22 Buchstaben die Totalität und Universalität in Raum und Zeit der im Psalm besungenen Königsherrschaft JHWHs aus. Der Psalm gibt in seinem Eröffnungsparallelismus (V.1) sein Thema an:

„Ich will dich erheben, mein Gott, *o König*,
und ich will segnen deinen Namen auf ewig und immer."

Das Stichwort „König" (מלך) begegnet dann wieder im Mittelteil des insgesamt konzentrisch gestalteten Psalms. Der auch seinerseits nochmals konzentrisch gebaute Mittelteil V.10–13b bietet eine Bündelung des Begriffs des Königtums JHWHs und der damit in Zusammenhang stehenden Vorstellungen. Der Lobpreis und die Verkündigung der Königsherrschaft JHWHs, wozu V.10 „alle Werke" JHWHs und seine חסידים aufgerufen werden, hat das Ziel:

„um bekannt zu machen den Menschenkindern deine Großtaten
und die Herrlichkeit des Glanzes deines Königtums.
Dein Königtum ist ein Königtum in alle Ewigkeiten,
und dein Königreich ist durch alles Geschlecht und Geschlecht" (V.12f).

Insofern im Psalm dann dieses Königtum JHWHs durch JHWHs königliche Vergebungsbereitschaft aus Barmherzigkeit und Güte (V.7–9), Rettung bzw. Bewahrung angesichts der Macht der Bösen (V.17–20) sowie fürsorgliche und großzügige Zuwendung zu den Schwachen und Hungernden (V.14–16) konkretisiert wird, bedeutet dieser Psalm, der auch die Trennung zwischen Israel und den Völkern transzendiert, ein „neues" Modell von Königtum, das eine Überwindung aller imperialen Herrschaftsmodelle bedeutet.[10] Nicht von ungefähr kommen in diesem Psalm „Könige, Fürsten und Völker" gar nicht mehr vor.

3. Das Finale des Psalters (Ps 146–150)

Die fünf Psalmen 146–150, mit denen das Psalmenbuch schließt, bilden ein grandioses anti–imperiales Finale, das kompositionell aus dem Gottesreich–Psalm 145 herauswächst.[11] Der Anfang von Ps 146 הללי נפשי את־יהוה („Preise meine Seele/meine Kehle JHWH"), nimmt Ps 145,21a auf: תהלת יהוה ידבר פי („Die Preisung JHWHs soll reden mein Mund"). Und die in Ps 145,21b als Folge dieses

[9] Vgl. Liebreich 1956; Watson 1981; Berlin 1985; Lindars 1989; Prinsloo 1991/92,3–9.73–78; Kratz 1992; Kimelman 1994; Risse 1995; Zenger 1997a.

[10] Jeremias 1987, 146: „Die Einzelaussagen des Psalms sind nahezu alle aus älteren Psalmen übernommen. Aber es geht ihm nicht um Originalität, sondern um die Vergewisserung der Gemeinde, daß ihr Herr, der König der Welt für alle Zeiten (V. 13), zu ihr steht, auch in der Not."

[11] Zur Kompositionsstruktur von Ps 146–150 vgl. besonders Wilson 1985; Lohfink 1990, 108–125; Millard 1994, 144f. sowie besonders die Münsteraner Dissertation: Risse 1995, 196–243.

Lobpreises des Psalmenbeters formulierte Hoffnung „daß alles Fleisch den Namen seiner Heiligung segne“ (Übersetzung Martin Buber) wird dann im letzten Satz der Komposition, in Ps 150,6, weitergeführt: כל הנשמה תהלל יה „aller Atem preise Jah.“

Auch in semantischer und motivlicher Hinsicht klingt Ps 145 in diesem Finale weiter, vor allem in den beiden Randpsalmen 146 und 150, die höchstwahrscheinlich ausdrücklich für dieses Finale geschaffen wurden. Ps 146, der „weithin in Anlehnung an andere Formulierungen aus dem Psalter selbst“[12] und aus dem Jesajabuch gestaltet ist,[13] zeichnet noch einmal das in Ps 145 entfaltete Proprium des Königs JHWH als des Retters der Armen, wobei ein Element aus Ps 145,14 wörtlich zitiert wird.[14] Ps 146 präzisiert nun freilich, wer dieser König ist und deutet an, wessen er sich bedient, um sein Weltkönigtum herbeizuführen. Der Schlußvers von Ps 146 bringt es so auf den Punkt:

„Es herrscht als König JHWH auf ewig,
dein Gott, Zion, von Geschlecht zu Geschlecht.“

Es ist der Gott Zions, der durch die Rettung der armen und bedrängten Kinder Zions, wie Ps 149 erhofft, das eschatologische Gericht durchführt, das den neuen Himmel und die neue Erde bringt, wie Ps 150, der letzte Psalm des Schlußhallel, hymnisch verkündet.

Ps 150 ist durch die Technik der *concatenatio*, also der Stichwortverkettung, mit Ps 145 verbunden. Die entscheidenden Themenwörter des ersten Teils von Ps 150, dessen Zweiteilung durch den Wechsel der Präposition von ב nach כ in V.2b angezeigt ist,[15] sind aus Ps 145 genommen, wodurch Ps 150 als Aufforderung zum Lobpreis des Weltkönigs JHWH gekennzeichnet ist.[16]

Daß die fünf Schlußpsalmen 146–150 auf der Ebene der Endkomposition des Psalmenbuchs als eine interpretatorisch relevante Textanordnung zu lesen sind, wird durch mehrere Strukturmerkmale angezeigt:

(1) Es sind zwar fünf Texte mit je eigener Architektur und unterschiedlichem theologischen Profil, aber sie stimmen in ihrer hymnischen Grundstimmung über-

---

[12] Lohfink 1990, 112. Vgl. auch Mathys 1994, 266: „Fast gewinnt man den Eindruck, er [sc. der Psalm] bilde eine Zusammenfassung der jungen Psalmentheologie, ein Kondensat von Kondensaten.“ Den „anthologischen“ Charakter von Ps 146 arbeitet gut heraus: Reindl 1981.

[13] 146,7: vgl. Jes 58,7 sowie 49,9; 61,6; 146,8: vgl. Jes 29,18; 35,5; 42,7.16.18.19; 43,8 sowie 43,4; 63,9; 146,10: vgl. Jes 24,23; 52,7.

[14] יהוה זקף כפופים 146,8aβ = 145,14b.

[15] Vgl. zu dieser Zweiteilung: Seidel 1980; Schweizer 1977; die Einheitsübersetzung geht leider über den strukturrelevanten Wechsel der Präpositionen achtlos hinweg. Zum Verständnis von Ps 150 vgl. besonders: Zenger 1996b, 60–69.

[16] Zu בגבורתיו 150,2a vgl. 145,4.11; zu כרב גדלו 150,2b vgl. 145,3.6. Die Perspektive des Königtums JHWHs ist auch durch das Motiv des Schofarsignals in 150,3a (zur strukturell herausgehobenen Funktion des Schofars gegenüber den anderen Instrumenten vgl. Seidel 1980, 94f) angezeigt: das Schofar ist nach Ps 47,6; 98,6 das Instrument, das die Königsherrschaft ankündigt.

ein. Sie sind nicht durch Überschriften voneinander getrennt, sondern durch die jeweils als Rahmen gesetzten Halleluja–Rufe so miteinander verkettet, daß sie — worauf schon oft hingewiesen wurde — ein programmatisches zehnfaches Halle-lu–Ja ergeben, das sich nochmals im zehnmaligen Imperativ הללו im Corpus von Ps 150 wiederholt.

(2) Auch das erste Bikolon der fünf Psalmen insinuiert durch die Verwendung einer verbalen oder nominalen Form von הלל einen strukturierten Zusammenhang: הללי (146,1) — תהלה (147,1) — הללו (148,1) — תהלה (149,1) — הללו (150,1).

(3) Die Anordnung der Psalmen ist unübersehbar so gestaltet, daß im jeweils nachfolgenden Psalm das im Schluß des vorangehenden Psalms angesprochene Thema aufgegriffen und entfaltet wird. Daß diese thematische Weiterleitung von der Redaktion intendiert ist, läßt sich gut an der Verknüpfung der beiden Psalmen 148 und 149 erkennen. Ps 148 ist eine Aufforderung an den ganzen Kosmos zum Lobpreis JHWHs. Der Psalm kommt einerseits von seiner zweiteiligen Architektur her in V.13 zu seinem Abschluß, zumal die beiden abschließenden Themawörter „Erde und Himmel" in chiastischer Anordnung die beiden Teile (V.1–6: lobpreiset JHWH vom *Himmel* her; V.7–13: lobpreiset JHWH von der *Erde* her) zusammenfassen. Andererseits ist 148,14 mit seiner im vorangehenden Psalm fehlenden Israel–Perspektive im jetzt vorliegenden Text die besondere Pointe, die inhaltlich gleichwohl rätselhaft bleibt.[17] Da die Formulierungen von Ps 148,14 allerdings im dann folgenden Psalm 149 kunstvoll aufgenommen werden, ergibt sich die Leserlenkung: Ps 149 soll als Explikation von Ps 148,14 gelesen werden. Und zugleich ist Ps 148 insgesamt der Interpretationshorizont für Ps 145. Die in Ps 148 entworfene kosmische Ordnung ist dann das Maß und das Ziel für die nach Ps 149 durch den Lobpreis Israels zu vollziehende נקמה — auch mit Blick auf die Könige und Fürsten der Völker, wie Ps 148,11 hervorhebt.

(4) Die thematische Weiterleitung in der Abfolge der fünf Psalmen 146–150 läßt sich kurz so charakterisieren:

(a) Ps 146 schließt in V.10 mit der Ankündigung von JHWHs ewigem Königtum, das er besonders in seiner Zuwendung zu Zion („*dein* Gott, Zion, von Geschlecht zu Geschlecht") offenbart. Worin diese Zuwendung besteht, entfaltet dann Ps 147: JHWH erweist sich im Aufbau Jerusalems als Retter seines armen Volkes und als guter Weltenkönig, der für seine Schöpfung sorgt.

(b) Ps 147 schließt in V.19–20 mit der Aussage, daß JHWH an keinem anderen Volk der Erde so gehandelt hat wie an Israel und daß er ihm *seinen* דבר und *seine* חקים und משפטים gegeben habe. Diese Sonderrolle Israels im Konzept der von JHWH gesetzten Weltordnung wird im anschließenden Psalm 148 in doppelter Weise erläutert. Zum einen wird in den beiden Hauptteilen des Psalms (V.1–

[17] Die syntaktischen, semantischen und poetologischen Probleme von Ps 148,14 (Verhältnis zu 148,13 sowie Nähe zu Ps 149,1) haben in der Forschung zu unterschiedlichen Lösungen geführt. Der Vers wird als „Unterschrift" zu Ps 148 oder als „Überschrift" zu Psalm 149 gedeutet; andere Vorschläge operieren mit Umstellungen oder mit literar- bzw. redaktionsgeschichtlichen Überlegungen. Zum Psalm vgl. zuletzt: MacKenzie 1970; Hillers 1978; Cunchillos 1982; Ruppert 1987; Spieckermann 1989, 50–59; Brüning 1996.

6.7–13) die Ordnung selbst nachgezeichnet und schöpfungstheologisch begründet und zum anderen wird im abschließenden V.14 mit Anspielung auf 1 Sam 2,10 überraschend die Durchbrechung dieser Ordnung festgestellt, die darin besteht, daß JHWH „seinem Volk ein Horn erhöht".

(c) Ps 148 schließt, wie eben gesagt, mit der rätselhaften Formulierung von der „Erhöhung eines Horns für sein Volk", wobei dieses Geschehen in 148,14 zusätzlich als Gabe (Grund?) des JHWH–Lobpreises bestimmt wird. Der anschließende Psalm 149 nimmt genau diese Thematik auf und erläutert, *wer „sein Volk"* ist (die Anawim als die *Gemeinde* der Getreuen) und worin *die Macht* (d.h. „das Horn") ihres Lobpreises besteht.

(d) Ps 149 schließt mit der Vision von der Durchsetzung des משפט כתוב (V.9). Das mag einerseits durchaus im Sinne des in der Prophetie vielfach angesagten eschatologischen Strafgerichts an der Völkerwelt gemeint sein. Andererseits geht es dabei letztlich um die Durchsetzung von משפט als der universalen Rechtsordnung des Zionskönigs JHWH, der der Weltenkönig ist (vgl. Ps 145). Daß alles Handeln JHWHs auf dieses Ziel hin angelegt ist und daß das „neue Lied" der Gemeinde der Gerechten dieses Ziel „herbeisingen" soll, entfaltet der anschließende (und letzte) Psalm 150. Der Lobpreis, zu dem Ps 150 auffordert, „findet statt in ›seinem Heiligtum‹, ›seiner gewaltigen Festung‹. Das kann jetzt weder der Zion mit seinem Tempel noch einfach das himmlische Heiligtum im Gegensatz zur irdischen Welt sein, sondern es ist der neue Kosmos, in dem alle Kräfte des Unheils durch das ›neue Lied‹ der Armen gebunden und beseitigt sind."[18]

(5) Daß es in Ps 149,5–9 nicht um die Vernichtung einzelner Könige und Fürsten, sondern um die Beendigung ihrer Herrschaft, also um die Brechung imperialer Herrschaft, geht, damit die universale Königsherrschaft JHWHs kommt, wird durch mehrere Bezüge zwischen Ps 146 und Ps 149 unterstrichen:

(a) Während in Ps 146,3f alle irdischen Machthaber dadurch entdivinisiert werden, daß sie mit Anspielung auf Gen 3,19 als sterbliche Menschen (wie alle) definiert werden und ihnen (entgegen ihrem eigenen Anspruch) jegliche Fähigkeit, wirklich *Rettung* (תשועה) bringen zu können, abgesprochen wird,[19] proklamiert

---

[18] Lohfink 1990, 109.

[19] Ps 146,8f spielt mit der Antithese von צדיקים und רשעים auf Ps 1,6 an. Vielfach werden dabei Umstellungen (so auch die Einheitsübersetzung) oder literarkritische Operationen vorgenommen. Reindl 1981, 131 hält V.9b für „eine spätere Hinzufügung ... Ein späterer, in den Traditionen weisheitlichen Denkens und Betens beheimateter Leser des Textes mußte durch die Nennung der *ṣaddiqīm* in V.8b zur Assoziation *ṣaddiqīm — rešā'im* kommen und ein gegen sie gerichtetes Wort vermissen. 1 Sam 2,9f oder auch Ps 1,6, der gern zur Begründung einer Textumstellung an dieser Stelle herangezogen wird, können dabei dem Glossator durchaus vor Augen gestanden haben." Levin 1993, 363 vertritt die noch weitergehende literarkritische These, daß die Antithetik insgesamt erst sekundär in Ps 146 eingetragen ist, „und zwar mit Rücksicht auf die vorgegebene Syntax sogleich in zwei Teilen." Ich selbst halte es für wahrscheinlicher, daß Ps 146 als für den jetzigen Zusammenhang verfaßter „literarischer" Psalm keine nachträgliche Überarbeitung erfahren hat. — Eine weitere Anspielung auf Ps 1,6 liegt in der Aussage אבדו עשתנתיו 146,4b vor. Da Ps 146 insgesamt königskritisch ist, wird mit אבדו עשתנתיו zugleich auf Ps 2 angespielt (vgl.

Ps 149,1–4 JHWH als *König* seines Volkes gerade mit dem Hinweis auf den Vollzug der Rettung (ישועה).

(b) Die ungewöhnliche Wendung in Ps 149,6a, daß die חסידים Rühmungen *Els* in ihrer Kehle haben sollen, stellt Bezüge zu Ps 146,5 („Selig, dessen Hilfe der *El* Jakobs ist") und zu Ps 150,1 („Lobpreiset *El* in seinem Heiligtum") her.

(6) Die fünf Psalmen 146–150 sind von der Redaktion auch als konzentrische Komposition angeordnet worden. Interpretatorisch relevant ist dabei, daß angesichts dieser Struktur die beiden aufeinander bezogenen Psalmen 147 und 149 sich gegenseitig auslegen und daß erst bei Beachtung der Konzentrik die theologische Pointe von Ps 148 aufscheint. Die drei Psalmen 147, 148 und 149 kreisen um die Bedeutung *Israels* für das Kommen des Gottesreichs. Ps 147 und 149 wenden sich an ein Israel, das in einer Welt voller Unrecht und Gewalt lebt, Gewalt von außen (die feindlichen Mächte) und Gewalt von innen (die רשעים). Zugleich hält die schöpfungstheologische Dimensionierung des ganzen Schlußhallel daran fest, daß diese Welt gleichwohl die Welt des guten fürsorglichen Schöpfergottes bleibt. Angesichts dieser Dialektik der Realität wird hier Israel als das Volk JHWHs (vgl. 147,20; 148,14; 149,4), an dem und durch das JHWH sein Königtum offenbaren und durchsetzen will, neu definiert. Es ist ein Israel der Armen bzw. der חסידים, die gerade in der Bedrängnis ihre Kraft in JHWH suchen und finden — im Gehorsam zur Tora und im Rezitieren der Psalmen. Daß Israel durch die Tora als Volk JHWHs gerettet und erneuert werden soll, ist die Aussage, auf die Ps 147 zuläuft.[20] Und daß die ענוים bzw. חסידים die Psalmen als Lieder des Widerstands gegen die Mächte dieser Welt singen sollen, ist die Aussage, auf die Ps 149 zuläuft, wenn im zweiten Teil dieses Psalms die Loblieder der Gemeinde der חסידים *als* das Schwert des eschatologischen Kampfes gegen die Mächte dieser Welt definiert werden[21]. Und Ps 148 taucht durch das Motiv vom Erhöhen des Horns das gerettete Volk der Armen in ein messianisches Licht:[22] als *Gemeinde* der חסידים soll Israel Instrument der endzeitlichen Gottesherrschaft werden — nicht zuletzt durch das Singen/ Rezitieren des Psalmenbuchs, dessen programmatische Zusammenfassung die Komposition Ps 146–150 ist.

Daß die Psalmen als Gebete und Lieder des Widerstands gegen imperiale Mächte zugleich als Gebete der Rettung rezitiert werden sollen, illustriert das 3.

---

das Verbum אבד zu Ps 2,11 sowie das „gegen JHWH und seinen Gesalbten" gerichtete Planen der Völker und Könige in Ps 2,1–2).

[20] Ps 147,15.18 vollzieht zum einen durch die in beiden Versen gleiche Formulierung שלח + דבר die im Horizont von Sir 24 und Bar 3,9–44 zu interpretierende Identifikation von דבר = Schöpfungsordnung und דבר = Offenbarungs-Tora — beide als Konsequenz/Ausdruck von JHWHs Königsherrschaft. Zugleich wird dieser דבר konkretisiert als חקים ומשפטים, d.h. als die konkrete Tora Israels (vgl. Dtn 4,8). Zu diesem Verständnis von Ps 147 vgl. Gese 1991, 147; Risse 1995, 178–185.

[21] Zu diesem Verständnis des Psalms vgl. Zenger 1997b.

[22] Ps 148,14 nimmt die (messianisch-)königstheologische Aussage 1 Sam 2,10 auf und überträgt sie auf Israel bzw. die Gemeinde der חסידים. Das entspricht der in Ps 149 vollzogenen kollektivierenden Übertragung der in Ps 2 dem Zionskönig zugesprochenen Aufgaben; vgl. zu diesem Motiv auch Sir 51,12 (H).

Kapitel des griechischen Danielbuches sehr eindrucksvoll, wenn es aus dem Finale des Psalters dessen Mitte, nämlich den Psalm 148, den drei Jünglingen im Feuerofen in den Mund legt. Der Kontext dieser Geschichte ist ja die Auseinandersetzung um die wahre Königsherrschaft. Weil die drei jungen Männer in anti–imperialem Widerstand sich weigern, die Götter und das Götterbild Nebukadnezzars anzubeten, werden sie in den brennenden Feuerofen geworfen — und das Feuer kann ihnen nichts antun, weil sie Psalm 148 beten.[23]

Als „Buch der Preisungen" des einzigen und wahren Königs JHWH ist der Psalter von seinem Finale her also ein anti–imperiales Buch par excellence. Darauf weist aber auch schon seine Ouverture hin.

4. Die Ouverture des Psalters (Ps 1–2)

Daß die Psalmen 1 und 2 auf der Ebene der Endkomposition als Ouverture des Psalters zu lesen sind, kann als Konsens der Forschung gelten.[24] Es spricht vieles dafür, daß Ps 1 von der Schlußredaktion sogar eigens dafür geschaffen und daß im Zusammenhang damit der bis dahin den Psalter eröffnende Psalm 2 erweitert wurde. Auf diese Erweiterung geht meiner Auffassung nach der Abschnitt Ps 2,10–12 zurück,[25] der im Kontext unserer Fragestellung dem Königspsalm 2,1–9 ein neues, anti–imperiales Licht aufsetzt. Während nach Ps 2,1–9 der Zionskönig im Auftrag JHWHs die Könige der Erde mit Gewalt der Weltherrschft JHWHs unterwerfen soll (2,9a: „du sollst sie niederschlagen mit ehernem Szepter"), wird der König in 2,10–12 zu einer Art Tora–Lehrer für die Völker, der sie vor dem eschatologischen Strafgericht retten will. Aus dem „imperialen" Zionskönig wird hier also eine anti–imperiale Gestalt. Mit Blick auf das Psalmenbuch ist dieser Zionskönig kein anderer als der Psalmenbeter David, wie ihn die Psalmenüberschriften kennzeichnen. Gerade die biographischen Angaben in diesen „midraschartigen" Überschriften charakterisieren ihn nicht als den erfolgreichen Krieger, sondern als den Verfolgten und Schwachen, der selbst der Rettung durch JHWH bedarf.[26]

Dieses Davidbild wird in Psalm 1 betont an den Anfang des Psalters überhaupt gestellt. Der Mann, der hier seliggepriesen wird, ist im Sinne der Endkomposition der königliche David bzw. in kollektivierender Leseweise ist es die königliche Gemeinde der Psalmenbeter(–innen). Die Königsperspektive ist zum einen durch die Baum–Metapher in Ps 1,3 angezeigt; zum anderen ist die Anspielung auf das sog. Königsgesetz Dtn 17,14–20 nicht zu übersehen, wo der ideale König als „Schüler der Tora„ beschrieben wird.

---

[23] Zu Dan 3 LXX als Theologie der Psalmen vgl. Zenger 1996c, 19–25; zu Beziehungen zwischen Ps 145 und dem aramäischen Danielbuch Dan 2–7 vgl. Albertz 1988, 187.

[24] Vgl. Zenger 1993b.

[25] Zur Begründung vgl. Hossfeld/Zenger 1993, 49–51.

[26] Vgl. dazu besonders die Münsteraner Dissertation: Kleer 1996.

Das Profil des in Ps 1–2 gezeichneten „Königsbildes" erhält seine besonderen Nuancen, wenn es im Zusammenhang der beiden Texte Dtn 6,4–19 und Jos 1,1–9 gesehen wird, auf die Ps 1 anspielt. Zwei Aspekte sind besonders hervorzuheben:

(1) Die Anspielung auf Jos 1 hebt hervor, daß der Weg ins Land der Verheißung gerade und nur mit dem Buch der Tora = mit dem Psalter als der Tora Davids gelingt.[27]

(2) Die Anspielung auf Dtn 6,4–19 deutet an, daß das Rezitieren des Psalmenbuches Realisierung der Liebe des *einzigen* Gottes, Absage an alle anderen Götter und vor allem Ausdruck der in Dtn 6,4–19 geforderten Lehenstreue zu JHWH allein ist.[28]

Reflektiert man die theologischen Perspektiven, die Ps 1–2 als Ouverture des Psalters entwirft, fällt auf, daß kultische Konnotationen fehlen. Auch das Finale Ps 146–150 ist bei aller zionstheologischer Ausrichtung nicht am Jerusalemer Opferkult oder an priesterlicher Heiligtumstheologie orientiert. Späte Texte des Psalters wie Ps 141 scheinen sogar die Rezitation der Psalmen an die Stelle des Opferkults setzen zu wollen. Wieweit hier die opferlose Gottesdienstpraxis der „synagogalen" Gemeinden einen Einfluß ausübte, ist schwer zu entscheiden, doch ist in jedem Fall auffallend, daß z.B. die kultagendarischen, kultreflektierenden und kultdeutenden Texte des Pentateuch keinerlei Hinweise auf Psalmen bieten. Und daß die Korachiten und die Asafiten nicht den „Aufstieg" in die Priesterschaft im engeren Sinn schafften, sagt auch etwas über die relative (Un-)Wichtigkeit der Psalmenlieder in der Sicht der Jerusalemer Priesterschaft. So wird man die in der Schlußredaktion des Psalters sich aussprechende „Frömmigkeit" als einen Typ von Laienfrömmigkeit verstehen müssen, die sich im Psalter einen Identifikationstext *par excellence* geschaffen hat. Es war ein poetisches Buch, das auswendig gelernt und rezitiert werden konnte (vgl. Ps. 1,2). Als „Volksbuch" gab der Psalter „dem Volk" seine Israel–Identität nicht zuletzt dadurch, daß er das Kommen der Gottesherrschaft mit dem Alltag der sog. kleinen Leute verband — und sich darin allen imperialen Ansprüchen widersetzte.

[27] Vgl. Ps 1,2.3b mit Jos 1,7–8 sowie Ps 2,10 mit Jos 1,7.

[28] Vgl. Ps 1,1f mit Dtn 6,6f sowie Ps 2,11f mit Dtn 6,13–15.

Literatur

Albertz, R.
1988 Der Gott des Daniel. Untersuchungen zu Daniel 4–6 in der Septuagintafassung sowie zu Komposition und Theologie des aramäischen Danielbuches (SBS 131), Stuttgart.

Berlin, A.
1985 The Rhetoric of Psalm 145, in: A.Kort/S.Morschauser (eds.), Biblical and Related Studies Presented to Samuel Iwry, Winona Lake, 17–22.

Braulik, G.
1995 Christologisches Verständnis der Psalmen — schon im Alten Testament?, in: K.Richter/B.Kranemann (eds.), Christologie der Liturgie. Der Gottesdienst der Kirche — Christusbekenntnis und Sinaibund (QD 159), Freiburg, 57–86.

Brunert, G.
1996 Psalm 102 im Kontext des Vierten Psalmenbuchs (SBB 30), Stuttgart.

Brüning, Ch.
1996 Psalm 148 und das Psalmenbeten, in: Münchener Theologische Zeitschrift 47, 1–12.

Collins, T.
1987 Decoding the Psalms. A Structural Approach to the Psalter, in: Journal for the Study of the Old Testament 37, 41–60.

Cunchillos, J.-L.
1982 Le Psaume 148: hymne au dieu inaccessible — document religieux d'une mentalité conservatrice, in: Proceedings 8th Congress of Jewish Studies, Jerusalem, 51–56.

Gese, H.
1991 Die Einheit von Ps 19, in: ders., Alttestamentliche Studien, Tübingen, 139–148.

Hillers, D.R.
1978 A Study of Psalm 148, in: Catholic Biblical Quarterly 40, 323–334.

Hossfeld, F.L./Zenger, E.
1993 Die Psalmen I (NEB), Würzburg.

Janowski, B.
1995 Dem Löwen gleich, gierig nach Raub. Zum Feindbild in den Psalmen, in: Evangelische Theologie 55, 155–173.

Jeremias, J.
1987 Das Königtum Gottes in den Psalmen. Israels Begegnung mit dem kanaanäischen Mythos in den Jahwe–König–Psalmen (FRLANT 141), Göttingen.

Keel, O.
1969 Feinde und Gottesleugner. Studien zum Image der Widersacher in den Individualpsalmen (SBM 7) Stuttgart.

Kimelman, R.
1994 Ps 145: Theme, Structure and Impact, in: Journal of Biblical Literature 113, 37–58.

Kleer, M.
1996 „Der liebliche Sänger der Psalmen Israels." Untersuchungen zu David als Dichter und Beter der Psalmen (BBB 108), Weinheim.

Koch, K.
1995[2] Der Psalter und seine Redaktionsgeschichte, in: K.Seybold/E.Zenger (eds.), Neue Wege der Psalmenforschung. FS W.Beyerlin (HBS 1), Freiburg, 243–277.
Kratz, R.G.
1992 Die Gnade des täglichen Brotes. Späte Psalmen auf dem Weg zum Vaterunser, in: Zeitschrift für Theologie und Kirche 89, 1–40.
1996 Die Tora Davids. Psalm 1 und die doxologische Fünfteilung des Psalters, in: Zeitschrift für Theologie und Kirche 93, 1–34.
Levin, Ch.
1993 Das Gebetbuch der Gerechten. Literargeschichtliche Beobachtungen am Psalter, in: Zeitschrift für Theologie und Kirche 90, 355–381.
Liebreich, L.J.
1956 Psalms 34 and 145 in the light of their key words, in: Hebrew Union College Annual 27, 181–192.
Lindars, B.
1989 The Structure of Psalm CXLV, in: Vetus Testamentum 29, 23–30.
Lohfink, N.
1988 Was wird anders bei kanonischer Schriftauslegung? Beobachtungen am Beispiel von Ps 6, in: Jahrbuch für Biblische Theologie 3, 29–53.
1990 Lobgesänge der Armen. Studien zum Magnifikat, den Hodajot von Qumran und einigen späten Psalmen (SBS 143), Stuttgart.
1992 Psalmengebet und Psalterredaktion, in: Archiv für Liturgiewissenschaft 34, 1–22.
MacKenzie, R.A.F.
1970 Ps 148,14bc: Conclusion or Title? in: Biblica 51, 221–224.
Kselman, J.S
1988 Psalm 146 in Its Context, in: Catholic Biblical Quarterly 50, 587–599.
Mathys, H.-P.
1994 Dichter und Beter. Theologen aus spätalttestamentlicher Zeit (OBO 132), Fribourg/Göttingen.
McCann, Jr., J.C.
1993 The Shape and the Shaping of the Psalter (JSOT.S 159), Sheffield.
Millard, M.
1994 Die Komposition des Psalters. Ein formgeschichtlicher Ansatz (FAT 9), Tübingen.
Prinsloo, W.S.
1991/92 Psalm 145, in: The Jewish Bible Quarterly 20, 3–9.73–78.
Reindl, J.
1981 Gotteslob als „Weisheitslehre“. Zur Auslegung von Psalm 146, in: J.Reindl/G.Hentschel (eds.), Dein Wort beachten. Alttestamentliche Aufsätze, Leipzig, 116–135.
Risse, S.
1995 „Gut ist es, unserem Gott zu singen.“ Untersuchungen zu Psalm 147 (MThA 37), Altenberge.
Ruppert, L.
1987[2] Aufforderung an die Schöpfung zum Lob Gottes. Zur Literar-, Form- und Traditionskritik von Psalm 148, in: E.Haag/F.-L.Hossfeld (eds.), Freude an der Weisung des Herrn. Beiträge zur Theologie der Psalmen. FS H.Groß (SBB 13), Stuttgart, 275–296.

Schulz, H.
1986 Zur Fluchsymbolik in der altisraelitischen Gebetsbeschwörung, in: Symbolon N.F. 8, 35–59.
Schweizer, H.
1977 Form und Inhalt. Ein Versuch, gegenwärtige methodische Differenzen durchsichtiger und damit überwindbar zu machen. Dargestellt anhand von Ps 150, in: Biblische Notizen 3, 35–47.
Seidel, H.
1980 Ps 150 und die Gottesdienstmusik in Altisrael, in: Nederlands Theologisch Tijdschrift 35, 89–100.
Spieckermann, H.
1989 Heilsgegenwart. Eine Theologie der Psalmen (FRLANT 148), Göttingen.
Watson, W.G.E
1981 Reversed Rootplay in Ps 145, in: Biblica 62, 101–102.
Wilson, G.H.
1985 The Editing of the Hebrew Psalter (SBL.DS 76), Chico.
Zenger, E.
1993a „So betete David für seinen Sohn Salomo und für den König Messias." Überlegungen zur holistischen und kanonischen Lektüre des 72. Psalms: Jahrbuch für Biblische Theologie 8, 57–72.
1993b Der Psalter als Wegweiser und Wegbegleiter. Ps 1–2 als Proömium des Psalmenbuchs, in: A.Angenendt/H.Vorgrimler (eds.), Sie wandern von Kraft zu Kraft. FS R.Lettmann, Kevelaer, 28–47.
1994a Ein Gott der Rache? Feindpsalmen verstehen, Freiburg.
1994b Das Weltenkönigtum des Gottes Israels (Ps 90–106) in: N.Lohfink/E.Zenger, Der Gott Israels und die Völker. Untersuchungen zum Jesajabuch und zu den Psalmen (SBS 154), Stuttgart, 151–178.
1996a Komposition und Theologie des 5. Psalmenbuchs 107–145, in: Biblische Notizen 82, 97–116.
1996²b Mit meinem Gott überspringe ich Mauern. Psalmenauslegungen 1 (HB 8810), Freiburg.
1996²c Ich will die Morgenröte wecken. Psalmenauslegungen 2 (HB 8811), Freiburg.
1997a „Daß alles Fleisch den Namen seiner Heiligung segne" (Ps 145,21). Die Komposition Ps 145–150 als Anstoß zu einer christlich–jüdischen Psalmenhermeneutik, in: Biblische Zeitschrift 41, 1–27.
1997b Die Provokation des 149. Psalms. Von der Unverzichtbarkeit der kanonischen Psalmenauslegung (im Druck).

Der Gärtner als Herrscher

Klaus Stähler

Der Garten ist ein von Menschenhand gestaltetes Stück Natur.[1] Heute werden mit ihm noch vor dem Nützlichkeitsaspekt zumeist Vorstellungen aus der Privatsphäre wie Erholung oder Refugium verbunden. Daß er als Gesamtwerk aber auch auf die Sichtbarmachung eines für alle verbindlichen Anliegens hin konzipiert werden konnte, dafür mag Versailles als ein einführendes Beispiel dienen.

Residenz und Park sind hier gestaltet als metaphorische Vergegenwärtigung der Staatsordnung Frankreichs. Die Gartenanlage ist wie eine Landkarte gesehen und als Sinnbild der Reichweite dieses Königtums verstanden, denn die Ströme Frankreichs sind in Statuenform herbeizitiert, und die Anlage reicht bis zum Horizont, sogar bis ins Unbegrenzt — Unendliche. Sinnbild für die Tatkraft und entsprechend die Unbezwingbarkeit dieser Herrschaft sind die Umgestaltungen der ursprünglichen Natur, das Abtragen von Hügeln, das Trockenlegen von Sümpfen und die weite, technisch komplizierte Herleitung des benötigten Wassers. Schließlich verweist die Bildgruppe des aus einem Wasserbassin aufsteigenden Sonnengottes über vordergründige Motive von Neubeginn und Glanz hinaus auf eine kosmische Legitimität des Königs. Es erschließen sich diese räumlich präsentierten Inhaltsaspekte als einzelne demjenigen, der sich im Park bewegt, in ihrer Totalität eröffnen sie sich nur von einem Standpunkt aus, von der Mitte der Beletage an der Gartenfront des Schlosses.[2] Hier zu stehen, das Ganze zu seinen Füßen zu sehen und es als unter- und zugeordnet zu verstehen, ist das Vorrecht des Königs; er allein ist absolut.

Ein solches Beispiel kann, auch wenn es einem ganz anderen Kulturkreis entstammt, doch dazu verhelfen, sich die in einem Thema angelegten Möglichkeiten bewußt zu machen und im vorliegenden Fall die Aufmerksamkeit auf ähnliche Phänomene auch innerhalb der Antike zu lenken. Die Überschau des Herrschers zum Vollzug seiner Überlegenheit findet sich etwa bei den Circuslogen in Rom und Konstantinopel, bei der Aussicht aus dem Apadana des Dareios in Persepolis oder dem Sargonpalast, der in Dur–Sharrukin auf der Stadtmauer 'reitet'. Häufiger noch dient der Garten als sichtbare Dokumentation des Herrschertums. Erwachsen ist diese Vorstellung innerhalb der Bewässerungskulturen des Vorderen Orients, wo der wasserreiche, schattige Garten nicht nur der wünschenswerteste Aufent-

---

[1] Der vorliegende Beitrag behandelt einen Teilaspekt des gehaltenen Vortrags, dessen Drucklegung in anderem Zusammenhang bevorsteht: Stähler 1997.

[2] Alpatow 1974, 250–275.

haltsraum ist, sondern durch das Planvolle seiner Anlage wie seinen Ertrag als Inbegriff von Ordnung und Schöpfungskraft gilt.

Archäologische Nachweise für den Königsgarten sind zahlreich.[3] Im Palastbereich von Ugarit etwa fand sich aus dem Ende des 2. Jt. v. Chr. ein umgrenzter Garten mit Kiosk und Brunnen; an einer Seite öffnete sich ein Empfangsraum auf ihn hin und machte damit die offizielle Funktion des Gartens deutlich.[4] Die neugegründeten Residenzen Sargons II. und Kyros' d. Gr., Dur–Sharrukin und Pasargadai, lagen in großen Parks.[5] Zu Nebukadnezars II. Königspalast in Babylon gehörten die sog. Hängenden Gärten. Auf der Terrasse von Persepolis war dem Dareiospalast ein Garten angeschlossen. Literarische Quellen — eine Inschrift des Ammoniterkönigs Amminadab, die poetische Travestie Kohelets, des fiktiven Königs von Jerusalem[6] oder das Buch Ester (1,5; 7,7f.)[7] — bestätigen diese Bindung des Gartens an den König, auch wenn die späten Texte insbesondere die Lebensfreude als Motiv hervorheben.

Diese Tradition setzt sich in den östlichen Diadochenreichen, in Antiocheia wie in Alexandreia[8], fort; die Tryphe, der Lebensgenuß, ist ein wichtiger, aber nicht der maßgebliche Aspekt. Königsgärten lassen sich jetzt auch in Israel nachweisen und eher als traditionelles Element denn als hellenistische Übernahme begreifen: In Jericho gehörte ein Garten zum Palast wohl schon des frühen 1. Jh. v. Chr., für Herodes d. Gr. läßt sich diese Koppelung ebenfalls in Jericho, sodann beim Unterpalast des Herodion und vor allem in Jerusalem nachweisen (Jos, Bel Jud. 5,4,4).[9]

Solche Gärten gelten weniger als Ort der Erholung als der kreativen Tätigkeit des Königs, denn nach geltender Vorstellung verdankt dieser Garten seinen Ertrag wie seine Gestalt der Arbeit und Leistung des Königs.[10] Dies macht die eigentliche Signifikanz aus. Entsprechend gehören nicht nur Zierpflanzen, sondern vor allem Fruchtbäume und –sträucher sowie Gemüsebeete zu dieser Art Garten. Für Kyros d. Jg. ist die eigenhändige, Nutzen stiftende Arbeit im Palastgarten eine freiwillige Leistung an Stelle des Königs (Xen, Oikon 4,22). Auch Sargon oder Amminadab und Kohelet stellen ihre Maßnahmen als eigene Tätigkeit dar. Die Begründung leitet sich aus der Vorstellung her, der König sei anfangs als Gärtner in einem Ur-

---

[3] Margueron 1992, 45 80; Kawami 1992, 81–99; Sonne 1996, 136–143.

[4] Margueron 1992, 72–74. Abb. 22.

[5] Stronach 1990, 171–180.

[6] Müller 1996, 149–165; ich bin dem Autor für diesen Hinweis dankbar. „Einen Park, eine genaue Nachbildung des Amanus–Gebirges, in dem alle wohlriechenden, aromatischen Bäume des Hatti–Landes und sämtliche Obstbaumsorten des Gebirges angepflanzt sind, legte ich um sie (i.e. die von Sargon II. neugegründete Residenz) herum an": Fuchs 1994, 309 Z 28–29.

[7] Vgl. auch 2 Kön 25,4 bzw. Jer 39,4 (Lage außerhalb der Stadt) und Neh 3,15.

[8] Sonne 1996, 139–141. Farbtaf. 2, oben.

[9] Kuhnen 1990, 167–169.149; zur Bibliographie Wenning 1991, 120.121–122.115–116.

[10] Fauth 1979, 1–53 ; ders. 1987, 57–84.

garten durch eine göttliche Macht eingesetzt. Des Königs Erfolg als Gärtner ist Zeichen seines legitimen und erfolgreichen Herrschaftsbesitzes.

So wird im Streitgespräch zwischen der Dattelpalme und der Tamariske angeführt, daß die hohen Götter für die Regentschaft über die Menschen einen König bestimmen, der einen Garten in seinem Palast anlegt.[11] Letztlich ist die Gottheit der Eigner des Urgartens, die Setzung des Gärtners meint stellvertretende Tätigkeit. In Ebla wird der oberste Gott auch Gärtner genannt; wenn Bata, die Tochter des Himmels und der Erde, als prächtiger Garten bezeichnet wird, so ist aber dies wohl übertragen als Umschreibung für eine schöne und fruchtbare Frau aufzufassen.[12] Der sumerische Gott Enki ist selbst Gärtner in einem Garten, in dem er sich der Göttin Uttu nähert.[13] Die Göttinen Ishtar und Sarpanitum rivalisieren miteinander um die Gewinnung des Gottes Marduk als Gärtner ihrer Gärten.[14] Hier tritt das langlebige Motiv der Erotik in das Bild des Gartens. In seiner ursprünglichen Bedeutung wohl als Stiftung der Fruchtbarkeit des Gartens zu sehen[15], kann es — etwa in der Erzählung von Susanna und den Alten — zum einfachen Erzählmotiv herabsinken. Die Stellung des Gärtners spiegelt sich auch in der Macht eines sterblichen Gärtners über eine Göttin, wenn sie an diesem Ort sich aufhält.[16]

Auch im Schöpfungsbericht der Genesis (2,8) wird Gott unter dem Bild des Gartengestalters begreiflich gemacht.[17] Adam wird in diesen Garten eingesetzt und mit königlichen Zügen gezeichnet.[18] Gott möge sein Volk an seinem heiligen Ort einpflanzen, betet Jonathan (2 Macc 1,29) und aktualisiert somit das Bild des Gartenschöpfers. Daß wie der Garten die Pflanzen, so Gott Gerechtigkeit hervorbringt (Jes 61,11), daß er die Öde zum Garten des Herrn machen kann (Jes 51,3) und der Herr in den aufblühenden Pflanzungen, dem Werk seiner Hände, seine Herrlichkeit zeigt (Jes 60,21; 61,3), daß der gut bewässerte Garten als Bild für das menschliche Leben unter der Zuwendung Gottes (Jes 58,11; Jer 31,12) dienen, der endzeitliche Zustand des Menschen unter die Vorstellung des Gottesgartens, des Paradieses gefaßt werden kann, sind Brechungen dieser Grundvorstellung. Sie zielt nicht auf den Garten, sondern auf seinen Urheber. Diese ursprüngliche Vorstellung bleibt weiterhin geläufig, so ist im hellenistischen Judentum für Philo Gott 'der größte der Gärtner' (plant 2), und unter demselben Bild versteht ihn die Gemeinde von Qumran.[19] Bis in den Manichäismus bleibt das Bild lebendig.[20]

---

[11] Dietrich 1995, 60–66; Pritchard 1950, 411 B.

[12] V. Haas 1994, 547. 155.

[13] a.a.O. 155 Anm. 13. 158.

[14] Lambert 1975, 104–105.

[15] Müller 1996, 162 mit Anm. 63; Keel 1992, 156–173.

[16] Volk 1995.

[17] Brock–Utne 1936; Ohler 1969, 183–189; Haag 1970, 111–124; v. Erffa 1989, 91–98.

[18] Hutter 1986, 258–262.

[19] Bernini 1959, 47–59.

[20] Oerter 1991, 269–272.

Innerhalb des NT begegnet der Gärtner — abgesehen von der Variante Gottvaters als des Winzers (Joh 15,1–2) — einzig im Auferstehungsbericht des Johannes; Jesus selbst wird anfangs von Maria mit einem Gärtner verwechselt (Joh 20,11–18). Alle metaphorische Verwendung von Gärtner und Garten aus christlicher Sicht[21] gründet auf dieser Textstelle. Sie vermittelt den Kern des Glaubens, schon darum wird die Anführung des Gärtners aller Beliebigkeit entbehren. Vielmehr ist deutlich, daß sich hier der Auferstandene in einem dem menschlichen Verständnis zugänglichen Bild offenbart.[22] Unter dem Gärtner ist Gott verstanden — mit dem Gärtner ist Jesus wie ein von Gott legitimierter Herrscher dargestellt. Der literarische Topos desjenigen, der in seiner Tätigkeit als Gärtner sein Wirken als König vorwegnimmt, der als König an seiner gärtnerischen Tätigkeit erkannt werden kann[23], begünstigt die zweite Variante der Deutung. Ein solches Verständnis war nämlich mit der Sargonlegende vorgebildet; Sargon von Akkad wird nach seiner Aussetzung von einem Gärtner aufgefunden und adoptiert und ist anfangs selbst als Gärtner tätig, bis er König wird. Dieses Motiv kennt eine Zahl von Nachweisen.[24] Es ist die bekannte Struktur des Wechselspiels indirekter und direkter Aussage, die sich etwa auch beim Bild des Hirten wiederfindet, der bekanntesten Chiffre für das altorientalische Königtum[25], oder beim Pflüger. Wenn Moses und David anfangs als Hirten tätig sind (Ex 3,1; 1.Sam 16,11.19), so ist ihre königliche Funktion darin vorweggenommen. Ebenso ist bei Saul im Aufbruch vom Pfluge weg die Entfaltung zu königlicher Tat angekündigt (1.Sam 11,5), wird Elischa vom Pfluge weg zur prophetischen Nachfolge berufen (1.Kön 19,19–20).

So reicht mit der Lebendigkeit des Evangeliumstextes und seiner reichen bildlichen Umsetzung, dem Motiv des *Noli me tangere*, ein bedeutsamer Versuch, Unfaßliches faßbar zu machen, aus dem Alten Orient bis in unsere Zeit.

---

[21] Schneider 1972, 1056–1059; Stähler 1993, 233.

[22] ebenda 231–236.

[23] Stähler 1997.

[24] Stähler 1997.

[25] Stähler 1997.

Literatur

Alpatow, M. W.
1974 Versailles, in: Studien zur Geschichte der westeuropäischen Kunst, 250–275.
Bernini, G.
1959 Il Giardiniere della piantagione eterna, in: J. Coppens — A. Descamps — E. Massaux (eds.), Sacra Pagina 2.
Brock–Utne, A.
1936 Der Gottesgarten. Eine vergleichende religionsgeschichtliche Studie.
Dietrich, M.
1995 *ina umi ulluti* „An jenen (fernen) Tagen" in: Vom Alten Orient zum Alten Testament. Festschrift W. von Soden 1993, 57–72.
Erffa, H. M. von
1989 Ikonologie der Genesis. Die christlichen Bildthemen aus dem Alten Testament und ihre Quellen 1, 91–98 s. v. Paradies.
Fauth, W.
1979 Der königliche Gärtner und Jäger im Paradies. Betrachtungen zur Rolle des Herrschers in der vorderasiatischen Hortikultur, in: Persika 8, 1–53.
1987 Der Garten des Königs von Tyros bei Hesekiel vor dem Hintergrund vorderorientalischer und frühjüdischer Paradiesvorstellung nach Gen 2–3, in: Kairos NF 29, 57–84.
Fuchs, A.
1994 Die Inschriften Sargons II. aus Khorsabad.
Haag, E.
1970 Der Mensch am Anfang. Die alttestamentliche Paradiesvorstellung nach Gen 2–3. Trierer Theologische Studien 24.
Haas, V.
1994 Geschichte der hethitischen Religion. Handbuch. der Orientalistik 1.15.
Hutter, M.
1986 Adam als Gärtner und König (Gen 2,8.15). Biblische Zeitschrift NF 30, 258–262.
Kawami, T. S.
1992 Antike persische Gärten, in: M. Carroll–Spillecke (ed.), Der Garten von der Antike bis zum Mittelalter, 81–99.
Keel, O.
1992 Das Hohelied. Zürcher Bibelkommentare AT 18.
Kuhnen, H.–P.
1990 Palästina in griechisch–römischer Zeit. Handbuch der Archäologie II 2, München.
Lambert, W.G.
1975 The problem of the love lyrics, in: H. Goedicke, J.J.M. Roberts (eds.), Unity and Diversity. Essays in the History, Literature, and Religion of the Ancient Near East.
Lewis, B.
1980 The Legend of Sargon. A Study of the Akkadian Text and the Tale of the Hero who was exposed at Birth.
Margueron, J.–C.
1992 Die Gärten im Vorderen Orient, in: M. Carroll–Spillecke (ed.), Der Garten von der Antike bis zum Mittelalter, 45–80.

Müller, H.–P.
1996 Kohelet und Amminadat, in: „Jedes Ding hat seine Zeit ...“ Studien zur israelitischen und altorientalischen Weisheit. D. Michel zum 65. Geburtstag. Beiheft zur Zeitschrift für die alttestamentliche Wissenschaft Bd. 241, 149–165.

Oerter, W.
1991 Das Motiv vom Garten. Betrachtungen zur manichäistischen Eschatologie, in: A. van Tongerloo, S. Giversen (eds.), Manichaica Selesta. Studies presented to Julien Ries.

Ohler, A.
1969 Der Gottesgarten. Mythologische Elemente im Alten Testament. Eine motivgeschichtliche Untersuchung, 183–189.

Pritchard, J. B.
1950 Ancient Near Eastern Texts relating to the Old Testament.

Schneider, C.
1972 Reallexikon für Antike und Christentum 8, 1056–1059 s. v. Garten, christlich

Sonne, W.
1996 Hellenistische Herrschaftsgärten, in: W. Hoepfner — G. Brands (eds.), Basileia. Die Paläste der hellenistischen Könige. Internationales Symposion Berlin 1992, 136–143.

Stähler, K.
1994 Christus als Gärtner. Boreas. Münstersche Beiträge zur Archäologie 17. Bild- und Formensprache der spätantiken Kunst. H. Brandenburg zum 65. Geburtstag, 231–236.

Stähler, K.
1997 Der Herrscher als Gärtner, in: Der Herrscher als Pflüger und Säer. Eikon. Beiträge zur antiken Bildersprache 5, in Druckvorbereitung.

Stronach, D.
1990 The Garden as an Political Statement : Some Case Studies from the Near East in the First Millineum B.C, in: Bulletin of the Asia Institute 4, 171–180.

Volk, K.
1995 Inanna und Šukaletuda, Zur historisch–politischen Bedeutung eines sumerischen Literaturwerkes. Santag 3.

Wenning, R.
1991/92 Herodianische Architektur. Eine Bibliographie. Boreas. Münstersche Beiträge zur Archäologie 14/15, 109–129.

Die Theologisierung des Rechts im Alten Israel

Rainer Albertz

Ein wichtiges Feld, auf dem die wechselseitige Beeinflussung von Religion und Sozialstrukturen im Alten Israel beobachtet werden kann, stellt die israelitische Rechtsgeschichte dar. In ihr läßt sich ein Prozeß greifen, den man mit dem Stichwort „Theologisierung des Rechts“ benennen kann[1]. In dessen Verlauf wurde das Recht so sehr in das Zentrum der Gottesbeziehung Israels gerückt, daß die Tora, die von Jahwe selber am Sinai geoffenbarten und von Mose vermittelten Gebote, Rechtssätze und Gesetze, bis heute das Herzstück der jüdischen Religion darstellt. Wie ist es zu dieser unter den antiken vorderorientalischen Kulturen auffälligen Entwicklung gekommen und welche gesellschaftlichen Auswirkungen hat sie gehabt?

1. Die übliche theologische Einbindung des Rechts im antiken Vorderen Orient.

Überall im antiken Vorderen Orient hatte das Recht selbstverständlich eine religiöse Basis. Auch im Mesopotamien des 2.JT. z.B. waren die Götter für das Recht zuständig, insbesondere der Sonnengott Schamasch[2]. Ja, *kittu*, die beständige Wahrheit und Rechtlichkeit, und *mēšaru*, die alle Rechtsprechung leitende Gerechtigkeit, wurden als eine kosmische Ordnung vorgestellt, in die so-

---

[1] Der Begriff taucht, soweit ich sehe, erst in der neueren Forschung auf; vgl. z.B. bei E.Otto, 1988, 72; ders., 1994, 85; F.Crüsemann, 1992, 225. Er konnte erst aufgekommen, seit man nicht mehr selbstverständlich von einer ursprünglichen Verankerung des israelitischen (apodiktischen) Rechts im Kult ausgeht.

[2] Vgl. von Soden 1985, 124; wenn er aber daraus folgert: „Im strengen Sinn gibt es kein weltliches Recht, sondern nur ein religiöses“, dann scheint er mir aber die hier im einzelnen notwendigen Differenzierungen zu schnell zu übergehen. Paul 1970, 8, kann genau das Gegenteil pointiert formulieren: „Hence law in Mesopotamia is a strictly secular institution."

gar die Götter eingebunden waren[3]; die Götter waren somit weniger Quellen als Hüter des Rechts[4].

Die eigentliche Zuständigkeit, Recht und Gerechtigkeit auf Erden aufzurichten, lag nun aber wie überall im Vorderen Orient auch in Mesopotamien beim König, den die Götter als Sachwalter des Rechts einsetzten. Und dieser kam seiner von den Göttern übertragenen Aufgabe unter anderem darin nach, daß er Gesetzbücher veröffentlichte. So heißt es etwa in dem Prolog des Codex Hammurabi:

I,27–49 ...damals haben mich, Hammurabi,
den ehrfürchtigen Fürsten, den Verehrer der Götter,
um Gerechtigkeit im Lande sichtbar zu machen,
um den Bösen und Hasser auszurotten,
damit der Starke den Schwachen nicht unterdrückt,
um wie Schamasch über den Schwarzköpfigen aufzugehen
und das Land zu erleuchten,
Anu und Enlil,
um die Menschen zu erfreuen,
meinen Namen genannt[5].

Hammurabi sieht sich hier von den Göttern Anu und Enlil berufen, Gerechtigkeit (*mi–ša–ra–am*) im Lande sichtbar zu machen (*a–na šu–pí–im*), bzw. – wie es am Ende des Prologs V.14–23 heißt – von Marduk beauftragt, Recht und Gerechtigkeit (*ki–it–tam ù mi–ša–ra–am*) „in den Mund des Landes" zu legen. Eingeschlossen ist dabei die Ausrottung der Bösen und der Rechtsschutz für die Schwachen gegenüber den Starken. Indem der König diese Rechtsprinzipien durchsetzt, geht er gleichsam wie Schamasch, der göttliche Hüter des Rechts, über dem Lande auf.

Innerhalb dieses prinzipiellen göttlichen Auftrags, sind es jedoch Hammurabis eigenen Gesetze (XLVII,1–8), die er auf seiner Stele erläßt und deren er sich als „König der Gerechtigkeit" rühmt, nicht etwa Offenbarung der Götter. Von Schamasch hat er dazu nur die Befähigung geschenkt bekommen (XLVIII,96–98)[6]. Und so muß wohl seine ganze Gesetzesstele, die im Tempel Esangila Aufstellung fand, über ihre – umstrittene – gesetzgeberische Kompetenz hinaus am ehesten als königlicher Rechenschaftsbericht vor den Göttern verstanden werden, daß Ham-

[3] Vgl. die Bauinschrift Jachdun–Lims aus Mari, nach der auch Schamasch *mēšarum* und *kinātum* zugeteilt bekommt, worauf Paul, 1970, 6, hinweist. Er bezeichnet die Prinzipien darum als „metadivine realm" (6f.).

[4] So in Anlehnung an Paul 1970, 100, der aber m.E. die mesopotamischen Verhältnisse zu schroff von den israelitischen abgrenzt, wenn er S. 7 formuliert: „In a society where *kittum* is metadivine, there can be no devine revelation of law."

[5] Vgl. Borger 1982, 40.

[6] So wird man wohl *ki–na–tim* (Z. 97) wörtlich als „Wahrheiten" zu interpretieren haben.

murabi seinem göttlichen Auftrag auf vorbildliche Weise nachgekommen ist (XLVII,3–58)[7].

Auffällig ist aber nun, daß im eigentlichen Gesetzeskorpus von der theologischen Fundierung des Rechts, die Prolog und Epilog feierlich ausführen, gar nichts mehr zu spüren ist. Hier herrscht vielmehr eine rationale – man möchte fast sagen – säkulare Geistigkeit der juristischen Tradition des Tafelhauses. Die kasuistischen Regeln, die hier für verschiedene Lebensbereiche zusammengestellt wurden, verstehen sich nicht als Inhalt eines geoffenbarten Gotteswillens, sondern sind ganz Ausdruck menschlicher juristischer Gelehrsamkeit.

Dies wird materialiter z.B. auch daran erkennbar, daß dem religiösen Anspruch im Prolog, das Recht des Schwachen zu schützen, in den Gesetzen kaum entsprochen wird[8]. Diese schreiben weithin, wie im Recht üblich, die gesellschaftlichen Herrschaftsverhältnisse einfach fest. Und selbst da, wo ein königlicher Reformwille zu erkennen ist, etwa in der Einführung körperlicher Talio anstelle von Ersatzzahlungen, zielt er auf eine Stärkung der Rechtsposition der obersten *awīlum*–Klasse und nicht etwa auf deren Begrenzung (§ 195–223).

Zwar haben auch die sumerisch–babylonischen Könige soziale Reformmaßnahmen zur Schaffung gerechterer Zustände durchgeführt, deren sie sich auch teilweise in den Prologen ihrer Gesetze rühmen[9], aber diese stehen außerhalb ihrer Gesetzeswerke und setzen teilweise – wie die *mīšarum*–Edikte zugunsten der Überschuldeten – die geltenden Gesetze zeitweise außer Kraft. Auffällig ist auch, daß Hammurabi im Epilog seiner Stele zwar die Absicht bekundet, durch seine „Rechtsatzungen der Gerechtigkeit" (*di–na–at mi–ša–rim*), „feste Sitte" (*u–sa–am ki–nam*) und „gute Lebensführung" (*re–dam dam–qa–am*) zu fördern (XVIII,1–8; vgl. *ki–ib–sa–am* XLVIII, 80), jedoch moralische Appelle in seiner Gesetzgebung völlig fehlen. Eine ethische Normsetzung hat in der ganz auf das positive Recht beschränkten staatlichen Gesetzgebung keinen Platz; sie taucht in Mesopotamien an ganz anderer Stelle, nämlich in der Weisheitsliteratur auf[10]. Erst recht fehlen in den königlichen Gesetzen alle Kultregeln (*parṣu*).

Auch wenn unklar bleibt, wieweit die Gesetze Hammurabis die tatsächliche Rechtsprechung Babyloniens widerspiegeln, so stimmen sie mit letzterer doch hinsichtlich der sie beherrschenden rationalen Geistigkeit überein. Rechtsprechung war nach Ausweis der vielen Rechtsurkunden in Mesopotamien ein weitgehend weltliches Geschäft. Nur in besonderen Fällen, wenn Beweismittel fehlten, bedien-

---

[7] Vgl. den Lobpreis vor Marduk, den der geschädigte Bürger, der durch Gesetz des Königs zu seinem Recht kommt, bzw. die Schutzgötter und das Ziegelwerk von Esangila über Hammurabi sprechen sollen.

[8] Darauf hat Otto 1993, 74f., zu Recht aufmerksam gemacht.

[9] Vgl. schon im Prolog der Gesetze Urnammus von Ur, Römer 1982, 18f. und Lipit–Ischtars von Isin, a.a.O. 24f.; Hammurabi rühmt sich allgemeinerer Wohltaten für verschiedene Städte seines Reiches, vor allem seiner Tempelrenovierungen.

[10] Vgl. Lambert 1975, 92ff., besonders den unter dem Titel „Counsels of Wisdom" publizierten Text (96ff.); dazu Gerstenberger 1965, 130ff.

ten sich die Gerichte religiöser Hilfsmittel wie etwa des Reinigungseides vor einem Gottesemblem[11] oder des Flußordals[12] zu ihrer Rechtsfindung.

Es läßt sich nun zeigen, daß auch das Alte Israel bis in das 8.Jh. hinein an dieser vorderorientalischen Rechtskultur Anteil hatte. In seinem ältesten Rechtsbuch, dem sog. „Bundesbuch“, findet sich eine Sammlung kasuistischer Rechtssätze (Ex 21,18–22,16), die nicht nur den gleichen rationalen Geist wie die mesopotamischen Rechtscorpora atmet, sondern auch manche inhaltliche Ähnlichkeiten zu ihnen aufweist. Wohl wissen wir nicht, ob es sich hier ursprünglich um ein Dokument königlicher Rechtsprechung handelt, doch läßt die durchdachte Kompositionstechnik an die Herkunft aus einer Schreiberschule im Umkreis des Hofes denken[13].

Auch in Israel beanspruchte der König, Hüter von Recht und Gerechtigkeit (*mišpāṭ ūṣ^edāqā*, bzw. *mīšōr*) zu sein (Ps 45,7f.), insbesondere Rechtshelfer der Armen und Schwachen (Ps 72,2.4.12f.; vgl. Jes 11,4). Wohl können wir nicht genau abschätzen, wieweit es dem Königtum in Israel gelang, diesen Anspruch gegenüber der Ortsgerichtsbarkeit durchzusetzen[14], da hier die vorstaatliche Rechtsorganisation des Ältestengerichts im Tor noch stärker als in Mesopotamien nachlebte. Doch nahm es zumindest die Funktion einer Appellationsinstanz wahr (2 Sam 14,4–12; 15,1ff.; 2 Kön 6,26ff.; 8,3ff.) und konnte in Sonderfällen auch in die Ortsgerichtsbarkeit eingreifen (1 Kön 21). Eine direkte gesetzgeberische Funktion des Königs ist immerhin für das Heerwesen belegt (1 Sam 30,20–25) und für den engeren Bereich der staatlichen Verwaltung (Steuerwesen; Festungsstädte) anzunehmen.

Schließlich ist auch Jahwe – vor allem in der Jerusalemer Kulttradition – eng mit Recht und Gerechtigkeit verbunden: *ṣædæq* und *mišpāṭ* bilden hier die Stützen seines Throns (Ps 89,15; 97,2), *ṣædæq* bzw. *ḥæsæd* und *'æmæt* gehen ihm voran (Ps 89,15; 85,14), so wie *mēšaru* und *kittu* hypostasiert im Gefolge von Schamasch auftauchen.

D.h. es bildeten sich in Israel mit der Staatlichkeit ganz ähnliche Konstellationen wie in Mesopotamien heraus: Ein weitgehend profanes Recht, das religiöse Elemente nur in den Sonderfällen des Reinigungseides (Ex 22,10) und des Ordals kannte (Ex 22,7f.; Num 5); eine nur ganz allgemeine religiöse Fundierung des Rechtes über die mit Jahwe verbundenen Prinzipien von Wahrheit, Recht und Gerechtigkeit und dazwischen ein Königtum, das für sich in Anspruch nahm, diese göttlichen Prinzipien auf Erden zu verwirklichen, auch wenn es für eine Vermittlung – im Unterschied zu Mesopotamien – keine expliziten Zeugnisse mehr gibt. Auch in Israel bestand also ein gewisser Hiatus zwischen einem weithin profanen positiven Recht und der religiösen Rechtslegitimation, auch in Israel gehörte die

---

[11] Vgl. z.B. Codex Hammurabi § 9; 20.

[12] Vgl. z.B. Codex Hammurabi § 2.

[13] Crüsemann 1992, 195–198; Osumi 1991, 140–145, leiten es schon aus dem Jerusalemer Obergericht her (dazu s.u. S. 126f.), doch fände dessen auffällige Zusammensetzung aus weltlichen und priesterlichen Richtern in seiner Rechtsmaterie keine Entsprechung.

[14] Vgl. Macholz 1972a, 158ff.

ethische Normsetzung in die Weisheit[15] und auch in Israel gab es Ansätze zur Ausbildung eines staatlichen Rechtes. Wenn diese Ausgangsposition korrigiert und diese Entwicklung hin zu einer Theologisierung des Rechtes abgebrochen wurde, dann muß dies ganz besondere Gründe haben.

2. Die spezielle Theologisierung des Rechts in Israel

Soweit wir erkennen können, liegen die Gründe für die Theologisierung des Rechts in der tiefen sozialen und politischen Krise, in die Israel in der 2. Hälfte des 8.Jh.v.Chr. hineingeriet[16].

2.1 Die gesellschaftlich–politische Krise Israels im 8.Jh.

Schon im 2. Drittel des 8.Jh. hatte sich in den beiden Teilreichen Israel und Juda eine schleichende wirtschaftliche und soziale Entwicklung krisenhaft zugespitzt: Die traditionellen Kleinbauern gerieten zunehmend unter den Druck einer expandierenden Schicht von Großgrundbesitzern, Beamten, Militärs und Kaufleuten und wurden von dieser unter Ausnutzung des antiken Schuldrechts auf breiter Front in deren Abhängigkeit und in die Verarmung getrieben. Dabei zeigten sich weder die familiäre Loskaufverpflichtung (g^{e}'*ullā*) noch die lokale und staatliche Rechtsprechung in der Lage, diesen Verdrängungsprozeß aufzuhalten.

Zu dieser sozialen Krise gesellte sich seit dem Regierungsantritt Tiglat–Pilesers III. 745 eine immer bedrohlicher werdende politische Krise: Die Kleinstaaten Israel und Juda gerieten unter den massiven militärischen Druck des nach Westen expandierenden neuassyrischen Großreiches und taumelten, zwischen den Großmächten Assur und Ägypten hin- und herlavierend, in ihren Untergang hinein. 722 wurde das Nordreich vollständig aufgelöst, in das assyrische Provinzsystem eingegliedert und durch Deportation seiner Eliten und Ansiedlung fremder Bevölkerung seiner nationalen Identität beraubt. Das Südreich konnte sich zwar als assyrischer Vasallenstaat halten, wurde allerdings – nach einem Aufstandsversuch Hiskias – 701 von Sanherib mit einer verheerenden Strafaktion überzogen.

Es gehört zu den Besonderheiten Israels, daß in dieser Krisenzeit Männer auftraten, die im Namen Jahwes schonungslos die gesellschaftlichen Mißstände anprangerten und den beiden Teilstaaten ein vernichtendes Strafgericht ihres Gottes ankündigten[17]. Die Propheten Amos, Jesaja und Micha klagten z.B. das soziale Unrecht an, das den Kleinbauern mit der unbarmherzigen Anwendung des Schuldrechtes angetan wurde (Am 2,6; 5,11; Mi 2,1f.9.), sie deckten die Unfähigkeit der Gerichte (Am 2,7; 5,10.12) und Gesetzgebung (Jes 10,1f.) auf, den Armen und Schwachen zu ihrem Recht zu verhelfen, und legten den Finger auf den Bruch, der

[15] Vgl. den Nachweis von Gerstenberger 1965, 110ff., daß zumindest die ethischen Prohibitive ursprünglich nicht im Kult, sondern im weisheitlichen Sippenethos zu Hause waren.

[16] Vgl. dazu zusammenfassend Albertz 1992, 248ff.

[17] Vgl. dazu genauer Albertz 1992, 255ff.

zwischen dem sozialen Unrecht und Jahwes Anspruch auf Recht und Gerechtigkeit bestand (Jes 5,1–7). Amos und Jesaja kritisierten einen Jahwekult, der dazu mißbraucht wurde, das soziale Unrecht und Elend in der Gesellschaft zuzudecken (Am 5,21–27; Jes 1,10–17). Und Hosea stellte daneben einen selbstgenügsamen, Jahwe–vergessenen Kultbetrieb bloß, den er als Baalskult geißelte (4,4–10; 8,11–13), und kritisierte die prinzipienlose, wechselhafte Bündnispolitik (Hos 5,12–14) der politischen Eliten, die nicht vor dem Bruch internationaler Verträge (Hos 10,3f.) und Königsmorden (Hos 7,3–7) zurückschreckten.

Der Schock, den der Untergang des Nordreiches auslöste und der die Botschaft der Propheten immerhin teilweise bestätigte, setzte in Juda gegen Ende des 8.Jh.s einen Prozeß des Nachdenkens darüber in Gang, wie die Existenz der judäischen Gesellschaft angesichts bedrohlicher innerer und äußerer Auflösungserscheinungen gesichert werden könne. Dies war die Geburtsstunde der Theologisierung des Rechts in Israel.

2.2 Die beginnende Theologisierung des Rechts im Bundesbuch

Das sog. „Bundesbuch" (Ex 20,23–23,19), das nach neuerer Forschung in das 8.–7.Jh. zu datieren ist[18], reagiert schon auf die erste Welle der prophetischen Kritik. In ihm läßt sich der Prozeß der Theologisierung des Rechts noch deutlich greifen. Denn in das Rechtsbuch ist in Ex 21,12–22,16 *en bloc* weitgehend unverändert eine bestehende Sammlung von Rechtssätzen eingestellt worden, die zuerst in apodiktischen Rechtssätzen das Todesrecht regelt (22,12–17*)[19], dann in kasuistischen Rechtssätzen schwere Körperverletzungen mit und ohne Todesfolge abhandelt, in denen zwischen Fällen von Todesstrafe und Ersatzzahlungen differenziert wird (21,18–36*)[20], um schließlich Eigentumsdelikte zu regeln, wo Ersatzleistung oder Strafverschonung festgelegt wird (21,37–16*)[21]. Dieses Recht entspricht in seiner objektiven Formulierung (3.Pers.) und in seinem weltlichen Charakter den Codices in Mesopotamien; wo von Gott gesprochen wird, wie beim Gottesurteil (22,7f.) oder beim Reinigungseid (22,10), geschieht das in der 3.Person.

Um dieses positive Recht herum ist nun aber ein Rahmen gelegt worden, der fast durchgängig in der Anrede der 2.Pers. sing. oder plur. formuliert ist (Ex

---

[18] So mit einigen Variationen jetzt Crüsemann 1988, 28–35.41; ders. 1992, 133–135; Albertz 1992, 283–285; Osumi 1991, 177.182; Schwienhorst–Schönberger 1990, 271, für seine „gottesrechtliche Redaktion"; ähnlich auch Otto 1988, 50ff. Ich selbst habe das Bundesbuch mit der — zugegeben — sonst nur schwach bezeugten Hiskianischen Reform in Verbindung gebracht. Dabei gehe ich von der Endgestalt des Buches Ex 22,23–23,19 aus.

[19] Ohne den Einschub Ex 21,13f.

[20] Als Überarbeitung auf der Ebene des Bundesbuches sehe ich Ex 21,20f.; 23,23b.24–27 an.

[21] Eine generalisierende Überarbeitung liegt hier nur in 22,8a vor.

20,23–26; 22,17[22]–23,19). Da die Du–Anrede an einigen Stellen in die objektiv formulierten Rechtssätze des Kerns hineinreicht (21,13–14.23) und dort literarische Einschübe markiert[23], kann mit Sicherheit gesagt werden, daß der Rahmen gegenüber dem Kern jünger ist[24].

Formal handelt es sich bei den Rahmenstücken um Ge- und Verbote oder um eigentümliche Mischgebilde aus kasuistischem Rechtssatz und Gebot bzw. Verbot (Wenn–du–Formulierung: Ex 20,25; 22,24.25.; 23,24f.)[25], die zudem durch begründende und motivierende Sätze aufgelockert sind. Inhaltlich geht es um Kultanweisungen (20,23.24.26; 22,28–30; 23,10–13.14–19), religiöse Gebote (22,17.27; 23,13b), soziale Gebote (22,20–26; 23,4f.9) und Anweisungen zur Prozeßführung (23,1–3.6–8).

Das für unseren Zusammenhang Entscheidende ist nun: Subjekt der anredenden Rahmenstücke ist eindeutig Jahwe selber (vgl. 20,23–26; 21,14; 22,23.26.28–

---

[22] Nur das Todesrecht gegen Sodomie und Fremdgötteropfer in Ex 22,18 und 19 sind in der 3.Pers. sing. formuliert. Hier liegt eine bewußte Rahmenbildung zum Todesrecht in 21,12–17 vor.

[23] Die literarkritischen Argumente sind zwingend für Ex 21,13f., wo die Todesstrafe für Tötung von 21,12 nach Totschlag und Mord differenziert wird und die Formulierung „mein Altar" auf 20,24f. zurückverweist. Aber auch in 21,23b, wo der Übergang zur 2.Pers. die Talionsformel V.24f. einleitet, ist eine Überarbeitung wahrscheinlich. Nicht sicher ist, ob die 2.Pers. in Ex 21,2 anzeigt, daß es sich beim Sklavenrecht 21,2–11 um eine Neubildung handelt, oder ob sie erst durch den Einschub der Überschrift Ex 21,1, die das Bundesbuch nochmals auf den Kontext der Sinaiperikope bezieht (vgl. Ex 19,7bα), veranlaßt wurde.

[24] Crüsemann nimmt in Anschluß an Halbe 1975, 449f., Ex 34,11–26* als zweite Quelle des Bundesbuches an, die er ins 9.Jh. datiert. Doch ist das Alter dieses Textes umstritten; von Blum 1990, 369–375, wird er bis in die nachexilische Zeit herabdatiert. Aber selbst wenn er älteres Material enthält, so beziehen sich die sprachlichen Parallelen zum Bundesbuch nur auf den Festkalender (vgl. Ex 34,18.20b.22–23 mit Ex 23,24–17), das Ruhetagsgebot (vgl. Ex 34,21 mit Ex 23,12) und einige Opferbestimmungen (vgl. Ex 34,25f. mit Ex 23,18f.). Alle weiteren sachlichen Entsprechungen (Erstlinge, vgl. Ex 34,19–20a mit Ex 22,28f.; Bilderverbot, vgl. Ex 34,17 mit Ex 20,23; Fremdgötterverbot, vgl. Ex 34,11–16 mit Ex 22,19; 23,13) weichen sprachlich so weit ab, daß von einer generellen Herleitung der religiös–kultischen Gebote des Bundesbuches aus einem „Privilegrecht" Jahwes nicht gesprochen werden kann. Wohl verwendet das Bundesbuch im persönlich formulierten Rahmen ältere Gebots- und Verbotsformulierungen, aber diese, das macht Ex 34,11–16* deutlich, beschränken sich nur auf priesterliche Kultanweisungen. Und nur solche können in Hos 8,12 gemeint sein, da Hosea ein Bilder- und Fremdgötterverbot ganz offensichtlich noch nicht kennt. Hinzu kamen ethische Verbote aus der Weisheit. Die Sätze, die eine alleinige und bilderlose kultische Jahweverehrung durchsetzen wollen, sind von ihrer Gattung in ihrer Formulierung so verschieden (Ex 20,23.24b; 22,19; 23,13), daß hier gerade noch keine vorgeprägte Tradition angenommen werden kann. Vielmehr beginnt das Bundesbuch erst damit, religiöse Gebote zum Zweck der gottesdienstlichen Rechtsverkündigung zu formulieren.

[25] In Ex 20,25; 21,14; 22,24.25; 23,4f. wird der Fall, in Ex 22,22f.26 die „Rechtsfolge" mit einem Bedingungsatz gestaltet.

30; 23,7.13.14). Dadurch wird das gesamte Rechtsbuch – einschließlich des inkorporierten profanen Rechts – materialiter als unmittelbare Rechtsforderung Gottes stilisiert. Es ist nach dem Bundesbuch Jahwe selber, der als Quelle allen Rechts zu gelten hat.

Angesprochen werden durch Gott teilweise die für das Recht (21,13; 23,1–3.6–8) und den Kult Verantwortlichen (20,24–26), d.h. die Ältesten, Richter und Priester; meist aber ganz allgemein die rechts- und kultfähigen Männer. Fragt man nach dem Sitz im Leben dieses Rechtsbuches, bei dem die genannten Personengruppen versammelt waren und mit der Willenskundgabe Gottes konfrontiert werden konnten, dann wird man am ehesten an die großen Gottesdienste zu den Wallfahrtsfesten zu denken haben, mit deren Anweisung das Bundesbuch auch endet (23,14–19).

Mit der im Bundesbuch erstmals vollzogenen Theologisierung des Rechts reagierten seine Verfasser gleich auf mehrfache Weise auf die tiefe soziale und politische Krise ihrer Gesellschaft: Angesichts der drohenden Auflösungserscheinungen des Staates und der Glaubwürdigkeitskrise seiner politischen und rechtlichen Institutionen schafften sie eine neue unmittelbare theologische Legitimation des Rechts, die am Königtum vorbeiging und der Rechtsmittlerschaft des Königs nicht mehr bedurfte[26]. Angesichts des Auseinanderfallens von Kult und Alltagswelt, das die Propheten beklagt hatten, banden sie mit ihrem Rechtsbuch den religiös–kultischen und den alltäglich–profanen Lebensbereich bewußt zusammen und suchten beide Bereiche, für die real durchaus unterschiedliche menschliche Rechtsträger zuständig waren (Priester, Älteste, Richter), in ein und denselben Rechtswillen Jahwes zu integrieren.

Angesichts des Auseinanderklaffens von Recht und Gerechtigkeit, das die Propheten zu Bewußtsein gebracht hatten, griffen sie zu der ganz ungewöhnlichen Lösung, positives Recht und ethische Rechtsnorm in einem Rechtsbuch zu vereinen[27]. Wenn sie etwa das Verbot, die Schwächsten der Gesellschaft, den Fremdling, die Witwe und die Waise zu unterdrücken, mit der Warnung einschärften, daß Jahwe den Schrei der Gepeinigten erhören und selber den Tätern vergelten werde (22,20–23), dann war mit diesem Hinweis auf den himmlischen Richter die Übertretung des Verbots zwar nicht justitiabel gemacht, aber doch eine Rechtsnorm unterstrichen, die bei der Anwendung und Auslegung des positiven Rechts durch die irdischen Gerichtshöfe zu beachten war. Das Argument, daß Jahwe ein gnädiger Gott sei (22,26), der einseitig für die Schwachen Partei nehme, sollte auch bei Prozessen zwischen ungleichen Kontrahenten bedacht sein (23,6)[28].

---

[26] Wenn mit dem sonst nur in exilisch–nachexilischen Texten in Ex 22,27 erwähnten *naśī'* der König gemeint ist, wofür spricht, daß in 1 Kön 21,10.13 die Verfluchung des Königs als sakrales Delikt gilt, dann wird im Bundesbuch — anders als im dtn. Gesetz — auch noch der König unter den Schutz göttlichen Rechtes gestellt und damit mit auch seine Rechtsmittlerschaft noch nicht grundsätzlich bestritten.

[27] Es geht nicht um eine „Ausdifferenzierung eines Ethos aus dem Recht“, wie Otto 1994, 81ff., es darstellt, sondern um seine Einbeziehung, vgl. Crüsemann 1992, 224–228.

[28] Allerdings warnt Ex 23,3, sofern der Text richtig ist (oder *gādōl* für *dal* ?), auch vor einer ungerechtfertigten Bevorzugung des Geringen.

Schließlich ging es den Verfassern des Bundesbuches darum, angesichts des Mißbrauchs der Rechtsinstitutionen im sozialen Konflikt, die dem Recht von Natur aus anhaftende Äußerlichkeit durch seine Pädagogisierung aufzubrechen und durch seine Verinnerlichung zu überwinden: Alle sollten das von ihnen erlassene Recht in seiner Berechtigung einsehen; darum gaben sie ihren Geboten und Verboten religiöse und vernünftige Begründungen bei. Alle sollten sich das Recht als Jahwes persönliche Forderung zu Herzen nehmen. Nicht nur die Experten, die Ältesten, Richter und Priester, sondern jeder Angehörige des Volkes sollte durch die regelmäßige Verlesung des Rechtsbuchs im Kult rechtlich und ethisch erzogen werden und für die Einhaltung der Rechtsordnung Gott persönlich verantwortlich sein.

Entscheidend ist aber nun, daß die Theologisierung des Rechts den Verfassern des Bundesbuches die Basis lieferte, mit der Autorität Gottes im Rücken und seiner besseren Gerechtigkeit vor Augen, über das Recht verändernd in die Gesellschaft einzugreifen und der sozialen und politischen Krise zu wehren[29]. Die Theologisierung gab dem von Hause aus konservativen Recht einen reformerischen Impuls.

Der Gefahr der staatlichen Auflösung suchten die Gesetzgeber im Gefolge des Propheten Hosea durch eine Stärkung der Bindung des Volkes an Jahwe zu begegnen, um seine Identität auf religiöser Basis zu sichern: Jeder Israelit wurde verpflichtet, dreimal im Jahr zu den Jahresfesten vor Jahwe zu erscheinen (23,14–17). Legitimer Opferkult sollte nur noch an solchen Orten ausgeübt werden, die offiziell zu Jahwekultstätten deklariert worden waren (Ex 20,24), Opfer für andere Götter subsidiär neben Jahwe, die damals noch üblich waren, wurden mit dem Tod und dem Einzug des Vermögens bedroht (22,19); selbst die Erwähnung anderer Götter im Jahwekult wurde untersagt (23,13).

Die Gefahr des sozialen Auseinanderbrechens der Gesellschaft versuchten die Reformer durch eine ganze Anzahl von Schutzgesetzen für die sozialen Randgruppen einzudämmen. Die Schuldsklaverei wurde unabhängig von der Höhe der Schuldforderung in Anlehnung an den kultischen Siebenjahresrhythmus auf maximal sechs Jahre begrenzt und der Übergang in Dauersklaverei der öffentlichen Kontrollen „vor Gott" unterworfen (Ex 21,2–6). Der Rechtsgrundsatz, daß der Sklave Besitz seines Herrn sei (21,21), wurde zumindest bei Totschlag außer Kraft gesetzt (21,20); und für eine schwere Körperverletzung sollte der Sklave die Freiheit erhalten (21,26f.)[30]. Es wurde verboten, für Kredite an Arme Zinsen zu nehmen (22,24)[31] oder dem völlig Überschuldeten den Mantel auf Dauer zu pfänden (22,15) und anderes mehr. Interessant ist, daß aus bestehenden kultischen Institutionen heraus sogar erste Schritte für eine Armenfürsorge und einen Arbeitsschutz

---

[29] Vgl. dazu ausführlicher Albertz 1992, 285–290; Crüsemann 1992, 199–234.

[30] Ich halte das Sklavengesetz Ex 21,2–11 und die Bestimmungen für Sklaven 21,20f.26f. für eine Neuerung der Verfasser des Bundesbuches. Ersteres steht vor der mit 21,12ff. beginnenden Komposition; 21,26f. hängt mit dem Einschub des Talionsrechtes zusammen. Nicht sicher ist die Entscheidung für 21,20f.; literarkritische Kriterien fehlen; doch will die Bestimmung ähnlich wie in 21,2–11 die Rechte des Sklavenhalters einschränken.

[31] Im Text jetzt auf das ganze Volk ausgedehnt.

entwickelt wurden: Der Wildwuchs des Brachejahres für die Äcker sollte neben den wilden Tieren den Armen zu ihrer Ernährung zustehen (23,10f.), der wöchentliche Ruhetag auch den abhängigen Arbeitern, den Sklaven und Fremden, zur Erholung dienen (23,12).

Diese Reformmaßnahmen gehen noch nicht allzu weit; doch bewertet man die Reformgesetzgebung des Bundesbuches im ganzen, dann ist für antike Verhältnisse schon bemerkenswert, welch' entschlossener Versuch hier gemacht wird, unter Berufung auf den Rechtswillen Jahwes der politischen und sozialen Krise Judas entgegenzusteuern und die Gesellschaft zu erneuern. Wieweit diese Reform gesellschaftlich wirksam wurde, wissen wir allerdings nicht; da es Hiskia nicht gelang, das assyrische Joch abzuschütteln, wird man vermuten müssen, daß sie in den Anfängen stecken blieb.

2.3 Die fortgeschrittene Theologisierung des Rechts im Deuteronomium

Nach langer Periode der Vasallität bot sich für Juda mit dem Niedergang des assyrischen Weltreiches im letzten Drittel des 7.Jh.s erneut die Chance für einen Neubeginn. Und es ist erstaunlich zu sehen, eine wie breite Koalition aus Teilen der judäischen Bauernschaft (*ʿam hāʾāræṣ*), der Jerusalemer Beamten (Schafan) und Priester (Hilqia) und einiger Propheten (Hulda, Jeremia) sich formierte (vgl. 2 Kön 22), um mit Hilfe des jungen Königs Josia ein Reformwerk zu starten, das weit über die Ansätze des Bundesbuches hinausgehen sollte[32]. Grundlage dieser sog. „Josianischen Reform" war wieder ein Gesetzbuch, auf das das ganze Volk 622 feierlich verpflichtet wurde (23,1–3). Dieses ist – nach einer alten Hypothese – im Grundbestand des Buches Deuteronomium, insbesondere in dessen Gesetzeskorpus Kap.12–26 greifbar.

Schon formal zeigt sich, daß im dtn. Gesetz der Prozeß der Theologisierung des Rechts gegenüber dem Bundesbuch weiter vorangetrieben ist: Die älteren Rechtsgattungen sind weitgehend aufgelöst, objektiv formulierte kasuistische Rechtssätze, die noch den Kern des Bundesbuches ausgemacht hatten, begegnen nur noch am Rande[33]. Fast das ganze Gesetz ist in der Anrede der 2.Pers. sing. oder plur. formuliert, wobei die Mischform aus kasuistischer Fallbeschreibung („Wenn du/ihr") und Gebot bzw. Verbot zur Regel geworden ist. Die Rechtssätze sind stark paränetisch mit begründenden und motivierenden Elementen aufgelokkert[34]. Verfahrensrechtliche Belehrungen drängen sich in den Vordergrund[35], wäh-

[32] Zu den Trägern der dtn. Reform vgl. Albertz 1992, 313–321; etwas anders gewichtend Crüsemann 1992, 248–251.

[33] Dtn 18,16; 19,11.16; 21,15.18; 22,13ff.; 22,22ff.28f.; 24,1–5.7; 25,1–3.

[34] So religiöse: Dtn 12,8f.; 13,4b.6.11; 14,1f.21.23; 15,9.15; 16,3.22; 17,1.13.16.17; 18,3.12.14; 19,10.20; 20,9.17; 21; 22,5; 23,15.18.22f.; 24,4.13.18.22; 25,16; rationale: 15,11.18; 16,18; 19,6f.; 20,19; 22,18.21.24.26f.; 23,5.8; 24,6.9.15; 25,3.6.17f.; dazu die „Segenshinweise": 12,25.28; 13,18; 14,29; 15,10.13.18; 16,10.15.19; 17,20; 19,13; 22,6f.; 23,21; 24,13.19; 25,15.

rend – abgesehen von der Todesstrafe[36] – explizite Strafbestimmungen[37] gegenüber der ethischen Normsetzung ganz in den Hintergrund treten. Kein Zweifel: Das dtn. Rechtsbuch hat den Charakter eines „gepredigten Gesetzes". Es ist noch weit stärker als das Bundesbuch von einem pädagogischen Duktus bestimmt; es will nicht nur neues Recht setzen, sondern auch eine umfassende Rechtserziehung leisten[38].

Diesem Eindruck einer fortgeschrittenen Theologisierung, den die Form der dtn. Gesetze vermittelt, scheint aber nun auf den ersten Blick der Tatbestand zu widersprechen, daß das dtn. Rechtsbuch – anders als das Bundesbuch – nicht als Gottes-, sondern als Moserede stilisiert ist. Ist damit, so könnte man fragen, nicht die unmittelbare Einbindung des Rechtes in den Gotteswillen wieder zurückgenommen zugunsten eines Vermittlungsmodells, wie es schon in der vorderorientalischen Konzeption von der Rechtsmittlerschaft des Königs gegeben war?

Doch sieht man genauer hin, dann ergeben sich erhebliche Unterschiede: Mose ist nicht Gesetzgeber wie die mesopotamischen Könige, die entsprechend dem Auftrag der Götter, Recht und Gerechtigkeit auf Erden zu verwirklichen, eigene Gesetze erließen, sondern er ist nur Sprachrohr Gottes, als das er dem Volk kurz vor der Einwanderung ins verheißene Land die Gebote und Gesetze mitteilt, die ihm Jahwe zuvor am Horeb offenbart hat (Dtn 5,23ff.). Anders als die Könige ist Mose zudem keine aktuelle politische Größe, sondern eine ferne Gestalt der Vergangenheit jenseits der staatlichen Geschichte Israels. Er ist streng genommen nur eine Fiktion, die den Platz des Gesetzgebers freihält. Und fragt man schließlich, wie sich königliche und mosaische Gesetzgebungskompetenz nach dtn./dtr. Sicht zueinander verhalten, so fällt die Antwort eindeutig aus: Es ist das dtn. Gesetz als Anweisung des Mose, das für sich in Anspruch nimmt, auch das Königsamt neu – und zwar restriktiv – zu regeln (Dtn 17,14–20); und es ist das „Gesetz des Mose", das, nach dem dtr. Bericht von der josianischen Reform bei einer Tempelrenovierung scheinbar zufällig aufgefunden, vom Priester Hilqia und dem Schreiber Schafan dem König Josia übergeben und von diesem gehorsam zur Grundlage seiner Reformmaßnahmen gemacht wird (2 Kön 22f.). Der König hat das Gesetz nicht selber geschaffen, sondern nur demütig in Kraft gesetzt. Die Rechtsautorität des Mose ist der des Königs klar übergeordnet, der König selber wird an das mosaische Gesetz gebunden.

---

[35] Rechtliche: Dtn 17,2–7.8–13; 19,15–21; 21,10–14; 18–21.22–23; 22,13–21; 25,1–3.5–9; kultische: 21,1–9; 23,2–8.10–15; 26,1–11.12–15. Auch in vielen Gesetzen werden Verfahrensregelungen mitgegeben.

[36] Dtn 13,6.10.11.(16f.); 17,5.6.12; 18,10; 19,12; 21,21; 22,21.22.24; 24,7; dabei wird die Sippenhaft ausgeschlossen (24,12).

[37] Dtn 19,18; 22,18f.29; 25,3.(8–10).12; in 22,18.29 handelt es sich um eine Geldstrafe, deren Höhe im Unterschied zum Bundesbuch festgeschrieben ist; in 25,3.12 handelt es sich um Körperstrafen; 25,8–10 um eine öffentliche Entehrung.

[38] Vgl. *lāmad* „lernen" Dtn 14,23; 17,19; 18,9; *šāma*ʿ „hören" 13,12; 17,13; 19,20; 21,21; meist geht es um Gottesfurcht: 13,5; 14,23; 17,19 im Sinne einer Generalprävention; vgl. dazu Weinfeld 1972, 274ff.; 298ff.

Damit wird aber die Absicht erkennbar, warum das dtn. Gesetz als Moserede stilisiert und damit ein menschlicher Vermittler in das israelitische Konzept des Gottesrechts eingefügt wurde: Mose hat die Funktion, die neue Konzeption des theologisierten Rechts gegen den konkurrierenden Anspruch der israelitischen Königstheologie, daß der König im göttlichen Auftrag für die Verwirklichung von Recht und Gerechtigkeit zuständig sei, durchzusetzen und abzusichern: Als Empfänger direkter Offenbarung Jahwes aus der Frühzeit Israels, in der es noch gar kein Königtum gab, war seine Rechtsvermittlung der königlichen weit überlegen und höher legitimiert. Sein überragendes Ansehen eröffnete dem theologisierten Recht einen Schutzraum der Unabhängigkeit und sicherte es gegenüber allen staatlichen Eingriffen ab. Durch seine unbestreitbare religiöse Autorität wurde dem König seine theologisch fundierte Gesetzgebungskompetenz dauerhaft entzogen. Damit waren aber nicht nur alle staatlichen Institutionen, sondern auch alle Rechtsorgane der alleinigen Rechtskompetenz des Mose unterstellt.

Gleichzeitig eröffnete die Mittlerschaft des Mose die Möglichkeit für eine menschliche Interpretation des göttlichen Rechtswillens; mit seiner Gestalt war der Spielraum für eine autorisierte Rechtsauslegung und Rechtsbelehrung gegeben.

Aus dem dtn. Gesetz läßt sich noch ablesen, daß die dtn. Konzeption einer mosaischen Vermittlung und Auslegung des göttlichen Rechtswillens nicht einfach nur eine theologische Fiktion darstellte, sondern durchaus eine reale gesellschaftliche Basis hatte: Diese war das Jerusalemer Obergericht, dessen Kompetenzen in Dtn 17,8–13 neu geregelt werden.

Ursprünglich war dieses ein königlicher Gerichtshof gewesen, der nach 2 Chr 19,8–11 schon unter Josaphat im 9.Jh. eingerichtet worden sein soll, um bei schwierigen Fällen und Normenkollisionen im sakralen und weltlichen Bereich den örtlichen Gerichten Entscheidungshilfe zu leisten[39]. Möglicherweise hatte dieses aus priesterlichen und weltlichen Richtern bestehende Gremium schon etwas mit dem sakrales und weltliches Recht zusammenbindenen Bundesbuch zu tun gehabt, hatte aber damals die königliche Rechtshoheit noch nicht grundsätzlich bestritten[40]. Das dtn. Gesetz erhob nun dieses Obergericht zu der zentralen, vom Königtum völlig unabhängigen Rechtsfindungs- und Rechtsschöpfungs–Institution, deren Rechtsentscheidungen und Rechtsbelehrungen die örtlichen Gerichte unbedingt Folge zu leisten hätten (Dtn 17,10–12)[41]. Berücksichtigt man nun, daß dabei der Gehorsam gegenüber den Weisungen des Obergerichts auf ganz ähnliche Weise – sogar unter Androhung der Todesstrafe – gefordert wird wie gegenüber den Gesetzen des Dtn überhaupt[42], so ist es relativ wahrscheinlich, daß die

[39] Vgl. dazu grundlegend Macholz 1972b, 318ff.

[40] Vgl. Ex 22,27.

[41] Wenn Dtn 17,11 ausdrücklich zwischen *pī hattōrā* und *hammišpāṭ* unterscheidet, dann ist das am ehesten auf die Doppelfunktion des Obergerichts zu deuten, sowohl rechtsschöpfende Weisung zu erteilen als auch konkrete Urteile zu fällen. Mit dieser juristischen Detailierung ist der Vers keine Doublette zu V.10 und braucht nicht mit Rüterswörden 1987, 47, als dtr. Bearbeitung ausgeschieden werden.

[42] Für die Einzelnachweise vgl. Albertz 1992, 318, Anm.53.

gesamte dtn. Reformgesetzgebung eben diesem Obergericht selber oder seinem engsten Umfeld entstammt[43].

Wenn diese zentrale Rechtsinstitution Recht im Namen Moses sprach und durch ihn autorisierte Rechtsauslegung leistete, dann beanspruchte sie nichts weniger als die höchste Rechtsautorität im Staat, mit der es ihr allein zustand, den Rechtswillen Jahwes für die ganze Gesellschaft verbindlich zu formulieren und durchzusetzen. Somit versinnbildlichte und legitimierte Mose zugleich die Institution einer vom Königtum unabhängigen und ihm übergeordneten Gesetzgebungs- und Rechtsauslegungsbehörde. Über das Konzept der mosaischen Vermittlung wurde im Prozeß der Theologisierung des Rechts in Israel die Trennung von richterlicher und staatlicher Gewalt und damit die institutionelle Sicherung des Rechtswillens Gottes vollzogen.

Von dieser theologisch und institutionell gesicherten Basis aus konzipierten die dtn. Gesetzgeber nun eine umfassende Reform der judäischen Gesellschaft an Haupt und Gliedern[44]. Wieder ging es wie schon im Bundesbuch um eine Stärkung der alleinigen Bindung des ganzen Volkes an Jahwe und seiner sozialen Bindung untereinander. Aber die Lösungen, die die dtn. Reformgesetzgebung anstrebte, waren viel weitreichender und viel radikaler:

Der gesamte Opferkult wurde auf Jerusalem konzentriert, um die alleinige Verehrung Jahwes kontrollierbar zu machen (Dtn 12). Um jegliche Verehrung anderer Götter selbst im privaten Bereich auszuschließen, wurde jede Verführung zu Synkretismus mit der Todesstrafe bedroht, Anzeigepflicht angeordnet und damit sogar die religiöse Gesinnung dem Recht unterworfen (13). Hier zeigt die Theologisierung des Rechts unübersehbar gefährliche Konsequenzen. Mit der Zentralisierung des Kultes waren eine Fülle von Neuregelungen verbunden, die von der Freigabe des profanen Schlachtens bis hin zur Einrichtung profaner Asylstädte reichen (12,15f.; 19,1–13). Wichtig darunter ist vor allem die Neuregelung des Zehnten, die schon in die Sozialgesetzgebung herüberreicht: Die einstige Steuer sollte zwei Jahre lang den Familien selber für ihre Opfermahlzeiten bei den Wallfahrtsfesten zur Verfügung stehen, an denen auch die Besitzlosen teilhaben sollten; jedes dritte Jahr sollte sie als Armenspeisung dienen (Dtn 14,22–27).

Aus der Vielzahl der Sozialgesetze seien nur die beiden erwähnt, die das Übel der Schuldsklaverei eindämmen sollten: Dtn 15,1–11 wurde die Ackerbrache in einen Schuldenerlaß umgewandelt, den die reichen Kreditgeber den verarmten Kleinbauern alle sieben Jahre gewähren sollten. Hier wird besonders deutlich, was die Theologisierung des Rechts im sozialen Bereich leisten kann: Die Entlastung der Verschuldeten war nicht mehr wie in Mesopotamien ein königlicher Gnadenakt, sondern eine religiös motivierte regelmäßige Verpflichtung für alle Kreditgeber; damit wurde sie aber zu einem Rechtsanspruch der Armen erhoben. Zudem wurde das Sklavenrecht weiter humanisiert: Den Schuldsklaven sollte bei ihrer Entlassung ein Startkapital für den wirtschaftlichen Neuanfang bezahlt werden (15,12–18).

---

[43] So meine These, Albertz, 1992, 317–319; etwas zurückhaltender Crüsemann 1992, 280, der dem Volk eine höhere Mitwirkung einräumt, vgl. 273ff.

[44] Dazu ausführlicher Albertz 1992, 321–348; Crüsemann 1992, 251–322.

Am weitesten gingen die dtn. Gesetzgeber damit, daß sie erstmals in einem regelrechten „Verfassungsentwurf" die staatlichen Institutionen neu regelten[45]. Dabei ist eine durchgehende herrschaftskritische Tendenz zu beobachten: Die Richter (Dtn 16,18–20), die Priester (18,1–8), die Propheten (18,15–20) und sogar die Kriegsführung (20) wurden allesamt der königlichen Aufsicht entzogen und allein dem mosaischen Gesetz unterstellt. Sogar der König wurde dem mosaischen Gesetz unterworfen, ihm war aufgegeben, es täglich zu lesen und zu studieren (17,18–20). Zudem wurden ihm übermäßige militärische Macht- und Prachtentfaltung, die in der Vergangenheit die Bevölkerung mit Steuern und Frondiensten belastet hatten, untersagt (17,16f.).

Kein Zweifel, die dtn. Reformgesetzgebung griff tief in die kultischen, sozialen und staatlichen Strukturen der judäischen Gesellschaft ein und zielte auf ihre weitreichende Umwandlung. Die Theologisierung des Rechts setzte hier ein Reformpotential aus sich heraus, das die gesellschaftliche Realität weit hinter sich ließ, so daß man den dtn. Gesetzen geradezu utopische Züge bescheinigt hat[46]. Damit stellt sich die Frage, was wurde davon verwirklicht?

3. Die gesellschaftlichen Auswirkungen der theologischen Reformgesetzgebung

Allerdings, so utopisch, wie einige Forscher mit einer gewissen christlichen Häme meinen, war die dtn. Reformgesetzgebung nicht. Entgegen einer wieder modern werdenden Forschungstendenz, das dtn. Gesetz großenteils oder gar insgesamt als rein theoretischen Zukunftsentwurf in eine unbestimmte Zeit nach dem Untergang des judäischen Staates abzuschieben, bleibt zu beachten, daß die dtn. Gesetzgeber selber ihre Forderungen keineswegs als unerfüllbar betrachtet haben (Dtn 30,11–14), sondern mit vielfachen paränetischen Motivationen und theologischen Konstruktionen geradezu vehement auf deren Realisierung drängten. Zu erinnern ist z.B. daran, daß sie sich extra einer Rechtsfigur aus dem zwischenstaatlichen Recht, nämlich der neuassyrischen Vasallenverträge bedienten[47], um über die Rechtskonstruktion eines Bundes zwischen Jahwe und Israel ihrem Gesetzeswerk sogar eine quasi staatsrechtliche Basis zu seiner Verwirklichung zu schaffen: Ihre Gesetze sollten Juda gegenüber Jahwe genauso real binden wie zuvor die Vasallenverpflichtungen gegenüber dem assyrischen Oberherrn. Auch wenn das Problem der literarischen Schichtung des Dtn und damit die genaue zeitliche Einordnung seiner Texte bis heute noch nicht mit Sicherheit gelöst ist, muß meiner Meinung nach schon aus der Tatsache, daß das Deuteronomium in der dtr. Literatur der Exilszeit eine derartige Breitenwirkung

---

[45] Rüterswörden 1987, 89ff., hat durch Vergleich mit griechischen Parallelen gezeigt, daß zumindest ein breiter Grundbestand der Ämtergesetze entgegen weit verbreiteter Meinung durchaus als noch vorexilisch angesehen werden kann.

[46] Vgl. Hölscher 1922, 228f.; Kaiser 1984, 132ff.; vgl. dagegen Albertz 1992, 310f.

[47] Vgl. schon Frankena 1965; neuestens Steynmans 1995.

zeitigte, angenommen werden, daß zumindest Teile der dtn. Gesetzgebung in der vorexilischen Zeit gesamtgesellschaftlich wirksam geworden sind.

Nach einem zu vermutenden Vorlauf während der ersten 17 Regierungsjahre Josias, wurde das dtn. Gesetz nach Ansicht der Autoren des Deuteronomistischen Geschichtswerks, die nicht mehr als zwei Generationen von den Ereignissen getrennt sind, im Jahr 622 von Josia im Jerusalemer Tempel tatsächlich feierlich promulgiert. Wenn es dabei in ihrer Darstellung 2 Kön 23,1–3 heißt, daß sich zuerst Josia in einem öffentlichen Bundesschluß vor Jahwe verpflichtete, die im Gesetzbuch verzeichneten Gesetze aufzurichten (*hēqīm*), und erst dann das Volk diesem Bunde beitrat, dann entspricht das dem Tenor des dtn. Gesetzes, vor allem dem König seine Rechte zu beschneiden. Auf seine Unterordnung unter das mosaische Gesetz kam darum bei seiner Inkraftsetzung alles an; und diese wurde in der Tat durchgesetzt.

Will man die Historizität dieses Textes nicht völlig bestreiten, dann kommt man nicht an der Einschätzung vorbei, daß ab 622 der dtn. Reformentwurf in Juda den Rang eines Staatsgesetzes erhielt, das den König und alle übrigen Gruppen der Gesellschaft band. Diesen Rechtsstatus verlor das dtn. Gesetz jedoch schon bald wieder, als Josia im Jahr 609 im Kampf gegen Pharao Necho fiel und Juda zuerst in ägyptische und dann in babylonische Vasallität geriet[48]. Um die nationale Erneuerung des Kleinstaates vor seiner Haustür zu stoppen, deportierte Necho den reformbereiten Josia–Sohn Joahas und ersetzte ihn durch dessen älteren Bruder Jojakim, der von der Reformfraktion in der Erbfolge bewußt übergangen worden war, offensichtlich weil keine Gewähr bestand, daß er sich wie sein Vater auf das mosaische Gesetz verpflichtete. So kam die gesellschaftliche Umsetzung des Reformgesetzes unter Jojakim zum erliegen; die Koalition, die es getragen hatte, brach auseinander; Teile von ihr, wie die Beamtenfamilie der Schafaniden, wanderte in die Opposition (Jer 26,24; 36). Diese versuchten nach der Eroberung Jerusalems 586 unter Führung des Schafan–Enkels Gedalja, den die Babylonier zum Statthalter eingesetzt hatten, eine Wiederaufnahme des Reformwerkes, doch scheiterte dieser Versuch mit der Ermordung Gedaljas[49].

Es waren also mehr die ungünstigen politischen Rahmenbedingungen, weniger „der utopische Charakter“ der dtn. Gesetze, die dem ehrgeizigen Projekt, die judäische Gesellschaft nach dem Rechtswillen Gottes umzugestalten, ein baldiges Ende setzten. Dennoch wurden wesentliche Elemente der dtn. Kultreform in den wenigen zur Verfügung stehenden Jahren weitgehend realisiert. Die Zentralisierung des Jahwekultes auf Jerusalem etwa wurde von fast allen jüdischen Gruppen der Exilszeit akzeptiert und beim Wiederaufbau des Tempels 520 als selbstverständlich vorausgesetzt[50]. Nicht allgemein durchgesetzt werden konnten dagegen

[48] Dazu im einzelnen Albertz 1992, 360–373.

[49] Ich rechne damit mit einer Weiterarbeit am dtn. Gesetz bis in die frühexilische Zeit hinein.

[50] Die einzige Ausnahme ist der Tempel der jüdischen Söldnerkolonie in Elephantine, der vor 525 gegründet worden sein muß, deren Religiosität aber auch sonst synkretistische Züge aufweist. Wie EP 30/31 (Porten/Yardeni 1986, 68–75) belegen, wurde ihr Bittgesuch wegen ihres zerstörten Tempels von den Offiziellen in Jerusalem mit Nichtachtung gestraft.

die dtn. Sozialgesetze[51]; sie scheiterten nach dem Tod Josias an den massiven materiellen Interessen der Wohlhabenden und der Härte wirtschaftlicher Sachzwänge[52]. Dennoch haben – wenn man den Prozeß der Theologisierung des Rechts über die priesterlichen Gesetze[53] bis hin zur Kanonisierung der Tora ins Auge nimmt – die vom Bundesbuch und dem dtn. Gesetz eingeleiteten Reformimpulse eine erhebliche Fernwirkung gehabt. Die religiöse Fundierung der nationalen Identität ermöglichte Israel sein Überleben über den Verlust seiner staatlichen Existenz hinaus. Die Sozialgesetze schufen im frühen Judentum ein ganzes System der Armenversorgung[54], das in der griechischen und römischen Antike auffiel. Letztlich geht auch die diakonische Arbeit der Kirche darauf zurück. Aufs Ganze gesehen, ist also die Theologisierung des Rechts in Israel nicht folgenlos geblieben.

Literaturverzeichnis:

Albertz, R.
1992 Religionsgeschichte Israels in alttestamentlicher Zeit. Grundrisse zum Alten Testament 8,1–2, Göttingen.
1995 Die Tora Gottes gegen die wirtschaftlichen Sachzwänge. Die Sabbat- und Jobeljahrgesetzgebung Lev 25 in ihrer Geschichte, in: Ökumenische Rundschau 44, 290–310.
Borger, R.
1982 Akkadische Rechtsbücher, in: Kaiser, O. (ed.), Texte aus der Umwelt des Alten Testaments, I,2: Rechtsbücher, Gütersloh, 32-95.
Blum, E.
1990 Studien zur Komposition des Pentateuch. Beiheft zur Zeitschrift für alttestamentliche Wissenschaft 189, Berlin/New York.
Bolkestein, H.
1939 Wohltätigkeit und Armenpflege im vorchristlichen Altertum. Utrecht = Groningen.

Entscheidend ist, daß die babylonische Gola auf den Bau eines Tempels verzichtete, obgleich es wahrscheinlich auch in ihr Bestrebungen dazu gab (vgl. Ez 20,32).

[51] Vgl. die soziale Anklage Jeremias nach 609, Jer 5,26–28; 6,6f. u.ö., dazu Albertz 1992, 361ff.

[52] Vgl. die mögliche Auswirkung des Schulderlaß-Gesetzes, daß kurz vor dem Erlaß-Jahr keine Kredite mehr gegeben werden, gegen die die dtn. Gesetzgeber sich gezwungen sehen, wortgewaltig anzupredigen (Dtn 15,7–11).

[53] Vgl. vor allem das „Heiligkeitsgesetz" Lev 17–26, das mit dem noch „utopischeren" Jobeljahr–Gesetz, Lev 25, endet; vgl. die Verpflichtung der Jerusalemer Gemeinde in der Zeit nach Nehemia (Neh 10). Dennoch haben wir Belege, daß das z.B. Sabbatjahr (Kombination aus Schuldenerlaß nach Dtn 15,1–11 und Ackerbrache nach Lev 25,1–7) — zumindest von den Frommen und z.T. unter furchtbaren Opfern — mehrfach zwischen dem 2. Jh. v.Chr. und dem 2. Jh. nach Chr. eingehalten worden ist; vgl. Albertz 1995, 307f.

[54] Vgl. Bolkestein 1939.

Crüsemann, F.
1987 Recht und Theologie im Alten Testament, in: Schlaich, K. (ed.), Studien zu Kirchenrecht und Theologie, Band. 1, in: Texte und Materialien der Forschungsstätte der Evangelischen Studiengemeinschaft, Reihe A, Nr. 26, Heidelberg, 11–81.
1988 Das Bundesbuch – Historischer Ort und institutioneller Hintergrund, in: Vetus Testamentum. Supplement 40, 27–41.
1992 Die Tora. Theologie und Sozialgeschichte des alttestamentlichen Gesetzes, München.
Frankena, R.
1965 The Vassal Treaties of Esarhaddon and the Dating of Deuteronomy, Oudtestamentische Studiën 14, 122–164.
Gerstenberger, E.
1965 Wesen und Herkunft des „apodiktischen Rechts", Wissenschaftliche Monographien zum Alten und Neuen Testament 20, Neukirchen-Vluyn.
Halbe, J.
1975 Das Privilegrecht Jahwes Ex 34,10–26. Gestalt und Wesen, Herkunft und Wirken in vordeuteronomistischer Zeit, Forschungen zur Religion und Literatur des Alten und Neuen Testaments 114, Göttingen.
Hölscher, G.
1922 Komposition und Ursprung des Deuteronomiums. Zeitschrift für alttestamentliche Wissenschaft 40, 161–255.
Kaiser, O
1984 Einleitung in das Alte Testament, Gütersloh 5. Aufl.
Lambert, W.G.
1975 Babylonian Wisdom Literature. Oxford.
Macholz, G.Chr.
1972a Die Stellung des Königs in der israelitischen Gerichtsverfassung, Zeitschrift für alttestamentliche Wissenschaft 84, 157–182.
1972b Zur Geschichte der Justizorganisation in Juda, Zeitschrift für alttestamentliche Wissenschaft 84, 314–140.
Osumi, Y.
1991 Die Kompositionsgeschichte des Bundesbuches Exodus 20,22b–23,33. Orbis Biblicus et Orientalis 105, Fribourg/ Göttingen.
Otto, Eckart
1988 Wandel der Rechtsbegründungen in der Gesellschaftsgeschichte des antiken Israel. Eine Rechtsgeschichte des „Bundesbuches" Ex XX 22 – XXIII 13, Studia Biblica 3, Leiden/ New York/ Kopenhagen/ Köln.
1993 Recht und Gerechtigkeit. Die Bedeutung alttestamentlicher Rechtsbegründungen für eine wertplurale Moderne. In: Hahn, F./ Hoßfeld, F.-L./ Jorissen, H./ Neuwirth, A. (eds.), Zion. Ort der Begegnung, FS Laurentius Klein, Bonner Biblische Beiträge 90, Bodenstein, 63–83.
1994 Theologische Ethik des Alten Testaments, Theologische Wissenschaft 3,2, Stuttgart/ Berlin/ Köln.

Paul, Sh. M.
1970 Studies in the Book of the Covenant in the Light of Cuneiform and Biblical Law, Vetus Testamentum. Supplement 18, Leiden.
Porten, B./ Yardeni, A.
1986 Textbook of Aramaic Documents from Ancient Egypt 1, Jerusalem.
Römer, W.H.Ph.
1982 Aus den Gesetzen des Königs Urnammu von Ur, in: Kaiser, O. (ed.), Texte aus der Umwelt des Alten Testaments, I,2: Rechtsbücher, Gütersloh, 32-95.
Rüterswörden, U.
1987 Von der politischen Gemeinschaft zur Gemeinde. Studien zu Dt 16,18–18,22, Bonner Biblische Beiträge 65, Frankfurt.
Schwienhorst–Schönberger, L.
1990 Das Bundesbuch (Ex 20,22–23,33), Beiheft zur Zeitschrift für alttestamentliche Wissenschaft 188, Berlin/ New York.
Soden, W. von
1985 Einführung in die Altorientalistik, Darmstadt.
Steynmans, H. U.
1995 Eine assyrische Vorlage für Deuteronomium 28,20–44, in: Braulik, G. (ed.), Bundesdokument und Gesetz, Herders Biblische Studien 4, Freiburg u.a., 119–141.
Weinfeld, M.
1972 Deuteronomy and Deuteronomic School, Oxford.

Ein Gemeinwesen ohne Obrigkeit
Gedanken zu Wellhausens Akephalie–Paradigma

Christian Sigrist

Vorbemerkung

Zu Beginn seiner Abhandlung über das antike Judentum[1] geht Max Weber auf die „naturgegebenen Kontraste der Wirtschaftsbedingungen" Palästinas ein, an deren eines Ende er die Beduinen setzt. Zu deren Autoritätsverhältnissen verweist er namentlich auf Wellhausen. In der Fußnote gibt Weber dessen Göttinger Kaiser–Geburtstagsrede 1900 an, die den Titel trägt: „Ein Gemeinwesen ohne Obrigkeit".

Ich gestehe, daß mir vor 32 Jahren bei erster Lektüre der Name Wellhausen nichts sagte. Der Titel freilich intrigierte mich. Der besondere Gelegenheitscharakter schuf bei mir einerseits emotionale Distanz, zugleich erschien es aber auch aussichtslos, mit vernünftigem Zeitaufwand an den Text zu gelangen. Außerdem hemmte mich Skepsis: was war vom Text eines Theologen und Philologen aus dem Jahr 1900 schon zu erwarten für eine an die Ergebnisse moderner social anthropology anknüpfende Erforschung vorstaatlicher Gesellschaften? Dabei hätte ich 1964 nur ein paar Schritte vom Heidelberger Institut für Soziologie und Ethnologie gehen müssen, um den mir vom Max–Weber–Tag bekannten Theologen Rolf Rendtorff um Auskunft zu fragen. Daß dies nicht geschah, zeigt, wie stark die Barrieren akademischer Disziplinen sein können. Und wie wichtig überlegte interdisziplinäre Initiativen sind. Erst die Gründung unseres Arbeitskreises hat den unterdrückten Lesewunsch in mir reaktiviert. Und dann bedurfte es noch der Beherztheit eines Gottesmannes, um einfach festzustellen, daß das kleine Druckwerk in der UB Münster vorhanden ist, was freilich an ein Wunder grenzt.

Gegenstand der Rede Wellhausens sind die Sozialverhältnisse der „alten Araber"; und zwar „in ihrer epischen Zeit ... die ihrem überraschenden Einzug in die Weltgeschichte durch die Pforte des Islams unmittelbar vorhergeht." Wellhausen will am Beispiel der Beduinen demonstrieren, daß „das Recht bestanden hat, lange bevor eine Obrigkeit da war, um es zu exseguieren." Recht ist nicht daran gebunden, daß es durch eine zentrale Instanz vollstreckt wird. Und selbst bei deren Exi-

[1] Weber, 1920, 14.

stenz kann die Vollstreckung Sache der Interessenten bleiben. Wellhausen vertritt mit seiner These der Differenz von Recht und Herrschaft eine Position, wie sie später der Rechtsethnologe E. A. Hoebel[2] entwickelt hat. Aufgrund der Formationsbegrenzung handelt es sich um eine Rekonstruktion aus literarischen Quellen. In diesem Sinne ist auch das historische Präsenz zu lesen. Die Beduinen sind Wüstenbewohner, sie sind Nomaden, nicht ansässig. Die fehlende lokale Gliederung wird durch „ein inneres Princip der Bindung und Gliederung", nämlich „das Blut" (2), die Verwandtschaft ersetzt.

Jeder Araber gehört einem Verband an, der durch väterliche Blutsverwandtschaft begründet ist. Wellhausen verweist darauf, daß sich bei den Hebräern auch nach der Seßhaftwerdung die mit dieser Verbandsordnung verbundene genealogische Gliederung erhalten hat.

Eine solche soziale Gliederung in Verwandschaftseinheiten erlaubt eine große Mobilität und ermöglicht kraft „natürlicher" Gliederung eine ähnliche Gliederung, wie sie ein Heer vermittels „künstlicher" Ordnung erreicht.

Als die beiden wichtigsten Stufen in der politischen Verwandschaft hebt Wellhausen ihre Pole hervor: den Stamm und die Sippe, die in einem inklusiven Verhältnis stehen. Der Stamm ist die oberste politische Einheit; trotz gemeinsamer Sprache und Lebensformen sind die Araber kein Volk, denn: „jenseits des Stammes beginnt das Ausland" (3). Trotz Beziehungen zwischen den Stämmen gilt: „insofern, als der Begriff der allgemeinen Menschenpflichten nicht existiert und es eine Moral außerhalb des Stammes nicht gibt, ist von vornherein jeder Stammfremde Feind" (4).

Es gibt freilich eine Erweiterung der Grenzen der Stammesgemeinschaft:

„Doch läßt sich die enge Grenze der Stammesgemeinschaft erweitern. Es gibt Mittel, wodurch auch der Fremde die Sicherheit der Stammesangehörigen erlangen kann. Wenn er den Gewandsaum des Feindes von hinten fasst, einen Knoten in dessen Turbanzipfel schlägt, dessen Strick mit dem seinen verknüpft, so hat er nichts von ihm zu befürchten. Wenn es ihm gelingt in das Zelt des Anderen oder gar durch ein Kind oder die Frau darin eingeführt und bewirthet zu werden, so ist er geheiligt. Die Heiligkeit des Heerdes ist den Arabern unbekannt, auch ihr Altar ist kein Heerd und hat kein Feuer; dafür aber ist bei ihnen das Zelt mit seinen Insassen heilig und schon durch die Berührung der äusseren Zeltseile macht sich der Fremde unantastbar." (3f.)

Der Gast wird durch den *Schatten* des Zeltes geheiligt. Dazu gibt es bei den Pashtunen (in Afghanistan und Pakistan) bis in die Gegenwart eine frappierende Parallele: Das gleiche Asylrecht gilt bei den Nomaden, bei den Seßhaften sichert das Erreichen des Hoftors oder das Erreichen der Dachtrauflinie Immunität gegenüber dem Hofherrn und zugleich dessen Schutz gegen Nachstellungen von außen. Die Bezeichnung für den Schutzbefohlenen ist *hamsaya*: der im Schatten Stehende...

Aus vorübergehenden Schutzverhältnissen können sich dauerhafte Sozialbeziehungen ergeben. Beisassen oder Schutzverwandte können „nostrifiziert" werden. Zur Stammesintegration bemerkt Wellhausen: „Verwandtschaft und Nachbarschaft wirken zusammen, um den Stamm zu verkitten" (4). Aus der Stärke des

---

[2] Vgl. Hoebel, 1954.

„Blut"–Prinzips leitet er eine diskutierbare allgemeine Aussage ab: „Es gibt keine res publica im Gegensatz zu häuslichen Angelegenheiten, Überhaupt keinen Unterschied zwischen Oeffentlich und Privat. Alles beruht auf Wechselseitigkeit, auf Treue und Kameradschaft; die entgegengesetzten Begriffe Pflicht und Recht, Regent und Unterthan, Patron und Client werden durch ein und dasselbe Wort bezeichnet. Beamte und Offiziere, Büttel und Henker sind nicht vorhanden. Es gibt keine Obrigkeit, keine souveraine Macht, die abgelöst wäre von der Gesellschaft und den Einzelnen, ihr eigenes auf Steuern begründetes Vermögen hätte und in amtlichen Organen selbständig waltete. Die Functionen der Gemeinschaft werden durch alle ihre Mitglieder gleichmässig ausgeübt. Was bei uns Hoheitsrechte und Hoheitspflichten des Staates sind, die nur durch seine Angestellten ausgerichtet werden, das sind bei den Arabern lauter Dinge, die von den Einzelnen geleistet werden müssen, nicht in Folge äusseren Zwanges, sondern aus dem Gemeinsinn der Nachbar- und Bruderschaft heraus. Die Einzelnen müssen durch lebendige Arbeit immer neu erzeugen, was bei uns bleibende Ordnungen und Institute sind, die ihr eigenes unabhängiges Leben führen oder zu führen scheinen. Die Araber bleiben beim Fundament stehn und bauen darauf keine oberen Stockwerke, die den Erben fertig überliefert werden und in denen sie es sich bequem machen können." (4f.)

Wellhausen betont das individualistische Profil der Bedugesellschaft: „Das Nächste ist überall, dass der Einzelne selber handelt und selber zusieht, wie er durchkommt ... Nur in der Noth sind die Anderen verpflichtet ihm zu helfen" (5). Die Anderen, das ist v.a. die Sippe.

Im Vordergrund steht aber die große Aktionsfreiheit des Einzelnen, welche die Leistungsfähigkeit des Gemeinwesens schwächt. Der aggressive Individualismus löst insbesondere nach Raubzügen (Razzien) eine Kette von Konflikten aus, in denen der Antagonismus von Stamm und Sippe aufbricht.

Wellhausen geht dabei von der evolutionistischen These aus, daß der Stamm ursprünglich unter den Bedingungen des mit Endogamie verbundenen kommunistischen Matriarchats entstanden sei, die Sippen sich dagegen patriarchal und aristokratisch konstituiert hätten, auch wenn „jetzt" der Stamm nur eine Erweiterung der Sippe sei.

Der Individualismus der Bedu wird durch das „aristokratische" Moment nur sehr bedingt gezügelt.

Unter Aristokratie versteht Wellhausen die Sippenhäupter und den Saijid als Stammesoberhaupt, deren Stellung auf freiwilliger Anerkennung beruht. Sie genießen Autorität, haben eher Pflichten als Privilegien, auch wenn der Saijid den vierten Teil der Beute bezieht. „Er hat große Autorität, aber keine höchste Gewalt". Er übt keine Herrschaftsgewalt aus, es gibt keinen Heerzwang. Nur Scham- und Ehrgefühle können in Situationen der äußeren Bedrohung zusätzlich zu materiellem Eigeninteresse mobilisiert werden. Nach Wellhausen ist der „Mangel einer souveränen Zentralmacht" (8) vor allem im Inneren fühlbar; hier sieht er auch eine Parallele zum AT, das von Verwaltung als Staatsaufgabe nichts weiß und Regieren mit Richten gleichsetzt. Richter sind dabei nur Schiedsrichter. Ihre Urteilssprüche haben keine exekutive Kraft:

„Wegen Fehlens einer höchsten Gewalt gibt es keine Kriminaljustiz in unserem Sinn" (9). Äußerst fragwürdig erscheint freilich Wellhausens Behauptung, die

Lossagung der Gemeinde von einem ihrer unwürdigen Mitglieder sei in „Wahrheit keine Strafe" (9) — eine solche Verstoßung kann unter den widrigen Lebensbedingungen der Wüste im Gegenteil einem Todesurteil gleichkommen.

Es gibt nur Privatdelikte. Der Rechtsweg kann nicht zur Bestrafung führen, sondern nur zu Schadensersatz. Das schwerste Delikt ist Blutvergießen, ihre Sanktion die Blutrache. Deren Ausübung obliegt passiv wie aktiv der Sippe. Die Blutrache zwischen Sippen wird auch innerhalb des Stammes ausgetragen. Die Rachepflicht ist „heiliges Gesetz" (10).

Nur selten kann für einen Mord „statt der Rache Recht genommen werden", Blutschuld durch Kamele abgelöst werden: „Es gilt nicht für ehrenvoll, Kamele als Genugtuung für einen Mord anzunehmen, Blut um Milch zu verkaufen" (11). Eine andere seltene Möglichkeit ist die Auslieferung des Täters an die Opfergruppe, welche die *talio* ausüben kann.

Ein souveränes arabisches Gemeinwesen ist erst durch Muhamad in Medina begründet worden und zwar auf religiöser Grundlage, nicht auf Basis des „Blutes" (12). Hier erst wird die *talio* zur Vorschrift. Davor herrschte „grauenvolle Anarchie ... da war in der That kein Leben möglich" (12).

Mit der *talio* wird der Übergang von der Rache zur Strafe beschritten; aber noch unter dem ersten Kalifen war eine öffentliche Hinrichtung kaum möglich. Diese arabischen Verhältnisse kontrastiert Wellhausen mit der Todesstrafe der Hebräer in Form der Steinigung durch die Gemeinde bei Verbrechen gegen die Gottheit. An Stelle der Blutfehde tritt die *talio*. Bei fahrlässiger Tötung hilft das Asyl, nicht bei Mord, der auch nicht kompensierbar ist. Während bei den Hebräern die Strafe der Reinigung der Gemeinde dient, ist bei den Arabern die religiöse Wurzel des Strafrechts verdorrt. Lediglich Fluch und Eid sind als religiöse Institute geblieben: „Das altarabische Recht ist merkwürdig profan, nüchtern und formlos" (15).

Ernüchternd fällt auch die Gesamtbilanz aus, die Wellhausen gegen Ende seiner Rede zieht: „Das schwache Fundament trägt keinen in die Höhe ragenden Oberbau" (15). Die kargen Lebensbedingungen der Wüste erschweren eine differenzierte Gestaltung selbst der unmittelbaren Sozialbeziehungen. Wellhausen sieht weder „sanfte Familiensitte", noch patriarchale Bevormundung; gleichwohl wird aber geistige Freiheit durch den Verwandtschaftssinn unterbunden. Diese gedeihe nämlich nur im Staat — „nicht in einer Vetternschaft, die ihre Glieder innerlich bannt" (15).

Die vor dem Hintergrund der differenzierten Darstellung überraschend deutliche Abwertung der vorstaatlichen Verhältnisse als Anarchie im Sinne des alltäglichen bürgerlichen Sprachgebrauchs entspringt einerseits Wellhausens evolutionistischer Geschichtsinterpretation. Zugleich harmonisiert diese mit dem persönlichen Engagement für die preußische Sache und das Deutsche Reich. Wellhausen ließ den Kaiser hochleben, der wenige Monate nach Wellhausens Rede die blutrünstige „Hunnenrede" hielt und der sich auch schon in früheren Jahren durch aggressiven Antisemitismus und Kriegstreiberei hervorgetan hatte. Gleichwohl: subaltern erscheint Wellhausen nicht. Er verzichtet auch auf die naheliegende Hervorhebung der Aktualität seines Themas in der Perspektive der kaiserlichen Orientprojekte (2. Orientreise mit Besuch des Heiligen Landes und mit Damaskus-Rede am 8.11.1898).

Max Weber freilich hätte es verschmäht, zu einem solchen Anlaß zu sprechen, weil er die Gefährlichkeit und die Unwürdigkeit des Monarchen früh durchschaut hatte. Der Text der Rede hat ihn freilich positiv beeindruckt.

Wellhausens anschauliche Schilderung einer akephalen Gesellschaft samt dem griffigen Titel stand Pate bei Webers Begriff der „regulierten Anarchie". Er hat sich allerdings gegenüber anarchischen Gesellschaften massiver Werturteile enthalten. Schneidende Kenntlichmachung gilt eher den modernen Staaten als „stählerne Gehäuse der Hörigkeit", ohne daß er deswegen die Unbedingtheit seiner Identifikation mit seiner Nation aufgegeben hätte.

Weber hat die Anarchie–Phobie bürgerlicher Wissenschaft überwunden und so vorstaatliche Sozialstrukturen soziologischer Analyse zugänglich gemacht. Das Konzept „regulierte Anarchie" wurde vom Weber–Leser Evans–Pritchard übernommen und zur Charakterisierung nicht–zentralisierter Gesellschaften eingesetzt, die im Anschluß an Durkheim segmentär genannt wurden. Evans–Pritchard hat zugleich im Anschluß an Webers Verband–Theorie den Begriff der Akephalie als Synonym für das Fehlen einer Zentralgewalt eingeführt.

Der Begriff Akephalie ist freilich nicht ohne historische Belastung: iberische Missionare und andere europäische Reisende gebrauchten das Wort, um damit imaginäre kopflose Monster in Afrika oder in den „Antipoden" zu kennzeichnen.

Aus dieser obskuren Tradition haftet dem Begriff die Konnotation an, afrikanische Stämme seien ohne politisches Bewußtsein, willenlos.

Max Weber hat eine wichtige soziologische Analyse der altisraelischen Gesellschaft als „Eidgenossenschaft" ausgearbeitet, die auf der von Wellhausen durchgeführten philosophisch–historischen Dekonstruktion der Redaktion des AT beruht. Die große Bedeutung von Wellhausens „großartigen Arbeiten" zum AT auch für seine eigene Monographie hebt Weber in einer Fußnote zur modernen AT–Forschung hervor[3]. Von Wellhausen übernimmt er auch den Begriff der Eidgenossenschaft: „Jahwe war das Feldgeschrei dieser kriegerischen Eidgenossenschaft"[4]. Christa Schäfer–Lichtenberger hat darauf hingewiesen, daß der von Weber in „Wirtschaft und Gesellschaft" geprägte Begriff der „regulierten Anarchie"[5] im „antiken Judentum" zwar nicht explizit auftaucht, aber auf die von Weber dargestellten Sozialverhältnisse voll anwendbar ist [6]. Mehr noch: das vorstaatliche Israel stellt als Eidgenossenschaft „die einzige ausführliche Illustration des reinen Typus 'regulierte Anarchie' dar"[7].

Die Arbeit von Crüsemann: „Der Widerstand gegen das Königtum"[8] schließt soziologisch an Weber an; er arbeitet allerdings stärker als dieser die Motive des antiherrschaftlichen Widerstandes heraus; erst nach Abschluß seiner Untersuchung

---

[3] Weber, 1920, 2f.

[4] Wellhausen, 1901, 26.

[5] Weber, 1950, 678.

[6] Schäfer–Lichtenbergers, 1981, 95, Anwendung des Begriffs „Herrschaftstypus" auf die regulierte Anarchie ist freilich unsinnig.

[7] dies., 1981, 95.

[8] Crüsemann, 1978.

stieß Crüsemann auf die von mir weiterentwickelte Theorie segmentärer Gesellschaften und konstatierte eine unabhängige Bestätigung dieses Ansatzes. Neu kritisiert Webers historisch frühen Ansatz der „religiösen Schwurverbrüderung" bereits unter Mose[9] und setzt systematisch mit dem ethnosoziologischen Modell der segmentären Gesellschaft als Ausgangsformation an: „Von der Anarchie zum Staat".

Webers Studie enthält freilich einen zweiten Teil: Die Entstehung des jüdischen Pariavolkes. Dieser Teil der Studie zum antiken Judentum ist viel stärker als der erste von Wellhausen geprägt. Einerseits besteht ein direktes Rezeptionsverhältnis; wichtiger noch ist aber wohl das indirekte: Webers Begriff der Pariareligiosität ist durch Nietzsches Kritik des jüdischen wie des christlichen Monotheismus als Tschandala–Moral, als Religion des Ressentiment fatal geprägt worden. Nietzsches Verdikt aber wurde durch Wellhausens Dekonstruktion des AT und durch seine Abwertung der Hierokratie und ihrer Fixierung auf das Gesetz vorbereitet.

Wellhausens Abwertung der jüdischen Hierokratie kontrastiert mit seinem positiven Urteil über das vorexilische Israel: „So lebendig wie je einem anderen Volke ist es den alten Israeliten im Bewußtsein geblieben, welcher Dank den Männern und der Institution gebühre, wodurch sie aus der Anarchie und Unterdrückung zu einem geordneten und wehrhaften Gemeinwesen emporgehoben wurden"[10].

Die Entwicklung der wehrhaften hebräischen Stämme zu einem nationalen Königtum wird positiv gewertet. Wie für viele andere deutsche Kulturwissenschaftler jener durch Bismarcks „Blut und Eisen"–Metaphorik geprägten Epoche wurden auch für Wellhausen Wehrhaftigkeit und Nationalstaatlichkeit zu ahistorischen Parametern. Das Auseinanderbrechen des davidischen Reiches wird als Niedergang aufgefaßt; insbesondere aber wird die Subalternität der jüdischen Religionsgemeinschaft, die ihren hochkodierten Kultus unter dem Schutz fremder Herrscher ausübt, negativ gewertet, nicht zuletzt wegen der Verzerrung der Überlieferung durch Redaktoren, die dem Geist der Wehrhaftigkeit entfremdet waren: „Der überlieferte Stoff erscheint gebrochen durch ein fremdartiges Medium, den Geist des nachexilischen Judentums"[11]; exemplarisch sei nur Wellhausens Klage zitiert: „Was hat die Chronik aus David gemacht! Der Gründer des Reiches ist zum Gründer des Tempels und des Gottesdienstes geworden, der König und Held an der Spitze seiner Waffengenossen zum Kantor und Liturgen eines Schwarmes von Priestern und Leviten, seine so scharf gezeichnete Figur zu einem matten Heiligenbilde, umnebelt von einer Wolke von Weihrauch!"[12]

Als Ergebnis der politischen Entmündigung enstand die „mosaische Theokratie, das Residuum eines untergegangenen Staates" als „unpolitisches Kunstprodukt"[13].

---

[9] Neu, 1992, 160ff.

[10] Wellhausen, 1899, 256.

[11] ders., 1895, 186.

[12] a.a.O. 181.

[13] a.a.O. 429.

Es fällt schwer, in diesen massiven Wertungen nicht die Widerspiegelung des von Bismarck geführten „Kulturkampfes" zu sehen.

Auch Wellhausens vielfache Vergleiche der arabischen und der hebräischen Kulturentwicklung führen zum gleichen negativen Ergebnis:

Während die arabischen Stammesgesellschaften ihre Zentralregierung auf Dauer stellen und expansive Reiche schaffen konnten, die den äußeren Rahmen für schöpferische kulturelle Entwicklungen boten, verengte sich die hebräische Kultur nach einer kurzen königlichen Blütephase zu einer ritualisierten Priester- und Schriftgelehrtenkultur, die von günstigen externen politischen Konstellationen abhängig wurde.

Es würde hier zu weit führen, auf die weitreichenden Restriktionen auch der theologischen Interpretation einzugehen, welche aus Wellhausens nationalliberaler Wertung der Anarchie folgen. Die Eigenwertigkeit der anarchischen Sozialverfassung und ihre Bedeutung für die Herausbildung des hebräischen Monotheismus wird verkannt. Weber hingegen hat in seiner Analyse der „Eidgenossenschaft" richtig die Bedeutung der herrschaftskritischen Mentalität für das Gottesbild und für die Aufrechterhaltung nationaler Identität auch angesichts der Überlegenheit fremder Mächte herausgearbeitet. Um so erstaunlicher bleibt, daß Weber in der historischen Konstruktion des jüdischen Pariavolkes der doppelten Wellhausenrezeption (direkt und durch Nietzsche) erliegt und das von Wellhausen vorgezeichnete Stereotyp der durch Staats- und Wehrlosigkeit vorgegebenen „Ethik der Würdelosigkeit" formuliert hat.

Auf die methodologischen Probleme von Webers Pariavolk–Theorie habe ich bereits 1964 im Rahmen des Heidelberger Max–Weber–Kongresses hingewiesen. In einer parallelen Sitzung des religionssoziologischen Fachausschusses hat Jacob Tauber die (oben skizzierte) Doppelrezeption Wellhausens durch Weber referiert.[14]

In Schluchters Sammelband „Max Webers Studie über das antike Judentum"[15] sind vorhergehende und frühere Kritiken an Webers Theorie zusammengefaßt. Sie erklären m.E. aber nicht, wie Webers luzide Analyse des altisraelitischen Monotheismus in eine stellenweise perfide Stereotypisierung des nachexilischen Judentums (ich erwähne nur den bösen Begriff des Pariakapitalismus) münden konnte, zumal Weber auch in seinem persönlichen Verhalten den Antisemitismus stets verworfen hat.

Auf den ersten Blick bietet sich als Erklärung die Weber wie Wellhausen gemeinsame Hochschätzung des Soldatischen und der nationalen Würde an. In systematischer Hinsicht ist die Unterlassung Webers, seiner Herrschaftstypologie eine ähnlich elaborierte Typologie des antiherrschaftlichen Widerstandes zur Seite zu setzen, zu thematisieren. Allgemein bleibt zu sagen, daß die Reduktion sozialrevolutionärer und religiöser Bewegungen, aber auch von introversiven Religionsgemeinschaften auf eine individualpsychologische Motivlage, das „Ressentiment", deren kognitive und soziale Komplexität verfehlt.

---

[14] Vgl. die Protokolle der Fachausschüsse Religionsethnologie bzw. Ethnosoziologie im Kongreßband (Stammer, 1965).

[15] Schluchter, 1981.

Literatur

Crüsemann, F.
1978 Der Widerstand gegen das Königtum, Neukirchen.
Evans–Pritchard, E.; Fortes, M. (eds.)
1940 African political systems, London.
Hoebel, E.A.
1954 The law of primitive man, Cambridge (Mass.); dt.: Das Recht der Naturvölker, Freiburg Olten 1968.
Neu, R.
1992 Von der Anarchie zum Staat, Neukirchen.
Orsucci, A.
1996 Orient–Okzident. Nietzsches Versuch einer Loslösung vom europäischen Weltbild, Berlin.
Perlitt, L.
1965 Vatke und Wellhausen, Berlin.
Schäfer–Lichtenberger, C.
1981 Stadtstaat und Eidgenossenschaft, in: Schluchter, 1981, 78-109.
1983 Stadt und Eidgenossenschaft im AT, Berlin/New York.
Schluchter, W. (ed.)
1981 Max Webers Studie über das antike Judentum, Frankfurt am Main.
Sigrist, Chr.
1994[3] Regulierte Anarchie, Hamburg.
1992 Paria, Pariavölker, in: Evangelisches Kirchenlexikon Bd. III, 1048–1051.
Stammer, O. (ed.)
1965 Max Weber und die Soziologie heute, Tübingen.
Weber, M.
1920 Gesammelte Aufsätze zur Religionssoziologie. Bd. III: Das antike Judentum, Tübingen.
1956[4] Wirtschaft und Gesellschaft, Tübingen.
Wellhausen, J.
1895[4] Prolegomena zur Geschichte Israels, Berlin.
1899[5] Prolegomena zur Geschichte Israels, Berlin.
1897 Reste arabischen Heidentums, Berlin.
1900 Gemeinwesen ohne Obrigkeit, Göttingen.
1901 Israelitische und jüdische Geschichte, Berlin.

Die Zwölfstämme–Ordnung der Israeliten als Idealverfassung nach byzantinischen Zeugnissen

Rainer Stichel

Zwischen dem 9. und dem 13. Jahrhundert entstand in Byzanz eine Schrift, die in der Forschung „Palaia“ genannt wird; der Name ist abgeleitet von παλαιά <διαθήκη>. Es handelt sich um eine Biblische Geschichte, die von der Schöpfung bis zu David und dann, mit geringerem Material, bis zum Propheten Daniel reicht, die also den gesamten Umfang des Alten Testaments abdecken will. Sie nimmt den kanonischen Bibeltext teils wörtlich auf, teils wandelt sie ihn paraphrasierend ab, teils fügt sie Erzählungen aus anderen Quellen ein, wobei sie auch Überlieferungsgut aufgenommen hat, das aus jüdischen Quellen stammt, seien diese uns bekannt oder verloren.[1] Die Wirkung der Palaia auf die Vorstellungswelt weiter Kreise in Byzanz war beträchtlich.[2] Erhalten ist sie in etwa zwanzig griechischen Handschriften; auch eine altrussische Übersetzung liegt vor. In der heutigen Byzantinistik hat sie wenig Aufmerksamkeit gefunden; sie teilt damit das Schicksal mancher anderer Werke der byzantinischen Zeit, die damals viel gelesen, von der heutigen Forschung jedoch wenig beachtet werden.

Uns soll beschäftigen, was die byzantinische Palaia über die zwölf Stämme Israels berichtet. Der Autor – oder sagen wir besser der Kompilator – geht mehrmals darauf ein. Die erste Bemerkung über das Stämmewesen der Israeliten begegnet uns in der Erzählung von der Wanderung der Israeliten durch die Wüste. Als die Israeliten Elim erreichen, finden sie dort zwölf Quellen; davon berichtet das Buch Exodus (Ex 15,27). Für einen christlichen Autor wie den Kompilator der Palaia präfigurieren diese zwölf Quellen – wie sollte es anders sein? – die zwölf Apostel. Daran schließt er jedoch ein Traditionsstück an, das seine Herkunft aus einer anderen Quelle dadurch erkennen läßt, daß es in der Form von Frage und Antwort abgefaßt ist: „Warum aber fanden sich zwölf Wasserquellen? Damit ein jeder Stamm seine eigene Quelle habe und sie nicht miteinander stritten.“[3] Hier wird keine typologische Ausdeutung geboten, die Erklärung ist ganz handgreiflich: „damit sie nicht miteinander stritten“. Nach meiner Kenntnis ist die Palaia das einzige Zeug-

---

[1] Vgl. Flusser 1971, 48–79.

[2] Vgl. Stichel 1974, 159–181.

[3] Καὶ ἦλθον εἰς Ἐλὴμ καὶ ἦσαν ἐκεῖ δώδεκα πηγαὶ ὑδάτων καὶ ἐβδομήκοντα στελέχη φοινίκων, παρενέβαλον δὲ ἐκεῖ πᾶσα συναγωγὴ υἱῶν Ἰσραήλ. Περὶ τῶν ιβ' πηγῶν. Τὰς δώδεκα πηγὰς τῶν ὑδάτων προδηλοῦσι τοὺς δώδεκα ἀποστόλους. διὰ τί δὲ καὶ δώδεκα πηγαὶ ὑδάτων εὑρέθησαν; ἵνα ἑκάστη φυλὴ τὴν ἰδίαν πηγὴν κέκτηται καὶ μὴ διαμάχωνται. καὶ ἑβδομήκοντα στελέχη τῶν φοινίκων; φοίνικες δὲ οἱ δώδεκα ἀπόστολοι, στελέχη δὲ αὐτῶν οἱ ἑβδομήκοντα μαθηταί εἰσιν. Vasil'ev 1893, 238.

nis, in dem diese Begründung des Wunders geboten wird. Von der Form von Frage und Antwort wird noch zu sprechen sein.[4]

Zum zweiten Mal spricht die Palaia von der Zwölfstämme–Ordnung der Israeliten in der Erzählung von der Ermordung der Frau des Leviten durch die Benjaminiten. Das Buch der Richter erzählt in seinem 19. und 20. Kapitel, die Nebenfrau eines Leviten im Gebirge Ephraim habe ihren Mann im Zorn verlassen und vier Monate lang bei ihrem Vater in Bethlehem verweilt. Dann sei der Levit ihr nachgegangen, um sie zur Rückkehr zu bewegen. Die Gastfreundschaft des Schwiegervaters habe ihn fünf Tage in Bethlehem aufgehalten. Als er schließlich am fünften Tage recht spät aufgebrochen sei, habe er es vermieden, in der Stadt der fremdstämmigen Jebusiter zu nächtigen, und statt dessen Gibea, einen Ort des Stammes Benjamin, aufgesucht. Die Einwohner der Stadt hätten den Gastgeber aufgefordert, ihnen den Gast herauszugeben, um ihn zu mißbrauchen. Statt dessen habe dieser ihnen seine Tochter und die Nebenfrau des Leviten angeboten und ihnen dann die letztere zugeführt; diese sei von den Männern zu Tode vergewaltigt worden.[5]

Die Palaia erzählt diese Geschichte des Leviten etwas anders:

> "Von den Richtern Levi. Dieser Levit von den Richtern nahm eine Frau aus dem Stamme Ruben. Denn die Stämme Ruben waren getrennt von den zwölf Söhnen Jakobs.
>
> Denn diese waren die zwölf Patriarchen und ihre Zepter waren die zwölf Zepter Israels, und sie wurden das Zwölfstämmevolk genannt. Und ein jeglicher Stamm hatte seine eigene Ordnung. Aber auch auf dem Wege, als sie auf der Wanderung umherzogen aus Ägypten, zog ein jeglicher Stamm auf seinem eigenen Wege einher. Aber auch das Rote Meer, als es sich spaltete, da spaltete es sich in einer solchen Breite, daß sie es unbeengt durchqueren konnten. Denn eine solche Heeresordnung hielten sie beim Umherziehen ein: die einen hinten, die anderen vorne, ein anderer zur Rechten und wieder ein Anderer zur Linken. Deshalb ward auch das gespaltene Meer breiträumig gespalten, auf daß ein jeglicher Stamm seinen eigenen Weg habe. Gleichfalls, als sie in das Land der Verheißung kamen, da erbte ein jeder Stamm sein eigenes Erbteil. Denn aufgeteilt empfingen sie das Land, mit der Maßschnur abgeteilt. Dessen gedenkt die Schrift allenthalben: „Und er beerbte sie mit der Schnur der Erbteilung“ (Ps 77,55b LXX), und andernorts: „Die Maßschnur eures Erbes“ (Ps 104,11b LXX). Denn jeder Stamm hatte sein eigenes Erbteil.
>
> Dieser Levit also von den Richtern nahm sich eine Frau aus einem anderen Stamm, und dazwischen auf halbem Wege war der Stamm Benjamin. Die vom Stamme Benjamin aber waren verdorben, Männerliebhaber, Kindesverführer, Kindsverderber, Ehebrecher, Blutmischer, Mörder. Denn jegliches Böse taten sie, das Gott haßt.
>
> Der Levit nahm nun sein Weib und ging hin, um seine Gevatter zu sehen. Indem er nun nach Hause zurückkehren wollte, versäumte er es, in der Frühe aufzubrechen und seines Weges zu ziehen. Und er brach spät auf, denn sie bedachten nicht, ihren

---

[4] Vgl. unten S.149f.

[5] Vgl. zuletzt Stone 1995, 87–107.

Weg zu beschleunigen, damit er die Städte Benjamins durchziehe, auf daß er nicht in ihnen bleibe."[6]

Der kompilative Charakter des Kapitels tritt deutlich zu Tage. Die Anfangsworte „Dieser Levit" greifen eine Eingangsformel auf, wie sie in hagiographischen Lebensbeschreibungen üblich ist.[7] Doch wird die Erzählung sogleich unterbrochen und ein Exkurs über die Ordnung der Stämme Israels eingefügt, woran sich weitere Ausführungen über das Stammeswesen der Israeliten überhaupt anschließen. Danach werden die Eingangsworte nochmals aufgenommen und die Erzählung fortgesetzt.

Im biblischen Buch der Richter besteht die Tragik der Handlung darin, daß der Levit die Absonderung von den Fremdstämmigen beobachtet und gerade so in die Hände verbrecherischer Menschen des eigenen Volkes fällt. Die Palaia schafft eine andere Logik der Erzählung. Nach ihr beschwört der Levit das Unheil dadurch herauf, daß er eine Frau aus einem anderen Stamm seines eigenen Volkes ehelicht. Davon, daß er auf dem Heimweg die Orte der Fremdstämmigen meidet, ist nicht mehr die Rede. Er bemüht sich vergeblich, noch bei Tage das Gebiet des als durch und durch verdorben bekannten Stammes Benjamin zu durcheilen, ohne dort zu nächtigen.

Offenbar verfügte der Kompilator der Palaia über eine Quelle, in der der Stämmeordnung der Israeliten besondere Beachtung geschenkt wurde. Als Grund-

---

[6] Vasil'ev 1893, 272f.: Περὶ τῶν κριτῶν Λευί. Οὗτος ὁ ἐκ τῶν κριτῶν τυγχάνων Λευίτης ἔλαβεν γυναῖκα ἐκ τῆς φυλῆς τοῦ 'Ρουβίμ, καὶ γὰρ αἱ φυλαὶ 'Ρουβὶμ διαμερισμέναι ὑπῆρχον τῶν δώδεκα υἱῶν τοῦ Ἰακώβ. οὗτοι γὰρ ἦσαν οἱ δώδεκα πατριάρχαι καὶ αὐτῶν τὰ σκῆπτρα ἐτύγχανον τὰ ιβ' σκῆπτρα τοῦ Ἰσραὴλ καὶ αὐτοὶ ἐλέγοντο καὶ τὸ δωδεκάφυλον καὶ εἶχον καταμία φυλὴ τὴν ἰδίαν τάξιν, ἀλλὰ καὶ ἐν τῇ ὁδῷ ὅτε ἐπεριπατοῦσαν διερχόμενοι ἐπ᾽ Αἰγύπτου ἑκάστη φυλὴ τὴν ἰδίαν ὁδὸν ἐπεριεπάτει, ἀλλὰ καὶ ἡ Ἐρυθρὰ θάλασσα ὅτε ἐτμήθη τοσοῦτον πλάτος ἐτμήθη ὅσον ἠδύναντο ἀστενοχωρήτως περᾶσαι. οὕτως γὰρ εἶχον τάγμα τοῦ περιπατεῖν οἱ μὲν ὄπισθεν, οἱ δὲ ἔμπροσθεν, ἕτερος ἐκ δεξιῶν καὶ ἄλλος ἐξ ἀριστερῶν. διὰ τοῦτο καὶ ἡ τμηθεῖσα θάλασσα εὐρύχωρος ἐτμήθη ἵνα ἑκάστη φυλὴ τὴν ἰδίαν ἔχῃ ὁδόν. ὁμοίως ἐλθόντες πάλιν εἰς τὴν γῆν τῆς ἐπαγγελίας οὕτως ἐκληρωδότησαν ἑκάστη φυλὴ τὴν ἰδίαν κληρουχίαν· μεμερισμένην γὰρ αὐτὴν παρέλαβον αἱ φύσεις μετὰ σχοινίου μερίσαντες. Διὰ τοῦτο μέμνηται ἡ γραφὴ πανταχοῦ· καὶ ἐκληρωδότησεν αὐτοὺς ἐν σχοινίῳ κληρωδοσίας (Ps 77,55b LXX). καὶ ἀλλαχοῦ· σχοίνισμα κληρονομίας ὑμῶν (Ps 104,11b LXX) ἑκάστη γὰρ φυλὴ τὴν ἰδίαν κληρουχίαν ἔχουσα. Οὗτος οὖν ὁ Λευίτης ὁ τῶν κριτῶν τυγχάνων ἔλαβε γυναῖκα ἐξ ἑτέρας φυλῆς καὶ ἦν αὐτῷ μέσον τῆς ὁδοῦ αὐτοῦ ἡ φυλὴ Βενιαμήν. ἡ δὲ φυλὴ Βενιαμὴν ὑπῆρχεν ἄσωτοι, ἀρσενοκοῖται, παιδοφθόροι, μοιχοί, αἱμομίκται, φονίσκοι· πᾶν γὰρ κακὸν ἔπραττον ὧν μισεῖ ὁ θεός. Λαβὼν οὖν ὁ Λευίτης τὴν ἑαυτοῦ γυναῖκα ἀπῆλθε θεάσασθαι τοὺς αὐτοῦ πενθερούς. ἐν δὲ τῷ μέλλειν αὐτὸν ὑποστρέφειν οἴκαδε ἠμέλησεν πρωῒ τοῦ ἐξελθεῖν τὴν ὁδὸν αὐτοῦ βαρίσαι καὶ ἐξῆλθεν ἀργήσας, οὐ γὰρ ἐφρόντισαν ταχύναι τὴν ὁδὸν αὐτῶν ὡς ἂν διέλθῃ τὰς πόλεις Βενιαμὴν τοῦ μὴ μεῖναι ἐν αὐταῖς [...].

[7] Mit denselben Worten beginnen zum Beispiel auch gerne die einzelnen *Vitae prophetarum* (Schermann 1907, 46,3.5; 49,1; 51,8 und öfter.)

zug wird die durchgehende Trennung der Stämme voneinander genannt; so sei es beim Auszug aus Ägypten, beim Durchzug durch das Rote Meer, bei der Verteilung der Anteile des Gelobten Landes und in der Zeit der Richter gewesen.

Ein drittes Mal kommt der Kompilator der Palaia auf die Zwölfstämme–Ordnung in der Erzählung von Jephthe zu sprechen. Bietet das Buch der Richter (Ri 11) dabei eine Reihe schwer verständlicher Einzelheiten, so berichtet die Palaia über die Geburt Jephthes von einer Hure abweichend von der biblischen Erzählung, seine Mutter habe ihn von ihrem Sklaven empfangen, weshalb er aus dem Stamme Dan, zu dem er gehört habe, ausgestoßen worden sei; darauf wird erklärend hinzugefügt: „Denn die zwölf Stämme Israels vermischten sich nicht miteinander, sondern ein jeglicher Stamm umschloß sein eigenes Landbesitzteil."[8] Wiederum wird dabei auf Ps 77,55b (LXX) und Ps 104,11b (LXX) verwiesen. Warum dieser Hinweis auf die Zwölfstämme–Ordnung hier eingefügt wird, kann man nur ahnen, die Palaia selbst spricht es nicht aus. Doch wird deutlich, daß – wie schon in der Erzählung von dem Leviten – die Nichteinhaltung dieser Ordnung das Unheil, hier den Verlust der eigenen Tochter, heraufbeschwört.

Die Angaben der Palaia über die Zwölfstämmeordnung der Israeliten stellen sicherlich keine eigenständigen Überlegungen des byzantinischen Kompilators des Werkes dar. Sie müssen in einer Zeit entstanden sein, in der an ihnen ein vitales Interesse bestand.

In der Tat fügt sich das, was die Palaia berichtet, den Vorstellungen über die Zwölfstämme–Ordnung der Israeliten, wie sie uns aus anderen Zeugnissen bekannt ist, ein. Es war die allgemeine Hoffnung des Judentums der hellenistischen Zeit, Gott werde in der Endzeit die zwölf Stämme Israels wiederherstellen. Darum betete der Siracide,[9] dies verkündeten die Propheten (Jes 49,6; Ez 45,8), und die jüdischen Gemeinschaften am Toten Meer hofften darauf.[10] Insofern sind διασπορά und συναγωγή komplementäre Begriffe,[11] mit dem Wort „Diaspora" dürfte stets der Gedanke der „Einsammlung" mitgedacht worden sein; in der διασπορά, der „Zerstreuung" sah man einen unnatürlichen Zustand, eine von Gott gesandte Strafe, die einstmals durch die Wiederversammlung der zwölf Stämme aufgehoben werde. Wann und wo dann die Hoffnung auf die Wiederherstellung der Zwölfstämme–Ordnung durch die Bestandteile bereichert wurde, die uns durch einen byzantinischen Kompilator in der Palaia bewahrt sind, wird vielleicht noch genauer

[8] Vasil'ev 1893, 264: Οὗτος Ἰεφθάε ἦν ἐκ τῆς φυλῆς τοῦ Δὰν καὶ ἐξεδιώχθη ἐκ τῆς φυλῆς αὐτοῦ διὰ τὸ εἶναι αὐτὸν νοθογέννητον· ἡ γὰρ μήτηρ αὐτοῦ πορνεύσασα εἰς τὸν αὐτῆς δοῦλον ἔτεκεν αὐτόν. αἱ γὰρ δώδεκα φυλαὶ τοῦ Ἰσραὴλ οὐ συνεμίγνυντο ἀλλήλαις, ἀλλ᾽ ἑκάστη φυλὴ τὴν ἰδίαν κληρουχίαν περιέσχηκεν. διὰ τοῦτο καὶ ὁ ψαλμῳδός φησιν· σχοίνισμα κληρονομίας (Ps 104,11b LXX) καὶ ἀλλαχοῦ· ἐν σχοινίῳ κληροδοσίας (Ps 77,55b LXX).

[9] Sir 36,10: Συνάγαγε πάσας φυλὰς Ἰακὼβ * καὶ κατακληρονόμησον αὐτοὺς καθὼς ἀπ' ἀρχῆς. Vgl. Sir 48,10.

[10] Bousset $^{4=3}$1966, 236f.; Klausner 1903, 87; Clerici 1966, 67–92; Jaubert 1971, 455–459.

[11] Zur Verwendung von συναγωγή durch die Septuaginta in diesem Sinne vgl. Schrage 1964, 805,13–46. – Zur Verwendung des Wortes als Bezeichnung des jüdischen Bethauses vgl. Hengel 1971, 157–184.

bestimmt werden können. Sie müssen jedenfalls aus einer Zeit stammen, in der solche Spekulationen noch irgendeinen Funken der Hoffnung auf Verwirklichung hatten, also aus der Zeit vor der endgültigen Zerstörung des Tempels. Und offenbar war in dem Umkreis, in dem unsere Überlieferungen geschaffen wurden, das Problem der Mischehe besonders stark; dies läßt an ein Diaspora–Milieu denken.

Die zitierten Erzählungen der Palaia schildern nicht einfach die weit zurückliegende Frühzeit des israelitischen Volkes, sie vermitteln gleichzeitig die Vorstellung von einem Idealzustand, dessen neuerliche Verwirklichung auch die Vorzüge jener einstmaligen Idealordnung wieder mit sich bringen sollte. Die Botschaft, die die in der Palaia enthaltenen Aussagen über die Zwölfstämme–Ordnung vermitteln, lautet: Wird die Zwölfstämme–Ordnung eingehalten, so ist das Wohlsein der Israeliten garantiert, die Zwölfstämme–Ordnung ist das Idealmodell menschlichen Zusammenlebens. Dabei werden zwei Komponenten, die göttliche und die menschliche, wirksam. Die menschliche besteht in der äußeren Einhaltung der von Gott gegebenen Ordnung, vornehmlich in der Beobachtung des Gebots, keine Mischehen einzugehen. Einer solchen Gesellschaft tritt Gott durch wunderbares Handeln bei, indem er die Knappheit an den Grundgütern des Lebens – Land, Wasser – und soziale Spannungen aufhebt; „damit sie nicht miteinander stritten", sagt die Palaia, entsprangen zwölf Quellen in Elim.

Auf welchem Wege und in welcher Gestalt wurden die Vorstellungen, die wir in der Palaia erhalten finden, in das Christentum vermittelt? Wir nähern uns der Antwort auf diese Frage, indem wir ein weiteres jüdisches Zeugnis des Nachdenkens über die Zwölfstämme–Ordnung mit einbeziehen, die Gedankenwelt Jesu von Nazareth, soweit sie aus der ältesten christlichen Literatur erkennbar ist. Wie es scheint, war Jesus von dem Glauben beseelt, mit dem Einbruch des Reiches Gottes, den er für unmittelbar bevorstehend hielt,[12] werde auch die Zwölfstämmeordnung Israels wiedererrichtet werden. In diesem Sinn ist seine offenbar authentische Verheißung an seine Jünger zu verstehen: „Amen, ich sage euch: Ihr, die ihr mir gefolgt seid, bei der Wiedergeburt, wenn der Menschensohn auf dem Throne seiner Herrlichkeit sitzen wird, werdet auch ihr auf zwölf Thronen sitzen, richtend die zwölf Stämme Israels" (Matth 19,28).[13] Die Zwölf werden hier als diejenigen gesehen, die das Zwölfstämmevolk in der Endzeit, wie einstmals die Anführer der

---

[12] Zur Naherwartung Jesu Strobel 1967, 39ff.; das Werk hat nicht ungeteilte Zustimmung gefunden; vgl. Kümmel 1976, 178f.

[13] Matth 19,28: Ὁ δὲ Ἰησοῦς εἶπεν αὐτοῖς· ἀμὴν λέγω ὑμῖν ὅτι ὑμεῖς οἱ ἀκολουθήσαντές μοι, ἐν τῇ παλιγγενεσίᾳ, ὅταν καθίσῃ ὁ υἱὸς τοῦ ἀνθρώπου ἐπὶ θρόνου δόξης αὐτοῦ, καθήσεσθε καὶ αὐτοὶ ἐπὶ δώδεκα θρόνους κρίνοντες τὰς δώδεκα φυλὰς τοῦ Ἰσραήλ. Vgl. von Harnack 1907, 67f.; ders [4]1924, 333; Kertelge 1969, 196f.; Riesner 1981, 433f.; zur Geschichtlichkeit des Zwölferkreises ebda. 483–487. – Die Parallelstelle Luk 22,28–30 bildete nach E. Bammel 1970, 39–50, den Abschluß von Q; dagegen Sato 1988, 2f.

zwölf Stämme unter Moses (Num 1,44), nun unter Jesus, dem zweiten Moses, als Richter leiten werden.[14]

Wir werden wohl annehmen können, daß Jesus den zitierten Ausspruch nicht isoliert tat, sondern daß sein Wort ein letzter verfestigter Rest vielfältiger Spekulationen und Hoffnungen über die soziale Gestaltung der zukünftigen Welt durch den Messias Jesus sei. Man stellte sich die Endzeit nach dem Muster der Zeit der Wüstenwanderung des Volkes Israel mit der Wiederholung aller Wunder jener Zeit und den Messias der Endzeit als einen neuen Moses vor,[15] man hoffte auf den „Neuen Bund" Gottes mit seinem Volke, den schon der Prophet Jeremias (Jer 38,31 LXX) angekündigt hatte, und man erwartete die Wiederherstellung des davidischen Zwölfstämmereiches.[16] Im engsten Kreis um den Meister, unter den von ihm designierten zwölf Richtern Israels, fanden bereits Auseinandersetzungen um die Verteilung der zu erwartenden Macht statt (Mark 10,35–45 par.).[17] All diese vielfältigen Hoffnungen des Judentums finden wir dann noch zwei Jahrhunderte später in den Wandbildern der Synagoge von Dura Europos wieder, wo der endzeitliche König David mit den zwölf Stämmen Israels und im Bild der Vision des Propheten Ezechiel die Wiederherstellung Israels durch die Auferweckung der zehn Stämme dargestellt werden wird.[18] Ganz ähnliche Hoffnungen umfaßt doch wohl auch der von dem Evangelisten Matthäus verwendete Begriff παλιγγενεσία.[19]

"Daß der wesentliche Bestandteil der messianischen Hoffnungen ein politischer Wahn war, springt in die Augen."[20] In der Erwartung, seine Hoffnungen würden bald Wirklichkeit werden, sah Jesus sich mehrmals getäuscht.[21] Als er die Zwölf aussendet, um den „verlorenen Schafen Israels" das Nahen des Gottesreichs zu verkünden, glaubt er sicher zu wissen: „Amen, denn ich sage euch: ihr werdet

---

[14] Vgl. Gfrörer ²1838, 369f. – Zur Bedeutung von κρίνειν in Matth 19,28 ausführlich Dupont 1964, 370–389 (er neigt dazu, das Wort auf das Weltgericht zu beziehen); Schmahl 1974, 35; Jervell 1972, 105,26.

[15] Ausführlich Gfrörer ²1838, 334–413; zum Vorbildcharakter der Wüstenwanderung der Israeliten für die Gemeinschaft von Qumran vgl. Schmidt 1994, 136–141; 168–183.

[16] Vgl. Geyser 1980, 305–310.

[17] Vgl. Strobel 1967, 97f.

[18] Vgl. Grabar 1968, 692–696. – Weitzmann 1990, 132–139, nahm nicht überzeugend an, das Vorbild der Darstellung sei in nicht erhaltenen jüdischen Buchillustrationen zu suchen; vgl. dazu demnächst R. Stichel, *Scenes from the Life of King David in Dura Europos and in Byzantine Art*. Jewish Art (im Druck).

[19] Zu παλιγγενεσία vgl. Gfrörer ²1838, 413–419; außerdem Dupont 1964, 364f., ausführlich Vögtle 1970, 151; 156–166. Andere haben behauptet, es handle sich um einen unjüdischen Begriff stoischer Herkunft; vgl. zum Beispiel Schmahl 1974, 31–34 und Broer 1975, 153.

[20] Gfrörer ²1838, 439.

[21] Vgl. die Übersicht von Kümmel 1964, 31–46; Mussner 1973, 238–252; Bilde 1993, 321f.

die Städte Israels nicht beendet haben, bis der Menschensohn kommt (Matth 10,23).“ Doch die Zwölf kehren zurück, ohne daß der erwartete kosmische Umbruch eingetreten ist; „die natürliche Geschichte desavouierte die dogmatische, nach der Jesus gehandelt hatte“, sagt Albert Schweitzer; er fährt fort: „Das war für Jesus, der einzig in der dogmatischen Geschichte lebte, das erste ‘geschichtliche’ Ereignis, das Zentralereignis, welches seine Tätigkeit nach rückwärts abschließt, nach vorn neu orientiert."[22] Vor allem die Hoffnung Jesu auf die baldige Wiederherstellung der Zwölfstämme–Ordnung muß damit einen empfindlichen Schlag erlitten haben. Als er, der sich als der geweissagte Messias empfindet, dann am Kreuze hingerichtet wird und furchtbare Qualen leidet, bleibt die Hilfe seines himmlischen Vaters, die er erwartet, abermals aus (Mark 15,34 par.). Zwar erschien er nach seinem Tode zunächst einigen seiner Anhänger und darauf einer größeren Anzahl von Gläubigen und verbürgte so, daß er – ähnlich wie einstmals Henoch und Elias – von den Toten wiedererweckt worden war. Doch auch die Hoffnungen der Jesusgläubigen auf den baldigen Eintritt des Gottesreiches und auf ihre eigene leibliche Umgestaltung blieben dann unerfüllt.

Wenn die Erwartungen Jesu und seiner Anhänger über den Verlauf der Geschichte sich mehrmals als irrig erwiesen, so war die schmerzliche, ja für Jesus furchtbare Erfahrung der geschichtlichen Wirklichkeit einer weiteren Tradierung der Hoffnung auf die Wiederherstellung der Zwölfstämme–Ordnung zweifellos abträglich; nach seiner Hinrichtung dürfte sie sehr bald zurückgetreten sein. Gewiß werden die Zwölf als bedeutende Zeugen der Auferstehung Jesu genannt (1Kor 15,5),[23] und Lukas (Act 1,23–26) berichtet, der Zwölferkreis habe sich nach dem Selbstmord des Verräters Judas, also wohl noch im Jahre 30, durch die Zuwahl des Matthias ergänzt; er schildert auch das Leben der Jerusalemer Gemeinde unter der Leitung der Zwölf, wie er ihre Bedeutung in seinem Doppelwerk überhaupt herausstellt.[24] Der geschichtlichen Wirklichkeit entspricht seine Darstellung jedoch wohl nicht; ein Rat der Zwölf, der mit der Leitung aller Gemeinden befaßt gewesen wäre, ist weder in den frühen noch in späteren Zeugnissen zu erkennen.[25] Als Paulus nach seiner Bekehrung – wahrscheinlich um das Jahr 35 – nach Jerusalem kommt,[26] trifft er dort nur Petrus und den Herrenbruder Jakobus (der in den Apostelkatalogen nicht unter die Zwölf gezählt wird) an (Gal 1,18f.). Und bei der Erzählung von dem sogenannten Apostelkonzil, das wohl im Jahre 48 stattfand, geht Lukas selbst von der romantischen Rückerinnerung zur Darstellung der Wirklichkeit über, indem er als Vorsteher der Jerusalemer Kirche nicht mehr die Zwölf,

---

[22] Schweitzer [4]1926, 406. – Anders Sabourin 1985, 353–364.

[23] Vgl. Kertelge 1969, 198f.

[24] Vgl. Jervell 1972, 105,26.

[25] Vgl. die weiterführenden Beobachtungen von Kertelge 1969, 202–206, der als Kriterium heutigen kirchlichen Handelns formuliert, „ob und inwiefern das kirchliche Amt [...] in der Funktion der Zwölf vorgebildet ist“ (205). Das Christentum des Altertums und des Mittelalters, das allein Gegenstand dieser Untersuchung ist, hat gerne einen anderen Weg, den der fiktiven Historiographie, gewählt und damit Ansprüche auf Vollmacht im Namen Jesu begründet.

[26] So die Datierung von Robinson 1976, 38.

sondern „die Apostel und die Presbyter", (Act 15,2.4.6.22; 16.4) bezeichnet,[27] mit denen zusammen zweimal (Act 15,4.22) „die Kirche" genannt wird; mit Namen begegnen allein Petrus (Act 15,7) und Jakobus (Act 15,13), dazu (Act 15,22.27) als Abgesandte der Gemeinde Judas und Silas, die als „Propheten", also als wichtige Träger von Vollmacht in der ältesten Kirche,[28] bezeichnet werden. Auf seiner letzten Reise nach Jerusalem sucht Paulus dort den Jakobus auf; „und alle Presbyter kamen dazu" (Act 21,18) – von den Zwölfen ist nicht die Rede.

All dies läßt erkennen, daß der Zwölferkreis einerseits nicht mehr die Bedeutung der um den Messias Jesus gescharten Richter der zwölf Stämme Israels beanspruchen konnte.[29] Andererseits muß die Überlieferung darüber doch so bedeutsam erschienen sein, daß man die Kunde davon bewahrte; dies zeigt gerade das Werk des Lukas, der Prolog des Jakobusbriefs (Jak 1,1), der sich noch an „die zwölf Stämme in der Zerstreuung" wendet, und der ursprüngliche Prolog des Protevangeliums Jacobi, der dann allerdings bald an das Ende des Werks gestellt wurde, so daß sein ursprüngliches Anliegen, den abschließenden Höhepunkt der Geschichte der zwölf Stämme in Gestalt einer „Offenbarung des Jakobus" – so lautete der ursprüngliche Titel – über die Geburt Christi zu erzählen, bis zum heutigen Tage nicht mehr erkannt wurde.[30] Im Rückblick wurde die Bezeichnung „apostolisch" als Garantiezeichen für eine authentische, bis in den engsten Kreis um Jesus zurückreichende Überlieferung verwendet. Niemals ging man allerdings so weit, die Kirchenverfassung selbst „apostolisch" zu gestalten, ein Rat der Zwölf als oberstes Leitungsgremium der Kirche wurde in keiner der Gruppen, die sich als die Gemeinde Christi bezeichneten, eingerichtet. Die Reichskirche lehnte sich später vielmehr an die Verwaltungsorganisation des Römischen Reiches an und schuf die Ämter von Metropoliten und das System der fünf (nicht zwölf) „Patriarchen". Diese „Pentarchie" wurde dann ihrerseits durch die politischen Ereignisse des 7. Jahrhunderts überholt, als drei der „Patriarchen"–Sitze außerhalb der christlichen Ökumene zu liegen kamen. Während der Gedanke der Pentarchie im Be-

[27] Jervell 1972, 105,26, nimmt an, Lukas erwähne die Zwölf seit dem „Apostelkonzil" nicht mehr, weil ihre irdische Aufgabe nun erfüllt gewesen sei (92).

[28] Es sei erlaubt, hier auf ein unbeachtetes Zeugnis des Übergangs vom frühchristlichen Prophetentum zum Amt der Presbyter hinzuweisen: Stichel 1991, 213–231.

[29] Über „das theologische Programm des Zwölferkreises" vgl. Berger 1994, 131–139; zur Auflösung des Modells des Zwölferkreises ebd. 586ff. – Vgl. auch Bienert [5]1989, 11.

[30] Protevangelium Jacobi latine 1: „*Ego Jacobus filius Iosep fabri, qui primus fui, et uidi haec omnia, historiam asserui. Ipsi gracias ago qui dedit mihi sapienciam in historias duodecim tribuum filiorum Israel*"; Canal–Sánchez 1968, 434,4–6. In der griechischen Fassung ist der Prolog an das Ende des Werks gestellt und die Nennung seines ursprünglichen Themas, der „*historiae duodecim tribuum*", gestrichen worden: Ἐγὼ δὲ Ἰάκωβος ὁ γράψας τὴν ἱστορίαν ταύτην ἐν Ἱεροσολύμοις, θορύβου γεναμένου ὅτε ἐτελεύτησεν Ἡρώδης, συνέστελλον ἑαυτὸν ἐν τῇ ἐρήμῳ ἕως παύσηται ὁ θόρυβος Ἰερουσαλήμ. Δοξάσω δὲ τὸν Δεσπότην τὸν δόντα μοι τὴν σοφίαν τοῦ γράψαι τὴν ἱστορίαν ταύτην. Καὶ ἔσται ἡ χάρις μετὰ πάντων τῶν φοβουμένων τὸν Κύριον. Ἀμήν. Γένεσις Μαρίας Ἀποκάλυψις Ἰακώβ. Εἰρήνη τῷ γράψαντι καὶ τῷ ἀναγινώσκοντι. de Strycker 1961, 49,1–17 (188ff.). Darüber andernorts ausführlicher.

reich der östlichen Kirchen gleichwohl bis zum heutigen Tage notdürftig aufrechterhalten wird, hat sich in der römischen Kirche die Einrichtung der Kardinäle durchgesetzt, die den Vortritt vor den Patriarchen beanspruchen.[31] Allein in der „Katholisch–apostolischen Gemeinde", bei den sogenannten Irvingianern, setzte man im 19. Jahrhundert ein Zwölferkollegium von Aposteln ein, und der vierte der zehn Glaubensartikel der Neu–Irvingianer, der „Neuapostolischen Gemeinde", lautet: „Ich glaube, daß der Herr Jesus seine Kirche durch lebende Apostel regiert bis zu seinem Wiederkommen, daß er seine Apostel gesandt hat und noch sendet, mit dem Auftrag zu lehren, in seinem Namen Sünden zu vergeben und mit Wasser und dem Heiligen Geist zu taufen."[32]

Das politische Konzept der Zwölfstämme–Ordnung, das das Judentum entworfen hatte und dem Jesus anhing, brach vor der Wirklichkeit der Geschichte zusammen. Aus dem Bereich der jüdischen Gemeinschaft, die sich um den Messias Jesus scharte, liegen uns einige wenige versprengte Zeugnisse vor, die uns davon noch Kunde geben. In anderen Kreisen des Judentums müssen ähnliche mentale Umwälzungen vor sich gegangen sein; an die Stelle der Hoffnung auf die Zwölfstämmeordnung trat dort anscheinend die Erwartung, beim Einbruch der Endzeit müßten zunächst die zehn nach Babylonien deportierten Stämme Israels von dort in das Heilige Land zurückkehren. Was von dem alten politischen Entwurf der Zwölfstämme–Ordnung übrigblieb, waren Fragmente. Ein Sammelbecken solcher Überlieferungen liegt uns in der Palaia vor.

Die Palaia läßt uns noch einen anderen Weg erkennen, auf dem Bruchstücke des Konzepts der Zwölfstämme–Ordnung erhalten blieben. Wenn uns in der Erzählung der Palaia über das Quellwunder in Elim (vgl. oben S.141) eine Aussage begegnete, die in die Form von Frage und Antwort gekleidet ist, so verweist uns dies auf die Literatur der Ἐρωταποκρίσεις, katechismusartiger Sammlungen religiösen Wissensgutes zu allen möglichen Fragen, die den frommen Menschen bewegen konnten. In einer solchen Sammlung von Fragen und Antworten finden wir nun das folgende Stück: „Frage: In wieviele <Teile> spaltete sich das Meer, auf daß die Israeliten hindurchzögen? Antwort: In zwölf, auf daß hindurchziehe ein Stamm seinen eigenen Weg. Dies aber wisse, daß jeder Stamm seine eigene Ordnung besaß."[33] Auch hier klingt die Bedeutung der Zwölfstämme–Ordnung an, von der die Palaia in der Einleitung zu der Erzählung von dem Leviten so ausführlich gesprochen hatte, und diese Ordnung wird nun auch bereits beim Durchzug der Israeliten durch das Rote Meer vorausgesetzt.

Ähnlich heißt es in einer anderen Sammlung von Ἐρωταποκρίσεις: „In wieviele <Teile> teilte sich das Meer? Gemäß dem Propheten in zwölf, auf daß ein

---

[31] Vgl. zum Beispiel *Frankfurter Allgemeine Zeitung* (Oktober 1963), in: *Das Konzil* [Sonderdruck der Artikel über das II. Vatikanische Konzil] [I. Session]. [Frankfurt am Main 1963], 35.

[32] Eggenberger 1953, 79.

[33] Cod. Athous monasterii s. Panteleemonis Nr. 153, s. XV.: Ἐρ. Εἰς πόσα ἐσχίσθηκεν ἡ θάλασσα, ἵνα περάσουντες οἱ Ἰσραηλῖται; Ἀπ. Εἰς δώδεκα, ἵνα περάσῃ φυλὴ τὴν ἰδίαν ὁδόν· τοῦτο δὲ γίνωσκε, ὅτι ἑκάστη φυλὴ τὴν ἰδίαν τάξιν ἐκέκτητο. Krasnosel'cev 1899, 148, Nr. 19.

jeder Stamm, wie er anzeigt, eine jede Spalte durchziehe."[34] Hier wird die Vorstellung von der Zwölfteilung des Roten Meeres durch Berufung auf eine Autorität, den „Propheten“ untermauert. Damit ist die Heilige Schrift gemeint.[35] Da diese jedoch von der Zwölfteilung des Roten Meeres gerade nicht spricht, geht daraus hervor, daß die Vorstellung im Bewußtsein weiter Kreise fest verankert war und geradezu kanonischen Charakter hatte.

Es ist also zum einen ein erzählender Text wie die Palaia, der uns Traditionsgut jüdischer Herkunft über die Zwölfstämme–Ordnung der Israeliten erhalten hat, zum anderen haben wir die Literatur der Fragen und Antworten, der Ἐρωταποκρίσεις, als Vehikel solcher alten Überlieferungen kennengelernt. In beiden Fällen werden Versatzstücke aus einem größeren Komplex, der selbst uns nicht erhalten ist, tradiert. Die zugrundeliegende Vorstellung von der Wiederherstellung der Zwölfstämme–Ordnung war an der geschichtlichen Wirklichkeit gescheitert und untergegangen, einzelne sie begleitende Vorstellungen wie die vom Durchzug der Israeliten durch das Rote Meer auf zwölf Pfaden blieben am Leben.

Diese Beobachtung gilt nicht nur für die jüdischen Kreise, die mit Jesus und seinen Anhängern sympathisierten und aus denen dann – teils unter dem Druck von Tempel und Synagoge, teils durch die Aufnahme von Nichtjuden – die christlichen Gemeinden herauswuchsen, sondern auch für die Strömungen, die sich dann im Judentum als die tonangebenden durchsetzten. Auch dort blieb kein Zeugnis erhalten, in dem die Hoffnung auf die Wiederherstellung der Zwölfstämme–Ordnung umfassend vorgestellt wird. Wohl aber begegnet uns auch dort das Versatzstück der zwölf Pfade durch das Rote Meer, das wir aus den byzantinischen Ἐρωταποκρίσεις kennen. In einer der beiden Haupthandschriften des palästinensischen Targum heißt es:

> "Moses streckte seine Hand über das Meer [...], und *sogleich* ließ der Herr das Meer hinwegfahren durch einen starken Ostwind die ganze Nacht und machte das Meer trocken. Und es teilte das Wasser sich *in zwölf Schneisen, entsprechend den zwölf Stämmen Jakobs*. Und die Kinder Israel gingen hinein mitten ins Meer auf dem Trockenen, und das Wasser *wurde* ihnen *fest* als Mauer *von einer Höhe von dreihundert Meilen* zur Rechten und als Mauer zur Linken."[36]

Wiederum hat sich hier das begleitende Motiv, die zwölf Schneisen durch das Meer, erhalten, während die Grundvorstellung, das Konzept der Zwölfstämme–Ordnung, nicht genannt wird.

Die Zwölfstämme–Ordnung der Israeliten als politisches Konzept, als Idealverfassung liegt uns nur noch in Bruchstücken vor. Dies gilt auch für den Bereich des Judentums, in dem Jesus von Nazareth wirkte. Die Ursache dieses lückenhaften Befundes haben wir behandelt. Heute will man daraus, daß von den nicht eingetroffenen Erwartungen Jesu und seiner Anhänger in der urchristlichen Literatur

---

[34] Cod. Hierosolymitanus monasterii s. Sabae 697, s. XIII.: Εἰς πόσα ἐσχίσθη ἡ θάλασσα; Ἀπ. Κατὰ τὸν προφήτην εἰς ιβ', ἵνα ἑκάστη φυλὴ διαβῇ ὡς ἐμφαίνει ἕκαστον σχίσμα. Krasnosel'cev 1899, 148, Nr. 21.

[35] Zur Verwendung des Begriffs „Prophet“ in dieser Bedeutung vgl. Hase 1828, 491.

[36] Übersetzung nach Le Déaut 1979, 115/117. Die targumischen Erweiterungen gegenüber dem Bibeltext sind durch Kursivdruck gekennzeichnet.

nur noch wenige Spuren erhalten sind, gelegentlich schließen, Jesus habe zu „Fragen christlicher Weltverantwortung" absichtlich geschwiegen, sein Protest sei sozusagen ein „'innerkirchlicher'" geblieben. Diese Ansicht hat etwa Heinz Schürmann vertreten, der ausführt, „das Schweigen der werdenden Kirche und der neutestamentlichen Schriften zu Fragen christlicher Weltverantwortung müsse doch wohl noch angestrengter belauscht werden".[37] Vielleicht hätte Schürmann, wenn er damals, im Jahre 1977, gewußt hätte, daß so mancher deutsche Kirchenmann tatsächlich angestrengt, ja konspirativ lauschte,[38] andere Worte gewählt, um seine These zu formulieren. Doch unabhängig davon sollten wir das „Schweigen der werdenden Kirche", das Schürmann beobachten zu können glaubte, anders als er erklären. Es war das Schweigen von Menschen, deren politische Konzeption dogmatisch vorgeprägt gewesen war und die sich gerade darum als ein Irrweg herausgestellt hatte. Deswegen schwiegen sie über ihre vormaligen Hoffnungen, und aus diesem Schweigen könnten wir alle durchaus etwas lernen.

Literaturverzeichnis

Bammel, E.
1970 Das Ende von Q. Verborum Veritas, in: Festschrift für G. Stählin. Wuppertal, 39–50.

Berger, K.
1994 Theologiegeschichte des Urchristentums. Theologie des Neuen Testaments. Tübingen, Basel.

Besier, G.
1993 Der SED–Staat und die Kirche [I]. Der Weg in die Anpassung. München.
1995 [II.] 1969–1990: Die Vision vom „Dritten Weg".
1995a [III.] 1983–1991: Höhenflug und Absturz.

Bienert, W.A.
1989[5] Das Apostelbild in der altchristlichen Überlieferung, in: W. Schneemelcher (Hrsg.), Neutestamentliche Apokryphen in deutscher Übersetzung II, Tübingen.

Bilde, P.
1993 Jesus and Paul: A Methodological Essay on Two Cases of Religious Innovation in the Context of Centre–Periphery Relations, in: Centre and Periphery in the Hellenistic World = Studies in Hellenistic Civilization 4, Aarhus, 316–338.

Bousset, W.
1966[4=3] Die Religion des Judentums im späthellenistischen Zeitalter = Handbuch zum Neuen Testament 21. Tübingen.

Broer, I.
1975 Das Ringen der Gemeinde um Israel. Exegetischer Versuch über Mt 19,28, in: Jesus und der Menschensohn. Festschrift A. Vögtle. Freiburg, 148–165.

---

[37] Schürmann 1977, 60.

[38] Vgl. das Material bei Besier 1993; ders. 1995 und 1995a.

Canal–Sánchez, J.M.
1968 Antiguas versiones latinas del Protoevangelio de Santiago. Ephemerides Mariologicae 18, 431–473.
Clerici, L.
1966 Einsammlung der Zerstreuten. Liturgiegeschichtliche Untersuchung zur Vor- und Nachgeschichte der Fürbitte für die Kirche in Didache 9,4 und 10,5 = Liturgiewissenschaftliche Quellen und Forschungen 44. Münster.
De Strycker, É.
1961 La forme la plus ancienne du Protévangile de Jacques. Recherches sur le papyrus Bodmer 5 avec une édition critique du texte grec et une traduction annotée. En appendice, Les versions arméniennes traduites en latin par H. Quecke = Subsidia hagiographica 33. Brüssel 1961.
Dupont, J.
1964 Le logion des douze trônes (Mt 19,28; Lc 22,28–30). Biblica 45, 355–392.
Eggenberger, O.
1953 Die Neuapostolische Gemeinde. Ihre Geschichte und Lehre dargestellt und beurteilt = Beiträge zur evangelischen Theologie 18. München.
Flusser, D.
1971 Palaea Historica. An Unknown Source of Biblical Legends. Scripta Hierosolymitana 22, 48 79.
Geyser, A.S.
1980 Some Salient New Testament Passages on the Restoration of the Twelve Tribes of Israel, in: L'Apocalypse johannique et l'Apocalyptique dans le Nouveau Testament = Bibliotheca Ephemeridum theologicarum Lovaniensium 53. Löwen, 305–310.
Gfrörer, A.F.
1838[2] Geschichte des Urchristenthums [II.2], Das Jahrhundert des Heils. Stuttgart.
Grabar, A.
1968 Le thème religieux des fresques de la Synagogue de Doura (245–256 après J.–C.) [1941], in: A. Grabar, L'art de la fin de l'antiquité et du moyen âge II. Paris, 689–734.
Harnack, von A.
1907 Beiträge zur Einleitung in das Neue Testament II. Sprüche und Reden Jesu. Die zweite Quelle des Matthäus und Lukas. Leipzig.
1924[4] Die Mission und Ausbreitung des Christentums in den ersten drei Jahrhunderten. Leipzig.
Hase, C.B. (Ed.)
1828 Leo Diaconus, Bonn.
Hengel, M.
1971 Proseuche und Synagoge. Jüdische Gemeinde, Gotteshaus und Gottesdienst in der Diaspora und in Palästina, in: Tradition und Glaube. Das frühe Christentum in seiner Umwelt. Festgabe für K. G. Kuhn. Göttingen, 157–184.
Jaubert, A.
1971 La symbolique des Douze, in: Hommages à A. Dupont–Sommer. Paris, 455–459.

Jervell, J.
1972 The Twelve on Israel's Thrones. Lukes Unterstanding of Apostolate, in: J. Jervell, Luke and the People of God. A New Look at Luke–Acts. Minneapolis.
Kertelge, K.
1969 Die Funktion der „Zwölf" im Markusevangelium. Eine redaktionsgeschichtliche Auslegung, zugleich ein Beitrag nach dem neutestamentlichen Amtsverständnis. Trierer theologische Zeitschrift 78, 193–206.
Klausner, J.
1903 Die messianischen Vorstellungen des jüdischen Volkes im Zeitalter der Tannaiten kritisch untersucht und im Rahmen der Zeitgeschichte dargestellt. Diss. phil. Heidelberg. Krakau.
Krasnosel'cev, N.F.
1899 Addenda et corrigenda k izdaniju A. Vasil´eva, Anecdota graeco–byzantina (Moskva 1893). Lětopis´ istoriko–filologičeskago Obščestva pri imp. novorossijskom universitě 7. Vizantijskoe otdělinie 4.
Kümmel, W.G.
1964 Die Naherwartung in der Verkündigung Jesu, in: Zeit und Geschichte. Dankesgabe an R. Bultmann. Tübingen, 31–46.
1976 Die Lehre Jesu [...]. Theologische Rundschau N.F. 41, 295–363, wiederabgedruckt in desselben Dreißig Jahre Jesusforschung (1950 — 1980) = Bonner biblische Beiträge 60. Bonn 1985, 171–239.
Le Déaut, R.
1979 Targum du Pentateuque. Traduction des deux recensions palestiniennes complètes II. Exode et Lévitique = Sources chrétiennes 256. Paris.
Mussner, F.
1973 Gab es eine „galiläische Krise"? In: Orientierung an Jesus. Zur Theologie der Synoptiker. Freiburg i. Br., 238–252.
Riesner, R.
1981 Jesus als Lehrer. Eine Untersuchung zum Ursprung der Evangelien–Überlieferung = Wissenschaftliche Untersuchungen zum Neuen Testament, 2. Reihe, 7. Tübingen.
Robinson, J.A.T.
1976 Redating the New Testament. London.
Sabourin, L.
1985 Matthieu 10,23 et 16,28 dans la perspective apocalyptique. Science et Esprit 37, 353–364.
Sato, M.
1988 Q und Prophetie. Studien zur Gattungs- und Traditionsgeschichte der Quelle Q = Wissenschaftliche Untersuchungen zum Neuen Testament, 2. Reihe, 29. Tübingen.
Schermann, Th.
1907 Propheten- und Apostellegenden [...] = Texte und Untersuchungen 31,3. Leipzig.
Schmahl, G.
1974 Die Zwölf im Markusevangelium. Eine redaktionsgeschichtliche Untersuchung = Trierer theologische Studien 30. Trier.

Schmidt, F.
1994 La pensée du Temple. De Jérusalem à Qoumrân. Identité et lien social dans le judaïsme ancien. Paris.
Schrage, W.
1964 συναγωγή [...]. Theologisches Wörterbuch zum Neuen Testament VII, 789–850.
Schürmann, H.
1977 Das eschatologische Heil Gottes und die Weltverantwortung des Menschen. Hermeneutische Anmerkungen zur Relevanz der biblischen Aussagen, in: Theologie der Befreiung = Sammlung Horizonte N.F. 10. Einsiedeln.
Schweitzer, A.
1926[4] Geschichte der Leben–Jesu–Forschung. Tübingen.
Stichel, R.
1974 Außerkanonische Elemente in byzantinischen Illustrationen des Alten Testaments. Römische Quartalschrift 69, 159–181.
1991 L'"Epistola Laodicena" attribuita all'eretico Fedor Kuricyn: uno scritto di epoca paleocristiana, in: Il Battesimo delle Terre Russe. Bilancio di un millennio = Civiltà Veneziana 43. Florenz, 213–231.
Stone, K.
1995 Gender and Homosexuality in Judges 19: Subject–Honor, Object–Shame? Journal for the Study of the Old Testament 67, 87–107.
Strobel, A.
1967 Kerygma und Apokalyptik. Ein religionsgeschichtlicher und theologischer Beitrag zur Christusfrage. Göttingen.
Vasil'ev, A.
1893 Anecdota Graeco–Byzantina = Učenyja zapiski imp. moskovskago universiteta, Otděl istoriko–filologičeskij 11. Moskau.
Vögtle, A.
1970 Das Neue Testament und die Zukunft des Kosmos. Düsseldorf.
Weitzmann, K.
1990 K. Weitzmann, H. L. Kessler, The Frescoes of the Dura Synagogue and Christian Art = Dumbarton Oaks Studies 28. Washington.

„Abstandsbetonung“ Zur Entwicklung des Innenraumes griechischer Tempel in der Epoche der frühen Polis*

Dieter Metzler

Daß Sakralarchitektur in ihrem Aufbau — und der Struktur ihrer Innenräume zumal — nach theologischen Vorstellungen konzipiert wird, ist zumindestens außerhalb der Kunstgeschichte ein Gemeinplatz. Im Paradeigma der „Mittelalterlichen Architektur als Bedeutungsträger“ — so der Titel des Buches von G. Bandmann, 1994 nunmehr in 10. Auflage erschienen — ist das wiederholt mit eindrucksvollen Interpretationen erhellt worden. In einer solchen religionsgeschichtlichen Perspektive soll hier noch einmal die Entwicklung des frühen griechischen Monumental–Tempels betrachtet werden, um an einem Beispiel der Kunst, eben der Tempelarchitektur, den Wechselwirkungen von Religion und Gesellschaft nachzugehen.

Denn in der Architekturgeschichte ist es üblich, den griechischen Tempel als ein plastisches Gebilde zu begreifen. Die Frage nach seinem Innenraum — sofern sie überhaupt gestellt wird — pflegt eher zurückzustehen. Das ist insofern bis zu einem gewissen Grade verständlich, als bekanntlich die entsprechenden Bauteile häufig nicht nur sehr fragmentarisch, sondern gelegentlich sogar überhaupt nicht erhalten sind. Zudem war einerseits in der Antike selbst der Zutritt zu ihnen für Besucher oft durch Sakralgesetze beschränkt, zum anderen beeinflußte in der Neuzeit der normsetzende Klassizismus des frühen 19. Jahrhunderts, indem er den Tempel als nobilitierendes Zitat in seiner nach außen gewandten denkmalhaften Monumentalität wahrzunehmen lehrte, auch die kunstarchäologische Wertung.

Gerhard Zinserling kommt das Verdienst zu, in immer neuen Ansätzen die sinn- und formstiftende Bedeutung des Tempelinnenraumes erhellt zu haben.[1] Den Raum von seinem ihn konstituierenden Inhalt, dem Kultbild, her begreifend erkannte er die wechselseitige Abhängigkeit der jeweiligen Raumgestalt des Tempels und der Art der kultisch–rituellen bzw. theologisch–dogmatischen Beziehungen zwischen Götterbild einerseits und Priestern oder/und Gläubigen andererseits — nicht ohne immer wieder auf den notwendigen Bezug zu den sozioökonomischen Rahmenbedingungen der jeweiligen Epoche zu verweisen. Von seinen Er-

---

* *Zur Erinnerung an Gerhard Zinserling 11.06.1926 – 11.11.1993*

Dieser Vortrag wurde schon in weitgehend übereinstimmender Form veröffentlicht in der archäologischen Zeitschrift HEPHAISTOS 13, 1995, 57–71.

[1] Zinserling 1957, 18ff.; ders. 1965, 41ff.; ders. 1970, 42ff.; ders. 1977, 25ff.; ders. 1988, 5ff.

kenntnissen und Deutungen ausgehend sollen ihm zu Ehren hier Aspekte der Entstehungsphase des Langhaus–Tempels im 7. und 6. Jahrhundert v. Chr. behandelt werden.

Die archäologischen Probleme der Frühgeschichte des griechischen Tempels sind gerade in der deutschsprachigen Forschung neuerer Zeit in bedeutenden Beiträgen aufgearbeitet worden. Es kann daher hier dankbar auf die entsprechende Literatur verwiesen werden.[2] Die andererseits auch schon von A. Snodgrass anvisierten Beziehungen zwischen seiner baulichen Gestaltung und politischen Rahmenbedingungen[3] hat W. Martini unter den Schlagworten „Vom Herdhaus zum Peripteros" jüngst in einem wichtigen und weiterführenden Aufsatz in den Blick gerückt.[4] Er betont aufgrund der archäologischen Befunde zu Recht das bemerkenswerte Phänomen der Diskontinuität zwischen dem alten Herdhaus mit der Eschara, dem Herdaltar, als Mittelpunkt aristokratischer Kultgelage und dem schon durch sein Längenmaß als Hekatompedos monumentalisierten Langhaus für das Kultbild einer jeweils ganz bestimmten Gottheit. Um diesen Bautypus, auch als Wohnhaus der Gottheit[5] bezeichnet, deren Altar als ritueller Ort der kultisch bedeutsamen gemeinschaftlichen Opfer *vor* dem Gebäude steht, wird es im folgenden gehen.

Sowohl die seit der ersten Hälfte des 7. Jahrhundert v. Chr. durch die umlaufende Säulenstellung des Peripteros monumentalisierten hundert Fuß langen Tempelhallen als auch ihre schlichteren Vorläufer von gleicher oder ähnlicher Länge, jedoch noch ohne die Ringhallen — vgl. also etwa Thermos, Aigeira, Eretria oder Samos[6] — zeichnen sich gemessen an späteren Bauten durch eine ungewöhnliche Schmalheit aus, die durch eine lange Reihe von Mittelstützen noch betont zu werden scheint. Am Beispiel von Samos, wo in beiden frühen Heratempeln, dem des 8. Jahrhunderts ohne umlaufende Säulen (Heraion I — Abb. 1) und dem Peripteros aus der Zeit vor der Mitte des 7. Jahrhunderts (Heraion II — Abb. 1) das Kultbild durch seine Basis nachgewiesen unmittelbar vor der Rückwand steht[7], hat G. Zinserling seinen Begriff der „Abstandsbetonung" gefaßt: *„Das Kultbild ... sollte von der am Altar vor seinem Eingang versammelten Gemeinde abgesondert werden. Sein „Entferntsein" konnte nur durch Abstandsbetonung sinnfällig ge-*

---

[2] Mit bibliographischen Verweisen auf die ältere Forschung Mallwitz 1981, 599ff.; Knell 1988². — Wenig hilfreich für unsere Fragestellung ist Bordenache 1977, 93ff. — Zum Raum in der griechischen Plastik: Sonntagsbauer 1991–92, Beibl. Sp. 69ff. bes. 116ff. — Zum Raum in der griechischen Philosophie: Algra 1995. — Allgemein: Jammer 1960. — Vgl. auch Clausen 1992.

[3] Snodgrass 1977, 21f. 25f.

[4] Martini 1986, 23ff.

[5] Den *oikos* einer Göttin erwähnt, ohne daß man sein Aussehen spezifizieren könnte, schon in mykenischer Zeit eine Linear B–Inschrift aus Theben: *po–ti–ni–ja wo–ko–de* (Th Of 36,2 nach Casevitz 1984, 81ff. bes. 90 Anm. 76). Zu Form und Funktion früher „Gottes–Häuser" vgl. Rutkowski 1987, 407ff. sowie Dietrich 1987, 478ff. bes. 491ff.

[6] Vgl. Martini 1986, 24 Anm. 15. Zu Aigeira Alzinger 1985, 389ff. bes. 430f.

[7] Kyrieleis 1981, 78ff.

macht werden; diese Abstandsbetonung wurde in der Tiefendimension des Raumes realisiert. Das nur räumlich gestaltbare Problem der Abstandsbetonung kann als das Zentralproblem des frühgriechischen Tempels bezeichnet werden; von dort her erklärt sich dessen auch in der Körperform faßbare Langgestrecktheit".[8]

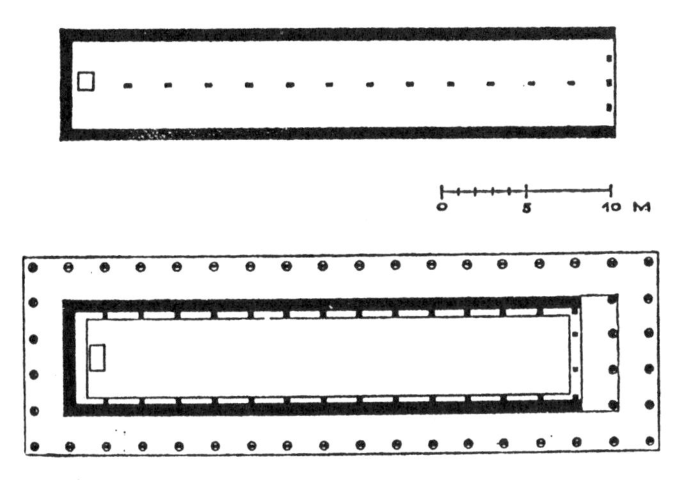

Abb. 1: *Samos, Heraion I und II, Grundrisse*
(nach Kyrieleis 1981)

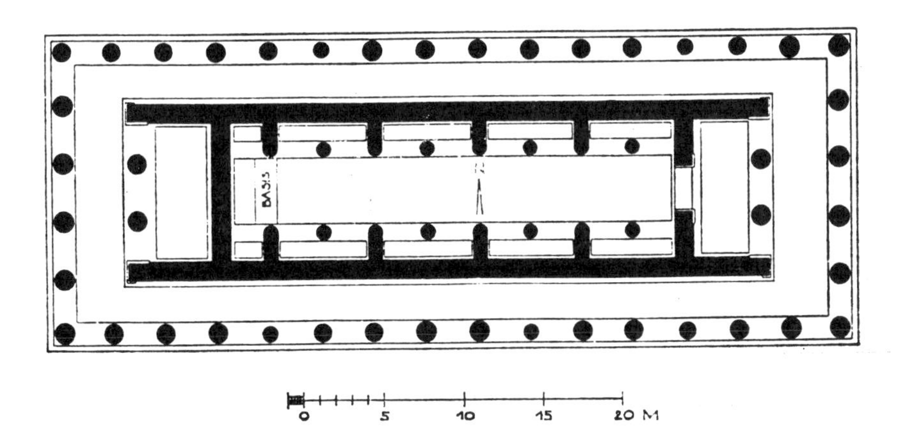

Abb. 2: *Olympia, Heraion, Grundriß*
(nach Berve/Gruben 1961)

Indem er die Theologie des Kultbildes ernst nimmt und von ihm die sinnstiftende Bedeutung für die architektonische Form ableitet, bezieht er im Fortschreiten seiner Entwicklungsgeschichte des Tempelgrundrisses die Längen- und Breiten-

[8] Zinserling 1988, 10.

verhältnisse von Seitenptera, Pronaos und Opisthodom sowie die Proportionen der Cella und ihrer gelegentlichen Teilräume auf ihre Position zum Kultbild als der *geistigen* Mitte des Tempel–Innenraumes. Der Abstandsbetonung *früher* Situierungen des Kultbildes entspricht *später* in charakteristischen Fällen — sinnfällig im Zeustempel von Olympia[9] oder auch ganz besonders im sogenannten Hera–Tempel von Selinunt (E) — das stufenweise Ansteigen des Bodens von der Vorhalle über den Pronaos und die Cella zum Kultbild bzw. bis zum Adyton.[10] In der gänzlich anderen Gestaltung des Parthenon mit der U–förmig um die Athena–Statue herumführenden Säulenstellung der Cella sieht er daher zu Recht den formalen architektonischen Ausdruck der Tatsache, daß die Parthenos des Phidias eben kein Kultbild sondern ein Weihgeschenk war.[11] Von dieser sublimen Auffassung des Götterbildes in der Klassik Athens ist die archaische Gestaltung des Blikkes auf das Kultbild jedoch noch weit entfernt.

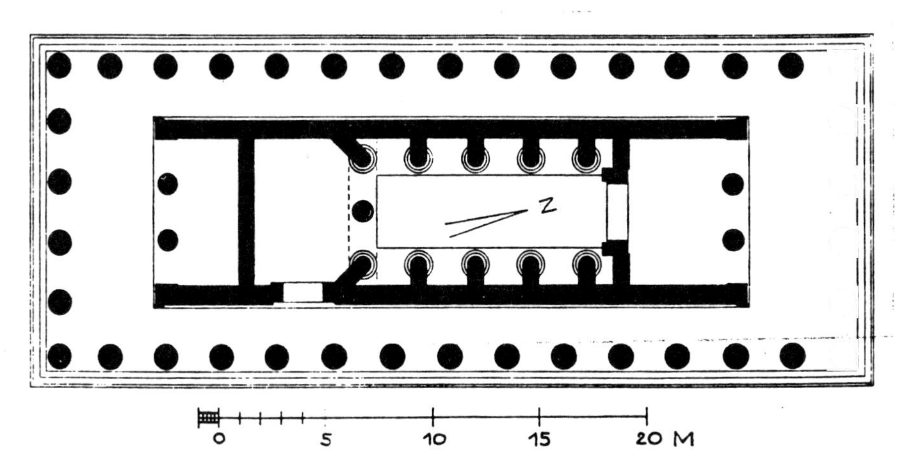

Abb. 3: *Bassai, Apollontempel, Grundriß*
(nach Berve/Gruben 1961)

In diesem Kontext spielt es natürlich keine Rolle, daß der jeweils ursprünglich konzipierte Raum durch eventuelle spätere Postierung von Weihgeschenken aller Art so zugestellt werden konnte, daß die einst geplante Raumwirkung beeinträchtigt werden konnte.

Ehe nun der sich aufdrängenden Frage nachgegangen wird, was die Erbauer der Heraia in Samos dazu bewog, mit architektonischen Mitteln etwas zu bewirken, das (zumindest dem modernen Beurteiler) als eine Betonung des Abstandes

---

[9] Zinserling 1957, 27.

[10] Berve/Gruben/Hirmer 1961, 222: auf die 10 Stufen Freitreppe folgen nach 6 Stufen zur Cella noch 3 weitere zum Adyton, in dem schließlich das Kultbild wohl durch einen Baldachin umschlossen wurde — falls 4 entsprechende Pfostenlöcher seine Anbringung belegen können.

[11] Zinserling 1977, 40f.

zum Kultbild erscheint — analog zu W. Martinis Frage, weshalb die Tradition des Herdhauses abbrach und der Peripteraltempel entstand[12], ist noch auf ein bemerkenswertes raumbildendes Motiv einzugehen und nach seiner möglichen Herkunft zu fragen, da die neue Gestaltung des Innenraumes nicht aus heimischen, d. h. minoisch–mykenischen oder westkleinasiatischen Vorstufen abgeleitet werden kann: Im Heraion II von Samos ist die ältere Innenstützen–Reihe weggefallen, neu sind dort entlang den Langseiten Innenstützen auf einer bankettartigen Fundamentierung.[13] Ihnen entsprechen im Heraion von Olympia (Abb. 2) — „kaum vor 600 v. Chr. erbaut"[14] — Zungenmauern und Säulen im Wechsel, vergleichbar in ihrer ästhetischen Wirkung denen im Apollo–Tempel von Bassai (Abb. 3)[15] oder noch im späten Artemis–Tempel von Lousoi (Abb. 4).[16]

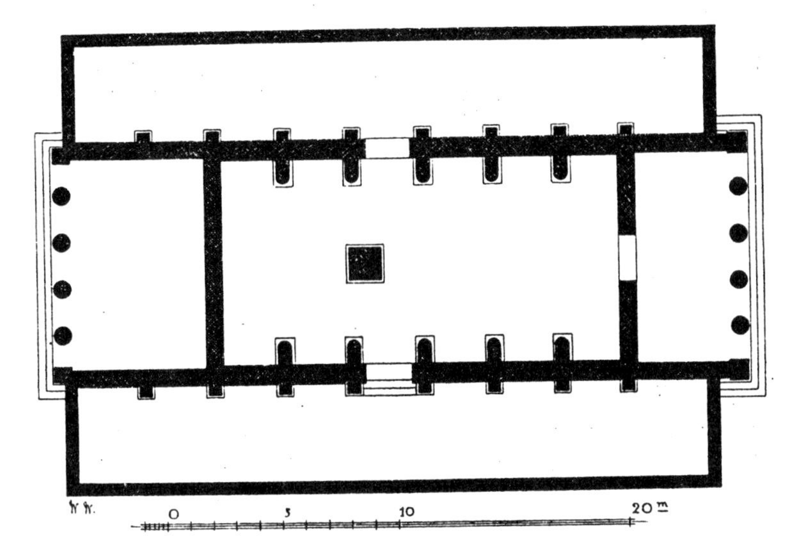

Abb. 4: *Lousoi, Artemistempel, Grundriß*
(nach Reichel/ Wilhelm, Österr. Jahresh. 4, 1901, 24 Fig. 14)

In der schematisierten Grundrisszeichnung bleiben diese Zungenmauern und Innenstützen vor der Wand Punkte und Striche, erst im ziemlich gut erhaltenen Tempel von Bassai (Abb. 5) wird ihre innenraumbildende Ausdruckskraft deutlich. In diesem Raum kommt bekanntlich den Reihen der Zungenmauern die optische Bedeutung zu, durch ihre rahmende Funktion den Blick des Besuchers zu führen, also durch die Staffelung der seitlichen Begrenzungen über die Tiefenwir-

---

[12] Martini 1986, bes. 27f. und 29.

[13] Zur Problematik der Befunde Mallwitz 1981, 624ff.

[14] Mallwitz 1972, 138 mit Abb. 109.

[15] Berve/Gruben/Hirmer 1961, 152.

[16] Vgl. Mitsopoulos–Leon 1988 (Grabungen 1987), 15 Abb. 1: Grundriß — mit Haupt(?) Eingang an der südlichen Langseite.

kung räumliche Distanz zu erzeugen, wie das auch Paul Anczykowski mit seinem Film „Augenende“ (1987) zu verstehen lehrte.

Vergleichbar mit den Heraia scheint mir der Blick in die Kolonnade des Eingangs in den Grabbezirk des ägyptischen Königs Djoser (3. Dynastie, etwa 2635–2615) in Saqqara mit ihren Papyrusbündel–Zungenmauern (Abb. 6).[17] Der Vorbau dieser Kolonnade hat in den vier Doppelpilaster–Wänden auch das Analogon zu den vier quer gestellten Stützen vor der Cella des Heraions II von Samos. In beiden Fällen kommt dieser Schranke die von G. Zinserling hervorgehobene Abstandsbetonung zu.[18] Diese Funktion hat in besonderer Weise der Blick durch die Pylone und Tore eines traditionellen ägyptischen Tempels (Abb. 7)[19], verkürzt in den Rahmungen ägyptischer Götterbilder durch ineinander = hintereinander gestaffelte Tore (Abb. 8)[20], in Samos noch erkennbar im Schrein mit dem dreifachen Tor–Architrav der Göttin Mut = Hera auf einem bronzenen Votiv–Spiegel aus dem Heraion.[21] Diese Art der Blickführung bzw. des Weges durch Reihen von Toren[22] oder Säulenpaaren hin zum Götterbild, die schon Strabon in seiner Beschreibung des ägyptischen Tempels bemerkte, ist Abstandsbetonung.

---

[17] Firth/Quibell 1935, Taf. 54. Weitere Literatur bei Porter/Moss 1981^2, 399ff. zum „entrance complex“ bes. 405f.

[18] Zinserling 1988, 11, mit dem Hinweis auf die ein Jahrhundert spätere Monumentalisierung dieser Säulenreihe am sog. Tempel C von Selinunt.

[19] Keel 1977^2, Abb. 238a.

[20] Keel 1977^2, Abb. 238. Vgl. ebd. 18f. mit Abb. 9–13 zur Metaphorik der „Tore des Himmels“. Die eminente theologische Bedeutung des Tores wird deutlich in der Vielfalt der „Tornamen der ägyptischen Tempel“, von denen Grothoff in seiner gleichnamigen münsteraner Dissertation (1995) 145 Beispiele gesammelt und besprochen hat, die allermeisten davon aus dem Neuen Reich. — Vgl. den erhaltenen ägyptischen Holzrahmen (und seine moderne Kopie) bei Ehlich 1953, Abb. 109 u. 112. — Möglicherweise hat auch das Epitheton des „hunderttorigen“ Theben — seit Ilias 9, 383 immer zwar auf Stadttore bezogen — doch seinen Ursprung in mißverstandenen Eulogien thebanischer Gottheiten, die erst hinter hundert Toren sichtbar werden. — Durchgänge aus drei Balken sind übrigens bemerkenswerterweise auch über den Holz*prügel–Brücken*–wegen (vgl. *pontifex* zu *pons*) früher germanischer Opferstätten in Wittnmoor, Kr. Wesermarsch nachgewiesen (Hayen 1971, 116ff. mit Abb. 16 und Verweis auf bronzezeitliche Vorgänger). Sie lassen an das römische Ritual des „sub jugum ducere“ denken. — Reihen von Durchgangsbögen (*torii*) vor Schreinen kennt ferner der shintoistische Kult in Japan (Zachert 1994). Hier Abb. 9 = Shinto–Schrein beim Komyo–ji in Dazaifu, Kyushu (Photo L. Bulazel).

[21] Munro 1969, 92 Anm. 1 — vgl. Nofret die Schöne. Die Frau im Alten Ägypten. Ausstellungskatalog, Mainz 1984, Nr. 55, mit Hinweis auf ein weiteres Exemplar aus dem Heraion von Perachora. Mut identifiziert als Hera: Wilcken, UPZ II Nr. 162 Col. I 28 (nach Munro 1969, 109 Anm. 93). Vierfach gestaffelt sind die Tor–Rahmungen eines ägyptisierenden Kultbaus auf einer Bronzemünze von Askalon aus der Zeit des Septimus Severus (197/198 n. Chr. = BMC Palestine 136 Nr. 231 Taf. XIV 9. Frdl. Hinweis von K.Stähler).

[22] Strabon XVII 1, 28 (805): *propyla* aufgereiht an einem *dromos*.

Abb. 5: *Bassai, Apollontempel, Innenansicht*
(nach Mallwitz, AM 77, 1962,167, Abb. 2)

Der Blick auf Ägypten ist so anstößig nicht, wie er Klassizisten erscheint. Martin Bernals „Black Athena"[23] hat — von möglichen Fehleinschätzungen in gelegentlichen Details einmal abgesehen — immerhin den Vorzug, darauf aufmerksam gemacht zu haben, daß die Griechen selbst sich durchaus im Banne und unter dem Einfluß des Orients sahen. In Samos ist das offensichtlich: unter den frühen Kleinfunden aus dem Heraion um 700 v. Chr. sind *auch* einige griechische, 85 % aber stammen aus dem Orient, die Hälfte von 66 Statuetten etwa allein aus Ägypten.[24] Herodot wußte, daß die samische Elle der ägyptischen entspricht.[25]

[23] Bernal 1987. Zur Forschungsgeschichte bzw. ihren ideologischen Implikationen vgl. auch Burkert 1984, 7ff.

[24] Kilian-Dirlmeier 1985, 215ff. bes. 236 und 240.

[25] Herodot II 168. Vgl. zum Proportionenvergleich griechischer Kouroi mit ägyptischen Statuen der 26. Dynastie Guralnick 1978, 461ff.; Ahrens 1984, 75ff.

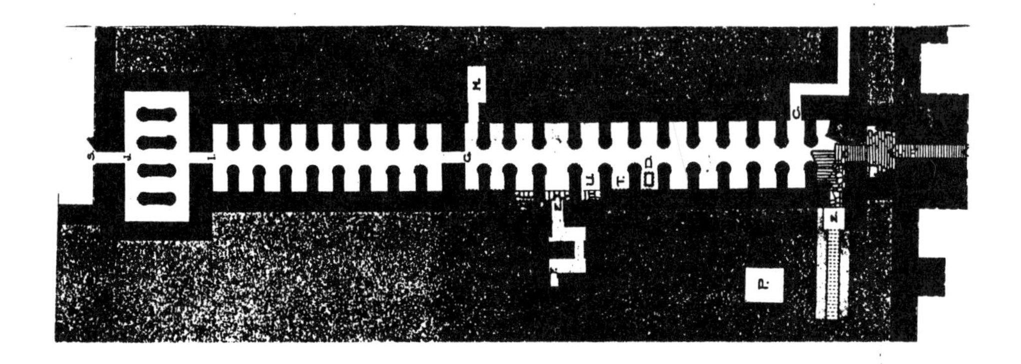

Abb. 6: *Saqqara, Djoser–Bezirk, Grundriß des Eingangsbereichs*
(nach Firth/Quibell, Saqqara, Taf. 38)

In der Gestaltung der samischen Kouros–Statuen hat H. Kyrieleis die ägyptischen Vorbilder auch im Detail nachweisen können.[26] Die „ägyptischen Einflüsse in der griechischen Architektur“ hat G. Hölbl behandelt.[27] In seine Beobachtungen mag sich der hier vorgelegte Nachweis der ägyptischen Anregung für die Innenraum–Strukturierung durch gliedernde Wandvorsprünge einfügen. Dabei befremdet vielleicht der Hinweis auf den zwei Jahrtausende früheren Grabbezirk des Djoser. Der aber wurde gerade in der Spätzeit von Besuchern aufgesucht — aus der Saitenzeit gibt es einen Schacht in seiner Stufenpyramide[28], und merkwürdigerweise wurde der später vergöttlichte Imhotep, der auch als Architekt der Anlage von Saqqara galt — eine ihn nennende Inschrift wurde in bzw. bei der Kolonnade (Abb. 7) gefunden[29], in saïtischer Zeit in Statuetten gerade auch im griechischen Kulturraum[30] bekannt.

---

[26] Kyrieleis 1996.

[27] Hölbl 1984, 1ff.; bes. 4 zum extremen „Wegeeffekt“ der Abfolge von Räumen und 6ff. zur „dorischen Säule“ in Ägypten. Auch sie ist — ohne das dorische Kapitell — schon im Grabbezirk der Djoser vorhanden (Firth/Quibell 1935, Taf. 26; 79; 80, 2). Ihren ägyptischen Ursprung nahm schon 1834 Ludwig Ross bei seinem Besuch von Samos an (Ross 1990, 179 — freundlicher Hinweis von S. Wölffling). Zur „egyptian connection“ der Dorer genüge hier der Hinweis auf Danaos im Mythos von Argos.

[28] Porter/Moss 1981^2, 400. Es gibt auch — allerdings nur ägyptische — Besucherinschriften in der Stufenpyramide (Firth/Quibell 1935, 77ff.).

[29] Porter/Moss 1981^2, 407 zur Djoser–Statue Kairo JE 49889.

[30] Statuette im Museum Nicosia (Zypern).

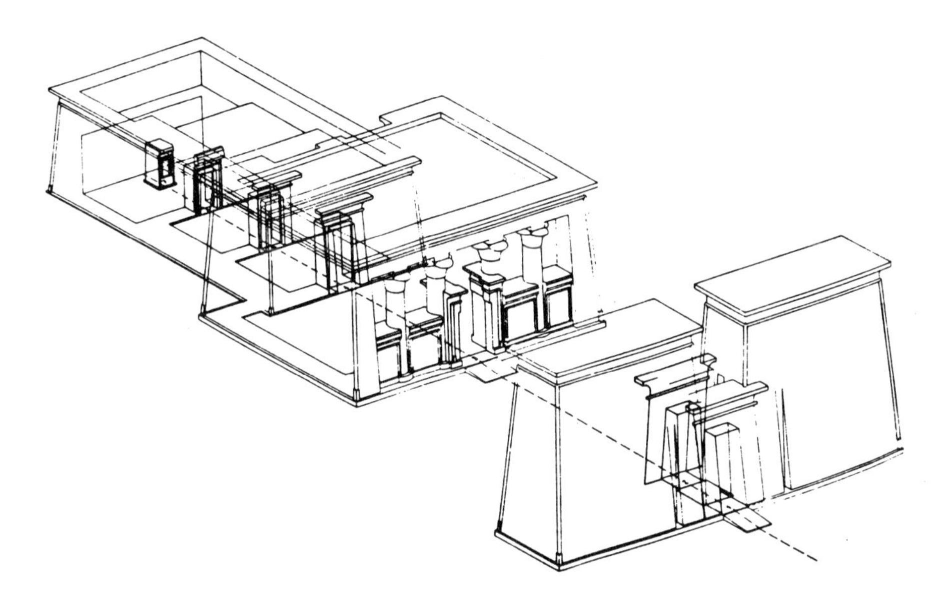

Abb. 7: *Isometrische Darstellung der Portafolge eines ägyptischen Tempels (Kalabscha)*
(nach Keel 1977²)

Zu erinnern ist in diesem Kontext auch an J. L. Bensons Nachweis ägyptischer Totenbücher als gestalterische Vorbilder für den Bilddekor[31] bestimmter griechischer geometrischer Amphoren, deren Form übrigens auch Parallelen im ägyptischen Neuen Reich hat.[32] Da die „*philobarbaroi*“ unter den antiken Autoren nicht müde werden, für ihre Götter ältere ägyptische Entsprechungen zu finden, steht zu vermuten, daß mit der Übernahme von Totenbuch–Motiven und Architektur–Elementen zur Abstandsbetonung auch religiöse Konzepte übernommen wurden. Sie scheinen mir über die Bedeutung des Priestertums und der von ihm getragenen Theologisierung der Religion auch zur Distanzerfahrung beigetragen zu haben, mit der die Griechen der nachhomerischen Zeit ihre Götter erlebten.

Denn daß die Nähe der Teilnehmer am Kultgelage zu ihren Idolen im engen Raum des frühen Herdhauses ein anderes Erleben der Gottheit meinte als die Distanz zum Kultbild im Langhaus–Tempel, scheint mir auch vor dem Hintergrund einer zunehmenden Entrückung der Götter in immer weitere Fernen sinnvollerweise anzunehmen zu sein:

---

[31] Benson 1970.

[32] Amphora in Boston, Museum of Fine Arts 64. 9.

Abb. 8: *Torfolge in einem ägyptischen Tempel (Relief aus Begrawija, Meroë)*
(nach Keel 1977²)

Seit der Ionischen Wanderung ist der ferne Olymp Sitz der Götter, dorthin versetzen die Auswanderer[33] die Gemeinschaft all jener ursprünglich lokalen Einzelgötter, deren alte Verehrungsorte sie verließen und die sie nur in Bildern mitnehmen konnten. Schon Homer kennt die zeitweilige Abwesenheit der Götter bei den seligen Äthiopen.[34] Ähnliches gilt bekanntlich von Apoll bei den Hyperboreern. Im 5. Jahrhundert treibt Aristophanes im „Frieden" seinen Scherz mit dem Rückzug der Götter in immer fernere Tiefen des Himmels[35], wo sie dann nach Platon und Demokrit als *hyperouranioi*[36] in den Intermundien wohnen. „Die leicht dahin lebenden Götter"[37] der Klassischen Kunst sind es, die schon Karl Marx in

[33] Snell 1955³, 57.

[34] Äthiopien als mythischer Ort: Thimme 1970, 7ff.; bes. 12f.

[35] Aristoph., Pax 197–207.

[36] Platon, Phaidros 247 c. Zu Demokrit vgl. Kövendi 1962, 85f.

[37] Otto 1963, 14ff.

seiner Dissertation als die des Epikur erkannt hat.[38] Was bei dem hellenistischen Denker als philosophische Spekulation endet, scheint mir schon mit der rituellen Ausdrucksform der Abstandsbetonung in den frühen Hekatompedoi–Tempeln begonnen zu haben: Vergeistigung als Theologisierung über Distanzerzeugung.

Abb. 9: *Durchgangsbögen (torii) vor einem Shinto–Schrein (Dazaifu, Japan)*
(Foto Bulazel)

Folgt man der Schluß–Pointe von Roberto Calassos „Hochzeit von Kadmos und Harmonia" (1990), so hat gerade ein weiteres orientalisches Erbgut dieser Epoche — die Übernahme der Alphabet–Schrift von den Phöniziern — die Grie-

[38] Lange/Schmidt (eds.) 1983, 68 (= MEW Erg. Bd. I, 1968, 283) gegen den Spott über die Götter des Epikur in den Intermundien: „Und doch sind diese Götter nicht Fiktion des Epikur. Sie haben existiert. *Es sind die plastischen Götter der griechischen Kunst.*"

chen gezwungen, die auf eben dieser Hochzeit noch erfahrene Anwesenheit der Götter künftig sublimer zu verstehen: Kadmos hatte Griechenland „mit Geist begabte Geschenke“ gebracht: an kleinste Zeilen gespannte Vokale und Konsonanten, „eingegrabenes Vorbild einer Stille, die nicht schweigt“ — das Alphabet. Mit dem Alphabet würden die Griechen sich dazu erziehen, „die Götter in der Stille des Geistes zu erleben und nicht mehr in der vollen und normalen Gegenwart, wie er sie noch hatte erleben können am Tage seiner Hochzeit."

Der Abstandsbetonung zum Zweck der Exaltation des Kultbildes im Innenraum entspricht die Monumentalisierung der Außenerscheinung des Tempels durch die Hinzufügung des Säulenumgangs — auch er wohl möglicherweise nach ägyptischen Anregungen zu verstehen. Da W. Martini sich in seinem schon genannten Aufsatz eben diesem Bau–Element des neuen Hekatompedos–Tempels mit besonderem Interesse gewidmet hat, wird verständlich, daß für ihn „die Beschränkung auf den schmalen Naos ... primär Ausdruck der geringen Bedeutung des Innenraumes"[39] bleiben muß. Von der Position des Kultbildes und der rahmenden Blickführung durch die Wandvorsprünge her begriffen wird aber nach G. Zinserling gerade auch das Tempelinnere bedeutungsvoll, so daß Martinis Frage „Weshalb?“, mit der er den Traditionsbruch zwischen älterem Herdhaus und neuem Peripteros problematisiert, auch für die Monumentalisierung des Innenraumes zu stellen ist.

Mit manchen Einzelbeobachtungen und Analogien belegt er, daß „der Kult aus dem Adelskontext gelöst wird"[40] und verweist ferner für das Zurücktreten der Einzelherrschaft in einem charakteristischen Beispiel auf die in Athen 683/82 v. Chr. vollzogene Ablösung des Basileus, also des erblichen Königtums, durch das jährlich wechselnde Archontat.[41] Ohne hier mit einer Zeitgleichheit argumentieren zu wollen, läßt sich doch ein bemerkenswertes Phänomen anschließen: die nach antiker Überlieferung mehrfach wechselnden Namen der Stadt Athen. Bevor nämlich die Stadt und ihre Einwohner sich nach ihrer Stadtgöttin nannten, hießen jene *Kranaoi*[42] nach dem Könige Kranaos und hieß die Stadt *Ogygia*[43] nach dem Könige Ogygos bzw. *Kekropia*[44] nach dem Könige Kekrops. Die durch solche Art der Namengebung herausgehobene Bedeutung des Königs wurde schließlich in signifikanter Weise an die neue Symbolfigur, die Stadtgöttin Athena, abgetreten: Auf der Akropolis scheint der Alte Athenatempel den Platz des mykenischen Königspalastes eingenommen zu haben. Damit trat die Verehrung der Göttin an die

[39] Martini 1986, 28.

[40] Martini 1986, 30.

[41] Martini 1986, 34.

[42] Herodot VIII 44, 2. Strabon IX 1, 18 (397).

[43] Marmor Parium 239 FGrHist. A 1 (Jacoby).

[44] Ebd. A 3. Auch Pausanias I 2, 6 kennt wie das Marmor Parium noch eine vierte nach *Aktaios* und fügt die Umwandlung des Namens Aktaia nach der Tochter *Atthis* des Kranaos in das geläufige *Attika* hinzu.

Stelle der älteren Rituale im Megaron des Königs.[45]

F. de Polignac hat in seiner Darstellung der „Entstehung der griechischen Stadt“ mit der Festsetzung des Agalma, der Sistierung des Kultbildes die kultische Sanktionierung des neuen territorialen Gebildes Polis verbunden[46], das die als Genossenschaft im Ritual gemeinsamer Mahlzeiten verbundenen älteren Strukturen des Personenverbandes ablöste.[47] Aristoteles beschreibt Vergleichbares, wenn er feststellt, daß die Demokratie „auch die Heiligtümer der Einzelnen zusammenführen muß zu wenigen und gemeinsamen“ und die von früher gewohnten Kultvereinigungen aufgelöst werden sollen.[48] Entsprechendes gilt für die Verehrung der Toten: mit der Errichtung eines *dēmosion sēma* wird in der Folge des Sieges bei Marathon[49] in Athen die Bestattung der für die Gesamtheit der Stadt im Krieg gefallenen Bürger nicht mehr den jeweiligen Familien erlaubt, sondern in einem Staatsgrab im Kerameikos mit jenem propagandistischen Zeremoniell zelebriert, das N. Loraux als „die Erfindung Athens"[50] analysierte — Konstituierung von Gemeinschaft also durch Distanzerzeugung in der Verehrung der Götter wie der Toten.

Polignacs Betonung des Territoriums entspricht einem räumlichen Denken, das auch M. Detienne mit dem Ordnungskonzept des „in die Mitte Stellens“ als Frühform egalitärer, gemeinschaftsbildender Metaphorik herausgearbeitet hat.[51] Wenn räumliche Vorstellungen also im archaischen Griechenland so prägend werden, muß auch die Betonung des räumlichen Abstandes zum Kultbild bedeutungsvoll sein. Die „Funktion des Ringhallentempels in der Entstehungsgeschichte der griechischen Polis“ — so der Untertitel eines Vortrages H. von Hesbergs[52], läge also in der Monumentalisierung[53] jenes Kultes, der nach Aristoteles die Zersplitte-

---

[45] Zur Kontinuität des Kultes auf der Akropolis und ihrer Problematik Burkert 1977, 93f., mit Hinweis auf die Bedeutung des „Basileus“ im Kult des Dionysos. Vgl. dazu Ehrenberg 1957 (1932), 13.

[46] de Polignac 1984, 66.

[47] Dieses Konstrukt einer idealtypischen Sukzession schließt natürlich nicht ein Weiterleben der älteren Kultform unter veränderten Bedingungen aus. So ist etwa in Athen noch im 4. Jhd. vom Kultlokal des *genos* der Eteobutaden die Rede, das der Vater des Aischines „mieten“ konnte (Vgl. allgemein die Beiträge von Bergquist, Morris, Bookides, Tomlinson u.a. in Murray (ed.) 1994, ferner: Roussel 1976, 134). Am Jerusalemer Tempel scheinen solcher Art genutzte Räume um den Hof herum zusammengefaßt worden zu sein. Jer 35, 2 und 4 spricht von der Feier der Rehabiten in der *lishkah* (= *griech. lesche*) der Bene Hanan, die in den folgenden Versen durch ihre Position zu weiteren nach Personen bzw. Geschlechtern benannten Räumen bestimmt ist.

[48] Aristot. Polit. VII 1319 b 24. Vgl. auch Polignac 1984, 125.

[49] Czech-Schneider 1994, 3–37.

[50] Loraux 1981.

[51] Detienne 1967, 83ff.

[52] von Hesberg 1991.

rung der früheren Clan-Rituale beendet und der mit Polignac dem gefestigten Territorium der Polis im Agalma ein die ephemeren und partikularen Interessen verbindendes Zentrum gibt, das sich im Falle Athens als dem Vorort des durch Synoikismos geeinten Attika eben auch in der neuen Benennung nach Athena als der göttlichen Schützerin der gesamten Bürgerschaft zeigen ließe.

Daß erst eine größere politische Einheit überhaupt in der Lage ist, die neue Kultform, wie sie sich in den Peripteroi mit Innenraumgestaltung für ein Kultbild entfaltet, dauerhaft und wirksam zu gewährleisten, hat B. Gladigow so beschrieben: „Mit dem großen, bald überlebensgroßen und ortsfesten Kultbild im Tempel ... ändern sich die kultischen und organisatorischen Bedingungen der Gottesvorstellungen grundsätzlich. Die regelmäßige Versorgung des Kultbildes — von der Unterhaltung des Tempels ganz zu schweigen — bedingt eine auch ökonomisch anspruchsvollere Institution mit einer ganzen Reihe von das gesamte religiöse System betreffenden Konsequenzen. Der Zugang zum Kultbild ist nunmehr, bis hin zu den Modalitäten der Annäherung und zum Blickwinkel des Kultteilnehmers, steuerbar und kontrollierbar — von Opfertarifen und Verwertungsansprüchen ganz zu schweigen. Die Heilsmöglichkeiten des einzelnen — um einmal Max Webersche Perspektiven ins Spiel zu bringen — unterliegen auf dem Wege über das ortsfeste Kultbild der jeweiligen Territorialherrschaft, zu der das Tempelgelände gehört. Das im Innern des Tempels aufgestellte, dem freien Blick und freien Zugang entzogene Kultbild steht auch in der Konsequenz eines ausgestalteten Begriffs von Grundeigentum."[54] — An eben diesem Grundeigentum aber entzünden sich die krisenhaften sozialen Konflikte der archaischen Polis.

Noch etwas zu der architektonischen Gestaltung dieser „Modalitäten der Annäherung und zum Blickwinkel des Kultteilnehmers." Hier wird vorgeschlagen, die Anregungen für die formalen Elemente der Abstandsbetonung durch eine Folge von Tordurchgängen bzw. Blickrahmungen in Gestalt der Mauervorsprünge in ägyptischen Vorbildern zu suchen. Dabei folgt die Architekturform hier konsequent den rituellen Bedürfnissen, denn wenn G. Hölbl am Innenraum des frühen Langhaustempels dessen „extremen Wegeeffekt"[55] konstatiert und H. von Hesberg von „Prozessionsstraße" und „Distanz"[56] spricht, so ist daran zu erinnern, daß eben diese Elemente auch das Ritual im ägyptischen Tempel prägen. J. Assmann sieht in dessen Architektur „eine Art gebauter Zentralperspektive", die komplementär sowohl das Kultbild als „Zentrum" als auch den „Weg" umfaßt, wenn an Festtagen der in Prozession ausziehende Gott seinen Weg durch die Reihe der Tore nimmt. „*Seinem* Weg, und nicht dem des Menschen, gibt die Folge der Säle, Hallen und

---

[53] Trigger (1990, 119ff.) geht auf die monumentale Tempelarchitektur der griechischen Städte nur flüchtig ein (128), offensichtlich weil die Selbstdarstellung der Poleis in ihren Tempeln nicht in sein Konzept von „egalitären Gesellschaften" (120) paßt. Viel warme Luft wird gebraucht, um Thorstein Veblens „conspicuous consumption" von 1899 (124f.) jung-dynamisch zu stylen. Konkretere Einsichten in die soziopolitische Dynamik monumentalen Bauens als Symbolform einer Gemeinschaft bietet Warnke 1976.

[54] Gladigow 1990, 98ff., hier: 106.

[55] Oben Anm. 27.

[56] Oben Anm. 52.

Höfe architektonische Gestalt."[57] Zumindest für das Kultbild der Hera von Samos sind rituelle Prozessionen überliefert.[58] Abstandsbetonung ist also durchaus dialektisch zu begreifen — als Bezeichnung des Weges, den die Gottheit zu nehmen beliebt, um sich aus der hieratisch–sakralen Ruhe des innersten Tempels in den Festtaumel der Ausnahmesituation einer alljährlich sich wiederholenden Prozession zu begeben, wie auch andererseits als ambivalente Distanzierung der Sterblichen von dem erhabenen Bild, und das heißt sowohl — um mit N. Luhmann zu formulieren: als „Verknappung des Gnadenmittels" wie auch als Schutz vor der magischen Gewalt des Kultbildes.[59]
Die unterschiedlichen Stufen homerischer Gottesvorstellungen können zur Abstandsbetonung in ihren mannigfachen Erscheinungsformen Analoges als Moralisierung erkennbar werden lassen: Während im Epos die Heroen üblicherweise sich von den Reden ihrer herbeitretenden Schutzgötter leiten lassen, weist Zeus am Anfang der Odyssee (I 32ff.) von der Höhe des Olymp den Menschen selbst die Verantwortung für ihre eigenen Freveltaten zu. Die Haltung des demgegenüber moralisch Handelnden wird folglich im — eher nach Hesiod und Solon denn nach Homer klingenden — Herrscherlob aus Munde des Odysseus wegen seiner Gerechtigkeit (*eudikia*) gegenüber dem Volk gottes–*fürchtig* (*theoudēs*) genannt.[60] Später verinnerlicht dann das sich in der Polis konstituierende Zusammenleben der Bürger, die inzwischen an die Stelle der homerischen Helden getreten sind, die nötige Moral im Gehorsam gegenüber dem Gesetz, zu dessen Überhöhung die frühe politische Sprache mit der Formel *nomos basileus* die Exaltation evoziert, die dem Monarchen gebührt. Wie vor ihm im Idealfall alle Bürger gleich sind, so die große Opfergemeinde, die sich durch das gemeinsame Opfer *vor* dem Langhaus–Tempel der Gottheit, am Altar konstituiert — dies als mein Versuch, Distanz–Erfahrung aus der religiösen Erfahrung der Epoche zu verdeutlichen.

Insofern die Monumentalisierung des Langhaustempels durch Innenraumgestaltung und Peristasis in den Kontext der Polisentstehung gestellt ist, bekommt schließlich auch die Betonung der ägyptischen Vorbilder einen zusätzlichen Erklärungswert: Um die neue, Einheit und Identität stiftende Funktion des Tempels clan- und schichtenübergreifend sinnfällig und würdig darzustellen, bedarf es offensichtlich neuer Formen und Formate. Sie können nicht eigenen, notwendigerweise partikularen Traditionen entstammen, sondern werden außerhalb, eben im Orient gesucht, von wo das bewährte Alte als nobilitierendes Zitat mit dem Wert des Exotischen und Würdevollen zur kunstvollen Darbietung des neuen Eigenen genutzt wird. In Gestalt und Bedeutung der archaischen Kouros–Statue sind ver-

---

[57] Assmann 1984, 40f.

[58] Kyrieleis 1981, 17. Generell: Burkert 1977, 163ff.

[59] Gladigow 1979, 103ff., hier: 109. Vgl. Evers 1960, 1ff., hier: 31.

[60] Od. 19, 109–111. Von Sir Moses Finley (1979, 100f.) als „anachronistisch" modern innerhalb der an sich schon durch ihre Humanisierung der Götter Neues bringenden homerischen Religion bezeichnet. *Theoudēs* (zu deos Furcht) findet sich im Epos nur in der Odyssee — an dieser Stelle und dreimal im stereotypen Vers vor den Abenteuern mit unbekannten Fremden in der bangen Frage nach der Gottes–Furcht, die jeweils als das Zeichen von Zivilisiertheit erhofft wird (Od. 6, 121; 8, 576; 9, 176).

gleichbare Phänomene zu beobachten.[61] Fremde Handwerker, wie sie H. G. Evers postuliert[62], sind dabei eher überflüssig, denn die Übernahme rangerhöhender Motive aus der durch Alter und Monumentalität sich auszeichnenden Welt des Orients kann gerade durch eigenständige und bewußte *imitatio* zum Nachweis für das Selbstwertgefühl der aufstrebenden jüngeren Kultur werden.

Zum Schluß noch eine wissenschaftshistorische Beobachtung zur eingangs angesprochenen Geringschätzung des Innenraumes griechischer Tempel durch die traditionelle Architekturgeschichte: Zu ihren klassizistischen Gründungsmythen gehört die Berufung auf das angebliche Konzept der Urhütte bei Vitruv.[63]

Deren vier Pfosten/Säulen bestimmen den Bau als Körper und eben nicht als Raum — so jedenfalls dogmatisch ausgearbeitet im 18. Jahrhundert von Marc–Antoine Laugier SJ[64] in seinem *Essay sur l'Architecture* von 1753 (Abb. 10). Als „basic model of perfection" beeinflußte dieses vitruvianisch–laugiersche Pfostengerüst jedoch nicht nur die frühe Kulturtheorie sondern trug offensichtlich auch die kunstarchäologische Wertung des als freistehendes Denkmal wahrgenommenen Baukörpers des griechischen Tempels. „Goethe vor dem Straßburger Münster" hat unter dem Eindruck gotischer Architektur 1772 „vier Mauern auf vier Seiten" als Grundordnung des Bauens gesehen und sich seit seinem Münster–Aufsatz immer ironisch von der Überschätzung der Säulen durch den „lieben Abt" distanziert.[65]

Nicht mehr berücksichtigt werden konnte der wichtige Aufsatz von Chr. Hökker, Architektur als Metapher. Überlegungen zur Bedeutung des dorischen Ringhallentempels, Hephaistos 14, 1996, 45–80.

---

[61] Metzler 1992, 291ff., hier: 301f.

[62] Evers 1960, 14.

[63] Vitruv, de architect. II 1, 2ff. — Wie sehr dieser Primitivismus antikes entwicklungslogisches Konstrukt ist (Müller 1972, passim; bes.337f.), lehren die staunenswerten Architekturfunde von Nevali Çori im türkischen Kurdistan aus dem Frühen Neolithikum: Zwei aufeinander folgende quadratische Kultanlagen mit einer großen Bild–Nische und 188 bzw. 178 m^2 Innenraum geben mit ihren „fast monumentalen Abmessungen, der Aufstellung monolithischer Pfeiler und Stelen ... den Nachweis, daß diese Form der Kultbauten im Vorderen Orient auf eine lange Tradition bis ins 8. Jahrtausend v.Chr. zurückreicht" (Hauptmann 1991–92, 15ff., hier: 30).

[64] Laugier 1753 = dtsch: Das Manifest des Klassizismus, München/ Zürich 1989, 33ff. Vgl. Mertens 1992, 20ff. Die Rigorosität der 4–Stützen–Konstruktion in Laugiers Darstellung wird besonders deutlich im Vergleich mit der Variationsbreite, die für die „Urhütte" in den Kulturentstehungs–Allegorien die Ikonographie des 16. Jhds. bereithielt (Panofsky 1938, 12ff., bes. Taf. 3 a–e). Selbstverständlich haben diese Hütten wie auch bei Vitruv Wände.

[65] Liess 1985, 99 und 100.

Abb. 10: *Vitruvus 'Urhütte' in einer Illustration zu Marc–Antione Laugier*
(Essai sur l'Architecture, Paris 1753 [nach Original])

Literatur

Ahrens, D.
1984 Reconstructing Ancient Measurement Systems, in: Curator 27.
Algra, K.
1995 Concepts of Space in Greek Thought, Leiden
Alzinger, W.
1985 Aigeira–Hyperesia und die Siedlung Phelloe in Achaia, in Klio 67, 389–451.

Assmann, J.
1984 Ägypten. Theologie und Frömmigkeit einer frühen Hochkultur, Stuttgart.
Bachmann, G.
1994[10] Mittelalterliche Architektur als Bedeutungsträger, Darmstadt.
Benson, J.L.
1970 Horse, Bird and Man, Amherst.
Bernal, M.
1987 Black Athena. The Afroasiatic Roots of Classical Civilization I, London.
Berve, H./ Gruben, G./ Hirmer, M.
1961 Griechische Tempel und Heiligtümer, München.
Bordenache, R.
1977 L'espace architectural dans la Grèce archaique, classique et hellenistique, in: Atti del XXI Congresso di Storia dell'Architettura (Athen 1969), Roma 93ff.
Burkert, W.
1977 Griechische Religion der archaischen und klassischen Epoche, Stuttgart.
1984 Die orientalisierende Epoche in der griechischen Religion und Literatur, Heidelberg.
Casevitz, M.
1984 Temples et sanctuaires: ce qu'apprend l'étude lexicologique, in Roux, G. (ed.), Temples et Sanctuaires, Lyon 81ff.
Clausen, M.I.
1992 Spiritual spaces. The religious architecture of Pietro Belluschi, Seattle.
Czech–Schneider, R.
1994 Das *demosion sema* und die Mentalität der Athener, in: Laverna 5, 3—57.
Detienne, M.
1967 Les maîtres de la verité dans la Grèce archaique, Paris.
Dietrich, B. C.
1987 Die Kontinuität der Religion im Dunklen Zeitalter Griechenlands, in: Buchholz, H.G. (ed.), Ägäische Bronzezeit, Mainz 478ff.
Ehlich, P.
1953 Bild und Rahmen im Altertum, Leipzig.
Ehrenberg, V.
1932 Der Staat der Griechen I, Leipzig (1957).
Evers, H. G.
1960 Der griechische Tempel, in: FS H. Schrade, Stuttgart, Iff.
Finley, Sir Moses
1979 Die Welt des Odysseus, München.
Firth, C. M./ Quibell, J. E.
1935 Excavations at Saqqara. The Step Pyramid II, Kairo.
Gladigow, B.
1979 Zur Konkurrenz von Bild und Namen im Aufbau theistischer Systeme, in: Brunner, H./ Kannicht, R. (ed.), Wort und Bild, München 103ff.
1990 Epiphanie, Statuette, Kultbild. Griechische Gottesvorstellungen im Wechsel von Kontext und Medium, in: Visible Religion 7, 98ff.
Grothoff, Th.
1995 Die Tornamen der ägyptischen Tempel, Münster, Dissertation.
Guralnick, E.
1978 The proportions of kouroi, in: American Journal of Archaeology 82, 461–472.

Hauptmann, H.
1991/92 Nevali Çori. Eine Siedlung des akeramischen Neolithikums am mittleren Euphrat, in: Nürnberger Blätter zur Archäologie 8, 15ff.
Hayen, H.
1971 Hölzerne Kultfiguren am Bohlenweg XLII (Ip) in Wittnmoor, in: Die Kunde, NF. 22, 88–123.
Hesberg, H. von
1991 Architektur und Ritual (ungedruckter Vortrag in Essen am 15.10.1991)
Hölbl, G.
1984 Ägyptische Einflüsse in der griechischen Architektur, in: Jahreshefte des Österreichischen Archäologischen Institutes, 55, 1–18.
Jacoby, F.
1961 Die Fragmente der griechischen Historiker IIB, Leiden.
Jammer, M.
1960 Das Problem des Raumes, Darmstadt.
Keel, O.
1977[2] Die Welt der altorientalischen Bildsymbolik und das Alte Testament, Zürich/ Neukirchen–Vluyn.
Kilian–Dirlmeier, I.
1985 Fremde Weihungen in griechischen Heiligtümern vom 8. bis zum Beginn des 7. Jhds. v. Chr., in: Jahrbuch des Röm.–German. Zentralmuseums, Mainz 32, 215ff.
Knell, H.
1988[2] Architektur der Griechen, Darmstadt.
Kövendi, D.
1962 Die Demokritfragmente und ihre Stellung in Demokrits System, in: Altheim, F., Geschichte der Hunnen V, Berlin, 72–94.
Kyrieleis, H.
1981 Führer durch das Heraion von Samos, Athen.
1996 Der große Kouros von Samos, Bonn.
Lange, E./ Schmidt, E.G. u.a. (eds.)
1983 Die Promotion von Karl Marx — Jena 1841, Berlin.
Laugier, M. L.
1753 Essay sur l'architecture, Paris.
Liess, R.
1985 Goethe vor dem Straßburger Münster. Zum Wissenschaftsbild der Kunst, Leipzig.
Loraux, N.
1981 L'invention d'Athènes, Paris.
Mallwitz, A.
1972 Olympia und seine Bauten, Darmstadt.
1981 Kritisches zur Architektur Griechenlands im 8. und 7. Jhd. v. Chr, in: Archäologischer Anzeiger, 599ff.
Martini, W.
1986 Vom Herdhaus zum Peripteros, in: Jahrbuch des deutschen archäologischen Institutes 101, 23ff.
Marx, K.
1841 Differenz der demokritischen und epikureischen Naturphilosophie nebst einem Anhange = Werke (MEW) Ergänzungsband I Berlin 1968.

Mertens, D.
1992 Johann Hermann Riedesels Betrachtungen zur alten Baukunst in Sizilien, Stendal.
Metzler, D.
1992 Archaische Kunst im Spiegel archaischen Denkens. Zur historischen Bedeutung der griechischen Kouros–Statuen, in: FS M. Wegner, Bonn, 291ff.
Mitsopoulos–Leon, V.
1988 Lousoi, in: Jahreshefte des Österreichischen Archäologischen Institutes, 58 (Grabungen 1987), 14–18.
Müller, K. E.
1972 Geschichte der antiken Ethnographie und ethnologischen Theoriebildung I, Wiesbaden.
Munro, P.
1969 Eine Gruppe spätägyptischer Bronzespiegel, in: Zeitschrift für ägyptische Sprache und Altertumskunde 95, 92–109.
Murray, O.
1994 Sympotica, Oxford.
Otto, W. F.
1963 Die Wirklichkeit der Götter, Reinbek.
Panofsky, E.
1938 The early history of man in a cycle of paintings by Piero di Cosimo, in: Journal of the Warburg Institute 1, 12ff.
Polignac, F. de
1984 La naissance de la cité grecque, Paris.
Porter, B./Moss, R.L.B.
1981[2] Topographical Bibliography III: Memphis, Oxford.
Ross, L.
1990 Griechenland, Frankfurt.
Roussel, D.
1976 Tribu et cité, Paris.
Rutkowski, B.
1987 Neues über vordorische Tempel und Kultbilder, in: Buchholz, H.G. (ed.), Ägäische Bronzezeit, Mainz, 407ff.
Snell, B.
1955[3] Die Entdeckung des Geistes, Hamburg.
Snodgrass, A.
1977 Archaeology and the Rise of the Greek State, Cambridge.
Sonntagsbauer, W.
1991/92 Ein Spiel zwischen Fünf und Sieben, in: Jahreshefte des Österreichischen Archäologischen Institutes, Beiblatt, 69ff.
Thimme, J.
1970 Griechische Salbgefäße mit libyschen Motiven, in: Jahrbuch der Staatl. Kunstsammlungen in Baden–Württemberg 7, 7ff.
Trigger, B. G.
1990 Monumental architecture: a thermodynamic explanation of symbolic behaviour, in: World Archaeology 22, 2, 119ff.
Warnke, M.
1976 Bau und Überbau. Soziologie der mittelalterlichen Architektur nach den Schriftquellen, Frankfurt.

Zachert, H.
1994 Die Mythologie des Shinto, in: Haussig, H.W. (ed.), Wörterbuch der Mythologie VI, Stuttgart.
Zinserling, G.
1957 Kultbild — Innenraum — Fassade, in: Das Altertum 2, Berlin 18ff.
1965 Zeus–Tempel zu Olympia und Parthenon zu Athen — Kulttempel? Ein Beitrag zum Raumproblem griechischer Architektur, in: Acta Antiqua Hungorica 13, Budapest, 41ff.
1970 Abriß der griechischen und römischen Kunst, Leipzig.
1977 Innenraumprobleme griechischer Tempelarchitektur, in: Beiträge der Winckelmann–Gesellschaft 8, Stendal, 25ff.
1988 Griechische Tempel — Raumgestalt und Körperform, in: Mitteilungen der Winckelmann–Gesellschaft 52, Stendal, 5ff.

Bemerkungen zur Gesellschaft und Religion der Nabatäer

Robert Wenning

Eine Interdependenz zwischen sozialen Strukturen und der Religion ist gerade auch bei den Nabatäern zu beobachten, doch hat diese Fragestellung in der Forschung bislang noch wenig Beachtung gefunden. Generell können die nabatäische Gesellschaft[1] und die nabatäische Religion[2] auch heute noch als nur unbefriedigend erforscht angesehen werden. In beiden Bereichen, so scheint es, werden mehr phantasievolle Vorstellungen als gesicherte Darstellungen tradiert. An dieser Stelle kann nur das Problem verdeutlicht und nur durch einige Bemerkungen und Fallbeispiele auf die Möglichkeiten hingewiesen werden, in welche Richtung Lösungen gesucht werden könnten[3].

1. Die Problemstellung

Die Nabatäer sind uns in erster Linie als die Araber bekannt, die in hellenistischer und frührömischer Zeit den Transport von Aromata auf der sog. Weihrauchstraße bis zu den Häfen und Märkten des Mittelmeeres durchführten, die dadurch reich und mächtig wurden und ein großes Königreich mit der Hauptstadt Petra errichten konnten, das 106 n. Chr. von Rom okkupiert und zur *provincia Arabia* umgewandelt wurde.

Der ältesten datierten nabatäischen Inschrift aus Petra von 96 v. Chr. (D. II Nr. 90) gehen über 200 Jahre seit der ersten sicheren Erwähnung von Nabatäern bei griechischen Autoren, 312 v. Chr. durch Hieronymos von Kardia (Diod. Sic. II 48,1–5; XIX 94) voraus. Für diese Phase können wir uns nur ein unvollkommenes Bild von den Nabatäern machen, da u.a. genuin nabatäische Denkmäler erst in späthellenistischer Zeit erkennbar sind. Über die Frühgeschichte und die Herkunft der Nabatäer lassen sich nur Hypothesen aufstellen.[4]

Der Karawanenhandel der Nabatäer, der Bericht des Hieronymos von Kardia und die Thesen über die Herkunft der Nabatäer haben in der Forschung ein Bild

---

[1] Hammond 1973, 106–112.

[2] Zayadine 1989; Zangenberg 1991.

[3] Die Götter der Nabatäer werden derzeit von H. Merklein (Bonn) und dem Verf. in einem von der DFG geförderten Projekt erforscht. Als Einführung vgl. Wenning/Merklein 1996; dies. 1997a–b. Auch für den vorliegenden Beitrag verdanke ich vieles der Diskussion mit H. Merklein, verantworte aber die vorgetragenen Positionen selbst.

[4] Milik 1982; Knauf 1985, 92–111; ders. 1986; Graf 1990.

von den Nabatäern als Kamelnomaden entstehen lassen, das in zwei Richtungen polar ausgefaltet worden ist:

Auf der einen Seite gelten die Nabatäer bis zur römischen Okkupation und darüber hinaus als Nomaden; „nomadisch" bezeichnet die nichtseßhafte Lebensweise. Diese Position ist in jüngerer Zeit vor allem von E. A. Knauf[5] vertreten worden. Er versteht unter „Nabatäer" nur die Angehörigen des Stammes der *Nabatu*, die eine Minderheit in ihrem Reich geblieben seien, aber alle Machtpositionen des Reiches innegehabt hätten. Überwiegend seien die Nabatäer Beduinen/Kamelreiter–Krieger geblieben. Lediglich die Oberschicht des Stammes hätte Kapital akkumuliert, Latifundien erworben und wäre in den Ortschaften des Reiches präsent gewesen. Knauf spricht vom ersten Staat von Frühbeduinen in dieser Region und mehr von einem Stämmebund als von einem Königreich oder einem Staat westlichen Gepräges.

Auf der anderen Seite geht man von einer weitgehenden Seßhaftwerdung der Nabatäer seit späthellenistischer Zeit und einer sich stetig verstärkenden Assimilation an die hellenistisch–römische Kultur der Umwelt aus, die letztlich zur Übernahme durch Rom geführt habe.[6] Grundlage dieser Sicht ist einerseits der „klassische" Vergleich zwischen den Nabatäer–Berichten des Hieronymos und des Strabon und andererseits der archäologische Befund mit Hunderten von nabatäischen Fundplätzen[7]. Beide antiken Berichte sind jedoch aus ihrer Intention und Sicht zu beurteilen und beide enthalten Topoi und Fehlurteile, weil sie eine bestimmte Sicht vermitteln wollen.[8] Als Nabatäer werden bei dieser These die Bewohner des nabatäischen Reichs insgesamt verstanden, soweit sie nicht durch vorliegende Quellen anders ausgewiesen sind.

Gegen beide Vorstellungen, die wichtige Beobachtungen enthalten, sind manche Bedenken vorgetragen worden, die in erster Linie die Extrempositionen a) Fortbestand nomadischer, nichtseßhafter Lebensweise bzw. räuberisches Kamelbeduinentum[9], b) fortgeschrittene Hellenisierung nach außen und innen[10] betreffen; dies ist hier nicht zu vertiefen.

Greift man auf genuin nabatäische Denkmäler zurück, wie sie spätestens seit dem frühen 1. Jh. v. Chr. vorliegen, so scheinen zwei Denkmalgruppen besonders

---

[5] Knauf 1985; 1986; 1989; 1992; 1997.

[6] u.a. Funke 1989.

[7] Wenning 1987. Während die nabatäische Feinkeramik weiterhin ein Indikator für Nabatäer sein kann, bleibt zu beachten, daß nabatäische Schrift auch von anderen arabischen Gruppen übernommen worden ist, nabatäische Inschriften somit nicht überall auf Nabatäer verweisen müssen.

[8] Kritisch zu den Folgerungen aus dem Vergleich Knauf 1986, 75f.; Dijkstra 1995, 299–307; zum Bericht des Hieronymos Graf 1990, 51–53; zum Bericht des Strabon Graf 1994, 266–268.

[9] Macdonald 1992; kritisch zum Beduinenverständnis von Dostal 1959 u. 1967, das auch Knauf zugrundelegt, vgl. Webster 1992.

[10] Wenning 1993a.

geeignet, etwas über die nabatäische Gesellschaft zu erfahren: die Inschriften und die religiösen Monumente.

2. Titel illustrieren soziale Strukturen

Es erscheint kennzeichnend, daß man bei den Inschriften, inklusive der Legenden der nabatäischen Münzen, sich primär Titeln zugewandt hat. Diese Diskussion suggeriert eine zentralistische, hierarchische Administration des Nabatäischen Reichs ähnlich der anderer hellenistischer Königreiche. Ob allerdings die Dynastie so durchgreifend überall präsent war, besonders auf dem zivilen und religiösen Sektor, mag bezweifelt werden. Eher scheinen, den Inschriften folgend, lokale/regionale Clans und Sippen und dann auch Ortsgemeinschaften autonom geblieben zu sein, zwar loyal zur Dynastie, doch weniger stark von ihr abhängig. Für eine solche Beurteilung kann u.a. angeführt werden, daß die überlieferten Titel neben dem Amt des *'strg'* (griechisch *strategos*) als dem zivil- und militärrechtlichen Vertreter des Königs[11] im Land nur noch militärische Positionen ausweisen.[12] Versuche, von *'strg'* ausgehend das Nabatäische Reich insgesamt in *strategeia* aufzugliedern, begegnen verschiedenen Problemen und werden durch die Quellen nicht gedeckt.

In ähnlicher Weise auffällig ist, daß auch am Königshof neben dem König (*mlk nabatu*) und der Königin (*mlkt nabatu*), die zwar oft ähnlich wie bei den Ptolemäern die leibliche Schwester war, aber wohl eher in einem Ehrentitel oder einer Amtsfunktion als „*seine [des Königs] Schwester* (*'ḥth*)" tituliert wird, nur noch das Amt des „*Bruders des Königs* (*'ḥ mlk'*)" genannt wird.[13] Ihm fiel offenbar als rechte Hand des Königs die Ausübung der Staatsgeschäfte zu. Er gehörte genealogisch nicht zur Dynastie.

Die Unterschiede zu hellenistischer Reichsverwaltung scheinen deutlich zu sein und mit allem Vorbehalt mag man diesen Befund dahingehend interpretieren, daß er Ausdruck einer stärker tribalen Grundordnung im Nabatäischen Reich ist, einem Stammeskönigtum, das sich jedem stärkerem Dirigismus entzog.

3. Die Stellung des Königs

Nimmt man die tribale Gesellschaftsordnung, die durch die Seßhaftwerdung der Nabatäer keineswegs aufgehoben wird, ernst, muß die Frage gestellt werden,

---

[11] Graf 1994, 274–279; er verweist ebd. 293f. auf die dynastischen *'bd*-Namen bei vielen dieser Funktionäre. Eine ähnliche Doppelfunktion scheint dem „*Ethnarchen des Aretas*" 2 Kor 11,32 zuzukommen; dieser Titel ist allerdings in nabatäischen Quellen nicht belegt; vgl. Wenning 1994, 16f. Zu beiden Titeln und einer möglichen Differenzierung zuletzt Macdonald 1993, 368–377.

[12] Bowsher 1989; Graf 1994.

[13] Meshorer 1975, 38, 61f., 79; Bowersock 1983, 63; Wenning 1990, 144f.; Dijkstra 1995, 315–318.

wie sich der König in sie einpaßt. Auch hier ist die Thematik komplexer als die nachfolgenden Anmerkungen ausdrücken können.

In der Forschung sind oft die hellenistischen Elemente des nabatäischen Königtums herausgestellt worden, z.B. in den Münzbildern, der Schwesternheirat und der Vergöttlichung zumindest einiger der Könige, worauf noch einzugehen ist. Doch weder der Königstitel, die Königsstatuen, die Residenz in Petra, die prächtige Hofhaltung, die Anwesenheit von auswärtigen Künstlern und Gästen am Hof, der monumentale Ausbau Petras u.a.m. klären die Stellung des Königs unter den Nabatäern, sondern deuten eher auf seine nach außen gerichtete Repräsentation im Umgang mit der nichtarabischen Umwelt und den Großmächten.

Demgegenüber ist zu Recht mehrfach auf eine Passage bei Strabon, Geogr 16,4,26 hingewiesen worden, die ein Schlaglicht auf die interne Situation wirft. Strabon berichtet nämlich, daß der König vor dem Volk oft Rechenschaft ablegte. Der Kontext dieser Stelle erlaubt, solche Überlegungen noch weiterzuführen. Die Rechenschaftsgebung des Königs erfolgt nämlich im Rahmen der Zusammenkunft einer Kultgenossenschaft, griechisch *symposion*, nabatäisch *mrzḥ*.

> Zitat: *„Sie bereiten gemeinsame Mahlzeiten für Gruppen von 13 Personen; sie haben zwei Sänger(innen) für jedes Bankett. Der König aber veranstaltet viele Symposia in großartigem Stil* (oder: *in einem großen Haus). Keiner trinkt aber mehr als 11 Becher voll, aus einem und wieder einem Goldbecher. Der König ist wie einer aus dem Volk, so daß er sich nicht nur selbst bedient, sondern manchmal selber sogar die anderen. Oft aber auch gibt er Rechenschaft vor dem Volk, mitunter wird auch seine Lebensweise untersucht."*

Die Rolle des Königs entspricht der eines *symposiarches* oder *quinquennalis* im hellenistisch–römischen Vereinswesen[14], das neben der Ausrichtung von Symposien und persönlichen Stiftungen auch die diesbezügliche Rechenschaftspflicht vor der Vollversammlung kennt.[15] Die Egalisierung der „Vereinsbrüder“ ist gleichfalls kennzeichnend; sie war von wichtiger sozialer Funktion. Dieser Egalisierung steht der gesellschaftliche Prestigezugewinn für den Symposiarchen gegenüber, der mit diesem Amt durchaus eigene Interessen verfolgen konnte.

Es stellt sich aber die Frage, ob nicht Strabon griechische Vorstellungen von Symposien in seinen Bericht über die königlichen Gastmähler in Petra, die einerseits in der altorientalischer Tradition des *mrzḥ* stehen, andererseits vor der tribalen Gesellschaftsordnung der Nabatäer zu sehen sind, eingetragen hat? So scheinen die Unterschiede zu hellenistischen Symposien besonders gewichtig. Wenn Strabon den König ausdrücklich als *„demotikos“* bezeichnet, so mag hier ein solcher Unterschied vorliegen. Geht man darum auch bei diesem Bericht von arabischen Traditionen aus, dann reflektiert Strabon offenbar Zusammenkünfte des nabatäischen Königs mit den Vertretern der „führenden Familien“ im Rahmen eines *mrzḥ*. Patron der königlichen Gastmähler wird *Dūšarā*, der Gott der Dynastie, ge-

---

[14] Zayadine 1986a, 472; vgl. allg. zuletzt Schmeller 1995, 36–39.

[15] vgl. Poland 1909, 31, 336f., 386, 389, 423 [*vor dem Volk*]; Schmeller 1995, 43f.

wesen sein[16]. Die Funktion dieser Zusammenkünfte wäre nach Strabon dann die gewesen, daß der König die ihn tragende Elite der nabatäischen Gesellschaft als *primus inter pares* hinter sich zu bringen hatte, indem er großzügige Gastmähler abhielt, sich selbst als gleichgeordnet, ja sogar als dienend zeigte und alle seine Handlungen offenlegte, um im Sinne einer Zustimmung durch den Stamm erneut sein Mandat als „König" zu erhalten.[17] Daß dies in einem *mrzḥ* vor dem Gott als religiöse Handlung vollzogen wurde, erhöhte natürlich die Bedeutung der gegebenen Zustimmung und der Bestellung des Königs.

4. *Mrzḥ* in Petra als Hinweis auf soziale Strukturen

Neben dem Bericht des Strabon sind Kultgenossenschaften in Petra durch Inschriften[18] und mehr noch durch „Vereinslokale", d.h. Kultsäle (große Felskammern mit einer Kultnische an der Rückwand), Biklinien und Triklinien[19] bekannt. Ein *mrzḥ* für den Gott Obodas ist in einer Inschrift von *ad–Dēr* bezeugt[20]:

dkyr 'bydw br wqyh'l̊/wḥbrwhy mrzḥ 'bdt/ 'lh'.

„Gedacht werde des 'Obaidu, Sohn des Waqīh'ēl,/ und seiner Genossen, der Kultgenossenschaft des 'Obodas,/ des Gottes."

Es handelt sich um eine Gedenkinschrift (D. 457), nicht um die Bezeichnung des Kultlokals. Sie ist unterhalb einer Wasserleitung und schräg oberhalb einer Bogennische (D. 456 Abb. 216) bzw. über den beiden Zisternen D. 454 u. 458 angebracht. Ihre Anbringung an dieser Stelle wird aber nicht als zufällig erachtet, zumal sie auf einer partiellen, natürlichen Felsfläche, die wie eine Art Medaillonrahmen wirkt, hervorgehoben ist, und hat zu mehreren Vorschlägen geführt, worauf sie bezogen werden könnte:

Es mag erwogen werden, daß zwischen den Wasseranlagen und der Inschrift ein Zusammenhang besteht, wonach die Kultgenossenschaft diese Anlagen gestiftet (gepflegt) haben könnte. Daß solche Stiftungen von Kultgenossenschaften gemacht wurden, bezeugt eine Inschrift aus Oboda (Avdat), die eine Kultgenossenschaft für *Dūšara* den Gott in Gaia [bei Petra], nennt[21], die als Stifter eines agrarischen Bewässerungsprojektes in Erscheinung tritt. Der Vergleich ist insofern eingeschränkt und nicht beweisend für die Erwägung, daß die Inschrift auf *ad–Dēr* eben nur eine Gedenk- und keine Votivinschrift bzw. Stiftungsurkunde ist.

---

[16] Ein idealer Ort für diese Treffen wären z.B. die Kammern D. 840–843 im *Sīq el–bārid*, die kürzlich als Triklinien erwiesen worden sind (Zayadine 1986b mit Abb. 78). Dieser Hinweis kann allerdings nur auf entsprechende Räumlichkeiten deuten und keinen faktischen Bezug erweisen, da aus Strabon nichts über die Örtlichkeit hervorgeht.

[17] Knauf 1986, 76, 80, „*wie es der Stellung des Scheichs nach beduinischem Herkommen entspricht*"; Macdonald 1993, 376, allg. zur Art der Herrschaftsausübung von Scheichs

[18] Bryan 1973, bes. 198ff., 213ff.

[19] z.B. D. S. 86–92; Tarrier 1980 u. 1986.

[20] D. II S. 92–94 Nr. 73; Savignac 1913, 440; RES 1423; Bryan 1973, 198f.

[21] Negev 1963, 113–117 Nr. 10; Bryan 1973, 199–207.

Ob andererseits der kleine, der Inschrift gegenüberliegende Schrein D. 452 oder eher noch der parallel dazu liegende, aber tholosartige Schrein D. 453[22] — Tholoi verweisen in griechischer Tradition oft auf ein Heroon —, das Kultlokal D. 462 (mit Ädikulanische mit zwei Idolen und kleinerer, einfacher Bogennische an der Rückwand; D. Abb. 217) an der gleichen Felswand oder zur anderen Seite ebd. das große Biklinium D. 446, das ist der monumentale sog. Felsentempel *ad-Dēr*, auf das Zentrum des Obodaskultes zu beziehen sind, läßt sich gleichfalls nicht entscheiden.

Unter der Voraussetzung, daß die Inschrift anzeigt, daß irgendwo auf *ad-Dēr* eine Kultstätte des Obodas gelegen haben wird, was die Inschrift allerdings nicht ausdrückt, hat man auch auf weiter entfernte Anlagen verwiesen,[23] so auf die gegenüberliegende oblonge Anlage D. 451, das Kultlokal D. 491 am Burgberg und die Tholos auf dem Burgberg[24]. Für eine solche Zuweisung fehlt aber jeglicher weiterer Hinweis.

Die Gedenkinschrift eines Symposiarchen (*rb mrzḥ'*) stammt aus *al-Lanṭi* bei *al-Bēḍa* nahe Petra[25]:

dkrwn ṭb [w]šl[m] lġnmw rb/ mrzḥ' ww'lw brh

"*Gutes Gedenken und Friede für Ġanimu,/ den Vorsitzenden der Kultgenossenschaft, und Wāilu, seinen Sohn.*"

Die Inschrift befindet sich nahe einer Kammer, deren Eingang mit Pilastern gerahmt ist.[26] Zayadine 1986, 468, vermutet hier das Triklinium der Kultgenossenschaft.

Neben diesen direkten Bezeugungen lassen sich auch einige andere Inschriften als Zeugnisse für eine gruppengebundene Verehrung von Gottheiten verstehen. Inwieweit dies dann auf Kultgenossenschaften[27], Familienverbände, Berufsgruppen[28], Begräbnisvereine[29] oder andere Kultgemeinschaften[30] verweist, bedarf ausführlicherer Untersuchung und kann hier nur an einem Beispiel dargelegt werden.

---

[22] Lindner 1984, 621–624 Abb. 23–27; Wenning 1987, 265.

[23] Zayadine/Farajat 1991, 284.

[24] Lindner 1984, 612 Abb. 12–15.

[25] CIS II 476; Br. 482d; Zayadine 1976, 139–142, ca. erstes Viertel 1. Jh. n. Chr.; Zayadine 1986, 465–474.

[26] Br. 842, irrig als Gruppe von Höhlen bezeichnet; vgl. dagegen D. 810–814, von denen vielleicht der Saal D. 811 mit einer Tafelvertiefung an der Rückwand die sonst nicht genauer bezeichnete Kammer ist.

[27] vgl. eine Inschrift aus *Ḥegrā*: CIS II 235; JS I 57; RES 1160; Cantineau 1932, 37 Nr. VIII; Starcky 1966, 1015. Vgl. ferner die Lesung von Littmann 1914, 271 zu D. II Nr. 57 von *Qaṭṭār ad-Dēr* in Petra.

[28] vgl. Milik/Starcky 1970, 174 Nr. 89, wo vielleicht an eine Baugilde gedacht werden kann, die in *Ḥegrā* ein Grab schuf.

[29] vgl. Inschrift D. II 31, die eine „Genossin" im Triklinium D. 514[2]; Br. 532, das mehreren Felskammergräbern benachbart ist, nennt.

[30] Bei Inschrift JS II 246 wird man wohl weniger an einen militärischen Berufsverein als an eine „Kameradschaft" im Sinne der griechischen *Hetairoi* denken müssen, wie Graf 1994, 284f. vorschlägt.

4.1. Das Obodas–Heiligtum

Die sog. Obodas–Kapelle in *an–Nmēr* hat fast ausschließlich nur wegen ihrer Inschrift Beachtung gefunden, die dort einen Kult des Gottes Obodas bezeugt. Die Anlage selbst ist noch nicht hinreichend beschrieben und untersucht.[31]

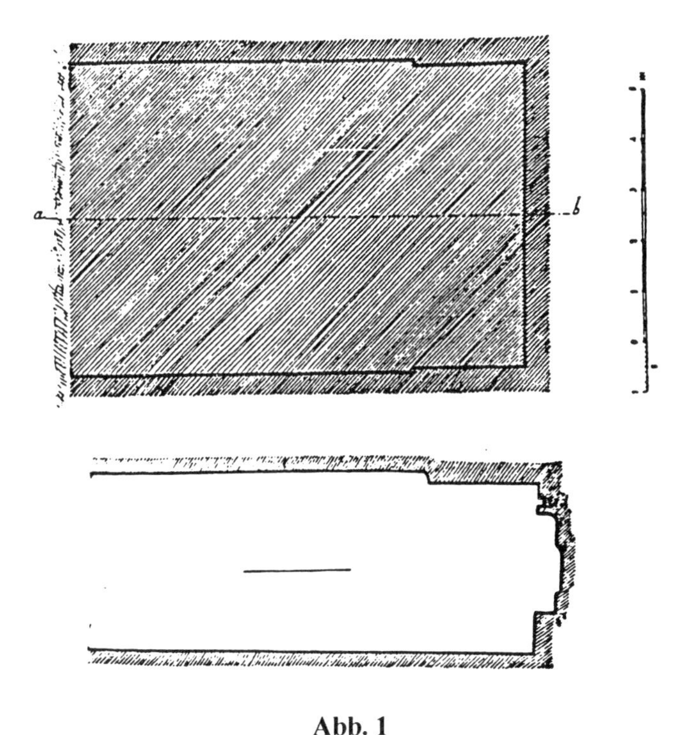

Abb. 1
(Lagrange 1898, 171)

Sie hier dennoch vorzustellen, bietet die Möglichkeit, auf die Bedeutung der Gesamtanlage und die Notwendigkeit einer eingehenderen Untersuchung hinzuweisen, zugleich aber auch die Möglichkeit, der Frage nach der Vergöttlichung der nabatäischen Könige nachzugehen und darauf hinzuweisen, daß sich praktizierte nabatäische Religion nicht in den Tempelkulten erschöpfte. Der in Darstellungen nabatäischer Religion und Götter häufig skizzierte Großkult spiegelt nur einen Bereich nabatäischer Religion, Anlagen wie das Obodas–Heiligtum bieten daneben Einblick in den anderen Bereich nichtzentralen Kultes, der nicht weniger wichtig gewesen ist.

[31] Lagrange 1898, mit Plan u. Schnitt S. 171; Br. S. 282–285 Nr. 288- 292 Taf. IX A; D. S. 212–214 Nr. 286–298; D. II S. 45, 48f.; Milik/Starcky 1975, Taf. 40,2; Hellenkemper Salies 1981 Taf. 57; Wenning 1987, 253f.

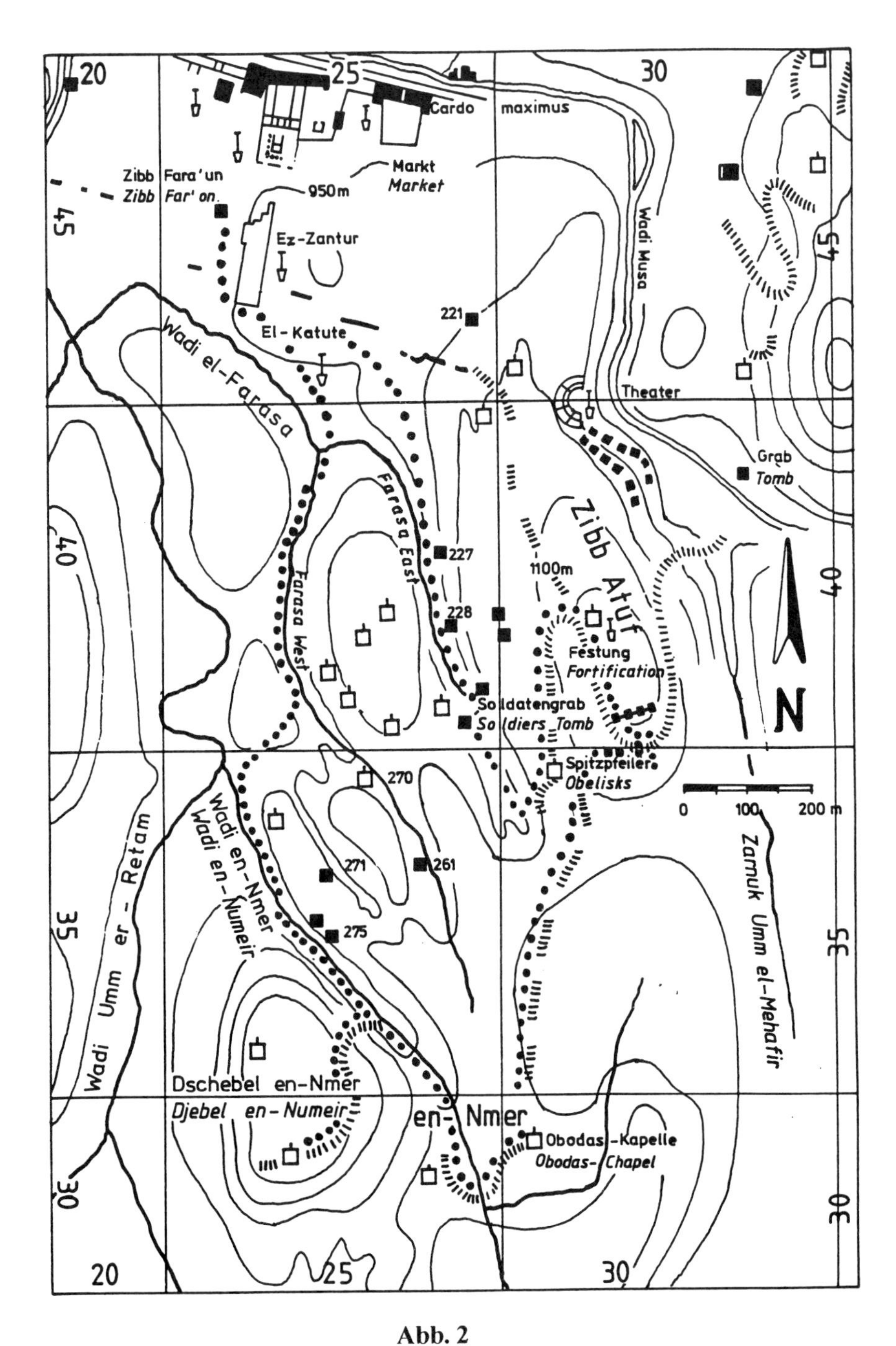

Abb. 2

(Lindner 1985, 65 (mit freundlicher Genehmigung))

Das Obodas–Heiligtum liegt ca. 2 km südlich von Petra am Ende eines durch das *Wādi an–Nmēr* gebildeten Seitentals am Aufstieg zum *an–Nmēr*, d.h. relativ weit außerhalb der Stadt und etwas abseits für sich.

Vom Tal des *Wādi an–Nmēr* her führt ein Treppenweg mit 109 Felsstufen zum Heiligtum des Obodas hinauf. Ob das Heiligtum nach Norden mit einem anderen Weg über die Berge mit dem sog. Hohen Opferplatz verbunden war, wie Dalman annimmt[32], bedarf der Überprüfung, da nach bisheriger Erfahrung hier zumindest kein leicht begehbarer Weg vorhanden bzw. jetzt durch Felsabbruch unterbrochen zu sein scheint. Anders als die breiten Treppenaufstiege zum sog. Hohen Opferplatz und zum *Ǧebel el-Ḫubṯa*, die im Stadtgebiet begannen, kann man deshalb hier nicht an Wege für größere kultische Prozessionen denken und daraus schließen, daß das Obodas–Heiligtum in den Großkult eingebunden war. Jedoch befinden sich am Treppenweg vom Tal herauf mehrere Votivnischen mit Idolen und Bänken/Stufen für Weihegaben (D. 286 mit Stufen für Votivgaben, 291, 292, 293 mit Votivbank), kultische Wasserbassins (D. 287, 288) und ein Opferstein (?, D. 289). Diese Stiftungen frommer Verehrer und die relativ aufwendige Treppenanlage geben einen ersten Hinweis auf die Bedeutung des Heiligtums. Am Treppenweg (D. II 1–23), im Heiligtum (Br. 290–290a) und an einem nach Norden ansteigenden Weg (?) oder Plateau (Br. 292) finden sich an den Felswänden 58 Namensinschriften[33].

D. S. 177 nennt am „Südweg" als weitere Inschriften CIS II 393, 400–404; Br. 93; D. 194c–d, ferner ein Idol (D. 197) und Felsritzungen (D. 195–196, 198). In CIS II 401 wird zwar *Dūšara* angerufen, doch besagt das wenig für das Obodas–Heiligtum, wie überhaupt die Relation dieser Inschriften und Votive zum Obodas–Heiligtum eher dahingestellt bleiben muß. So bestehen u.a. in der Form der Inschriften Unterschiede, sind es am „Südweg" nur Gedenkinschriften, so beim Heiligtum überwiegend Grußinschriften. Für die Felsritzung D. 198, die ein Heiligtum skizzieren dürfte, läßt sich von dieser Darstellung her und von der Funktion der Ritzung her hoch am steilen Felsen einer durch Steinbrucharbeiten geglätteten Wand kein Bezug zum Obodas–Heiligtum herstellen.

Das eigentliche Heiligtum besteht aus einer künstlich geebneten Hofterrasse mit der sog. Obodas–Kapelle im Süden (Br. 290; D. 294; Abb. 3) als dem Zentrum der Anlage.

Westlich von der sog. Obodas–Kapelle liegt eine zweite Kultkammer (D. 295) an der Front einer Felsknolle. Außerdem gehören eine kleine Kammer (D. 296), eine Zisterne (D. 297), ein Wasserbassin (D. 298), hoch an der östlichen Felswand, und ein durch eine Sperrmauer im Seitental aufgestauter Teich mit einer Votivnische (D. 298' mit Votivbank) zur Anlage.

---

[32] D. S. 176f., 214 u. Karte im Anhang, sog. Südweg. Auch M. Lindner, Petra. Der Führer durch die antike Stadt, Fürth 1985, 70, mit Karte S. 65 kennt diesen Weg.

[33] CIS II 355–380, 382–389; Br. 290a, 292; D. 194a–b, 290; D. II Nr. 1–23; Milik/Starcky 1975 a.O. 117f., 119.; nach Littmann 1914, 267 wäre Inschrift D. II Nr. 21 auf die Götter Qaus und Astarte bezogen, doch ist die Lesung unsicher.

Abb. 3

(Foto R.Wenning)

Im Norden sind die Fundamente einer Toranlage ungefähr in der Achse der sog. Obodas–Kapelle auszumachen, die noch nicht untersucht worden ist. Die Toranlage öffnet sich zu dem Anstieg, wo sich die Inschriften finden, während hier keine Votivnischen beobachtet worden sind. Seitlich der Toranlage befindet sich ein kleines Gebäude (für den Wächter?). Der Treppenweg vom Tal herauf endet zwischen den Felsen mit den Idolen D. 293 und der Kammer D. 295 südwestlich hinter der sog. Obodas–Kapelle. Man würde erwarten, daß er vor die Toranlage im Norden geführt hätte; doch scheinen sowohl beim Treppenweg als auch bei der Ausgestaltung des Heiligtums mit der Toranlage die lokalen Vorgegebenheiten entscheidend gewesen zu sein.

Bei der sog. Obodas–Kapelle selbst (Br. 290 Abb. 315f.; D. 294 Abb. 137) handelt es sich um eine ca. 6,50 m breite, 6,80 m lange, über 4 m hohe und jetzt vorn offene Felskammer. Die Öffnung war durch einen Vorbau einfaßt, der noch nicht näher untersucht worden ist. Auch der Fels oberhalb der Frontöffnung ist bearbeitet, doch gleichfalls noch nicht untersucht. Durch eine ungewöhnliche Konstruktion ist der Rückwand der Kammer eine Giebelwand vorgeblendet: dreiseitig ist der ca. 2,30 m tiefe, hintere Teil der Kammer zu einer Art eingesetzter Aedikula verengt. Die Seiten treten jeweils ca. 30 cm vor; die Decke ist stufig abgesenkt, so daß ein flacher, 75 cm hoher Giebel gestaltet werden konnte. Inwieweit die zu Dreiecken angeordneten Haftlöcher oben an der Rückwand der Kammer dazugehörige architektonische Elemente, etwa aus Stuck, oder Girlanden, Kränze, Gebinde etc. trugen, bedarf weiterer Untersuchung.

Auf dem Giebel ist die vierzeilige, ins Jahr 20 n. Chr. datierte nabatäische Inschrift CIS II 354 angebracht.[34] In der Lesung von Merklein/Wenning:

> *dnh ṣlm' dy 'bdt 'lh' dy 'bdw bny ḥnynw br ḥṭyšw br pṭ[mwn .../ d̊ẙ] l̊ẘt̊ d̊wtr̊̈ 'lh ḥṭyšw dy bṣhwt pṭmwn 'mhm 'l ḥyy ḥrtt mlk nb[ṭw rḥm 'mh wš/qylt ']ḥth mlkt nbṭw wmlkw w'bdt wrb̊'l wpṣ'l wš'wd̊t̊ whgrw b̊n̊why wḥrtt br [h̊grw brt ḥrtt/ byrḥ ... šnt] 29 lḥrtt mlk nbṭw rḥm 'mh. b̊l̊' š̊l̊m.*
>
> „*Dies ist das Bild des 'Obodat, des Gottes, das die Söhne des Ḥonainu, Sohn des Ḥattaišu, Sohn des Peṭammōn gemacht haben, [...]/ nahe Dū–Tarā, den Gott des Ḥattaišu der auf der Terrasse (*oder*: in der Kapelle) des Peṭammōn ist, ihres Ahnen, für das Leben des Aretas, König der Nabaṭu, der sein Volk [liebt, und Ša/qīlat] [se]ine Schwester, Königin der Nabaṭu, und Māliku und Obodat und Rabb'ēl und Paṣa'ēl und Ša'ūdat und Hāgiru, seine Kinder, und Aretas, Sohn der Hāgi[ru, Tochter]/ [des Aretas. Im Monat ... des Jahr]es 29 der Herrschaft des Aretas, König der Nabaṭu, der sein Volk liebt.* — [Nachtrag:] *Vollkommener Frie[de]!*"

In die Mitte der Rückwand der Kammer ist 90 cm über dem Boden eine hochrechteckige, 40 cm tiefe Nische von 1,85 x 0,80–0,90 m ausgehauen.

Sie war von Pilastern mit vorgesetztem Giebel gerahmt; der Giebel bestand aus anderem Material, wie die Nut für den Architrav und zwei Haftlöcher für die seitlichen Akrotere anzeigen. Die Innengestaltung der Nische wirft interpretatorisch noch Fragen auf. Dalman versteht sie als Fassung für eine lebensgroße Statue von etwa 1,75 m Höhe mit Piedestal und omphalosähnlicher, 14 cm starker Vertiefung von 64 x 85 cm, die zusätzlichen Raum für den Rücken gegeben habe, und einer kleineren Vertiefung oberhalb als entsprechenden Raum für den Kopf. Die obere „Vertiefung" scheint jedoch eher ein sekundärer Ausbruch, wie er ähnlich auch sonst an der Wand zu beobachten ist.

---

[34] De Vogüé 1897; ders. 1898; Lagrange [u. M. de Vogüé] 1898, 172f.; Clermont–Ganneau 1898, § 72–73; Cooke 1903, 244–46 Nr. 95; Br. 290; Cantineau 1932, Nr. IV; Milik 1959, 559f.; Starcky 1965, 5 Abb.; Wenning 1987, 253f.; Marchetti 1992 Taf. 17; Dijkstra 1995, 57–60.

Abb. 4
(Foto R.Wenning)

Geht man von Abbildungen der Nische aus (D. Abb. 137), verwundert zunächst diese Interpretation und man möchte fragen, ob nicht ein Idol dargestellt sein kann. Das drängt sich auch deswegen auf, weil die Kultsäle in Petra häufig Nischen mit Idolen aufweisen. Eine solche Deutung haben Milik 1959, 559f., und Starcky 1966, 1015, unter Bezug auf das Idol des *Dū–Tarā* vorgeschlagen. Das Idol wäre dann in der omphalosartigen Vertiefung zu sehen, die Abstufung darunter als ein Podium (*mōtab*). Der Flachheit des Idols wäre durch die Rundform und den schattigen Umriß optisch entgegengewirkt, doch müßten weder die geringe

Tiefe des Idols noch die Negativform als Idol befremden[35]. In manchen Fällen kann dem vertieften Idol ein separates plastisches Idol vorgestellt sein, sofern am Boden eine Aussparung vorhanden ist. Das ist hier nicht der Fall.

Das Problem dieser Interpretation liegt darin, daß die Maße der Nische monumental gegenüber den Nischen in den Kultsälen sonst sind und die Form des Idols in Petra keine Parallele besitzt. Gelegentlich kommen ähnliche monumentale Nischen in Kultsälen vor, sind dann aber durch Rahmung und Ausführung noch monumentaler gestaltet wie D. 491a mit den Maßen 0,75 x 1,82 m, die für ein Standbild in der Nische sprechen, das nicht näher bestimmt werden kann. Omphalosartige Idole kommen dagegen entweder als hohe Stele mit Abrundung oben und weitgehend steilen Seiten oder als niedrige, halbkreisförmige Form vor.[36] Eine stärker konische Form mit bis zum Boden reichender, schräggeführter Bogenlinie wie in dieser Nische ist sonst nicht belegt. Die Kuppe der omphalosartigen Vertiefung verläuft auch nicht nach hinten, wie bei einem Idol zu erwarten wäre, sondern ist gemuldet zum Nischengrund vorgezogen. Dann handelt es sich unten nicht um ein vortretendes Podium, sondern um den Nischengrund, der nur durch die omphalosartige Vertiefung abgesetzt wirkt.

Geht man von der bei Lagrange gegebenen Schnittzeichung aus [*Abb. 1*] oder kann den Befund vor Ort prüfen, läßt sich die Vorstellung von einem Idol kaum aufrechterhalten. Dazu kommt, daß der Terminus *ṣlm'*, der die Darstellung in der Nische bezeichnet, in nabatäischen Inschriften nicht für Idole belegt ist und sowohl bei anderen nabatäischen Inschriften als auch sonst in altorientalischen Quellen für gewöhnlich auf eine anthropomorphe Gestalt als Statue oder Kultbild verweist. Ausgehend von der Bedeutung „Kultbild" wird der Terminus z.T. weitergefaßt verstanden.[37]

Die auffällige, omphalosartige Vertiefung in der Nische bedarf aber weiterhin des Versuchs einer Erklärung, will man sie nicht für rein zufällig oder sekundär halten. Neigt man der Interpretation von Dalman zu, daß die Vertiefung dem Körper mehr Raum geben sollte, müßte man vielleicht eher an eine sitzende als an eine stehende Statue denken. Da m.W. in Petra kein anthropomorphes Kultbild einer nabatäischen Gottheit bezeugt ist, kann man diese Statue vielleicht damit erklären, daß es sich hier um die Darstellung einer vergöttlichten Person handelt. Auch unter den Votivreliefs sind anthropomorphe Gestaltungen der Verehrungsbilder in Petra selten[38]; anders verhält es sich mit Büstenreliefs von Tempelfassaden, die unterschiedlich zu interpretieren sind, meist Hinweisfunktionen auf die Tempelgottheit haben, aber eben keine Kultbilder darstellen.

Erstaunlicherweise zeigen die nabatäischen Terrakottastatuetten anthropomorphe Götterbilder, darunter eine thronende Göttin (*Al-'Uzzā*). Es bleibt jedoch zu fragen, für wen und von wem die Statuetten hergestellt wurden. Dabei ist zu erwägen, daß diese Votivfigürchen u.a. gerade für die nichtarabischen Gäste in Petra von einer „staatlichen" Tempelindustrie vertrieben worden sein könnten.

---

[35] D. S. 70f. listet neben 55 erhabenen 37 vertiefte Idole auf.

[36] Merklein 1995, 111f., 119f.

[37] vgl. Dohmen 1984; Stendebach 1989.

[38] z.B. D. 149 in syrischer Tradition oder zwei Isisreliefs in griechischer Tradition.

Die Statue des Obodas nimmt Starcky 1966, 1015 auf einem Sockel rechts unter der Inschrift an. Die dafür herangezogene Abbildung zu CIS II 354, ebd. S. 313 — noch deutlicher in Br. Abb. 316 —, zeigt aber eher Architekturglieder in Versturzlage, die vom Vorbau stammen. Außerdem spricht die wegen ihrer Position anzunehmende Relation zwischen der Inschrift und der Nische eher für einen Bezug auf Obodas in der Nische. Treffen die Lesungen „*nahe dem Dū–Tarā*„ und „*auf der Terrasse des Peṭammōn*“ zu, muß, da die sog. Obodas–Kapelle keine weiteren Votivnischen aufweist, erwogen werden, z.B. die seitliche Kammer D. 295 als den Kultsaal des *Dū–Tarā* anzusehen. Die Rückwand dieses Saales enthält eine Bogennische (55 x 70 cm) mit Pilasterrahmen und kleinem Idol mit Basis. Auf zwei Gottheiten im Heiligtum könnten auch die beiden Nischen mit hochrechteckigen Idolen beim Ausgang (D. 293a–b Abb. 136) hinweisen, falls man hier nicht zwei unterschiedliche Aspekte einer Gottheit anzusehen hat, in 295a die *mesgidā*, in 295b das Idol auf dem *mōtab*.[39]

Entscheidend bleibt die umstrittene Interpretation von *ṣhw(t)*. Deutet man als „Fels“ oder „Terrasse“, bereitet die vorgetragene Interpretation keine Probleme. Nimmt man mit Dijkstra 1995, 58, dagegen einen direkten Bezug auf den Raum mit der Inschrift, die sog. Obodas–Kapelle, an, dann wäre von einer Beiordnung und Mitverehrung des *Dū-Tarā* mit Obodas in diesem Raum auszugehen.

Die Lesung dieser Passage ist auch sonst schwierig. Weder ein Gott *Dū–Tarā* oder *Dū–Tadā* noch *Watr, Watrâ* oder *Witru* sind bekannt[40]. Ob man Milik folgend den Namen als Umschreibung für den „Gott von der Stätte“ deuten und die Hypothese weiterführend unter der Stätte den sog. Hohen Opferplatz oder Petra selbst verstehen kann, was beidemal auf *Dūšarā* weisen würde, sei dahingestellt. *Dū–Tarā* mit *Dūšarā* gleichzusetzen[41], bleibt weiterhin hypothetisch, doch vielleicht nicht ganz abwegig, wenn man mit E. A. Knauf[42] erwägt, daß *Dū–Tarā* eine Dialekt–Variante mit Wechsel von ṯ und s^2 darstellen mag. Man kann wohl nur davon ausgehen, daß mit „*dū*„ wie bei *Dūšara* eine lokale oder regionale Herkunft des Gottes angegeben ist. Dies führt aber nicht weiter, da keine entsprechende Örtlichkeit bekannt ist. Das „*dū*„ scheint allerdings gegen die Annahme zu sprechen, daß *Dū–Tarā* wie Obodas eine vergöttlichte Person gewesen sein könnte.

4.2. Obodas, der Gott

Die Annahme einer Statue als Kultbild des Obodas bleibt noch hinsichtlich der Vorstellung zu untersuchen, daß *'bdt 'lh'* auf einen vergöttlichten *König* Obodas zurückzuführen ist. Dies geht auf eine Notiz des Uranios (FGrH 675; 1. Jh. n. Chr.) zu Oboda/Avdat im Negev zurück, überliefert durch Steph. Byz., *Ethnika* 482, 15–16 (ed. A. Meinike):

---

[39] vgl. Merklein 1995, 114, 119.

[40] vgl. Milik 1959, 560 Anm. 1.

[41] Wenning 1987, 253.

[42] Persönliche Mitteilung vom 20. 8. 1996.

"*Oboda, ein Ort der Nabatäer. Uranios im Vierten Buch der Arabica: 'Wo Obodas, der König, den sie vergöttern, begraben liegt'*„.

Nach dem archäologischen Befund ist Oboda im 3. Jh. v. Chr. besiedelt worden, könnte aber im Kontext der Weihrauchstraße nach Gaza auch etwas älter sein; allerdings scheint mir die Route von der Araba nach Gaza, anders als von Mildenberg 1995 mit Abb. 2 skizziert, in persischer Zeit weiter nördlich gelegen zu haben. Durch die Eroberung von Gaza 97/96 v. Chr. und des nördlichen Negev durch Alexander Jannaeus verlieren die Nabatäer diesen Teil der Weihrauchstraße an die Hasmonäer. Erst nach 24 v. Chr. erschließen sie die Route neu mit Wiederaufbau der alten Stationen, aber neuem Hafen Rhinocolura.

Von den uns bekannten drei nabatäischen Königen namens Obodas[43] kommt m.E. entgegen bisherigen Bezügen eher keiner als der vergöttlichte Obodas in Frage. Auch Dijkstra 1995, 58–60.319–321 lehnt jeden Bezug auf einen König Obodas ab. Obodas I. regierte von ca. 96–85 v. Chr., d.h. nach der Besetzung des Negev durch die Hasmonäer. Die Annahme seiner Bestattung in Oboda macht daher wenig Sinn und legt sich auch nicht durch die Umstände seines Todes oder andere Vorgänge nahe. Obodas II., 62–60 v. Chr., ist nur durch Münzen erschlossen. Obodas III. regierte 30–9 v. Chr. Ein Bezug auf ihn begegnet der Schwierigkeit, erklären zu müssen, wie der Ort vor Neubenennung hieß, welchen Ortsgott der neue Gott Obodas verdrängte — der Kult des Gottes Obodas und dann des Zeus Oboda ist am Ort dominant und gut bezeugt[44] —, warum ein nabatäischer König in Oboda statt in Petra begraben worden sein könnte, warum keine der Quellen, die über Obodas III. berichten, seine Deifikation nennt und warum gerade dieser König, aber sonst keine nabatäischen Könige vergöttlicht worden sind. Eher legt sich m.E. nahe, daß Uranios aus dem Ortsnamen, dem Ortsgott Obodas und dem dynastischen Königsnamen zu einer irrigen Ätiologie gekommen ist.

Damit ist jedoch noch nicht die Frage nach dem Gott Obodas und seiner Verehrung beantwortet. Der Name *'bdt* mit dem Element „Knecht, Diener“ könnte dafür sprechen, in *'bdt 'lh'* einen deifizierten Menschen anzunehmen, einen *Heros Ktistes* oder, wie Dalman (D. S. 214) äußerte, einen Ahnherrn der nabatäischen Dynastie, über den dann sonst nichts bekannt ist; hier könnte dann sogar eine spätere politische Fiktion vorliegen. Gegen den Vorschlag von Dalman ist einzuwenden, daß Obodas in keiner Inschrift als Gott der Dynastie angeführt wird und kein Mitglied der Dynastie als Verehrer des Obodas in Erscheinung tritt. Auch scheint die Bedeutung dieses Gottes eher gering. Eine andere Erklärung für den Befund läge darum in der Annahme (Hinweis Merklein), daß Obodas (Obodas III.?) nur von einer bestimmten Verehrergruppe als Kultgenossenschaft spezifische Verehrung als Gott genoß, ohne daß der Kult in die Staatlichkeit übernommen worden wäre bzw. breitere Kreise erreicht hätte.

Für die These der Vergöttlichung nabatäischer Könige, die in der Forschung mal für einzelne Könige, mal als allgemeiner Brauch vertreten worden ist, wurde neben diesen Inschriften auf theophore Namen, auf den Skulpturenschmuck und

---

[43] vgl. Wenning 1993b.

[44] Wenning 1987, 160f., 164–166, 171; vgl. ebd. 158 zu Nr. 81; zum Tempel in Oboda jetzt Negev 1991; 1996.

Charakter der *Ḫazne*, auf eine neue Inschrift aus Petra und auf Münzbilder erwiesen. Keines dieser Argumente ist jedoch stützend oder tragend für die These. So müssen die dynastischen *'bd*–Namen entgegen Starcky 1966, 906, 1015 nicht primär als theophore Namen interpretiert werden, auch wenn nicht auszuschließen ist, daß der Name im ein oder anderen Fall in dieser Weise erklärt werden kann, sondern drücken allgemeiner eine Zugehörigkeit oder Reverenz an die Dynastie aus und finden sich daher gerade bei Strategen, die ihr Amt oft in Erbfolge besaßen, und Militärs und Hofkünstlern (?) besonders häufig.[45] Eine kürzlich gefundene Inschrift aus Petra wurde in der *editio princeps* für die Deifikation von Malichus I. angeführt.[46] Die wenigen Statuen von Mitgliedern der nabatäischen Dynastie, die durch Inschriften und vielleicht ein Münzbild angezeigt werden, während die zugewiesenen Porträts alle sehr hypothetisch bleiben,[47] bezeugen zwar, daß es solche anthropomorphen Königsstatuen gegeben hat, doch scheinen sie eher die Dargestellten als Stifter etc. zu repräsentieren; denn in keinem Fall ist eine dieser Statuen als Kultbild nachweisbar.

Soweit heute Quellen vorliegen, muß deshalb davon ausgegangen werden, daß allenfalls nur ein König Obodas vergöttlicht worden ist und beschränkt Verehrung gefunden hat, während die nabatäischen Könige normalerweise und staatlicherseits keine Deifikation erfuhren.

4.3. Die Betreiber des Heiligtums

Die in der Inschrift CIS II 354 genannten Personennamen sind als Gruppennamen genealogisch formuliert, so daß *Peṭammōn* durchaus als Gründer eines Clanheiligtums oder einer Kultgenossenschaft auf Clan- oder Sippenbasis angesehen werden kann.

Zur Diskussion von *'m* vgl. Dijkstra 1995, 58. Die eigentliche Bedeutung „Urgroßvater" trifft genealogisch auf die Söhne des *Ḥonainu* nicht exakt zu; *Peṭammōn* wäre ihr Großvater. Dies könnte auch die Bedeutung „Ahnherr" des Clan oder „Gründer" der Kultgenossenschaft nahelegen, die im übrigen mehr aus dem Kontext angenommen wird.

Daß einzelne Familienverbände innerhalb des Clans ihre eigenen Götter einbrachten, wie die *Ḥattaišu Dū–Tarā* und die *Ḥonainu*, wohl eine Untereinheit der *Ḥattaišu*, Obodas, und ihnen spezielle Verehrungsräume schufen, befremdet nicht. Daß die sog. Obodas–Kapelle schon immer die zentrale Verehrungsstätte des *Peṭammōn* gewesen ist und auch früher schon dem Obodas geweiht gewesen war, kann der Inschrift nicht sicher abgelesen werden.

CIS II 393' am „Südweg" (s.o.) nennt einen *'Obodat*, Sohn des *Ḥonainu*, aus der Gegend von *Boṣrā* im Hauran, und JS II 250 u. 259 von einem Ort nahe *Ḥegrā* nennen bei-

---

[45] Graf 1994, 293–295.

[46] Khairy 1981, 22, „*[Statue] des vergöttlichten Malichus*"), doch bereits im angefügten Kommentar korrigiert (Milik 1981, 25, „*GN, dem Gott des Manku*".

[47] vgl. Hübner 1997.

demal einen *Tym'obodat*, Sohn des *Ḥonainu*. Obwohl solche kurze Namensinschriften der Eindeutigkeit entbehren und das Patronym nicht mit der Stammesbezeichnung *'l*+PN identisch ist, kann mit allem Vorbehalt daran gedacht werden, daß hier weitere Mitglieder der Sippe, benannt nach dem Schutzgott der *Ḥonainu*, erwähnt sein könnten. Die *Ḥonainu* wären dann in Petra und im Hauran und in dienstlicher Mission im *Ḥeǧāz* bezeugt. Doch bleibt diese Erwägung angesichts solcher Gedenkinschriften zu hypothetisch, um ihr mehr Gewicht geben und sie weiter auswerten zu dürfen. Der Name *Tym'obodat* begegnet zudem hier im Kontext von Militärs, was darauf weisen könnte, daß das Namenselement auch als allgemeine Reverenz an die Dynastie zu interpretieren sein mag (s.o.), was allerdings keinen Rückbezug auf den Gott Obodas ausschließen muß.

Der Gott, dem die Weihung CIS II 354 zugedacht war, wie man nach der Regel anderer Votivinschriften erwartet, könnte in der Lücke am Ende der ersten Zeile genannt gewesen sein. Man hat dabei an Obodas gedacht; das bleibt aber eine hypothetische Annahme. Unter solcher Ergänzung hat Dijkstra 1995, 58 alternativ gelesen: *„der auf der Terrasse* (oder: *in der Kapelle) des Peṭammōn mit ihnen* [den Göttern] *ist"*. Doch sind auch *ḥyy*–Inschriften erhalten, die neben der Nennung des Votivs keine besondere Widmung an einen Gott enthalten; das scheint auch bei dieser Inschrift zuzutreffen.

Daß die Stiftung eines Kultbildes des Gottes Obodas *„für das (lange) Leben"* der königlichen Familie erfolgt, entspricht einem bekannten Votivformular[48]. Die Stifter stehen hier stellvertretend für den Clan (die Kultgenossenschaft) und deklarieren ihre Loyalität der Dynastie gegenüber an einer hervorgehobenen Stelle ihres Heiligtums. Die öffentliche Herausstellung der sozialen Bindung an die Dynastie dient beiden Parteien, unterstreicht den Rückhalt der Dynastie im Volk und hebt das Prestige des Clans. Zugleich ist wechselseitig mit dem Wunsch für das Heil und Wohlergehen der Dynastie auch an das eigene gedacht. War der Gott Obodas ein vergöttlichter König, wird man eine besondere Nähe des Familienverbandes (der Kultgenossenschaft) zur königlichen Familie annehmen dürfen.

Unter den 91 Personennamen der Inschriften im und beim Heiligtum finden sich nur vier dynastische *'bd*–Namen, die auf Funktionäre in königlichem Dienst weisen könnten (s.o.), soweit nicht ein *'bd'bdt* (CIS II 376) sich im Namen als Anhänger des Gottes Obodas ausweist.

Unter den Inschriften vom „Südweg" begegnet zwar einmal ein *'bd'bdt* (CIS II 403) und zweimal ein *'wš'bdt*; die Relation der Inschriften zum Obodas–Heiligtum wurde jedoch oben in Frage gestellt.

Eine Analyse der Bauglieder des Heiligtums muß erweisen, ob die sog. Obodas–Kapelle bzw. ihre Ausgestaltung (Vorbau, Toranlage) mit dem Datum der Inschrift, 20 n. Chr., kongruent ist und wie sich der Ausbau dieses Heiligtum insgesamt in das unter Obodas III. und Aretas IV. durchgeführte Großprojekt neuer, monumentaler Tempelheiligtümer in Petra einordnet. Beim Obodas–Heiligtum liegen allerdings keine Tempelbauten vor, denen das Interesse der Könige galt, sondern Kultsäle, wie sie kennzeichnend für Kultgenossenschaften sind. Der Ausbau des Heiligtum und der aufwendige Treppenweg scheinen für eine gewisse Bedeutung und wirtschaftliche Potenz der Betreiber des Heiligtums zu sprechen, dessen Angehörige zu den „führenden Familien" der Stadt gehört haben werden (s.o.).

---

[48] Dijkstra 1995. Ich danke Herrn Dijkstra für die Überlassung einer Kopie seiner Dissertation 1992 (publiziert als Dijkstra 1995), die mir sehr anregend und hilfreich gewesen ist.

Mehren sich solcherart die Hinweise auf tribale Elemente als Grundstruktur der nabatäischen Gesellschaft, die man den Milieugesellschaften zurechnen kann, so bedeutet das nicht, daß die Nabatäer auch Nomaden blieben. Eine Auswertung der Inschriften insgesamt wie auch die der Heiligtümer ergibt ein sozial sehr differenziertes Bild der nabatäischen Gesellschaft. Untersuchungen zum ausgeprägten Rechtswesen bei den Nabatäern[49] einerseits und die auffällig vielen Termini im religiösen Bereich andererseits verdeutlichen stärker als vielleicht die Siedlungsbefunde, wie wenig die Nabatäer — und damit sind in diesen beiden Bereichen gerade auch die *Nabaṭu* gemeint — im 1. Jh. v./n. Chr. noch als nomadisch angesprochen werden können. Auch wenn Teile der *Nabaṭu* weiterhin Nomaden geblieben sein mögen, sind diese Nomaden doch nicht das kulturprägende Element, sondern die seßhaften *Nabaṭu*. Die von ihnen in Auftrag gegebenen alltäglichen und festtäglichen, profanen und kultischen Anlagen, Monumente und Kleindenkmäler bilden den Nukleus dessen, was man als „nabatäisch" aus kultur- und kunstgeschichtlicher Sicht bezeichnen kann.

5. Die Verehrung der Götter

Ist die Prämisse zulässig, daß zwischen einer Gesellschaft und ihrer Religion eine komplexe Wechselbeziehung besteht, dann müßte es möglich sein, nicht nur aus Kenntnis der Gesellschaft zum besseren Verständnis ihrer Religion zu gelangen, sondern auch umgekehrt, über die gelebte Religion Rückschlüsse auf die (u.U. weniger bekannte) Gesellschaft zu ziehen. Wo Texte fehlen, dokumentiert sich praktizierte Religion für den Archäologen vor allem in den Verehrungsformen der Gottheiten. Das sind einerseits die Namen und Beschreibungen und die bildlichen Darstellungen der Gottheiten, andererseits die Räume und Umräume, in denen ihnen Verehrung zuteil geworden ist. Dieser Ansatz drängt sich für die Nabatäer deswegen auf, weil über die Gesellschaft aus den Quellen relativ wenig bekannt ist, während die Hinterlassenschaft eminent religiös geprägt ist. Petra nur als Kultzentrum und Akkumulation von Altären und Gräbern anzusehen[50], verkennt den archäologischen Befund mit Wohnungen und urbanen Komplexen.[51] Daß diese These aufgestellt werden konnte, zeigt aber, wie sehr religiöse Denkmäler das Bild von Petra bestimmen.

Ich habe diese Thematik in mehreren Beiträgen schon früher aufgegriffen und auch der Diskussion des Obodas–Heiligtums liegt dieser Ansatz zugrunde, so daß hier nur auf einige Besonderheiten und Aspekte zum Verständnis nabatäischer Götterverehrung hinzuweisen ist.[52]

---

[49] Healey 1993.

[50] Negev 1977, 590; Knauf 1986, 81; ders. 1997.

[51] vgl. Wenning 1997.

[52] Wenning/Merklein 1997a–b.

5.1. Das Bild von „Gott"

Es gehört zu den Typika der nabatäischen Götterbenennungen, daß sie appellativ als Umschreibungen der Göttlichkeit erfolgten. Daneben können Götter in Zuordnung zu ihren Kultorten oder zu bestimmten Personen bestimmt sein. Beides ist hier von Interesse. Die Ortsbindung und lokale Verehrung einer Gottheit in einer bestimmten Verehrungsform, ein Prozeß, der durch die Seßhaftwerdung verstärkt wurde, führte zur „Personalisierung" der Gottheit, d.h. zur Fixierung auf eine Hypostase, die angesichts des Charakters der Gottheit als „Gott" oder „Allmächtige" notwendig war.

Dūšarā kann als „Gott von Madrasa" oder „Gott in Gaia" usw. angerufen werden; entsprechendes gilt für *Al-'Uzzā*, Allat und *Al-Kutbā*. Eine personale Zuordnung begegnete oben im Beispiel des *Dū-Tarā* als Gott der *Hattaišu*. Es zeigte, daß man hierbei an den (Schutz)Gott einer Sippe (oder einer Kultgenossenschaft) denken kann. Dies gilt auch z.B. für „*Dūšarā*, Gott des Manbatu", verehrt im Kultsaal des *Aslah* (D. 17), datiert 96 v. Chr. (Merklein 1995, 109–115), oder für „Ba'al Schamin, Gott des Mattanu", in *Salhād* (RES 2051), u.a.m. Die Variante dazu findet sich als Bezeichnung für „*Dūšarā* Gott unseres Herrn" bzw. „Gott des Rabb'el", die die Funktion des *Dūšarā* als dynastischen Gott, den Gott Rabb'el II., herausstellt.[53]

Trotz der Verehrung in der Funktion gleichartiger bzw. identischer Gottheiten entwickelte sich durch die regionalen und lokalen Traditionen in der Benennung und Darstellung bei den Nabatäern ein partikularistisches Nebeneinander scheinbar unterschiedlicher Gottheiten, *in vero* oft ein Nebeneinander von verschiedenen Verehrungsformen sehr weniger Gottheiten; denn im Grunde verehrten die Nabatäer nur eine Gottheit, meist in der Form eines männlichen oder weiblichen Himmelsgottes. Dieser Orts- oder Schutzgott deckte als „Gott" alle Erwartungen seiner Verehrer ab und bedurfte in der Regel keiner zugeordneten anderen Gottheiten, wohl aber konnte er in anderen Situationen z.B. als besonderer Schutzgott der Karawanen und der Krieger erfahren und als solcher verehrt werden. Das schloß nicht aus, daß man Götter auch paarweise verehren konnte oder daß man „*Dūšarā* und allen Göttern" dankte. Aufgrund der weitgehend fehlenden sozialen Differenzierung der Götterwelt entwickelte sich aber kein hierarchisch strukturiertes Pantheon.

Der Partikularismus ist sowohl durch die ethnische Pluralität der Bevölkerung im Nabatäischen Reich bedingt gewesen, als auch durch die tribalen Strukturen innerhalb der Ethnien. Er wurde offenbar als eine natürliche, die Gesellschaft spiegelnde Erscheinung angesehen. Erst als diese Gesellschaft selbst durch Überfremdung in Gefahr geriet, hat man auch die Nachteile dieses Partikularimus gesehen und versucht, ihn u.a. durch das zu überwinden, was ich andernorts als *renovatio* des Königshauses beschrieben habe (s.u.).

Dem Gottesbegriff entsprechend war die Gottheit allenfalls in ihrer Funktionalität und in einem Präsenzsymbol darstellbar. Die „nahe Präsenz" der Gottheit stellte man sich in der Erfahrung als Berg-, Wetter- und Vegetationsgott vor. Im edomitischen Bergland — *Dūšara* ist „der vom edomitischen Schara-Gebirge" —

[53] vgl. Wenning 1993a, 89.

und in Petra selbst als der Region, in der sich die nabatäische Religion entwickelte, kam dem Berg und dem Fels als Mal der Gottheit und davon abstrahiert und gestaltet dem anikonischen Steinidol die Signifikanz göttlicher Wesenheit und Präsenz zu.

Über die Götter der Nabatäer und mehr noch über die Religion der Nabatäer werden nur Teilaspekte erfahren werden, untersucht man nur die Namen der Götter oder auch theophore Namen und nähert sich den Darstellungen der Götter nur ikonologisch und typologisch, so wichtig auch alle diese Schritte sind, weil dabei der Gegenstand der Untersuchungen aus dem Kontext gelöst interpretiert wird, und weil die Götter nicht gleich „die Religion“, sondern nur Teil derselben sind. Gerade in der nabatäischen Religion ist aber der Kontext der Schlüssel zum Verständnis. Deshalb bedarf es mehr als bislang in der Forschung geschehen auch der Untersuchung, wo werden die Götter erfahren, von wem und wie werden sie dort verehrt, was wird von ihnen erwartet, usw.

5.2. Griechische Verehrungsformen

Eine der Unterscheidungen, die man vorzunehmen hat, ist die Frage, ob es sich um den staatlichen Großkult, der sich an bestimmten Heiligtümern manifestierte, oder um praktizierte Frömmigkeit unabhängiger Gruppen der Bevölkerung handelt. Zum Großkult, der durch das Königshaus gefördert und vertreten wurde, gehören ab einer gewissen Zeit prächtige Tempelanlagen und Opferstätten, die pointiert im Stadtzentrum und auf den Höhen um die Stadt lagen. Tempel begegnen nicht vor der augusteischen Zeit. Das ist schon für sich bemerkenswert, so daß zu fragen ist, was bewegt das Herrscherhaus und die „führenden Familien“, in dieser Zeit diese neue Form der Verehrung ihrer Gottheiten einzuführen? Parallel mit dem Bau von Tempeln, die nicht nur in Petra, sondern über das Reich verteilt errichtet werden, kommen jetzt an den Tempelfassaden Darstellungen von Gottheiten als anthromomorphe Büstenreliefs in griechischen Bildtypen auf.

Auch wenn man aus der Umwelt solche Darstellungen und Bauten kannte, muß dieses umfassende Projekt für die Nabatäer dennoch geradezu revolutionär gewirkt haben. Doch blieben auch die Traditionen und die darin begründeten Empfindungen der Nabatäer gewahrt. So gab es in den Tempeln, soweit wir wissen, keine griechischen Kultstatuen. So ist keinem Zeugnis zu entnehmen, daß vor der Umwandlung des Nabatäischen Reichs in die *provincia Arabia* griechische Götter in Petra verehrt worden sind, sieht man von der Isis als „Allmächtige“ ab. So diente die Innengestaltung der Tempel weiterhin dem nabatäischen Ritual der Verehrung der Gottheit im Idol auf dem *mōtab*, den man umschreiten oder betreten konnte. So bestanden die vielen Kultplätze mit ihren Felsheiligtümern fort u.a.m.

Gegenüber hellenistischen Tempeln wirken viele dieser nabatäischen Tempel in der Art und Fülle ihrer Dekore gleichsam „orientalisch“, unorthodox und überladen, weniger in architektonische Prinzipien eingebunden als vielmehr auf Wirkung bedacht. Man muß diese neuen Formen als zeitgemäße Aufwertung der einheimischen Kulte verstehen, als monumentale Formulierung, die zugleich eine

Selbstdarstellung nach außen hin ausdrückte. Nicht von ungefähr scheint diese Entwicklung vom stärker hellenisierten südsyrischen Raum auszugehen.

Daß diese neuen griechischen Formen nicht nur auf Zustimmung gestoßen sind, äußert sich u.a. darin, daß man in einer Krisenzeit unter Rabb'el II. zur Ablehnung dieser griechischen Formen gekommen ist und die alten Idole und die offenen Felsheiligtümer ostentativ neu herausgestellt hat. Im Rahmen dieser *renovatio* als einer Rückbesinnung auf nabatäische Identität hat Rabb'el II. offenbar auch versucht, *Dūšara* als den nabatäischen Gott schlechthin durchzusetzen, um auch in der Religion die Nabatäer nationalistisch zu einigen und im Kampf gegen innere Überfremdung und äußere Bedrohung durch Rom hinter das Königshaus zu bringen (Wenning 1993a).

Literaturverzeichnis

Bowersock, G. W.
1983 Roman Arabia, Cambridge.
Bowsher, J. M. C.
1989 The Nabataean Army, in: French, D. H./ Lightfoot, C. S. (eds.), The Eastern Frontier of the Roman Empire, British Archaeological Reports. International Series 553, Oxford, 19–30.
Brünnow, R. E./ Domaszewski, A. v.
1904 Die Provincia Arabia, 1, Strassburg [= BD.].
Bryan, D.B.
1973 Texts relating to the Marzeaḥ. A Study of an ancient Semitic Institution. Ph.D. Dissertation Baltimore.
Cantineau, J.
1932 Le Nabatéen. II, Paris.
CIS
1893–1907 Inscriptiones Nabataeae, Corpus Inscriptionum Semiticarum. Pars II, Tomus II, Fasc. 1, Sectio Secunda, Paris.
Clermont–Ganneau, C.
1898 La statue du dieu Obodas, roi de Nabatène, Recueil d'archéologie orientale II, 366–369 (§ 72); Inscription d'El–Mer, 370–379 (§ 73).
Cooke, G. A.
1903 A Text Book of North–Semitic Inscriptions, Oxford.
Dalman, G.
1908 Petra und seine Felsheiligtümer, Leipzig [= D.].
1912 Neue Petra–Forschungen, Leipzig [= D. II].
de Vogüé, M.
1897 Notes d'épigraphie araméenne, JA 10, 199–202.
1898 Notes d'épigraphie araméenne, JA 11, 131–136.
Dijkstra, K.
1995 Life and Loyalty. A Study in the Socio–Religious Culture of Syria and Mesopotamia in the Graeco–Roman Period Based on Epigraphical Evidence. Religions in the Graeco–Roman World 128, Leiden/ New York/ Köln.

Dohmen, C.
1984 Heißt *ṣlm* 'Bild, Statue'?, Zeitschrift für die Alttestamentliche Wissenschaft 96, 263–266.
Dostal, W.
1959 The Evolution of Bedouin Life, in: Gabrielli, F. (ed.), L'antica società beduina, Studi Semitici 2, Rom, 11–34.
1967 Die Beduinen in Südarabien, Wiener Beiträge zur Kulturgeschichte und Linguistik 16, Wien.
Funke, P.
1989 Rom und das Nabatäerreich bis zur Aufrichtung der Provinz Arabia, in: Drexhage, H.–J./ Sünskes, J. (Hg.), FS Pekáry, St. Katharinen 1989, 1–18.
Graf, D. F.
1990 The Origin of the Nabataeans, Aram 2, 45–75.
1994 The Nabataean Army and the Cohortes Ulpiae Petraeorum, in: Dabrowa, E. (Ed.), The Roman and Byzantine Army in the East, Krakau, 265–311.
Hammond, Ph. C.
1973 The Nabataeans. Their History, Culture and Archaeology, Studies in Mediterranean Archaeology 37, Göteborg.
Healey, J. F.
1993 Sources for the Study of Nabataean Law: New Arabia Studies 1, 203–214.
Hellenkemper Salies, G.
1981 die nabatäer. Erträge einer Ausstellung im Rheinischen Landesmuseum Bonn 24. Mai – 9. Juli 1978. Führer des Rheinischen Landesmuseums Bonn Nr. 106.
Hübner, U.
1997 "Dem König, was des Königs ist", in: Weber/Wenning 1997 (im Druck).
Jaussen, A./ Savignac, R.
1909 Mission archéologique en Arabie. I, De Jérusalem au Hedjaz, Médain Saleh, Paris [= JS].
1914 Mission archéologique en Arabie. II, El–'Ela, d'Hégra à Teima, Harrah de Tebouk, Paris.
Khairy, N. I.
1981 A new dedicatory Nabataean Inscription from Wadi Musa: Palestine Exploration Quarterly 113, 19–25.
Knauf, E. A.
1985 Ismael. Untersuchungen zur Geschichte Palästinas und Nordarabiens im 1. Jahrtausend v. Chr., Abhandlungen des Deutschen Palästina–Vereins 7, Wiesbaden.
1986 Die Herkunft der Nabatäer, in Lindner, M. (Hg.), Petra. Neue Ausgrabungen und Entdeckungen, Bad Windsheim, 74–86.
1989 Nabataean Origins, in: FS Ghul, Wiesbaden, 56–61.
1992 "Bedouin and Bedouin States", in Anchor Bible Dictionary 1, 634–638.
1997 "Der sein Volk liebt". Entwicklung des nabatäischen Handelsimperiums zwischen Stamm, Königtum und Klientel, in: Weber/Wenning 1997 (im Druck).

Lagrange, M.–J.
1898 La salle d'el–Mêr, Revue Biblique 7, 170–173.
Lindner, M.
1984 Archäologische Erkundigung des Der–Plateaus oberhalb von Petra (Jordanien) 1982 und 1983, Archäologischer Anzeiger, 597–625.
Littmann, E.
1914 Zu den nabatäischen Inschriften von Petra, Zeitschrift für Assyriologie und vorderasiatische Archäologie 28, 263–279.
Macdonald, M. C. A.
1992 Was the Nabataean Kingdom a „Bedouin State"?, Zeitschrift des Deutschen Palästina–Vereins ZDPV 107 ,(1991) 102–119.
1993 Nomads and the Ḥawrān in the Late Hellenistic and Roman Periods, Syria 70, 303–413.
Marchetti, N.
1992 L'iscrizione della capella rupestre di En–Numêr a Petra e la paleografia nabatea, Vicino Oriente 8, 157–177.
Merklein, H.
1995 *Dūšara* –Idole in den Heiligtümern vom *Bāb eś–Sīq* und von *el–Medras*, in: Weippert, M./ Timm, S. (Hg.), FS Donner. Ägypten und Altes Testament 30, Wiesbaden 109–120.
Meshorer, Y.
1975 Nabataean Coins, Qedem 3, Jerusalem.
Mildenberg, L.
1995 Petra on the Frankincense Road?, Transeuphratène 10, 69–71.
Milik, J. T.
1959 Inscription nabatéenne de Turkmaniyé à Pétra, Revue Biblique 66, 555–560.
1981 Additional Note, Palestine Exploration Quarterly 113, 25f.
1982 Origines des Nabatéens, in: Studies in the History and Archaeology of Jordan 1, 261–265.
Milik, J. T./ Starcky, J.
1970 Nabataean, Palmyrene, and Hebrew Inscriptions, in: Winnett, F. V./ Reed, W. L. (eds.), Ancient Records from North Arabia, Toronto, 139–163.
1975 Inscriptions récemment découvertes à Pétra, Annual of the Department of Antiquities of Jordan 20, 111–130.
Negev, A.
1963 Nabatean Inscriptions from 'Avdat (Oboda) — II, Israel Exploration Journal 13, 113–124.
1977 The Nabateans and the Provincia Arabia, in: Aufstieg und Niedergang der Römischen Welt II 8, Berlin, 520–686.
1991 The Temple of Obodas. Excavations at Oboda in July 1989, Israel Exploration Journal 41, 62–80.
1996 Oboda — The city of Obodas the God, in: Fittschen, K. — Foerster, G. (eds.), Judaea and the Greco–Roman World in the Time of Herod in the Light of Archaeological Evidence, Abhandlungen der Akademie der Wissenschaften in Göttingen (Philologisch–Historische Klasse) 3. Folge Nr. 215, Göttingen, 219–251.

Poland, F.
1909 Geschichte des griechischen Vereinswesens, Leipzig.
RES
1900–1968 Répertoire d'Epigraphie Sémitique, 1–8.
Savignac, R.
1913 Notes de voyage de Suez au Sinai et à Pétra, Revue Biblique 10, 429–442.
Schmeller, Th.
1995 Hierarchie und Egalität. Eine sozialgeschichtliche Untersuchung paulinischer Gemeinden und griechisch–römischer Vereine. Stuttgarter Bibel–Studien 162, Stuttgart.
Starcky, J.
1965 Pétra — Les Nabatéens, Bible et Terre Sainte 74.
1966 Pétra et la Nabatène, Supplement au Dictionnaire de la Bible 7, Paris, 886–1017.
Stendebach, F.–J.
1989 *ṣaelaem*, Theologisches Wörterbuch zum Alten Testament VI, Stuttgart, 1046–1055.
Tarrier, D.
1980 Les triclinia cultuels et salles de banquets, Le Monde de la Bible 14, 38–40.
1986 Les installations de banquet de Pétra, Revue Biblique 93, 254–256.
Weber, Th./ Wenning, R.
1997 (Hg.) Petra. Antike Felsstadt zwischen arabischer Tradition und griechischer Norm. Sonderheft „Antike Welt". Zabern Bildbände zur Archäologie, Mainz (im Druck).
Webster, R. M.
1992 The Bedouin in Southern and Southeastern Arabia. The evolution of bedouin life reconsidered, Proceedings of the Seminary for Arabian Studies 22, 121–134.
Wenning, R.
1987 Die Nabatäer. Denkmäler und Geschichte. Eine Bestandsaufnahme des archäologischen Befundes, Novum Testamentum et Oriens Antiquus 3, Freiburg/Schweiz u. Göttingen.
1990 Two forgotten Nabataean Inscriptions, Aram 2, 143–150.
1993a Das Ende des nabatäischen Königreichs, in: Invernizzi, A. — Salles, J.–F. (eds.), Arabia Antiqua. Hellenistic Centres around Arabia, Rom, 81–103.
1993b Eine neuerstellte Liste der nabatäischen Dynastie, Boreas 16, [1994], 25–38.
1994 Die Dekapolis und die Nabatäer, Zeitschrift des Deutschen Palästina–Vereins 110, 1–35.
1997 Petra als Stadt, in: Weber/Wenning 1997 (im Druck).
Wenning, R./ Merklein, H.
1996 The Gods of the Nabataeans. A new research project, Newsletter of the German Protestant Institute of Archaeology in Amman 1, Heft 2,8.
1997a Die Götter in der Welt der Nabatäer, in: Weber/Wenning 1997 (im Druck).

1997b Die Götter der Nabatäer. Eine archäologisch–religionsgeschichtliche Untersuchung. Vorbericht, The Near East in Antiquity V, Amman (im Druck).

Zangenberg, J.

1991 "Alles ist voller Götter“. Religion und Kult bei den Nabatäern, in: Lindner, M./ Zeitler, J. P. (eds.), Petra. Königin der Weihrauchstrasse, Fürth, 25–36.

Zayadine, F.

1976 A Nabataean Inscription from Beida, Annual of the Department of Antiquities of Jordan 21, 139–142.

1986a A Symposiarch from Petra, in: Geraty, L. T./ Herr, L. G. (eds.), The Archaeology of Jordan and Other Studies, FS Horn, Berrien Springs, 465–474.

1986b Siq el Barid in Beida, in: Lindner, M. (Hg.), Petra. Neue Ausgrabungen und Entdeckungen, Bad Windsheim, 267f.

1989 Die Götter der Nabatäer, in: Lindner, M. (Hg.), Petra und das Königreich der Nabatäer, Bad Windsheim[5], 113–123.

Zayadine, F./ Farajat S.

1991 Excavation and Clearance at Petra and Beiḍa, Annual of the Department of Antiquities of Jordan 35, 275–311.

Neuschöpfung und religiöse Kultur. Zur Begründung christlicher Identität im Geschichtswerk des Lukas

Karl Löning

Der *auctor ad Theophilum*, genannt Lukas, wird unter den neutestamentlichen Autoren am ehesten wegen seiner sozialethischen Akzente geschätzt. Er wäre aber unterschätzt, wenn man seinen Beitrag zur frühesten christlichen Theologie auf den sozialethischen Aspekt reduzierte. Lukas ist, davon bin ich nach langer Beschäftigung mit dem lukanischen Geschichtswerk zunehmend überzeugt, ein Autor mit einem originären und gewichtigen Beitrag zum Thema „Religion und Sozialstrukturen in den Kulturen des antiken Vorderen Orients". Lukas bietet mit seiner zweiteiligen historischen Monographie (διήγησις, vgl. Lk 1,2) über Jesus von Nazaret (Lukasevangelium) und die Wirkungsgeschichte seiner Worte (Apostelgeschichte) die Darstellung und Analyse des wohl folgenreichsten *Paradigmas der Bildung einer auf religiösem Wissen basierenden kulturellen Identität — der christlichen — am Ausgang der Epoche des Zweiten Tempels.*

Die *Entstehung der christlichen Kirche* (ἐκκλησία; so überhaupt erstmals Apg 5,11 bezeichnet) aus der Anhängerschaft des Jesus von Nazaret stellt Lukas in der Apostelgeschichte nicht primär als die Gründung einer neuen religiösen Institution dar, die nun neben die jüdischen Institutionen (Tempel und Gesetz) tritt, um mit ihnen zu konkurrieren. Den Zusammenhang, in den die Apostelgeschichte die Genese des Christentums stellt, versteht sie vielmehr als den Prozeß der endzeitlichen *Erneuerung der Schöpfung* durch die Ausgießung des Geistes und durch das damit endzeitlich neu errichtete Regiment der Weisheit Gottes über alle Völker unter dem Himmel. Die Verwirklichung dieser großen Utopie beginnt, so die These der Apostelgeschichte, als die *Erneuerung der geschichtlichen Rolle des Judentums* als Gottes Volk unter den Völkern der Erde, und zwar konkret über die Erneuerung der religiösen Kultur des Judentums einschließlich seiner sozialethischen Normen und Errungenschaften. Das Christentum, dessen Genese die Apostelgeschichte im Zusammenhang dieses Prozesses und der damit ausgelösten innerjüdischen Konflikte darstellt, versteht Lukas nicht als das bloß faktische Resultat des im übrigen gescheiterten idealen Projekts, dem nur die idealen Anfänge der Urchristenheit entsprechen, sondern als den Anfang seines unaufhaltsamen schließlichen Gelingens. Das Ende der Apostelgeschichte hält diese Konzeption aufrecht trotz der Zerstörung des Zweiten Tempels und trotz des Bruchs zwischen Christengemeinde und Synagoge, aber dennoch ohne Preisgabe der religiösen Kultur des Judentums als der bleibenden Grundlage der Identität der christlichen Kirche aus Juden und Heiden.

Ich möchte diesen Zusammenhang skizzieren in der gebotenen Kürze, aber nicht ohne den konkreten Aufweis an einem dafür grundlegenden Text, der Pfingsterzählung Apg 2.

1. Das Kommen des Geistes als Offenbarung und als kulturelles Ereignis

Die Exposition der Pfingsterzählung (Apg 2,1–13) stellt die Weichen für die folgende Handlung.

Der erste Satz enthält programmatische szenische Angaben. Als *Zeit*punkt des Geschehens ist der Tag des Wochenfestes genannt, eines der drei Wallfahrtsfeste, ein traditioneller Termin des jüdischen Festkalenders. Das ursprünglich bäuerliche Wochenfest hat nach der Zerstörung des Zweiten Tempels eine Umdeutung erfahren. Es wird bis heute als Fest der Sinai–Offenbarung gefeiert. Daß Lukas diesen Termin mit dem Tag des endzeitlichen Offenbarungsereignisses identifiziert, ist daher kaum zufällig.[1] Die lukanische Pfingsterzählung ist der älteste Beleg für die Interpretation des ursprünglichen Erntedankfestes Schawuot als Dankfest für die Offenbarung Gottes. Apg 2 ist insofern ein *missing link* der jüdischen Liturgiegeschichte.

Die *Orts*angabe „am gleichen Ort" bezieht sich auf das in 1,13 genannte Obergemach eines Hauses zurück, das als Aufenthaltsort der Gruppe der Jesus–Anhänger eine besondere Bedeutung gewinnt. Ein Hinweis darauf ist, daß im Schlußteil der Pfingsterzählung der umschreibende Ausdruck „am selben Ort"[2] weitere zwei Male auftaucht (VV. 44.47). Der Tempel und der Ort der Sammlung der Glaubenden stehen in einer beziehungsreichen Spannung zueinander.

In den folgenden sechs Sätzen (VV. 2–4) wird das Kommen des Geistes dargestellt. Faßt man den ersten und den letzten Satz als *inclusio* auf, ergibt sich, daß der Vorgang insgesamt als *Geräusch* geschildert wird, das sich vom gewaltigen Brausen eines kosmogonischen Sturmes (V. 2a) zu einer besonderen Form menschlicher Rede (V. 4b) transformiert.[3] Der Geist, seit dem Exil als die bewe-

---

[1] Eine Verwurzelung von Apg 2,1 in der jüdischen Tradition ziehen die meisten neueren exegetischen Beiträge in Betracht, vgl. Pesch 1986, 108: „Die vorliegende Pfingsterzählung darf und muß in ihrer theologischen Bedeutung als Festlegende des christlichen Pfingstfestes auf dem Hintergrund der Theologie des jüdischen Wochenfestes interpretiert werden"; ähnlich Roloff 1981, 40–41; Weiser 1981, 81; Schmithals 1982, 29. Etwas zurückhaltender dagegen noch Schneider 1980, 245–247, der die Frage nach den möglicherweise von Lukas verwendeten Quellen, nach einem konkreten historischen Ereignis, auf das er rekurrieren könnte, oder nach der Herkunft des Motivinventars von Apg 2 ausgiebig diskutiert. Vgl. dazu Löning 1990, 306–307.

[2] Die Umschreibung ist erforderlich, weil die Zahl der Anhänger nach der Pfingstrede den szenischen Rahmen von 1,13 sprengen würden.

[3] Die lukanische Darstellung des Pfingstereignisses berührt sich in zentralen Motiven mit der Darstellung der Sinaitheophanie (Ex 19,16 ff) und insbesondere ihrer Nachgestaltung bei Philo, Decal. 11: „Eine Stimme ertönte darauf mitten aus dem vom Himmel herabkommenden Feuer, alle mit ehrfurchtsvollem Schrecken erfüllend, indem die Flamme sich zu

gende Kraft der Schöpfung ein Element der jüdischen Theologie[4], erscheint hier als das Prinzip der endzeitlichen Erneuerung der Schöpfung durch Gottes Offenbarung, die sich von Anfang an Menschen mitteilt und im Reden menschlicher Geistträger vermittelt werden will.

Erzählökonomisch charakteristisch an diesem Anfang ist das spannungsvoll eingesetzte Motiv der Fülle und der Mitteilung derselben: Das kosmogonische Geräusch „erfüllt" ein Haus, in dem Menschen „sitzen". Sich „teilende" feuerartige „Zungen" „setzen" sich auf jeden der Sitzenden. So werden alle „erfüllt" mit Geist und beginnen, in fremden „Zungen" zu reden. Dabei mag in einer vorlukanischen Tradition zunächst an verzücktes Zungenreden (Glossolalie) gedacht gewesen sein, das zum Verständnis einer prophetischen Interpretation bedarf (vgl. 1 Kor 14). Bezeichnend für die lukanische Darstellung ist aber, daß dieses inspirierte Reden im weiteren Gang der Erzählung auf das Phänomen der Fremdsprachen bezogen wird.[5] Damit ist von vornherein die Erwartung angelegt, daß die Erneuerung der Schöpfung im Geist über vorhandene kulturelle Instrumentarien realisiert werden wird.

Bestätigt wird dies durch bestimmte Stichwortverbindungen zwischen der Exposition und dem Schluß der Pfingsterzählung. Apg 2,44–47 schildert die idealen sozialen Verhältnisse der „Glaubenden" — von einer Institution ist dabei keine Rede — nach dem Offenbarungsereignis der Geisterfüllung. Wieder sind „alle ... an demselben Ort" (VV. 44.47). Wieder wird Fülle mitgeteilt, jetzt auf der Ebene sozialen Handelns (Stichwort διεμέριζον V. 45b; vgl. διαμεριζόμενοι V. 3a). Die empfangene Gabe des Wissens (Glaube) sucht nach der Möglichkeit, sich als Praxis zu äußern, hier auf der Ebene der sozialen Beziehungen. Die an die Pfingsterzählung anschließende Episode führt in das kulturelle Zentrum der jüdischen Religion. Dort unternehmen zwei apostolische Repräsentanten der durch Offenbarung geschaffenen neuen Sprachkompetenz den Versuch, den Tempel zum Ort der Vermittlung ihres Wissens zu machen. Auch dort heißt es: „Was ich habe, das gebe ich dir" (Apg 3,6).

---

artikulierten Lauten wandelte, die den Hörenden vertraut waren, wobei das Gesprochene so deutlich klang, daß man es eher zu sehen als zu hören glaubte ..". Die Stimme Gottes wird hier der sichtbaren Erscheinung zugeordnet. Bei Lukas ist es umgekehrt. Die Feuerzungen „erscheinen" zwar. Für den Fortgang der Handlung bedeutsam ist daran aber nicht das Visible, sondern daß es sich um „Zungen" handelt, die zum charismatischen Reden befähigen. Vgl. die Stichwortverbindung zwischen V. 3a und V. 4b. Auch wenn Lukas mit seiner Darstellung des Pfingstereignisses auf eine Sinai–Tradition angespielt haben könnte, ist dennoch seine Vorstellung von dem endzeitlichen Offenbarungsereignis nicht primär die einer Theophanie.

[4] Instruktiv ist in diesem Zusammenhang der Beitrag von Busse 1993, 40–57.

[5] Dies entspricht der — allerdings deutlich jüngeren, auf Rabbi Johanan (+ 279 n.Chr.) zurückgehenden — rabbinischen Vorstellung, nach der sich die Offenbarung der Tora am Sinai als ein Sprachenwunder ereignet hat, bei dem sich Gottes Stimme in die 70 Weltsprachen aufgeteilt hat, so daß allen Völkern die Erkenntnis des Willens Gottes angeboten, allerdings nur von Israel angenommen wurde.

2. Die ideale endzeitliche Rolle des Judentums

Der Gang der Apostel in den Tempel Apg 3 ist ein Erzählschritt, der in der Konsequenz der Pfingsterzählung liegt. Diese entwirft, noch bevor ein Apostel mit wörtlicher Rede zum Zug kommt, zuerst über den Erzählbericht des Autors das Idealkonzept der Rolle des jüdischen Volkes im Prozeß der Erneuerung der Schöpfung im Geist, und zwar als eine charismatische Rolle.

Davon handelt zunächst der zweite Teile der Exposition (2,5–13). Das Kommen des Geistes ist, wie die Erzählung in ihrem Fortgang zeigt, vor allem deshalb auch ein Wunder der kulturellen Erneuerung, weil das inspirierte Reden der Geistträger von einem bestimmten Publikum *verstanden* wird. Zu einem Sprachenwunder gehören immer zwei korrespondierende sprachliche Kompetenzen. Die Träger der rezeptiven Kompetenz des Verstehens inspirierter Rede werden Apg 2,5 eingeführt als „in Jerusalem ansässige Juden, fromme Männer *von* (ἀπό, nicht ἐκ) jedem Volk unter dem Himmel", d.h. als Diasporajuden.[6]

Dieses Wunder wird in der Exposition zunächst auf die erstaunliche Transformation des von den Geistträgern gesprochenen galiläischen Dialekts in die Muttersprachen der Auslandsjuden beim Hören der Reden bezogen. Der Erzähler 'selbst' stellt dies so dar in seiner auktorialen Randbemerkung V. 6c; und entsprechend läßt er das Publikum sein Erstaunen formulieren (vgl. V. 7f). Die Geistausgießung erscheint so als Schritt über die Provinzialität hinaus zur universalen Öffentlichkeit. Diese Vermittlung zu leisten, ist nach lukanischer Sicht die erneuerte Sendung des jüdischen Volkes als Zeuge des Geistes unter den Völkern.

Dies ist auch das erste Thema der Pfingstrede des Petrus. Der Anknüpfungspunkt ihrer Exposition (2,14b–21) ist die Situation, welche die Rede veranlaßt. Die Rede interpretiert das Sprachenwunder als Erfüllung einer prophetischen Verheißung (Joel 3,1–5 LXX). Der zitierte Wortlaut bezieht die Geisterfüllung — den heutigen christlichen Leser wird dies vielleicht überraschen — nicht ausschließlich auf Petrus und die geisterfüllten Anhänger Jesu, von denen in VV. 1–4 die Rede ist, sondern auf das ganze Volk. Dies ergibt sich aus den Pronomina in Joel 3,1f.[7] Was in der Schilderung des Sprachenwunders noch als *polyglotte* Spe-

---

[6] Der Völkerkatalog zählt am Ende Juden und Proselyten neben heidnischen Völkern auf. Dies ist aber nicht die Sicht des Erzählers der Pfingstepisode. Die Eröffnung der Szene V. 5 definiert das Publikum der Pfingstrede. Danach sind alle später aufgezählten Völker durch „in Jerusalem ansässige Juden" aus den genannten Weltregionen vertreten, d.h. durch Diasporajuden. Das ist wohl das entscheidendste Indiz im Zusammenhang einer traditionsgeschichtlichen Einordnung der Völkerliste Apg 2,9–11; vgl. ausführlicher Lüdemann 1987, 46–47.

[7] „Eure" Söhne, „eure" Töchter, „eure" jungen und alten Männer bezieht sich nach der vorausgesetzten Situation auf das Publikum selbst. Es wird als Einwohnerschaft (vgl. V. 5) nach Bevölkerungsgruppen differenziert aufgezählt. „Meine" Sklaven und Sklavinnen setzt die Aufzählung im Sinne der Restlosigkeit fort. Insofern kann es eingangs heißen: „über alles Fleisch".

zialausstattung der jüdischen Diaspora erscheint, wird jetzt kanonisch–biblisch als *prophetische* Inspiration des Volkes Israel gedeutet.[8]

Die vom Propheten Joel für die Endzeit verheißene Inspiration des Volkes hat ihre Grundlage in der Ursprungsgeschichte Israels. Die Pfingsterzählung spielt mehrfach auf Num 11 an, eine Episode, die im Zusammenhang des Aufbruchs Israels vom Gottesberg spielt: Mose beklagt sich bei Jahwe über die Widerspenstigkeit des Volkes in der Wüste, das nach den Fleischtöpfen Ägyptens verlangt. Jahwe sagt Mose Hilfe zu. Das Volk soll Fleisch im Überfluß und bis zum Überdruß erhalten. Zwischen Ankündigung und Ausführung der Speisung des Volkes eingeschaltet ist die Episode, die hier von Interesse ist: Num 11,24–30. Mose soll 70 Älteste aus dem Volk, die seine Verantwortung mit ihm teilen sollen, zum Offenbarungszelt bringen. Dort ereignet sich die prototypische Ausgießung des Geistes. Jahwe nimmt von seinem Geist und legt ihn auf die Ältesten, die darauf in prophetische Ekstase geraten. Das Volk ist Zeuge dieses Vorgangs — bis auf zwei Männer, die im Lager zurückgeblieben sind. Die Episode erzählt nun, wie sich der Geist Gottes auch auf diese niederläßt und auch sie in prophetische Ekstase versetzt. Joschua erhebt Einspruch und verlangt von Mose, daß er dies unterbindet. Die programmatische Antwort des Mose Num 11,29 lautet: „Möchte doch Jahwe das ganze Volk zum Propheten machen!"

Die von Joel für die Endzeit vorhergesagte Inspiration des Volkes ist die Erfüllung dieser Vision des Mose am Anfang der Geschichte Israels. Die endzeitliche Rolle des jüdischen Volkes, von der die Exposition der Petrusrede handelt, ist also die Übernahme seiner von Mose prophetisch gewünschten idealen geschichtlichen Rolle, wie sie am Ursprung entworfen worden ist. Entscheidend ist dabei nach Apg 2, daß das jüdische Volk diese seine Rolle unter den Völkern der Erde spielen soll, und zwar als prophetischer Vermittler zwischen Gott und den Völkern der Erde im Prozeß der Erneuerung der Schöpfung im Geist. Die jetzt redenden geistbegabten Anhänger Jesu mit deren Sprecher Petrus an der Spitze haben *diese* Rolle bereits übernommen. Sie sind es, die jetzt gerade die „Wunder am Himmel oben“ interpretieren und selbst „Wunder und Zeichen auf der Erde unten“ wirken werden (vgl. Apg 2,43) so wie zuvor Jesus (vgl. 2,22).[9] Sie sind jetzt die Interpreten des schon beginnenden Projekts der Rettung aller Menschen bis zum Offenbarwerden des „großen Tages“ Gottes.

---

[8] Vgl. die *inclusio* durch die Stichwörter ἐκχεῶ ἀπὸ τοῦ πνεύματός μου ... καὶ προφητεύσουσιν VV. 17cd.18bc. Das zweite προφητεύσουσιν ist lukanischer Zusatz, also verdeutlichend im Sinne dieser *inclusio*. Vgl. auch Pesch 1986, 120, gegen Holtz 1968, 11–12, der die prophetische Deutung des Zungenredens durch Lukas trotz seines eigentlich wertvollen Hinweises auf Apg 19,6 abstreitet und das zweite προφητεύσουσιν als „Versehen“ bezeichnet.

[9] Die Wörter „oben“, „Zeichen“ und „unten“ in Apg 2,19 tragen als differenzierende Zusätze die lukanische Auffassung in Joel 3,3 ein. Vgl. ausführlicher Busse 1993, 50–51.

3. Die Voraussetzung der Übernahme der Rolle: die Erneuerung des kulturellen Gedächtnisses

Die Pfingstrede ist die Einladung an das Publikum des Petrus, diese Rolle jetzt zu übernehmen. Dazu muß Überzeugungsarbeit geleistet werden. Denn die Exposition der Pfingsterzählung handelt nicht nur vom doppelten Sprachenwunder, sondern auch vom Spott der Skeptiker, die die Fülle des Geistes als Weinrausch mißdeuten (V. 13).[10]

Die Rede mündet in den Appell, als erwiesen (*res certa*, ἀσφαλές)[11] anzusehen, was der Redner vorgetragen hat, und dadurch „mit Gewißheit" zu erkennen, daß Gott Jesus zum Kyrios und Messias gemacht hat (2,36). Das frühere falsche Verständnis, das hier zu überwinden ist, hat mit der Tötung dieses Jesus zu tun durch dieselben, die ihn jetzt als Herrn und Messias anerkennen sollen (vgl. VV. 23.36c). Auf den ersten Blick geht es hier um die — psychologisch selbstverständlich ganz aussichtslose — Aufforderung an die für den Tod Jesu Verantwortlichen, das christliche Kerygma zu akzeptieren, das den Tod und die Auferweckung Jesu als prophetisch vorhergesagten Ereigniszusammenhang deutet. Aber eine psychologisierende Bewertung der Strategie der Rede wäre zu oberflächlich. Es kommt letztlich darauf an, daß der Leser des Werkes[12] die Stichhaltigkeit der Argumentation nachvollzieht. Dies ist durchaus möglich. Die Petrusrede führt zu ihrer conclusio über eine für die Theologie des Lukas charakteristische Argumentation, die im Kern den Anspruch erhebt, *das für die jüdische Kultur konstitutive Wissen in neuer Verbindlichkeit zu vermitteln.*

Ich bitte um Verständnis, wenn ich diese These hier nur skizziere und nicht in allen Elementen am Text aufweise. Grundlage dieser Konzeption ist Lk 24.[13] In aller Kürze also das Wesentliche:

Die Petrusrede greift in allen Teilen auf die Schrift als Kanon normativen Wissens zurück. Daß Lukas hier von einer Kanon–Idee ausgeht, ist vor allem

---

[10] Die Skepsis wird nicht von einigen, sondern von „allen" (ἐξίσταντο δὲ πάντες, V. 12) geäußert, also von demselben Publikum, das zuvor das Wunder bestaunt hat. Diese Spannung ist nicht nach psychologischen Wahrscheinlichkeitskriterien aufzulösen. Es geht dem Erzähler um die Ambivalenz der Redesituation. Daß alle das Gesprochene in ihrer Sprache hören und verstehen, ist das Wunder der sprachlichen Kompetenz. Worauf es jetzt ankommt, ist die freie Annahme des Gesprochenen.

[11] Der Gebrauch von ἀσφαλές in Apg 21,34;22,30;25,26 legt es nahe, das lukanische ἀσφαλῶς Apg 2,36 (auch ἀσφάλειαν in Lk 1,4; vgl. Apg 5,23) als forensischen terminus technicus und damit die Petrusrede im ganzen sowie das lukanische Geschichtswerk insgesamt als eine Apologie aufzufassen. Die Nähe der meisten Acta–Reden zum genus iudiciale wird in der neueren Forschung längst berücksichtigt, vgl. Satterthwaite 1993, 338–341; Morgenthaler 1993.

[12] Gemeint ist die nach W. Iser als impliziter Leser bezeichnete kommunikative Instanz, d.h. der im Text selbst gemeinte und angesprochene Leser, der, wie man hier als moderner Leser deutlich bemerkt, eine ganz bestimmte Hermeneutik mitbringt, die der des Autors entspricht.

[13] Vgl. Löning 1993, 74–84.

durch Lk 24,27.32.44–48 grundgelegt. „Die Schriften", d.h. „Mose und alle Propheten" (Lk 24,27), „alles Geschriebene im Gesetz des Mose und in den Propheten und Psalmen" (Lk 24,44)[14] bilden den normativen Fundus des Wissens der jüdischen Religion, auf welchen sich die messianische Hoffnung des Volkes gründet (vgl. Lk 24,21). Die Petrusrede beansprucht, mit ihrer Schriftargumentation aufzuweisen, daß dieser Fundus durch die Auferweckung Jesu und das entsprechende neue Wissen der Anhänger Jesu bewahrheitet ist. Die sogenannten Schriftbeweise der Actareden sind also nicht als oberflächliche Versuche zu verstehen, einzelne Ereignisse der Geschichte Jesu oder der weitergehenden Geschichte der Kirche als punktuelle „Erfüllung" von biblischen „Verheißungen" zu erweisen. Es geht vielmehr um den grundlegenden Anspruch, das „kulturelle Gedächtnis" der jüdischen Religion mit dem „kommunikativen Gedächtnis"[15] nicht nur der Jesusbewegung, sondern der ganzen zeitgenössischen jüdischen Generation[16] nach der Krise des Todes Jesu zu einem Wissen zu integrieren, das neue kulturelle Identität stiftet.[17] Dies geschieht im lukanischen Werk für eine inzwischen mehrheitlich nicht mehr judenchristliche, wahrscheinlich auf paulinische Mission zurückgehende *heidenchristliche* Leserschaft im Raum der Asia Minor, deren kulturelle Identität hier — und dies ist im eigentlichen Sinn eine *Neuschöpfung* — entworfen wird im Sinne einer Partizipation an der jüdischen Kultur aufgrund der im lukanischen Werk historisch erinnerten Kontinuität der Ursprünge der Christenheit mit der jüdischen Geschichte und Kultur.

---

[14] Diese Trias ist singulär (bzw. eine originäre Abwandlung der Trias des hebräischen Kanons: Tora, Propheten und Schriften, zu denen die Psalmen zählen) und deutlicher Hinweis auf die schrifthermeneutischen Ambitionen des Lukas.

[15] Begriffe „kulturelles"/"kommunikatives Gedächtnis" nach Assmann 1994.

[16] Vgl. das καθὼς αὐτοὶ οἴδατε V. 22, vgl. auch Lk 24,18.

[17] Die Pfingstrede des lukanischen Petrus setzt in Form einer kunstvollen Rahmung die entscheidenden gnoseologischen Akzente durch die Stichwortverbindung γνωστόν/ γινωσκέτω in den VV. 14 und 36. Damit gelingt der Balanceakt einer überzeugenden Verbindung zwischen der eingangs an die Zuhörer ergehenden Aufforderung zu erkennen, gefolgt von der Identifikation der Geistausgießung mit der von Joel prophezeiten eschatologischen Heilszeit und dem abschließend formulierten Christuskerygma. Der Plausibilitätsnachweis, wie jüdisches Hoffnungswissen und die bezeugte Auferstehung Jesu zusammengehen, wird von Lukas im Hauptteil der Rede im Rückgriff auf Gottes eigenes Wort erbracht. Die Argumentation mit Hilfe der Schriftzitate, vor allem der Basisdokumente Joel 3,1–5 und Ps 16,8–11, funktioniert dabei keineswegs nach dem simplen Schema von Verheißung und Erfüllung, sondern im Sinne einer Identifikation von Berichtetem und Zitiertem als hermeneutische Schriftanwendung, vgl. Rese 1969, 38.

4. Die Apokatastasis der Königsherrschaft für Israel – Anspruch und Wirklichkeit

In der Pfingst–Episode wird dieses Konzept erzählerisch–erinnernd mit dem Anspruch der ersten Zeugen Jesu verknüpft, die kulturelle Identität ihres eigenen, *des jüdischen Volkes* zu erneuern.

Die erste Jüngerfrage am Anfang der Apostelgeschichte lautet: „Herr, richtest du in dieser Zeit die Königsherrschaft für Israel wieder her?" (Apg 1,6) Die Antwort „Es liegt nicht in eurer Kompetenz, die Zeiten und Fristen zu wissen ..." (V. 7f.) weist diese Frage nicht als unsinnig zurück,[18] sondern der Kontext verheißt im Gegenteil, daß die Zeugen Jesu in diesem Prozeß eine Sendung zu übernehmen haben, zu der sie durch den herabkommenden Geist die Kraft erhalten werden. Wie der Fortgang der Handlung erweist, ist dies vor allem die Ausstattung mit der Kraft der Rede. Die Petrusrede ist dafür das erste Paradigma. Seine Rede ist ein Plädoyer für die Anerkennung der messianischen Herrschaft Jesu, der zur Rechten Gottes thront und von dort aus das Regiment der Weisheit Gottes über die Schöpfung erneuert — durch das geisterfüllte Wort seiner Zeugen.

Die zweite Petrusrede (Apg 3,12–26) lokalisiert die Apostelgeschichte im Tempel, dem Ort, wo nach weisheitlicher Tradition die personifizierte Weisheit ihren Sitz haben *sollte*, von wo aus die Weisheit nach Sir 24,8–17 die jüdische Philosophie zur blühenden Entfaltung bringt. Der Tempel ist im letzten Teil des Lukasevangeliums der Ort der Lehre Jesu, der messianischen Gestalt, in deren Lehre sich die Weisheit Gottes endzeitlich manifestiert, die aber dann von ihrem Volk abgewiesen wird. Nach der Entrückung der Weisheit Gottes an ihren ursprünglichen Ort, den kosmischen Thronsitz zur Rechten Gottes, konfrontieren die Zeugen der erneuerten Herrschaft der Weisheit Gottes über die Schöpfung die Besucher des Tempels mit der Botschaft von der Wiederherstellung der Herrschaft für Israel. Der Gang der Apostel Petrus und Johannes in den Tempel muß also sein.

Es kann nach unseren bisherigen Überlegungen nicht überraschen, daß in dieser im Tempel gehaltenen zweiten Rede eines Apostels vor jüdischem Publikum nicht mehr von der Wiederherstellung der „Königsherrschaft für Israel" (Apg 1,6) gesprochen wird, sondern von der „ἀποκατάστασις von allem, wovon Gott geredet hat durch den Mund seiner heiligen Propheten von Ewigkeit" (Apg 3,21). Die Wiederherstellung der Gottesherrschaft durch die messianische Neuschöpfung beginnt mit der Bewahrheitung des kanonischen Wissens der jüdischen Religion.[19]

---

[18] Vgl. Mussner 1967, 226.

[19] Die Geistverheißung, die in Apg 1,8 im Anschluß an die Apokatastasis–Frage der Jünger ausgesprochen wird, ermöglicht über die in Apg 2 geschilderte Erfahrung der prophetischen Inspiration an Pfingsten, daß sich der Terminus Apokatastasis in Apg 3,21 aus seinem primär politischen Kontext, der „Wiederherstellung" des davidischen Reiches aus der Diaspora (vgl. den unmittelbaren Bezugspunkt von Apg 3,21 in Mal 3,23), nunmehr als eine Sache des Wissens und der Wissensweitergabe vermitteln läßt. Eine umfassende Übersicht über Herkunft und Funktion des Begriffs der Apokatastasis bietet Mussner 1967, 223–234. Zur schöpfungstheologischen Bedeutung der ἀποκατάστασις πάντων vgl. ferner Oepke 1933, 390–391.

Die Pfingstrede enthält nun ein entscheidendes Element, das zwischen dem traditionell–politischen und dem weisheitlich–kulturellen Apokatastasis–Verständnis vermittelt. Es geht um das David–Bild, speziell um die doppelte Rolle Davids als König und inspirierter Autor der Psalmen:[20] Dazu einige konkrete Texthinweise:

Die Formulierung „indem er die Wehen des Todes löste" (Apg 2,24) enthält eine Anspielung auf 2 Sam 22,6 = Ps 18[17],6, eine Formulierung aus dem Psalm, mit dem die kanonische Biographie Davids schließt. Der Psalm wird hier eingeordnet, weil er als die Summe der Gotteserfahrung des Königs David gelesen wird. In der Einleitung zu den „Letzten Worten Davids" im unmittelbaren Anschluß daran wird König David als „der Gesalbte des Gottes Jakobs, der liebliche Sänger der Lieder Israels" bezeichnet. Der gesamte Zusammenhang liefert ganz offenbar die kanonische Grundlage für das lukanische Verständnis der Psalmen als messianischer Verheißungstexte.[21] Der Anfang der „letzten Worte" lautet:

> „Der Geist Jahwes, er spricht durch mich.
> Auf meiner Zunge liegt sein Wort.
> Gesprochen hat der Gott Jakobs.
> Geredet hat zu mir der Felsen Israels:
> ....
> Ja, fest steht mein Haus bei Gott.
> Hat er doch einen ewigen Bund mit mir geschlossen,
> in jeder Hinsicht wohlgeordnet und gesichert."
> (2 Sam 23,2–5)

Die gesamte folgende Darstellung und Argumentation der Petrusrede fußt auf diesem kanonischen David–Bild: David ist für Lukas der als gesalbter König um seine messianologisch–prototypische Bedeutung *wissende* Autor der Psalmen, der aus der Summe seiner Gotteserfahrung das Geschick des eschatologisch erwarteten Gesalbten prophetisch vorausschaut und in den Psalmen ausspricht. Als Grundlagentext zitiert die Apostelgeschichte Ps 16[15], im Psalter nicht weit von Ps 18[17] auffindbar. Als Summe der Gotteserfahrung Davids am Ende der kanonischen Biographie Davids zitiert (2 Sam 23), ist er überhaupt die Grundlage der kanonischen Idee der davidischen Verfasserschaft aller Psalmen geworden. Lukas hat diesen Zusammenhang auf seine Weise gesehen, nämlich als hermeneutische Begründung für eine christologische Interpretation der Psalmen.[22]

---

[20] Vgl. dazu die Dissertation von M. Kleer 1996. Auf diesem Hintergrund erst wird die dreigliedrige Kanon–Definition in Lk 24,44 verständlich.

[21] Vgl. hierzu den Aufsatz von Dupont 1960, 361–366.

[22] Dieser Zusammenhang findet sich ausführlich dargestellt bei Schmitt 1973, 243–248. Ps 16,8–11 ist als großes „Vertrauenslied" auf die Errettung aus dem Machtbereich der Scheol und des Todes nicht nur in seiner neutestamentlichen Rezeption zu einem Schlüsseltext und „Interpretament der Auferstehung Jesu" (ebd., 248) geworden, sondern erfuhr — freilich in ganz anderer Hinsicht — eine ebenso hohe Wertschätzung in der rabbinischen Literatur, vgl. Beuken 1980, 368–285.

Für unseren Zusammenhang kommt es darauf an zu sehen, daß die für heutige Leser möglicherweise befremdlich oberflächlich wirkende Schriftargumentation in den Acta–Reden eine nachvollziehbare theologische Begründung hat. Der kanonische David mit seinen Liedern ist für die Hermeneutik der apokalyptisch–weisheitlichen Schriftinterpretation in der Apostelgeschichte Prototyp und Prophet[23] des endzeitlichen Messias in einem, so wie der lukanische Jesus der Gesalbte Gottes gerade darin ist, daß er das entsprechende christologische Wissen stiftet. David selbst ist in der Sicht der kanonischen Schrifthermeneutik des Lukas vor allem ein Geistträger, ein Repräsentant des Wissens, das sich auf die Zukunft des Volkes bezieht. Dieser David ist gerade als der Wissende und Geistbegabte der Prototyp eines Messias, der die Herrschaft für Israel und über die Welt nicht gegen Rom kriegerisch erkämpft, sondern durch die „Kraft" des Wortes bewirkt, durch welches das durch diesen Gesalbten gestiftete Wissen die Welt verändert bis an die Grenzen der Erde.

Diese weisheitliche Transformation der messianischen Hoffnung ist eine der Grundvoraussetzungen dafür, daß Lukas seinem mehrheitlich nichtjüdischen Publikum eine christliche Identität im Sinne der Partizipation an der erneuerten jüdischen Kultur überhaupt anbieten kann.

5. Die christliche Identität und ihre Grundlagen

An eine gedeihliche, zumindest tolerante Koexistenz von Judentum und Christentum in einer religiös–kulturellen Ökumene hat Lukas allerdings nicht gedacht. Die Geschichte der Erneuerung der Schöpfung über die Wiederherstellung der kulturellen Hoheit der Weisheit Gottes über alle Völker der Erde nimmt nach Darstellung der Apostelgeschichte zwar notwendigerweise ihren Anfang im Tempel (Apg 3); sie scheitert aber auch am Tempel (vgl. Apg 4–9). Der verlorene Kampf um den Tempel gilt aber für den Verfasser der Apostelgeschichte gerade nicht als Begründung dafür, daß die Apokatastasis der Gottesherrschaft über die Schöpfung dann eben ohne die Erneuerung der jüdischen Kultur stattfinden wird. Nach seinem Verständnis hat diese Erneuerung tatsächlich stattgefunden. Das christliche Judentum ist nach Apg 15,16 das „Zelt" (σκηνή) Davids, dessen Wiederherstellung Lukas am Schluß des Buches Amos (9,11) verheißen sieht,[24] und zwar nach der Vorhersage seiner Zerstörung (vgl. Am 9,1–7). Der Ausdruck „Zelt" ist auf dem Hintergrund von Apg 7,44–47 als Bezeichnung des Tempels zu verstehen. Die judenchristliche Jerusalemer Urgemeinde ist demnach der nicht von Menschenhänden gebaute, der Größe Gottes als Schöpfer angemessene Tempel (vgl.

---

[23] Zum palästinisch–jüdischen Hintergrund der Identifikation Davids als Prophet in Apg 2,30 vgl. auch Fitzmyer 1972, 332–339.

[24] „Den Wiederaufbau des zerfallenen Zeltes Davids, das heißt die Sammlung des endzeitlichen Israels, und die Einbringung der Heidenvölker in dieses Israel *hat Gott in seinem Heilsratschluß von Anfang an gewollt* ... Und gerade darauf kam es ihm [Lukas] ja an: Gott als Erbauer und Schöpfer des wahren Israels zu kennzeichnen", Lohfink 1975, 89 (Hervorhebung im Original).

Apg 7,48–50 unter Berufung auf Jes 66,1f.), der den Verlust des Zweiten Tempels kompensiert. Wie man nach dem Jüdischen Krieg auch historisch weiß, konnte sich dieser inzwischen zerstörte Tempel nicht als der erweisen, für den Davids „Zeltheiligtum" (σκήνωμα) der Prototyp gewesen ist, sondern nur als ein von Menschenhänden gemachtes, der Wirklichkeit Gottes unangemessenes „Haus".[25] Daß Apg 7,47 ausgerechnet der sprichwörtlich weise König Salomo als erster Erbauer eines für Gott unpassenden „Hauses" erwähnt wird, zeigt gerade das lukanische Verständnis des Judenchristentums als des durch den weisheitlichen Messias Jesus endzeitlich erneuerten Judentums.

Das Verhältnis zu diesem Judentum ist es also, das Lukas seiner überwiegend nichtjüdischen Leserschaft als die Kontinuitätsbrücke anbietet, um „zwischen Synagoge und Obrigkeit"[26] eine kulturelle Identität zu finden. Man mißversteht Lukas aber, wenn man in dieser Begründungsfigur nur eine Rechnung auf Kosten des nichtchristlichen Judentums sieht. Das Problem der christlichen Identität ist für das lukanische Konzept nicht zu lösen ohne die Auseinandersetzung mit den für Juden und Christen katastrophalen Folgen des Jüdischen Krieges, mit dem Faktum des Verlustes eines lebendigen Verhältnisses der nachpaulinischen Christengemeinden zu dem jüdischen Palästina ihrer Ursprünge.[27] Nicht nur der Tempel ist zerstört. Auch die Urgemeinde existiert nicht mehr. An alle ursprünglichen Zusammenhänge muß durch historiographische Arbeit erinnert werden. Das Werk des Lukas ist auch ein Stück weit ein Nachdenken über den Fortgang der jüdischen Geschichte nach der Katastrophe des Jüdischen Krieges. Lukas steht mit seiner keineswegs unkritischen Analyse der Grundlagenproblematik einer christlichen Identität nach der Zerstörung des Tempels auch in der Gesellschaft eines Josephus Flavius — besonders im Verhältnis zu dessen Antiquitates — und eines Jochanan ben Zakkai. Dessen Erklärung für den Untergang des Zweiten Tempels ist nicht so weit entfernt von der, welche Lukas in der Stephanusrede gibt. Dies darf ich hier als Andeutung so stehen lassen. Meine Einschätzung ist, daß der AZERKAVO ein guter Ort ist, um solche Fragen interdisziplinär weiterzudiskutieren.

---

[25] Vgl. auch die abschließende Einschätzung von Stegemann 1991, 171: „Die Apologie des Stephanus enthält also durchaus eine kritische Auseinandersetzung mit dem Jerusalemer Tempel und dem dortigen Opferkult. Dem Samen Abrahams ist das gelobte Land als Erbbesitz verheißen worden; hier soll Israel Gott dienen. Doch die Errichtung des Tempels ist kein Bestandteil dieser Verheißung. Er ist im gewissen Sinne eine zentrale, aber keine exklusive Gebetsstätte Israels, geschweige denn ein Zentralheiligtum aller Völker. Der Schöpfer des Universums wohnt nicht in einem Bauwerk menschlicher Hände, bedarf auch nicht der Verehrung durch kultische Opfergaben." Apg 7,44–50 baut geschickt die verschiedenen Bezeichnungen des „Hauses Gottes", angefangen bei dem reisetauglichen Bundeszelt über das von David erbetene Zeltheiligtum hin zum salomonischen οἶκος in seine Argumentationsstrategie ein, um abschließend diesen schrittweisen Zugewinn an Solidität zu konterkarieren: Welches Haus könnte Gott gebaut werden, das groß genug wäre, ihm als Wohnstätte zu dienen? Vgl. ebd., 167.

[26] Vgl. den gleichnamigen Titel von Stegemann 1991.

[27] Löning 1985, 2619.

Literaturverzeichnis

Assmann, J.
1992 Das kulturelle Gedächtnis. Schrift, Erinnerung und politische Identität in frühen Hochkulturen, München.
Beuken, W.A.M.
1980 Psalm 16: The Path to Life, in: Bijdragen 41, 368–385.
Busse, U.
1993 Aspekte biblischen Geistverständnisses, in: Biblische Notizen 66, 40–57.
Dupont, J.
1962 L'interprétation des Psaumes dans les Actes des Apôtres, in: Langhe, R. de (ed.), Le Psautier. Ses origines. Ses problèmes littéraires. Son influence (Orientalia et Biblica Lovaniensia IV), Louvain, 357–388.
Fitzmyer, A.
1972 David, „Being therefore a Prophet..." (Acts 2:30), in: The Catholic Biblical Quarterly 34, 332–339.
Holtz, T.
1968 Untersuchungen über die alttestamentlichen Zitate bei Lukas, in: Texte und Untersuchungen zur Geschichte der altchristlichen Literatur 104, Berlin.
M. Kleer
1996. „Der liebliche Sänger der Psalmen Israels." Untersuchungen zu David als Dichter und Beter der Psalmen, Bonner biblische Beiträge 108, Weinheim.
Löning, K.
1993 Erinnerung und Erkenntnis. Zu den offenbarungstheologischen Leitvorstellungen der lukanischen Ostererzählungen, in: Peters, T.R. u.a. (eds.), Erinnern und Erkennen. Denkanstöße aus der Theologie von Johann Baptist Metz, Düsseldorf, 74–84.
1985 Das Evangelium und die Kulturen. Heilsgeschichtliche und kulturelle Aspekte kirchlicher Realität in der Apostelgeschichte, in: Temporini, H./ Haase, W. (eds.), Aufstieg und Niedergang der Römischen Welt II.25.3, Berlin/ New York, 2604–2646.
1990 Das Verhältnis zum Judentum als Identitätsproblem der Kirche nach der Apostelgeschichte, in: Hagemann, L./ Pulsfort, E. (eds.), „Ihr alle seid meine Brüder" [FS Khoury], Würzburg/ Altenberge, 304–319.
Lohfink, G.
1975 Die Sammlung Israels. Eine Untersuchung zur lukanischen Ekklesiologie, in: Studien zum Alten und Neuen Testament XXXIX, München.
Lüdemann, G.
1987 Das frühe Christentum nach den Traditionen der Apostelgeschichte. Ein Kommentar, Göttingen.
Morgenthaler, R.
1993 Lukas und Quintilian. Rhetorik als Erzählkunst, Zürich.
Mussner, F.
1967 Die Idee der Apokatastasis in der Apostelgeschichte, in: Ders., Praesentia Salutis. Gesammelte Studien zu Fragen und Themen des Neuen Testamentes, Düsseldorf, 223–234 (zuerst: Lex Tua Veritas. FS Junker, Trier 1961, 293–306).

Oepke, A.
1933 Art. ἀποκαθίστημι, ἀποκατάστασις, in: Kittel, G. (ed.), Theologisches Wörterbuch zum Neuen Testament 1, Stuttgart, 386–392.
Pesch, R.
1986 Die Apostelgeschichte 1. Teilband (Apg 1–12), in: Evangelisch–Katholische Kommentar zum Neuen Testament 5, Neukirchen–Vluyn.
Rese, M.
1969 Alttestamentliche Motive in der Christologie des Lukas, in: Studien zum Neuen Testament 1, Gütersloh.
Roloff, J.
1981 Die Apostelgeschichte, in: Das Neue Testament Deutsch 5, Göttingen.
Satterthwaite, P.E.
1993 Acts Against the Background of Classical Rhetoric, in: Winter, B.W./ Clarke, A.D. (eds.), The Book of Acts in Its Ancient Literary Setting (The Book of Acts in Its First Century Setting 1), Grand Rapids, 337–379.
Schmithals, W.
1982 Die Apostelgeschichte des Lukas, in: Zürcher Bibelkommentare. Neues Testament 3,2, Zürich.
Schmitt, A.
1973 Ps 16,8–11 als Zeugnis der Auferstehung in der Apg, in: Biblische Zeitschrift 17, 229–248.
Schneider, G.
1980 Die Apostelgeschichte I. Teil. Einleitung. Kommentar zu Kap. 1,1–8,40, in: Herders Theologischer Kommentar zum Neuen Testament 5, Freiburg/ Basel/ Wien.
Stegemann, W.
1991 Zwischen Synagoge und Obrigkeit. Zur historischen Situation der lukanischen Christen, in: Forschungen zur Religion und Literatur des Alten und Neuen Testaments 152, Göttingen.
Weiser, A.
1981 Die Apostelgeschichte. Kapitel 1–12, in: Ökumenischer Taschenbuchkommentar zum Neuen Testament 5/1, Gütersloh.
Wilckens, U.
1974[3] Die Missionsreden der Apostelgeschichte. Form- und traditionsgeschichtliche Untersuchungen, in: Wissenschaftliche Monographien zum Alten und Neuen Testament 5, Neukirchen–Vluyn.

Stichwortverzeichnis